"十四五"职业教育国家规划教材

"十三五"职业教育国家规划教材 修订版

高等职业教育校企合作"互联网+"创新型教材

ERP 沙盘模拟实训教程

第2

主　编　赵　砚

副主编　黄　敏　汪　琛　许龙英

参　编　徐鸣明　张洪霞　王　荣　黄燕华

机械工业出版社

为使广大高校的学生能够体验企业经营管理过程，全面提升管理的能力，同时为各类别 ERP 沙盘比赛提供训练用书，我们专门编写了既适用于课堂教学又适用于沙盘竞赛的 ERP 沙盘实训教材。

为便于学生更好、更快地掌握 ERP 沙盘课程内容，在遵循学生基本认知规律的基础上，我们将电子沙盘和人机对抗系统进行了整合，重构了一套“模拟经营——人机对抗——实战对抗”的 ERP 沙盘教材内容。本书项目一为 ERP 沙盘模拟课程认知，主要介绍 ERP 沙盘的起源与含义、课程内容、组织形式以及课程考核；项目二为模拟经营，主要介绍团队组建与分工、模拟经营的流程以及第 1 ～ 2 年企业模拟运营；项目三为工具制作，主要介绍 ERP 沙盘模拟预算表的编制；项目四为人机对抗，主要介绍人机对抗系统的安装、使用以及人机模拟对抗；项目五为实战对抗，主要介绍系统初始化、规则解读、详单分析、方案设计以及实战经营；项目六为经营分析，主要介绍如何认识和剖析企业的经营情况；项目七为竞赛组织，主要介绍企业经营沙盘模拟竞赛的策划、组织、执行等竞赛工作流程；项目八为案例赏析及大赛经验分享，主要介绍沙盘比赛的常用战术与战略以及参赛选手的实战总结。本书立足教学，放眼比赛，注重实战，对广大沙盘爱好者有一定的参考价值。

本书既可用作高等职业院校财经商贸类专业或非财经商贸类专业 ERP 沙盘实训教材，也可用作相关培训人员及参赛选手的参考用书。

图书在版编目（CIP）数据

ERP沙盘模拟实训教程/赵砚主编．—2版．—北京：机械工业出版社，2022.8（2026.1重印）

ISBN 978-7-111-70906-0

Ⅰ．①E…　Ⅱ．①赵…　Ⅲ．①企业管理—计算机管理系统—高等职业教育—教材　Ⅳ．①F272.7

中国版本图书馆CIP数据核字（2022）第094947号

机械工业出版社（北京市百万庄大街22号　邮政编码100037）

策划编辑：孔文梅　　责任编辑：孔文梅　董宇佳

责任校对：王　欣　刘雅娜　　封面设计：鞠　杨

责任印制：单爱军

北京新华印刷有限公司印刷

2026 年 1 月第 2 版第 8 次印刷

184mm×260mm・17 印张・421 千字

标准书号：ISBN 978-7-111-70906-0

定价：48.00元

电话服务　　网络服务

客服电话：010-88361066　　机　工　官　网：www.cmpbook.com

010-88379833　　机　工　官　博：weibo.com/cmp1952

010-68326294　　金　书　网：www.golden-book.com

　机工教育服务网：www.cmpedu.com

关于“十四五”职业教育
国家规划教材的出版说明

为贯彻落实《中共中央关于认真学习宣传贯彻党的二十大精神的决定》《习近平新时代中国特色社会主义思想进课程教材指南》《职业院校教材管理办法》等文件精神，机械工业出版社与教材编写团队一道，认真执行思政内容进教材、进课堂、进头脑要求，尊重教育规律，遵循学科特点，对教材内容进行了更新，着力落实以下要求：

1. 提升教材铸魂育人功能，培育、践行社会主义核心价值观，教育引导学生树立共产主义远大理想和中国特色社会主义共同理想，坚定“四个自信”，厚植爱国主义情怀，把爱国情、强国志、报国行自觉融入建设社会主义现代化强国、实现中华民族伟大复兴的奋斗之中。同时，弘扬中华优秀传统文化，深入开展宪法法治教育。

2. 注重科学思维方法训练和科学伦理教育，培养学生探索未知、追求真理、勇攀科学高峰的责任感和使命感；强化学生工程伦理教育，培养学生精益求精的大国工匠精神，激发学生科技报国的家国情怀和使命担当。加快构建中国特色哲学社会科学学科体系、学术体系、话语体系。帮助学生了解相关专业和行业领域的国家战略、法律法规和相关政策，引导学生深入社会实践、关注现实问题，培育学生经世济民、诚信服务、德法兼修的职业素养。

3. 教育引导学生深刻理解并自觉实践各行业的职业精神、职业规范，增强职业责任感，培养遵纪守法、爱岗敬业、无私奉献、诚实守信、公道办事、开拓创新的职业品格和行为习惯。

在此基础上，及时更新教材知识内容，体现产业发展的新技术、新工艺、新规范、新标准。加强教材数字化建设，丰富配套资源，形成可听、可视、可练、可互动的融媒体教材。

教材建设需要各方的共同努力，也欢迎相关教材使用院校的师生及时反馈意见和建议，我们将认真组织力量进行研究，在后续重印及再版时吸纳改进，不断推动高质量教材出版。

机械工业出版社

前言 Preface

党的二十大报告提出："推进教育数字化，建设全民终身学习的学习型社会、学习型大国。"本书正是在此背景下编写的，在书中配有大量二维码教学视频，着重培养学生的创新意识和创新能力，致力于培养创新型和复合型数字财经人才，以适应国家战略目标中的科技自立自强和建设科技强国的要求。

党的二十大报告指出，创新是第一动力。书中ERP沙盘人机对抗和ERP沙盘实战对抗两个项目，依托ERP沙盘模拟人机对抗和人人对抗平台，通过模拟真实的企业经营环境和情境，提供了一个创新的学习平台，学生可以在模拟的环境中进行实践和决策，培养创新思维和解决问题的能力。党的二十大报告强调人才是第一资源。书中ERP沙盘模拟经营、ERP沙盘人机对抗、ERP沙盘实战对抗等项目，可以帮助学生了解企业经营的全过程，旨在培养学生的管理能力和创业精神，使其在未来的职业生涯中能够胜任企业经营的各项工作。通过企业经营模拟实践，学生可以锻炼自己的领导能力、团队合作能力和决策能力，为培养创新型和复合型数字财经人才奠定基础。

本书与全国职业院校企业经营沙盘模拟大赛相衔接，真正体现了"岗、课、证、赛"综合育人模式。全书包括八个主题：ERP沙盘模拟课程认知、ERP沙盘模拟经营、ERP沙盘工具制作、ERP沙盘人机对抗、ERP沙盘实战对抗、ERP沙盘经营分析、ERP沙盘竞赛组织和经典案例赏析及大赛经验分享。其中，经营分析和经典案例赏析及大赛经验分享是由辅导和参加全国、省级大学生沙盘模拟竞赛的师生共同编写，可以帮助学员解读企业经营的成功秘籍。本书着重培养学生的创新意识和创新能力，着力造就创新型和复合型数字财经人才，以适应到2035年"实现高水平科技自立自强，进入创新型国家前列"，建成科技强国的国家战略目标。本书配有操作视频、课程考核指南、电子预算表、实训日志及教学资源等，使本书不仅可以作为实训指导书，也可作为实训记录册，直接记录实训过程和实训总结。

本书由赵砚（浙江工业职业技术学院）担任主编，黄敏（浙江工业职业技术学院）、汪琛（浙江工业职业技术学院）、许龙英（上海市现代流通学校）担任副主编。具体编写分工如下：黄燕华（嘉兴南洋职业技术学院）负责编写项目一，黄敏负责编写项目二，汪琛负责编写项目三，许龙英负责编写项目四，王荣（绍兴市中等专业学校）负责编写项目五，赵砚负责编写项目六，徐鸣明（绍兴职业技术学院）负责编写项目七，张洪霞（浙江工业职业技术学院）负责编写项目八，附录部分由赵砚整理完成。全书由赵砚统稿、定稿。

本书在编写过程中，得到了绍兴至臻信息科技有限公司和杭州百树科技有限公司的鼎力帮助和大力支持，在此我们深表谢意！

由于编者时间和精力有限，书中难免有疏漏和错误之处，敬请读者多提宝贵意见，以便日后修改完善。

本教材配有微课、电子课件、教案、习题库、课程公众号、人机对抗系统、课程考核表及电子预算表等教师用配套教学资源，凡使用教材的教师可登录机械工业出版社教育服务网www.cmpedu.com获取有关资源。咨询可致电：010-88379375，服务QQ：945379158。

编　者

二维码索引 Qr Code Index

序号	名称	图形	页码	序号	名称	图形	页码
19	第 1 年预算表制作 3		086	28	人机系统介绍 - 人机系统操作说明		103
20	第 1 年预算表制作 4		087	29	起始年战略制定		149
21	第 2 年预算表制作 1		088	30	起始年预算编制		153
22	第 2 年预算表制作 2		089	31	起始年经营操作		155
23	第 2 年预算表制作 3		090	32	第 2 年广告投放与选单		181
24	第 2 年预算表制作 4		091	33	企业经营本质		196
25	第 3 年预算表制作		091	34	经营业绩衡量		209
26	第 4、5 年预算表制作		091	35	经营规则制作讲解		220
27	人机系统介绍 - 人人与人机对比		100	36	竞赛订单制作讲解		224

目录 Contents

项目一

ERP沙盘模拟课程认知

项目综述

“ERP沙盘模拟”是一门能够让受训者高度参与和体验的课程，其教学方式和课堂组织与传统课程不同。本项目主要介绍ERP沙盘的起源与含义，以及ERP沙盘模拟课程的内容、形式和考核方式，是学习该课程的指南性项目。

学习目标

- 理解ERP沙盘的含义。
- 了解ERP沙盘模拟课程的内容。
- 了解ERP沙盘模拟课程的形式。
- 了解ERP沙盘模拟课程的考核方式。

素质目标

培养学生的现代企业经营管理意识与规划能力；拓展经营管理知识体系，提升经营管理认知。

重点与难点

ERP沙盘的含义、ERP沙盘模拟课程的形式、ERP沙盘模拟课程的考核方式

任务一 ERP沙盘的起源与含义

一、ERP沙盘的起源

沙盘一词源于军事，它能通过各种模型来模拟战场的地形及武器装备的部署情况，结合战略与战术的变化来进行推演。这种方法在军事上获得了极大的成功。

ERP沙盘的起源及含义

商场如战场！自从1978年被瑞典皇家工学院的Klas Mellan开发之后，ERP沙盘模拟演练迅速风靡全球。现在国际上许多知名的商学院（如哈佛商

学院等）和一些管理咨询机构都在用 ERP 沙盘模拟演练，对职业经理人、MBA 及经济管理类学生进行培训，以期提高他们在实际经营环境中进行决策和运作的能力。

20 世纪 80 年代初期，ERP 沙盘模拟演练被引入我国，率先在企业的中高层管理者培训中使用并快速发展。21 世纪初，国内的管理软件公司相继开发了 ERP 沙盘模拟演练的教学版，将它推广到高等院校的实验教学过程中。现在，越来越多的高等院校为学生开设了“ERP 沙盘模拟”课程，并且取得了很好的效果。

二、ERP 沙盘的含义

ERP 沙盘是针对代表先进的现代企业经营与管理技术——企业资源计划系统（Enterprise Resource Planning，ERP）而设计的角色体验的实验平台。ERP 沙盘按照制造企业的职能部门划分了职能中心，包括营销与规划中心、生产中心、物流中心和财务中心。各职能中心涵盖了企业运营的所有关键环节，以战略规划、资金筹集、市场营销、产品研发、生产组织、物资采购、设备投资与改造、财务核算与管理等业务为设计主线，把企业运营所处的内外环境抽象为一系列的规则，由受训者组成若干个相互竞争的模拟企业，模拟进行 5 ~ 6 年的企业经营，通过学生参与→沙盘载体→模拟经营→对抗演练→讲师评析→学生感悟等一系列的实验环节，融和理论与实践一体，集角色扮演与岗位体验于一身，使受训者在分析市场、制定战略、营销策划、组织生产、财务管理等一系列活动中参悟科学的管理规律，培养团队精神，全面提升管理能力，同时也对企业资源的管理过程有一个实际的体验。

任务二 ERP 沙盘模拟课程的内容

“ERP 沙盘模拟”课程是讲授模拟企业经营管理的实训课程。它采用一种全新的授课方法，课程的展开就是针对一个模拟企业，使受训者在分析市场、制订战略、营销策划、组织生产、财务管理等一系列活动中参悟科学的管理规律，全面提升管理能力。

ERP 沙盘课程内容及意义

一、整体战略管理

企业首先要有明确的总体战略，之后制订相应的经营战略。受训者经过几年的模拟，将学会用战略的眼光看待企业的业务和经营，保证业务和经营与战略一致，为企业总体战略目标的实现而努力。其具体内容包括：

1）评估内部资源与外部环境，制订长期、中期、短期策略。

2）预测市场趋势，调整既定战略。

二、生产管理

在模拟中，把企业的采购管理、生产管理、质量管理统一纳入生产管理领域，要制订采购计划，进行生产设备的更新和生产线改良等决策，受训者将充分运用所学知识，并积极思考。其具体内容包括：

1）产品研发决策：必要时做出修改研发计划，甚至中断项目的决定。

2）原料采购计划、决策。

3）选择获取生产能力的方式。

4）设备更新与生产线改良。

5）全盘生产流程调度决策，匹配市场需求、交货期和数量以及设备产能。

6）库存管理与产销配合。

三、市场营销管理

营销的目的归根结底就是要满足客户需求。受训者模拟企业经营 6 年中的市场竞争对抗，学会如何分析市场变化、关注竞争对手情况、把握消费者需求、制订营销策略、定位目标市场、制订并有效实施销售计划，最终达成企业战略目标。其具体内容包括：

1）市场开发决策。

2）新产品开发、产品组合与市场定位决策。

3）模拟在市场中短兵相接的竞标过程。

4）对同行进行渗透活动并抢占市场。

5）建立并维护市场地位。

四、财务管理

在沙盘模拟过程中，受训者需清晰掌握资产负债表、利润表的结构；把握企业经营的全局；进行筹资管理和投资管理，提高资金使用效率；做好财务决策，组织好企业的财务活动。其具体内容包括：

1）制订投资计划，评估应收账款金额与回收期。

2）预估长、短期资金需求，寻求资金来源。

3）掌握资金来源与用途，妥善控制成本。

4）洞悉资金短缺前兆，以最佳方式筹措资金。

5）分析财务报表，掌握报表中的重点与数据的含义。

6）运用财务指标进行内部诊断，协助管理决策。

7）以有限资金转亏为盈，创造高利润。

8）编制财务报表，结算投资报酬，评估决策效益。

五、团队协作与沟通管理

沙盘模拟中每个团队经过初期组建、短暂磨合，逐渐形成团队默契，完全进入协作状态。在这个过程中，可以使受训者学习如何在立场不同的部门间进行沟通协调，学会换位思考，为整体利益共同努力。其具体内容包括：

1）实地学习如何在立场不同的各部门间沟通协调。

2）培养不同部门的共同价值观与经营理念。

3）建立以整体利益为导向的组织。

任务三 ERP 沙盘模拟课程的组织形式

一、教学模式

课程形式及考核

ERP 沙盘模拟课程，根据受训者的学习认知规律，其教学模式分为三个阶段。

第一阶段：模拟经营。由于沙盘学习者大多为初学者，不了解何为沙盘、沙盘的规则、电子沙盘的操作等，所以一开始的时候教师要带领学生认知沙盘、熟悉规则、经营运作、编制报表，指导学生完成第 1 ～ 2 年的经营活动（可反复练习第 1 ～ 2 年的操作），帮助受训者打牢基础。

第二阶段：人机对抗。在学生基本了解什么是 ERP 沙盘模拟，并具备一定基础的条件下，教师组织受训者自行与计算机进行人机对抗练习，受训者独立完成第 4 ～ 6 年的人机对抗（具体经营时间可视受训者情况而定），教师针对受训者在人机对抗过程中发现的问题进行专门指导和解答，通过引入人机系统，改变传统沙盘模拟受时空限制的约束，提高模拟经营的效率，快速提升受训者的团队协作能力以及模拟经营水平。

第三阶段：实战对抗。在经过人机对抗夯实基础之后，教师可将班级学生划分为 12 ～ 15 组（2 ～ 4 人为一组，具体组数视班级人数而定），组织受训者进行真实的经营对抗，通过实战既可以检验受训者的学习情况，又可以让受训者在实战对抗中感受真实的市场竞争环境，进一步提高受训者分析问题和解决问题的能力，提升受训者的实战水平。三个阶段的教学，由浅入深、逐层递进、理实一体，通过这三个阶段的学习，能够全面地提升受训者的 ERP 沙盘模拟经营水平。

二、教学过程

1. 构建模拟环境

企业行为模拟，首先要构建模拟市场与模拟企业。沙盘推演中的模拟市场由 8 ～ 15 家相互竞争的虚拟制造企业组成，每个虚拟制造企业由 2 ～ 4 名受训者共同经营，他们分别担任该制造企业的核心管理角色。模拟市场中的供应商、客户、银行则由指导教师扮演。

2. 团队组建与岗位分工

受训者分组组建虚拟制造企业后，要根据制造企业的管理要求，确定本公司的组织架构及岗位职责。沙盘推演时，建议设置 CEO、营销总监（或市场总监）、财务总监、生产总监、采购总监等职位。

3. 认识企业，学习经营规则

经营管理者需要了解企业的基本情况和市场环境，以及企业行为模拟中的内外部环境，它们组成了企业运行的经营规则。经营规则是模拟企业运营的约束条件，在开始模拟运行之前，要学习规则、熟知规则并遵守规则。

4. 模拟企业经营

学习完具体的规则之后，受训者就可以进行企业模拟经营了（一般只模拟第 1 ～ 2 年的经营，可反复操作）。企业模拟经营一般是按年度展开，每年的模拟经营流程是：市场预测与分析→战略规划→经营决策→执行经营决策→业务核算→财务核算→年度经营总结。指导老师根据既定的规则与市场，手把手带领受训者进行前 1 ～ 2 年的模拟经营，帮助受训者更快地了解 ERP 沙盘的操作步骤，更好地理解经营规则。

5. 人机对抗

在熟悉了操作与规则之后，为快速提升受训者的水平，即可采用人机对抗系统。人机对抗系统是单机的模拟对抗，该系统中具有 300 多套对抗模型，而且设立了积分榜。这种具有游戏特色的人机模拟练习，不仅能够充分地调动受训者主动学习的兴趣和积极性，而且能够帮助受训者快速积累大量的实战经验，进一步提高受训者模拟企业经营的水平。

6. 实战对抗

在经过人机对抗夯实基础之后，根据之前的分组，组织班级学生进行真实的小组对抗。实战对抗不仅能让受训者更加熟悉企业经营，让团队的策略在短时间内得以验证，也能培养受训者团队分工协作、相互合作的能力。

7. 点评与总结

每年经营结束后，指导教师要结合专业知识和模拟企业的经营情况，针对普遍性问题和典型案例进行分析，帮助受训者反思和及时改正错误、调整战略策略。全部经营结束后，要求各模拟企业进行全面总结，拟写总结报告，每位受训者撰写岗位履行情况总结，在此基础上，召开全部模拟企业的总结汇报会。各企业团队制作演示文稿，并在总结会上进行演讲汇报，相互分享成功经验、吸取失败教训。最后，由指导教师对受训者的整体学习情况以及总结汇报情况进行点评和分析，帮助受训者查找自身的缺点和不足，不断完善自己。

任务四 ERP 沙盘模拟课程的考核方式

本课程采用受训者自主评价与指导教师评价相结合、个体评价与团队评价相结合、过程评价与结果评价相结合的考核方法。平时成绩考核占 60%，期末成绩考核占 40%，其中平时成绩主要从出勤、课堂表现、总结汇报、实训报告四个方面来进行考核；期末成绩主要从人机对抗和实战对抗两个方面来进行考核。具体的课程考核和评价指标见表 1-1，课程考核表见表 1-2。

表 1-1 课程考核与评价指标

项 目	指 标	权 重	考核对象	评分人
平时成绩（60%）	出勤	10%	个人	CEO、教师
	课堂表现	25%	个人	教师
	总结汇报	15%	团队	教师
	实训报告	10%	个人	教师
期末成绩（40%）	人机对抗	15%	团队	CEO、教师
	实战对抗	25%	团队	CEO、教师
合 计		100%		

具体考核标准如下：

1）出勤分为 6 档（5 天、4 天、3 天、2 天、1 天、0 天）进行考核，指导老师可根据具体的出勤天数进行打分。

2）课堂表现、总结汇报、实训报告分为 5 档（优、良、中、及格、差）进行考核，指导老师可根据具体情况酌情打分。

3）人机对抗和实战对抗分为 4 档（优、良、中、及格）进行考核，指导老师可根据每次对抗结束后系统自动生成的分数进行排名，排名前 20% 的小组为优，排名前 20% ～ 50% 的小组为良，排名前 50% ～ 80% 的小组为中，排名前 80% ～ 100% 的小组为及格。

4）每个考核指标均按照百分制进行打分，最终实训成绩根据指标权重和指标实际得分综合得出。

表 1-2 第____组 ERP 沙盘模拟实训课程考核表

项 目	姓 名	第 1 天	第 2 天	第 3 天	第 4 天	第 5 天
出勤						
课堂表现						
总结汇报	记录教师点评的优点和缺点					
实训报告						
人机对抗	记录人机对抗的成绩及排名					
实战对抗	记录实战对抗的成绩及排名					

能力检测

一、单选题

1. ERP沙盘模拟演练被引入我国的时间是（　　）。

A. 20世纪70年代末　　B. 20世纪80年代初

C. 20世纪90年代末　　D. 21世纪初

2. ERP沙盘模拟演练被引入我国，率先在企业的（　　）层管理者培训中使用并快速发展。

A. 中低　　B. 中　　C. 中高　　D. 高

3. “ERP沙盘模拟”课程是讲述企业（　　）的一门实战类课程。

A. 战略管理　　B. 营销管理　　C. 财务管理　　D. 经营管理

4. ERP沙盘按照制造企业的（　　）部门划分了若干职能中心。

A. 管理　　B. 职能　　C. 生产　　D. 财务

5. ERP沙盘是模拟企业（　　）年的经营。

A. 3～4　　B. 4～5　　C. 5～6　　D. 6～7

二、多选题

1. ERP沙盘模拟中的职能中心包括（　　）。

A. 物流中心　　B. 战略中心　　C. 管理中心　　D. 财务中心

2. 各职能中心涵盖了企业运营的所有关键环节，以（　　）等几个部分为设计主线，把企业运营所处的内外环境抽象为一系列规则。

A. 战略规划　　B. 资金筹集　　C. 市场营销　　D. 财务核算与管理

3. 在沙盘模拟过程中，把企业的（　　）统一纳入生产管理领域，要制订采购计划，进行生产设备的更新和生产线改良等决策。

A. 采购管理　　B. 生产管理　　C. 销售管理　　D. 质量管理

4. 在沙盘模拟过程中，需要清晰掌握（　　）的结构；把握企业经营的全局；进行筹资管理和投资管理，提高资金使用效率；做好财务决策，组织好企业的财务活动。

A. 资产负债表　　B. 利润表　　C. 现金流量表　　D. 所有者权益变动表

5. ERP沙盘模拟经营中需要设置以下哪些岗位（　　）。

A. CEO　　B. 财务总监　　C. 生产总监　　D. 营销总监

三、判断题

1. 沙盘一词源于军事，它能通过各种模型来模拟战场的地形及武器装备的部署情况，结合战略与战术的变化来进行推演。（　　）

2. 企业首先要有明确的经营战略，之后制订相应的管理战略。（　　）

3. 营销的目的归根结底就是要满足客户需求。（　　）

4. 沙盘模拟演练可以提高我们在经营环境中决策和运作的能力。（　　）

5. 在沙盘模拟的财务管理中，进行筹资管理和投资管理时，不需要考虑资金的使用效率。（　　）

知识图谱

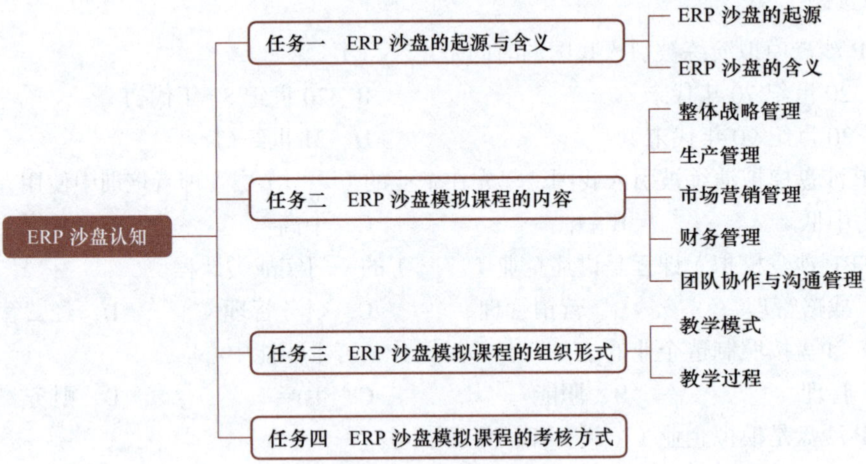
ERP 沙盘认知
任务一　ERP 沙盘的起源与含义
ERP 沙盘的起源
ERP 沙盘的含义
任务二　ERP 沙盘模拟课程的内容
整体战略管理
生产管理
市场营销管理
财务管理
团队协作与沟通管理
任务三　ERP 沙盘模拟课程的组织形式
教学模式
教学过程
任务四　ERP 沙盘模拟课程的考核方式

项目二
ERP沙盘模拟经营

项目综述

“ERP 沙盘模拟经营”项目的主要任务是协助初学者快速组建团队和进行分工，帮助初学者读懂企业运营规则和市场预测的情报数据，并解决其在运营过程中遇到的操作问题。本项目主要介绍团队组建及分工、岗位认知、ERP 沙盘的经营流程和运营环境，即年初、各季度和年末应当做什么以及怎样按照流程进行规范的操作，带领受训学生体验起始年和运营年的操作流程，最后让受训者模拟自主经营，亲身体验企业运营的艰辛。

学习目标

- 了解 ERP 沙盘的操作系统。
- 能够进行团队组建与分工。
- 掌握 ERP 电子沙盘模拟各岗位的经营规则。
- 掌握 ERP 电子沙盘模拟的经营流程和运营环境。

素质目标

- 培养学生的团队意识与合作精神。
- 培养学生的岗位责任感和社会责任感。
- 树立规则意识。

重点与难点

经营规则、教师端操作、学生端操作、经营流程

任务一 团队组建及分工

一、团队组建

ERP 沙盘模拟经营是对真实企业运营过程的模拟，而真实的现代企业组织结构中一般设有董事会、财务部、销售部等，具体如图 2-1 所示。

团队组建及分工

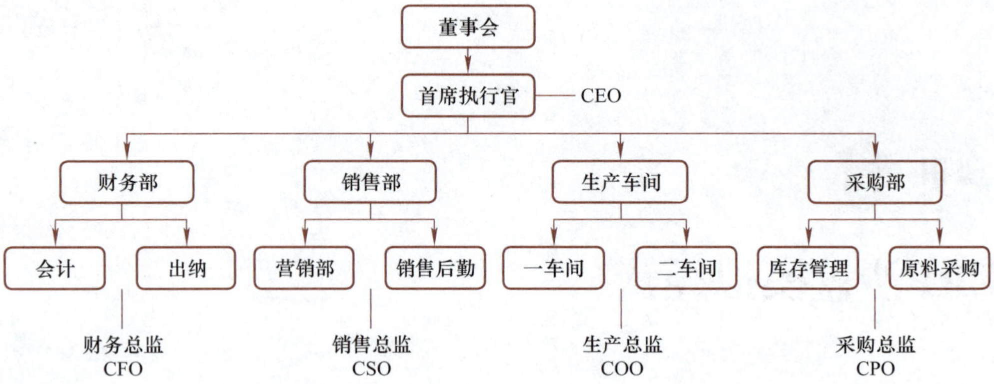

图 2-1　企业组织结构图

因此，需要学生分组组成团队，担任不同的岗位，组建公司，完成 6 年的经营。团队分为 5 种角色：首席执行官（CEO）、财务总监（CFO）、销售总监（CSO）、生产总监（COO）、采购总监（CPO），建议团队由 3 ～ 5 人组成，生产总监与销售总监可兼任。

二、成员分工

各个成员按照团队角色的职责进行分工，见表 2-1。

表 2-1　岗位职责

岗　位	首席执行官	财务总监	销售总监	生产总监	采购总监
职　责	制订发展战略、竞争格局分析、确定经营指标、制订业务策略、全面预算管理、团队协同管理、企业绩效分析、业绩考评管理、管理授权与总结	日常财务记账和登账、向财务部门报税、提供财务报表、日常现金管理、制订企业融资策略、成本费用控制、资金调度与风险管理、财务制度与风险管理、财务分析与协助决策	市场调查分析、市场进入策略、品种发展战略、广告宣传策略、制订销售计划、争取订单与谈判、签订合同与过程控制、按时发货、应收款管理、销售绩效分析	产品研发管理、管理体系认证、固定资产投资、编制生产计划、平衡生产能力、生产车间管理、产品质量保证、成品库存管理、产品外协管理	编制采购计划、供应商谈判、签订采购合同、监控采购过程、到货验收、仓储管理、采购支付抉择、与财务部协调、与生产部协调

任务二　岗位认知

进行 ERP 沙盘模拟经营之前，首先要了解各岗位的经营规则。学习规则是比较枯燥的，但却是必经之路。只有懂得规则，才能游刃有余；只有认真对待，才能有所收获；只有积极参与，才能分享成就。

一、首席执行官需要领会的规则

年度规划会议在每年度运营会议开始时召开，在软件中无须操作。年度规划会议一般由团队的首席执行官（CEO）主持召开，会同团队中的采购、生产、销售等负责人一起进行全年的市场预测分析、广告投放、订单选取、产能扩张、产能安排、材料订购、订单交货、产品研发、市场开拓、筹资管理和现金控制等方面的分析和决策规划，最终完成全年运营的财务预算。

二、销售总监需要领会的规则

销售岗规则讲解1

1. 市场开拓

市场开拓费用及所需时间见表2-2。

表2-2 市场开拓费用及所需时间

市 场	开发费（万元/年）	所需时间（年）	说 明
本地	10	1	开发费用按开发时间在年末支付，不允许加速投资，但可以中断投资 市场开发完成后，领取相应的市场准入证
区域	10	1	
国内	10	2	
亚洲	15	2	
国际	15	3	

市场开拓费用中，无须另计维护费。如中途停止使用，也可继续拥有资格并在以后年份使用。市场开拓只可以在第4季度操作。

2. 选单规则

1）投10万元广告有一次选单机会，每增加20万元多一次机会；如果投小于10万元的广告则无选单机会，但仍扣除广告费，对计算市场广告额有效。广告投放可以为11万元、12万元……

2）投放广告只规定最晚时间，没有最早时间，即当年结束后可以马上投广告。

3）根据本市场本产品广告额投放大小的顺序依次选单。如果两队本市场本产品广告额相同，则对比本市场广告投放总额；如果本市场广告投放总额也相同，则对比本市场销售总额；如仍无法决定，则先投放广告者先选单。

4）第一年无订单。选单时，两个市场同时开单，各队需要同时关注两个市场的选单进展，一旦其中一个市场先结束，则第三个市场立即开单。即任何时候都会有两个市场同开，除非到最后只剩下一个市场选单未结束。如某年在本地、区域、国内、亚洲四个市场有选单，则系统将本地、区域同时放单，各市场按P1、P2、P3、P4、P5顺序独立放单；若本地市场选单结束，则国内市场立即开单，此时区域、国内两市场保持同开，紧接着区域市场结束选单，则亚洲市场立即放单，即国内、亚洲两市场同开。选单时各队需要点击相应的“市场”按钮，当前市场选单结束后，系统不会自动跳到其他市场。

3. 按订单交货

订单交货对话框中会显示年初订货会上取得的所有产品订单，该订单会提供订单销售收入总价、订单需交的产品种类和数量、交货期限、账期等信息。

销售岗规则讲解2

4. 竞单会

参与竞标的订单标明了订单编号、市场、产品、数量、质量要求等，而总价、交货期、账期三项为空。竞标订单的相关要求为：竞拍会的单子、价格、交货期、账期都是根据各个队伍的情况自主选择填写的。

（1）投标资质

参与投标的公司需要有相应市场、ISO 认证的资质，但不必有生产资格。

中标的公司需要为该竞单支付 10 万元标书费，在竞标会结束后一次性扣除，计入广告费。如果（已竞得单数 + 本次同时竞单数）×10> 现金余额，则不能再竞单。即每次参与竞单都必须拥有一定的保证金（保证金 = 每次同时竞单数 × 最小得单广告额）。

例 2–1

同时竞争 3 张订单，库存现金为 58 万元，已经竞得 3 张订单，扣除 30 万元标书费，还剩余 28 万元库存现金，则不能继续参与竞拍。因为万一再竞得 3 张，28 万元库存现金不足以支付 30 万元的标书费。

为防止恶意竞单，系统对竞得单张数进行限制，如果某队已竞得单张数 >ROUND（3× 该年竞单总单数 / 参赛队数），则不能继续竞单。

温馨提示

1）ROUND 表示四舍五入。

2）如上式为等于，则可继续参与竞单。

3）参赛队数指经营中的队伍，即经营组 + 融资组（融资组为破产后给予注资的队伍，破产组不计入参赛队数）。

例 2–2

某年竞单，共 40 张，20 组参与竞单（融资组不参与竞单），当某一队已经得到 7 张订单，由于 7>ROUND（3×40/20），因此不能再参与竞单；如果得到 6 张，则可以继续参与竞单。

（2）投标

参与投标的公司须根据所投标的订单，在系统规定的时间（90 秒，以倒计时形式显示）内填写总价、交货期、账期三项内容，确认后由系统按如下方式进行评分。

得分 =100+（5– 交货期）×2+ 应收账期 –8× 总价 /（产品成本 × 数量）

得分最高者中标。如果计算分数相同，则先提交者中标。

温馨提示

1）填写的总价区间为成本价至成本价的 3 倍（可以等于区间两端价格）。

2）必须为竞单留足时间，如在倒计时小于等于 5 秒时再提交，可能无效。

3）竞得订单与选中订单一样，属于市场销售额。

4）竞单时不允许探听对手信息。

5）融资组不允许参与竞单。

三、采购总监需要领会的规则

采购岗规则讲解

1. 原料

原料基本信息见表 2-3。

表 2-3 原料基本信息

原 料 名 称	购买价格（万元 / 个）	提前期（季）
R1	10	1
R2	10	1
R3	10	2
R4	10	2

2. 订购原料

企业原料一般分为 R1、R2、R3、R4 四种，其中 R1、R2 原料需提前 1 个季度订购，在 1 个季度后支付材料款并入库，R3、R4 原料需提前 2 个季度订购，在 2 个季度后支付材料款并入库。原料订购数量由后期生产需要来决定，订购多了会造成资金被占用，订购少了则不能满足生产需要，会造成生产线停产，甚至不能按期完成产品交货，导致产品订单违约。

3. 更新原料库

在企业沙盘模拟运营中，R1、R2、R3、R4 四种原料的采购价格由系统设定，一般每个原料价格均为 10 万元。其中，R1、R2 原料是在订购 1 个季度后支付，R3、R4 原料是在订购 2 个季度后支付。

4. 紧急采购

紧急采购是为了解决原料或产品临时短缺的问题。企业原料订购不足或产品未能按时生产，均可能造成产品订单不能按时交货，导致订单违约，从而失去该订单收入并需支付违约金。为避免该损失，企业可紧急采购少量短缺的原料或产品，满足生产或交货的需要，促使产品订单按时交货，由此取得相应的销售利润。紧急采购价格一般比正常的采购价要高很多，具体由教师 / 裁判在裁判端参数设置中设定。操作时既可以紧急采购原料，也可以紧急采购库存产品。

在运用紧急采购操作时，付款即到货，原料价格为直接成本的 2 倍，成品价格为直接成本的 3 倍。

紧急采购原料和产品时，直接扣除现金。填写报表时，成本仍然按照标准成本记录，紧急采购多付出的成本计入综合费用表的损失项。

四、生产总监需要领会的规则

生产岗规则讲解 1

1. 产品

产品基本信息见表 2-4。

表 2–4 产品基本信息

产 品 名 称	开发费（万元 / 季）	开发周期（季）	加工费（万元 / 个）	直接成本（万元 / 个）	产 品 组 成
P1	10	2	10	20	R1
P2	10	3	10	30	R2+R3
P3	10	4	10	40	R1+R3+R4
P4	10	5	10	50	R2+R4+P1（P1 为中间产品）
P5	10	6	10	60	R1+R3+P2（P2 为中间产品）

（1）产品研发

产品研发按照季度来投资，每个季度均可操作，中间可以中断投资，直至产品研发完成，产品研发成功后方能生产相应的产品。

（2）开始生产

开始下一批生产时，应保证相应的生产线空闲、产品研发完成、原料充足、投产用的现金宽裕，上述四个条件缺一不可。开始下一批生产操作时，系统会自动从原料仓库领用相应的原料，并从现金中扣除用于生产的人工费用。

（3）ISO 资格认证

ISO 资格认证信息见表 2–5。

表 2–5 ISO 资格认证信息

<table>
<tr><td>认　证</td><td>ISO9000</td><td>ISO14000</td><td rowspan="3">开发费用按开发时间在年末平均支付，不允许加速投资，但可中断投资
ISO 开发完成后，领取相应的认证</td></tr>
<tr><td>时间（年）</td><td>2</td><td>2</td></tr>
<tr><td>费用（万元 / 年）</td><td>10</td><td>15</td></tr>
</table>

无须另计维护费，如中途停止使用，也可继续拥有资格并在以后年份使用。ISO 认证开拓，只在第 4 季度可以操作。

ISO 投资包括产品质量（ISO9000）认证投资和产品环保（ISO14000）认证投资。企业若想在订货会上选取带有 ISO 认证的订单，必须取得相应的 ISO 认证资格，否则不能选取该订单。ISO 投资每年进行一次，可按年连续进行，也可中断后再进行投资，直至 ISO 投资完成。

生产岗规则讲解 2

2. 生产线

（1）新建生产线

生产线一般包括手工线、自动线、柔性线等，具体生产线信息详见表 2–6。只有厂房中仍可容纳生产线时，方可进行新建生产线操作。

（2）在建生产线

只有处在建造期的生产线才会在“在建生产线”对话框中显示，该对话框中会提供处于建造期间的生产线的累计投资额、开建时间和剩余建造期。

（3）生产线转产

生产线建造时已经确定了生产的产品种类，但是在企业运营过程中，为保证不同产品数量的订单按时交货，可能会对生产线生产的产品进行适当的转产操作，转产时要求该生产线处于待生产状态，否则不可以进行转产操作。

转产时，不同生产线的转产费用和转产周期是有区别的，具体详见表 2-6。当转产周期大于 0 季度时，生产线将处于转产中状态，待转产周期结束后方可继续生产。

表 2-6 生产线信息

生产线类型	投资总额（万元）	安装周期（季）	生产周期（季）	转产费（万元）	转产周期（季）	维修费（万元/年）	残值（万元）
手工线	35	0	2	0	0	5	5
自动线	150	3	1	20	1	20	30
柔性线	200	4	1	0	0	20	40
租赁线	0	0	1	20	1	70	-85

温馨提示

1）不论何时出售生产线，残值计入现金，净值与残值之差计入损失。

2）只有未使用且已建成的生产线方可转产。

3）当年建成的生产线、转产中的生产线都要交维护费。

4）生产线不允许在不同厂房间移动。

（4）出售生产线

出售生产线的前提是该生产线是空置的，即没有在生产产品。出售时按残值收取现金，按净值（生产线的原值减去累计折旧后的余额）与残值之间的差额作为企业损失，已提足折旧的生产线不会产生出售损失，未提足折旧的生产线必然产生出售损失。

例 2-3

假定规则中手工线建设期为 0 季度、原值为 35 万元、净残值 5 万元、使用年限 4 年，若某企业第 1 年第 1 季度开建一条手工线，则该生产线系第 1 年第 1 季度建成，只要该生产线处于待生产状态即可进行出售。

若建成后当年将其出售，则会收到 5 万元现金，同时产生 30 万元损失 [（原值 35 万元 - 累计折旧 0 万元）- 净残值 5 万元]，若第 2 年将其出售，则会收到 5 万元现金，同时产生 20 万元损失 [（原值 35 万元 - 累计折旧 10 万元）- 净残值 5 万元]，以此类推。

（5）生产线折旧（平均年限法）

生产线折旧信息见表 2-7。

表 2-7 生产线折旧信息

生产线类型	投资总额（万元）	残值（万元）	建成第 1 年（万元）	建成第 2 年（万元）	建成第 3 年（万元）	建成第 4 年（万元）	建成第 5 年（万元）
手工线	35	5	0	10	10	10	0
自动线	150	30	0	30	30	30	30
柔性线	200	40	0	40	40	40	40
租赁线	0	-85	0	0	0	0	0

温馨提示

生产线建成当年不折旧，净值等于残值时不再折旧，仍可继续使用。

3. 厂房

厂房基本信息，见表 2–8。

表 2–8 厂房基本信息

厂房类型	买价（万元）	租金（万元 / 年）	售价（万元）	容量（条）	说明
大厂房	420	42	420	4	厂房出售得到 4 个账期的应收款。紧急情况下可用厂房贴现（4 季贴现）直接得到现金。如厂房中有生产线，同时要支付租金
中厂房	300	30	300	3	
小厂房	180	18	170	2	

厂房使用可以任意组合，但一般总数不能超过 4 个。例如可租 4 个小厂房，或买 4 个大厂房，或租 1 个大厂房买 3 个中厂房。

（1）购租厂房

厂房类型可以根据需要选择大厂房、中厂房或小厂房，订购方式可以根据需要选择买或租，厂房每季均可购买或租用。

若选择购买，则需一次性支付购买价款，无后续费用；若选择租用，则需每年支付租金，租金支付时间为租入当时以及之后每年对应季度的季末。

若企业在第 1 年第 2 季度选择购买 1 个大厂房，则系统会在购买时一次性扣除相应的购买价款，以后不再产生相关扣款。

若企业在第 1 年第 2 季度选择租用 1 个大厂房，则需在第 1 年第 2 季度租用时支付第 1 年租金，以后每年的租金由系统自动在第 2 季度季末支付。

（2）厂房处理

厂房处理方式包括卖出、退租、租转买三种。

卖出操作针对原购入的厂房，实质上此操作包括：卖出厂房，同时判断是否需要将此厂房租回，卖出厂房将根据规则产生一定金额、一定账期的应收款（详见规则说明）；如厂房中有生产线，则需支付对应的租金租回厂房，没有则无须支付租金。

退租操作针对原租入的厂房，该操作要求厂房内无生产设备，若从上年支付租金时开始算租期未满 1 年的，则无须支付退租当年的租金，反之则须支付退租当年的租金。

租转买操作针对原租入的厂房，即在对应的租用季度，支付价款购回厂房，购回后无须支付租金。

例 2–4

假定规则规定某大厂房购买价为 40 万元，租金为 4 万元 / 年。

若企业欲将原购买的大厂房卖出，则会产生期限为 4 季度、金额为 40 万元的应收款，同时系统会在卖出时自动判断是否需要扣除当期厂房租金 4 万元。

若企业于上年第 2 季度租入 1 个大厂房，如果在本年度第 2 季度结束前退租，则系统无须支付第 2 个年度的厂房租金；如果在本年度第 2 季度结束后退租，则系统会扣除第 2 个年度的厂房租金 4 万元。此操作要求该厂房内无生产设备。

若企业租转买原租入厂房，则系统仍会在大厂房租入的对应季度扣除当年的租金，并且在租转买时支付大厂房的购买价款 40 万元。

五、财务总监需要领会的规则

1. 支付广告费及所得税

点击“当年结束”，系统时间切换到下一年年初，需要投放广告，确认投放后系统会自动扣除所投放的广告费及上年应交所得税。

财务岗规则讲解 1

2. 融资

融资基本信息见表 2-9。

表 2-9 融资基本信息

贷款类型	贷款时间	贷款额度	年息	还款方式
长期贷款	每年年初	所有长贷和短贷之和不能超过上年权益的 3 倍	10%	年初付息，到期还本，每次贷款不小于 10 的整数
短期贷款	每季度初		5%	到期一次还本付息，每次贷款为不小于 10 的整数
资金贴现	任何时间	视应收款额	10%（1 季，2 季） 12.5%（3 季，4 季）	变现时贴息
库存拍卖		原料八折，成品按成本价		

温馨提示

长贷利息为所有长贷汇总相加乘以利率，之后四舍五入计息（长贷付息及还本均在投放广告时扣除）。短贷利息按每季度分别计息。

（1）长期贷款

长期贷款需填写贷款年限，系统预设有 1 ～ 5 年的年限选择，最大额度一般为上一年权益的 3 倍，贷款额度由企业年度规划会议决定，但不得超过最大贷款额度。

长期贷款为分期付息，到期一次还本。年利率、可贷款倍数由裁判 / 教师在参数设置中设定。

例 2-5

若年利率为 10%，额度为上一年权益的 3 倍。上年权益为 600 万元，则本年最大贷款额度为 1800 万元（600 万元 ×3）。若之前已有 100 万元贷款，则本次贷款额度需减去已贷的数值即为 1700 万元（1800 万元 −100 万元）。

若企业第 1 年初贷了 100 万元，期限为 5 年，则系统会在第 2 ～ 6 年初每年自动支付长贷利息 10 万元（100 万元 ×10%），并在第 6 年初自动偿还本金 100 万元。

（2）短期贷款

短期贷款的期限默认为 1 年，到期一次还本付息，长短贷共享贷款额度，即长短贷之和不得超过贷款额度。

例 2-6

短贷利率为 5%，若第 1 年第 1 季度贷款 20 万元，则第 2 年第 1 季度需偿还 20 万元本金及 1 万元（20 万元 ×5%）利息。

（3）资金贴现

1）应收款贴现。应收款贴现是指提前收回未到期的应收款，因为该应收款并非正常到期收回，所以贴现时需支付相应的贴现利息（贴现利息 = 贴现金额 × 贴现率），详见规则说明。这一操作一般是在企业存在短期现金短缺，且无法通过成本更低的正常贷款取得现金流时才考虑使用。

例 2-7

假定某企业账期为 1 季度和 2 季度的应收款贴现率为 10%，账期为 3 季度和 4 季度的应收款贴现率为 12.5%，若该期限将账期为 2 季度、金额为 10 万元的应收款和账期为 3 季度、金额为 20 万元应收款同时贴现，则

贴现利息 =10 万元 ×10%+20 万元 ×12.5%

=3.5 万元 ≈4 万元（规则规定贴现利息律向上取整）

实收金额 =（10+20−4）万元 =26 万元

贴现后收到的 26 万元，当即增加企业现金，产生的 4 万元贴现利息作为财务费用入账。

2）厂房贴现。该操作实质上是将厂房卖出（买转租）产生的应收款直接贴现取得现金。它与厂房处理中的卖出（买转租）的区别就在于，卖出（买转租）后购置厂房的资金变为 4 个季度的应收款。而厂房贴现则直接将卖出（买转租）产生的应收款贴现。

（4）库存拍卖

拍卖库存的原料，按成本价的 80% 出售，并且所得现金向下取整。例如，拍卖 2 个 R1，购买单价为 10 万元，所得现金 =2×10 万元 ×80%=16 万元；拍卖库存成品，按成本价的 100% 出售。例如，拍卖 2 个 P1，直接成本为 20 万元，所得现金 =2×20 万元 =40 万元。

3. 应收款更新

应收款更新操作实质上是将企业所有的应收款项减少 1 个收账期。它分为两种情况：一是针对本季度尚未到期的应收款，系统会自动将其收账期减少 1 个季度；另一部分针对本季度到期的应收款，系统会自动计算并在“收现金额”框内显示，进行确认操作后，系统自动增加企业的现金。

例 2-8

若某企业上季度末应收账款有如下两笔：一笔为账期 3 季度、金额 20 万元的应收款，另一笔为账期 1 季度、金额 30 万元的应收款。则本季度进行应收款更新时，系统会将账期为 3 季度、金额为 20 万元的应收款更新账期为 2 季度、金额为 20 万元的应收款，同时自动将账期为 1 季度、金额为 30 万元的应收款收现。

4. 填写报表

每年企业模拟经营结束后，财务经理需要填写综合费用表、利润表和资产负债表。

（1）综合费用表

综合费用表反映企业期间费用的情况，具体包括管理费、广告费、设备维护费、转产费、租金、市场准入开拓费、ISO 认证资格费、产品研发费、信息费和其他等项目。其中信息费是指企业为查看竞争对手的财务信息而支付的费用，具体由规则确定，见表 2-10。

财务岗规则讲解 2

表 2-10 综合费用表

序 号	项 目	数 据 来 源
1	管理费	每季季末需缴纳的管理费用
2	广告费	年初投放的广告费用
3	设备维护费	已经完工的生产线，年末需缴纳设备维护费
4	转产费	部分生产线转产需要缴纳转产费用
5	租金	租用的厂房需要缴纳租金
6	市场准入开拓费	年末开拓市场缴纳的费用
7	ISO 认证资格费	获得产品质量及环保资格认证所产生的费用
8	产品研发费	研发产品获取生产资格产生的研发费
9	信息费	使用企业信息查询功能获得其他企业信息所产生的费用
10	其他	其他 = 损失，包括紧急采购的多余费用、生产线出售的未折旧费用、订单违约产生的违约金、原料出售的折价费用
合 计		以上所有费用相加

（2）利润表

利润表反映企业当期的盈利情况，具体包括销售收入、直接成本、综合管理费用、折旧、财务费用、所得税等项目。其中销售收入为当期按订单交货后取得的收入总额，直接成本为当期销售产品的总成本，综合费用根据“综合费用表”中的合计数填列，折旧为当期生产线折旧总额，财务费用为当期借款所产生的利息总额，所得税根据利润总额计算，见表 2-11。

表 2-11 利润表

序 号	项 目	数 据 来 源	计 算 公 式
1	销售收入	本年完成的销售金额合计	
2	直接成本	本年完成的销售产品成本合计	
3	毛利	销售收入 − 直接成本	=1−2
4	综合管理费用	上表的费用合计数	
5	折旧前利润	毛利 − 综合管理费用	=3−4
6	折旧	本年生产线折旧数值	
7	支付利息前利润	折旧前利润 − 折旧	=5−6
8	财务费用	本年的长贷利息 + 短贷利息 + 贴现利息	
9	税前利润	税前利润 − 财务费用	=7−8

（续）

序　号	项　目	数据来源	计算公式
10	所得税	当税前利润为正，且以往年度没有亏损则正常计税；有亏损则弥补亏损，弥补后的数值为正则数值继续计税；弥补后的数值为负则不计税，往后年度继续弥补；税前利润为负或为零则不计税	
11	净利润	税前利润－所得税	=9–10

（3）资产负债表

资产负债表反映企业当期财务状况，具体包括现金（现称为“库存现金”）、应收款、在制品、产成品、原料等流动资产，土地和建筑、机器与设备和在建工程等固定资产，长期负债、短期负债、应交税金（现称为“应交税费”）等负债，以及股东资本、利润留存、年度净利等所有者权益项目，见表 2–12。

表 2–12　资产负债表

资　产	数据来源	负债和所有者权益	数据来源
流动资产：		负债：	
现金	年末盘点的剩余现金	长期负债	长期贷款合计
应收款	未收到的款项合计	短期负债	本年短期贷款合计
在制品	还在生产线上生产的产品成本合计	应交税费	利润表中所得税
产成品	库存中的产品成本合计		
原料	库存中的原料成本合计		
流动资产合计	上述五项合计	负债合计	上述三项合计
固定资产：		所有者权益：	
土地和建筑	厂房买价合计	股东资本	初始资金
机器与设备	设备价值（沙盘上生产线的净值之和）	利润留存	上年利润留存＋上年年度净利
在建工程	正在建设的生产线价值之和	年度净利	利润表中的净利润
固定资产合计	上述三项合计	所有者权益合计	上述三项合计
资产合计	流动资产合计＋固定资产合计	负债和所有者权益合计	负债合计＋所有者权益合计

任务三　经营流程

企业运营流程介绍

电子沙盘的操作分为基本流程和特殊流程。其中，基本流程要求按照一定的顺序依次执行，不允许改变其执行的顺序，如图 2–2 所示。

1. 年初任务

年初任务主要包括新年度规划会议、投放广告、参加订货会（选单）、长期贷款等任务，如图 2–3 所示。

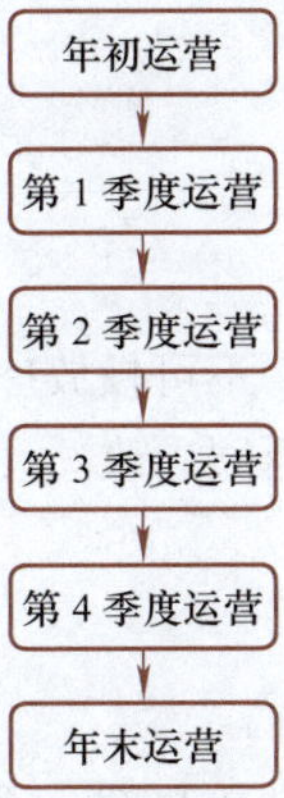

图 2-2　基本流程

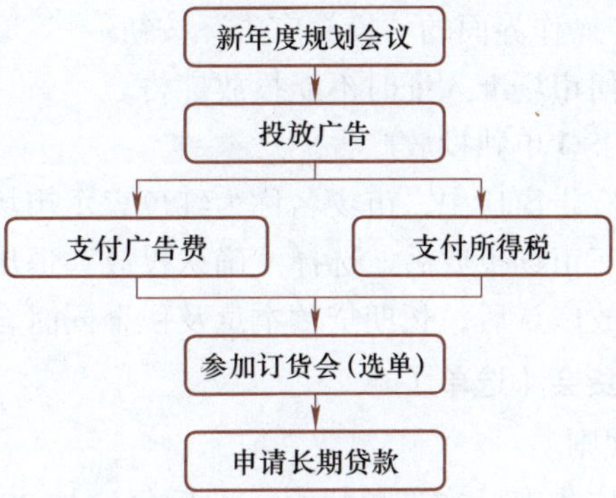

图 2-3　年初任务

2. 季度任务

季度任务主要包括贷款、采购、生产、交货以及研发等任务，如图 2-4 所示。

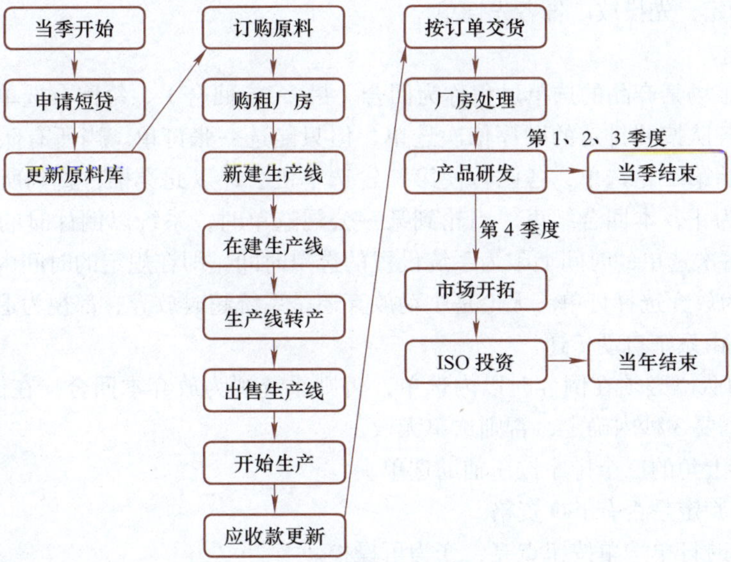

图 2-4　季度任务

3. 年末任务

年末任务主要包括编制报表等任务，如图 2-5 所示。

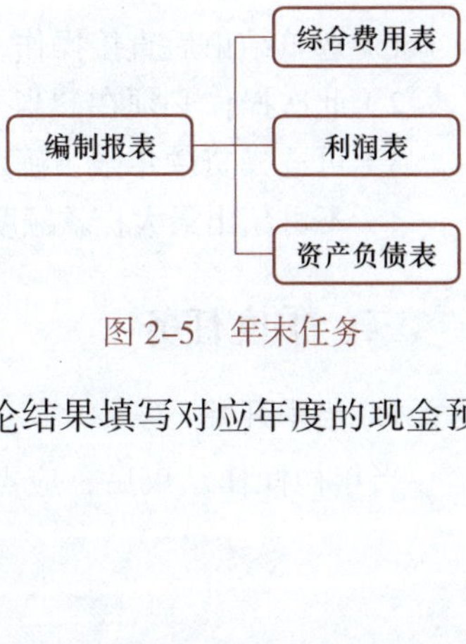

图 2-5　年末任务

一、年初任务

1. 新年度规划会议

每年年初企业高层召开新年度规划会议，根据以往每年的数据确定新年度的经营方案。财务总监根据新年度规划会议的讨论结果填写对应年度的现金预算表，以确定本年度内现金是否能够维持企业的正常运转。

2. 投放广告（同时支付所得税及长贷利息）

双击系统中操作界面的“投放广告”按钮。

1）没有任何市场准入证时不能投放广告。

2）不要对ISO单独投放广告。

3）在投放广告窗口中，市场名称为红色表示市场尚未开发完成，不可投放广告。

4）完成所有市场投放后，选择“确认投放”退出，退出后不能返回更改。

5）广告投放确认后，长期贷款本息及税金同时自动扣除。

3. 参加订货会（选单）

（1）选单规则

投10万元广告有一次选单机会，此后每增加20万元，多一次选单机会。系统自动依据以下规则确定选单顺序。

1）本市场本产品广告额多的先选单。

2）本市场广告总额多的先选单。

3）本市场上年销售额排名靠前者先选单。

4）仍不能确定，先投放广告者先选单。

（2）选单信息

系统中将某市场某产品的选单过程称为回合（最多25回合），每回合选单可能有若干轮，在每轮选单中，各队按照排定的顺序依次选单，但只能选一张订单。当所有队都选完一次后，若再有订单，开始第二轮选单，各队行使第二轮选单机会，以此类推，直到所有订单被选完或所有队退出选单为止，本回合结束。当轮到某一公司选单时，系统以倒计时的形式给出本次选单的剩余时间，每次选单的时间上限为系统设置的选单时间，即在规定的时间内必须做出选择，否则系统自动视为放弃选择订单。无论是主动放弃还是系统超时放弃，都视为退出本回合选单。

1）选单权限由系统自动传递。

2）有权限的队伍必须在倒计时以内选单，否则系统视为放弃本回合。在倒计时大于10秒选单，出现确认框要3秒内确定，否则选单无效。

3）可借助右上角的三个排序按钮辅助选单。

4）系统自动判定是否有ISO资格。

5）轮到选单时订单选单按钮点亮，变为可操控。

6）不可选的订单显示为红色，即代表企业不满足资质。

4. 申请长期贷款

1）选单结束后直接操作，一年只有一次，但可以申请不同年份的若干笔。

2）此次操作必须在“当季开始”之前；“当季开始”后将不可再操作。

3）可选择贷款年限，确定后不可更改。

4）不可超出最大贷款额度，即长短期贷款额度（已贷+欲贷）不可超过上年权益的倍数。

二、季度任务

1. 当季开始

当年初操作结束后，应点击系统界面的“当季开始”按钮，系统会自动完成还本付息、更新短期贷款、更新生产、完工入库、生产线完工和转产完工步骤。

1）选单结束或长期贷款后当季开始。

2）开始新一季经营需要当季开始。

3）系统自动扣除短期贷款本息。

4）系统自动完成更新生产、产品入库及转产操作。

2. 申请短贷

1）一季只能操作一次。

2）长短期贷款总额（已贷 + 欲贷）不可超过上年权益的倍数。

3. 更新原料库

1）系统自动提示需要支付的现金（不可更改）。

2）只需要选择“确认更新”按钮即可。

3）系统自动扣除现金。

4）确认更新后，后续的操作权限方可开启（下原料订单到更新应收款），前面的操作权限关闭。

5）一季只能操作一次。

4. 订购原料

1）输入所有需要的原料数量，然后按“确认”按钮，一季只能操作一次。

2）确认订购后不可退订。

3）可以不下订单。

5. 购租厂房

厂房租入一年后可做租转买、退租处理，如不操作系统自动按续租处理。

1）要建生产线，必须购买或租用厂房，没有租用或购买厂房不能新建生产线。

2）厂房可买可租，租用或购买厂房可以在任何季度进行。如果决定租用厂房或厂房买转租，租金在开始租用的季度交付。

3）如果厂房中没有生产线，可以选择退租，系统将删除该厂房。

4）厂房租用数量上限根据系统规定执行。

6. 新建生产线

1）在系统中新建生产线，需先选择厂房、生产线类型和生产产品类型，特别是生产产品类型。生产产品一经确定，本生产线所生产的产品不能更换，如需更换，须在建成后进行转产处理。

2）每次操作可建一条生产线，同一季度可以重复操作多次，直至生产线的位置全部铺满。

3）新建生产线一经确认，即可进入第一期在建，当季自动扣除现金。投资生产线的支付不一定要连续，可以中断，也可以中断后继续投资。系统中也可以不做生产线投资。

7. 在建生产线

1）系统自动列出投资未完成的生产线。

2）复选需要继续投资的生产线。

3）可以不选——表示本季中断投资。

4）一季只可操作一次。一条生产线待最后一期投资到位后，必须到下一季才算安装完成，允许使用。

8. 生产线转产

1）系统自动列出符合转产要求的生产线。

2）复选需要转产的生产线。

3）选择转产指向的产品，然后确认。可多次操作。

4）转产周期为 0 也需要操作，但不会停产。

9. 出售生产线

1）系统自动列出可变卖的生产线（建成的空置生产线、转产中的生产线不可出售）。

2）复选要出售的生产线。

3）变卖后，从净值中按残值收回现金，净值高于残值的部分计入当年费用的损失项。

10. 开始生产

1）系统自动列出可以进行生产的生产线。

2）自动检测原料、生产资格和加工费。

3）复选要生产的生产线。

4）系统自动扣除原料和加工费。

11. 应收款更新

1）确认自动完成更新。

2）此步操作后，前面的各项操作权限关闭（不能返回以前的操作任务），并开启以后的操作任务，即按订单交货、厂房处理、产品研发。

12. 按订单交货

1）系统自动列出当年未交且未过交货期的订单。

2）自动检测成品库存是否足够，交货期是否过期。

3）按下“确认交货”按钮，系统会自动增加应收账款或现金。

4）超过交货期的订单不能交货，系统在年底扣除违约金（计入损失）。

13. 厂房处理

1）本操作适用于已经在用的厂房，若要新置厂房，请进行“购租厂房”操作。

2）如果拥有厂房且无生产线，可卖出，增加 4Q 应收款，并删除厂房。

3）如果拥有厂房但有生产线，卖出后增加 4Q 应收款，自动转为租，并扣除当年租金，记下租入时间。

4）租入厂房可以转为购买，并立即扣除现金；如无生产线，可退租并删除厂房。

5）租入厂房离上次付租金满一年，如果不执行本操作，视为续租，并在当季结束时自动扣除下一年租金。

14. 产品研发

1）复选要开发的所有产品。

2）一季只允许操作一次。

3）当季结束，系统检测开发是否完成。

15. 当季结束

1）一季经营完成需要当季结束确认。

2）系统自动扣除行政管理费（10 万元 / 季）及厂房租金并检测产品开发完成情况。

16. 市场开拓

1）复选所要开发的市场，然后确认。

2）只有第 4 季度可操作一次，可中断投资。

3）当年结束系统自动检测市场开拓是否完成（第 1 年第 4 季度不操作市场开拓，第 2 年年初会因无市场资格而无法投放广告选单）。

17. ISO 投资

1）复选所要投资的 ISO 资格，然后确认。

2）只有第 4 季度可操作一次，可中断投资。

3）当年结束系统自动检测 ISO 资格是否完成。

三、年末任务

1）第 4 季度经营结束，需要结束本年经营，确认一年经营完成。

2）点击“当年结束”按钮后，系统自动处理以下任务。

①支付第 4 季度管理费。

②缴纳违约订单罚款。

③支付设备维护费，年末时只要生产线安装完成，无论是否使用，必须于当年缴纳维护费。

3）计提折旧。当年建成生产线当年不计提折旧，当净值等于残值时生产线不再计提折旧，但可以继续使用。

4）系统会自动生成综合费用表、利润表和资产负债表三大报表，需要操作者填写三大报表，系统自动检测正确与否，不正确的会给予提示。

四、特殊运营任务

特殊运营任务不受运营流程的操作顺序限制，任意时间都可以操作。

1. 厂房贴现

1）任意时间可操作。

2）如无生产线，厂房原值出售，售价按 4 季应收款全部贴现。

3）如果有生产线，除按售价贴现外，还要再扣除租金。

4）系统自动全部贴现，不允许部分贴现。

2. 紧急采购

1）任意时间可操作（竞单时不允许）。

2）单选需购买的原料或产品，填写数量后确认采购。

3）原料及产品的价格直接列示。

4）当场扣款到货。

5）购买原料和产品均按照成本计算，高于成本部分计入综合费用表损失项。

3. 出售库存

1）任意时间可操作。

2）填入售出材料或产品的数量，然后确认。

3）原料及产品按照系统设置的折扣率回收现金。

4）售出后的损失部分计入费用表损失项。

5）所得现金四舍五入。

4. 贴现

1）第 1 季度、第 2 季度和第 3 季度、第 4 季度分开贴现。

2）第 1 季度与第 2 季度应收款加总贴现，第 3 季度与第 4 季度应收款加总贴现。

3）可在任意时间操作且次数不限。

4）填入贴现金额应小于或等于应收款。

5）贴现额乘以对应贴现率，求得贴现费用（向上取整），贴现费用计入财务费用，其他部分增加现金。

5. 企业信息查问功能的运用

1）任意时间可操作（竞单时不允许）。查看任意一家企业信息，花费 1 万元（可变参数）可查看一家企业情况，包括资质、厂房、生产线、订单等（不包括报表）。

2）以 Excel 表格形式提供。

3）可以免费获得自己的相关信息。

6. 订单信息

1）任意时间可操作。

2）可以查看所有订单信息及状态（可以按年筛选）。

7. 市场预测

任意时间可查看，只包括选单。

8. 破产检测

1）广告投放完毕、当季（年）开始、当季（年）结束、更新原料库等处，系统自动检测已有现金加上最大贴现额及出售所有库存及厂房贴现是否足够本次支出，如果不够，则破产退出系统；如需继续经营，联系管理员进行处理。

2）当年结束，若权益为负，则破产退出系统；如需继续经营，联系管理员进行处理。

9. 其他

1）若需要付现，操作系统均会自动检测，如不够，则无法进行下去。

2）请注意“更新原料”及“更新应收账款”两个操作，是其他操作之开关。

3）对操作顺序无严格要求，但建议按顺序操作。

4）可通过侧边对话框与裁判联系。

5）市场开拓与 ISO 投资仅第 4 季度可操作。

6）广告投放完毕，可通过查裁判发放的广告信息知道其他组广告投放情况。

7）操作中发生显示不当，应立即按 F5 刷新或退出重新登录。

任务四 运营环境

一、admin 的任务

1. 登录系统

打开浏览器，登录网址（本机服务器地址），在用户登录页面输入用户名（admin）和密码（初始密码为 1），点击“用户登录”，如图 2-6 所示。

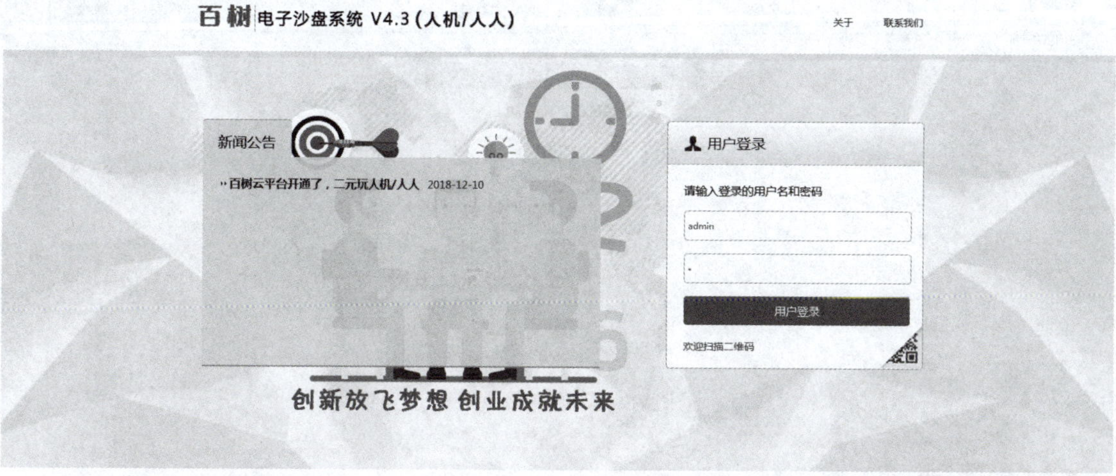

图 2-6 登录页面

登录后显示管理员端功能菜单，包括账套列表、导入导出、批量删除、一键备份、规则清除、皮肤管理、文件清理等，如图 2-7 所示。

图 2-7 admin 界面

2. 创建新裁判账套

管理员端点击“账套列表”按钮，弹出“账套列表”对话框。在“用户名”“名称”“密码”后的编辑框内，输入新增的用户名、名称和密码，勾选“人人对抗”，输入登录前缀，点击“添加账套”按钮，弹出提示框“新裁判账套创建成功”，如图 2-8 所示。

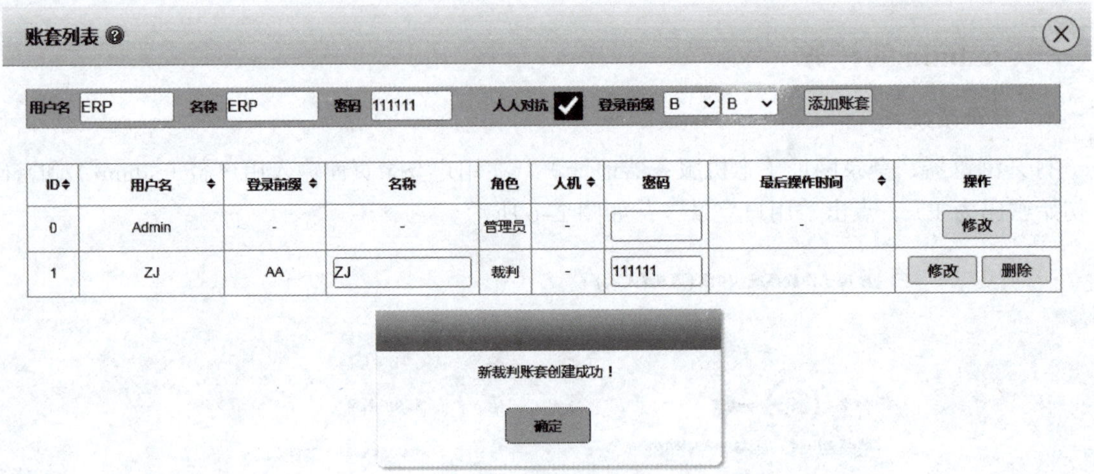

图 2-8　创建新裁判账套

温馨提示

1）账套可分为人人竞赛账套和人机对抗账套两种。

2）若创建人机账套，则不需要输入登录前缀。

3. 导入导出

管理员端点击“导入导出”按钮，弹出“人机账套导入导出”对话框。在此可对人机账套进行导出或者导入操作，如图 2-9 所示。

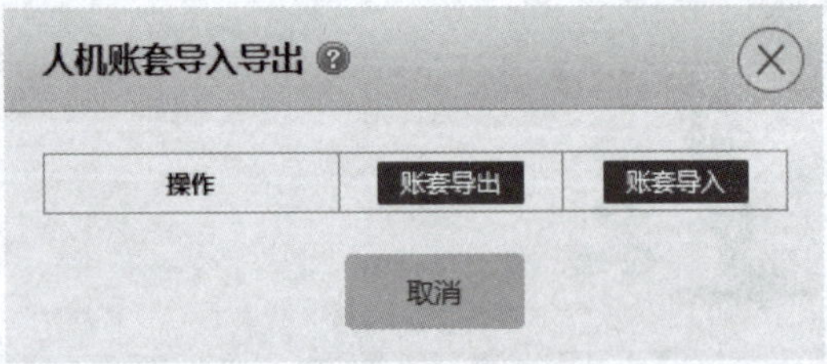

图 2-9　人机账套导入导出

4. 批量删除

管理员端点击“批量删除”按钮，弹出“账套批量删除”对话框。在此可对所有的人机账套和人人账套进行批量删除，如图 2-10 所示。

图 2-10　账套批量删除

5. 一键备份

管理员端点击“一键备份”按钮，弹出“一键备份”对话框。在此可对所有“人人竞赛”账套以当前时间为文件名进行手工备份操作，如图 2-11 所示。

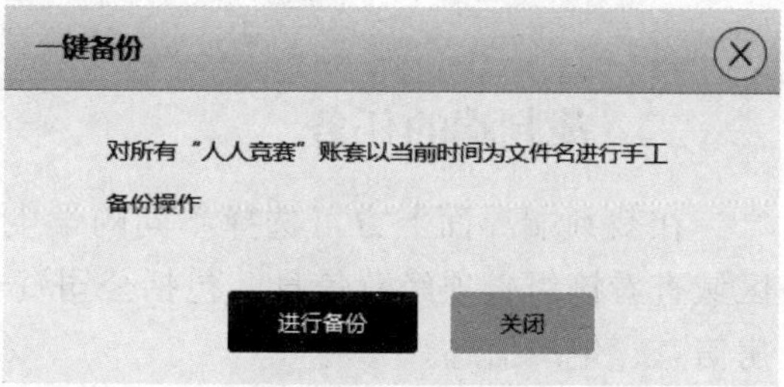

图 2-11　一键备份

6. 规则清除

管理员端点击“规则清除”按钮，弹出“订单规则清除”对话框。在此可分别对系统里已导入的规则或订单进行删除，如图 2-12 所示。

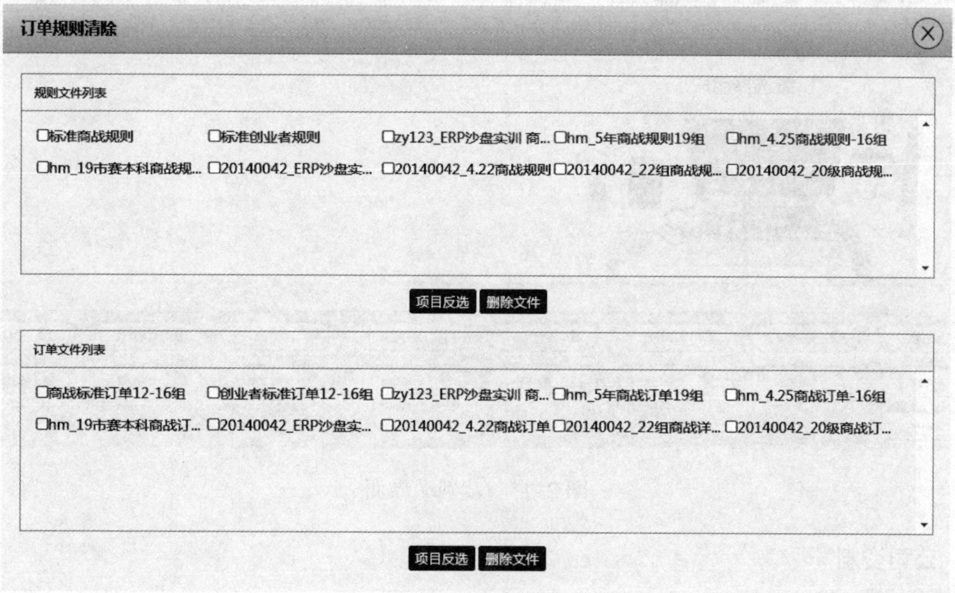

图 2-12　订单规则清除

7. 皮肤管理

管理员端点击“皮肤管理”按钮，弹出“界面切换”对话框。在此可将选手登录界面选择为“创业者”界面或者“商战”界面，如图 2-13 所示。

8. 文件清理

管理员端点击“文件清理”按钮，弹出“文件清理”对话框。在此可对所有弃用账套数据或者之前所有自动备份的账套文件进行清理，如图 2-14 所示。

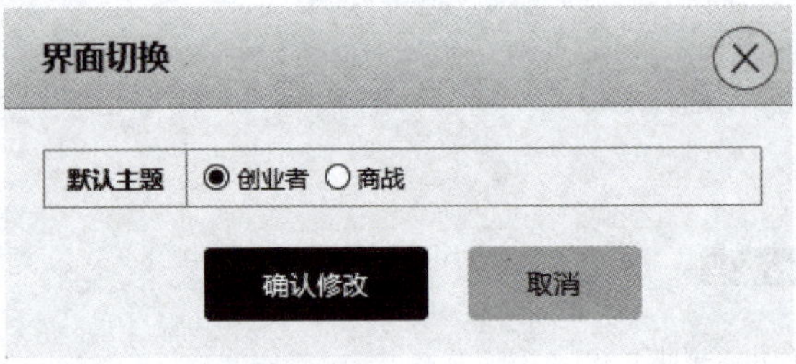

图 2-13　界面切换

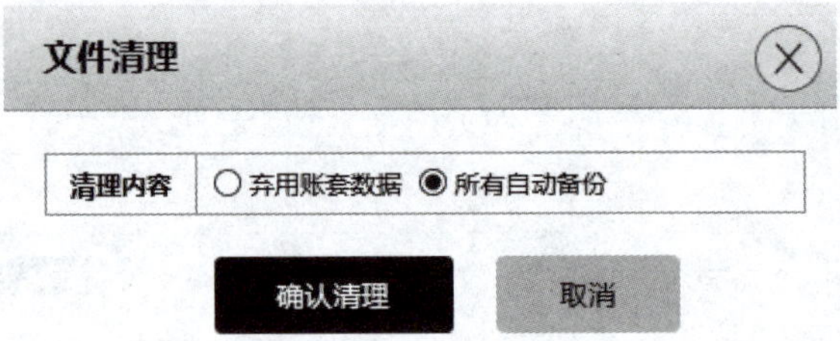

图 2-14　文件清理

二、裁判端的任务

在裁判端界面上方可选择不同的学生组号，如图 2-15 所示。选中后即可在主页面中间区域查看该组各项经营信息，包括公司资料、库存采购信息、研发认证信息、财务信息、厂房信息、生产信息。

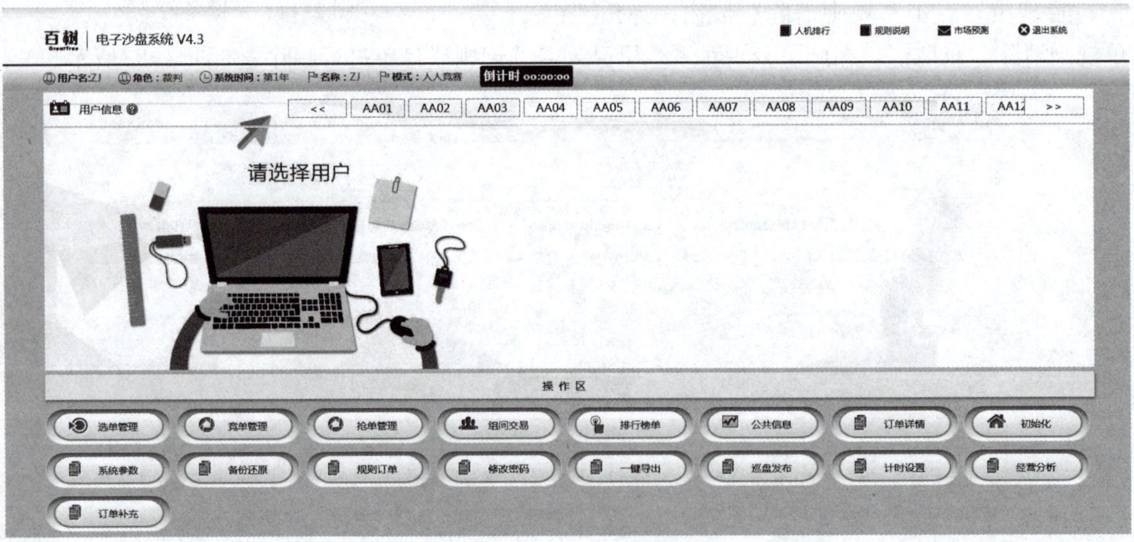

图 2-15　裁判端界面

1. 公司资料

点击学生组号，如 AA01。即默认可查看该组公司资料页，如图 2-16 所示。

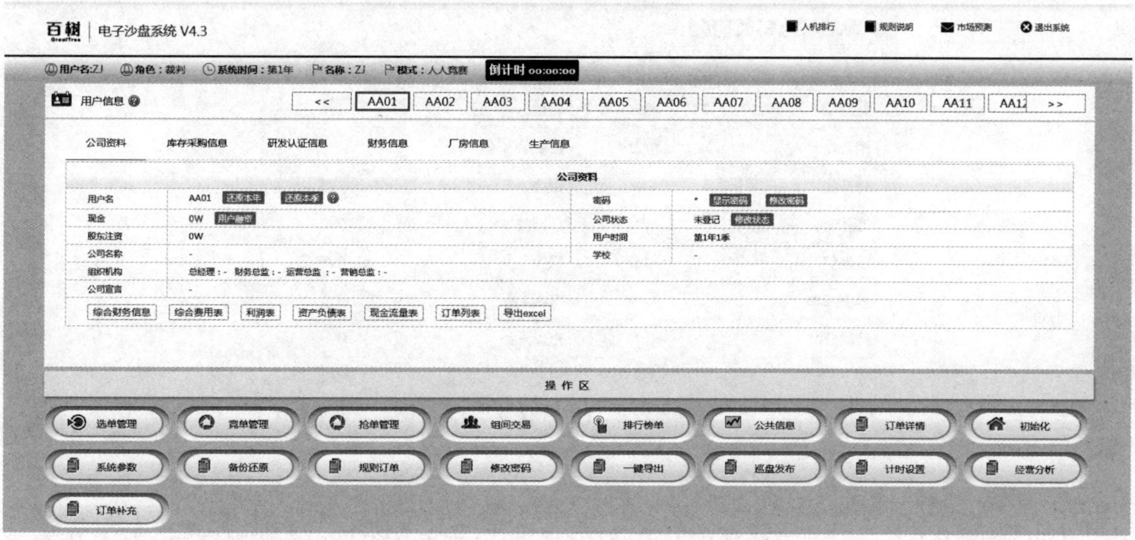

图 2-16　公司资料

（1）还原本年 / 季

点击公司资料中用户名右侧“还原本年”或“还原本季”，弹出提示框，点击“确定”，“还原本年”会将该学生组的经营退回当年年初重新开始，“还原本季”会将该学生组的经营退回本季初重新开始。

（2）显示 / 修改密码

点击公司资料中密码右侧“显示密码”，即可显示学生组密码；点击“修改密码”，在编辑框输入修改后的密码，点击“确认”即完成密码修改。

（3）用户融资

点击公司资料中现金右侧“用户融资”，如图 2–17 所示，在注入资金栏输入所需要注入的金额数字，选择注资类别“特别贷款”或“股东注资”，点击“确认”即完成用户融资。

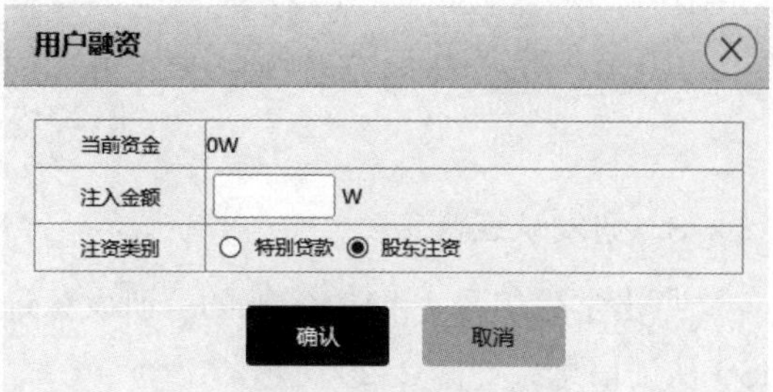

图 2–17　用户融资

（4）修改状态

点击公司资料中公司状态右侧“修改状态”，可查看该用户当前经营状态，选择“未运营”“正在运营”或“已破产”，点击“确认”即完成用户经营状态修改。

（5）综合财务信息

点击公司资料下方“综合财务信息”，可查看该学生组当年经营的主要财务信息，如图 2–18 所示。

点击公司资料下方“综合费用表”“利润表”“资产负债表”“现金流量表”“订单列表”“导出 Excel”，即可查看该学生组当年经营的相关信息。

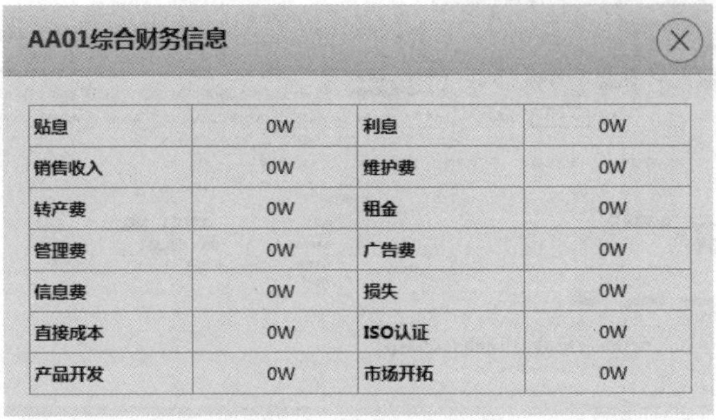

图 2–18 综合财务信息

2. 库存采购信息

点击学生组号（AA01）下的“库存采购信息”，可查看该组学生的原料订购、原料库存、产品库存信息，如图 2–19 所示。

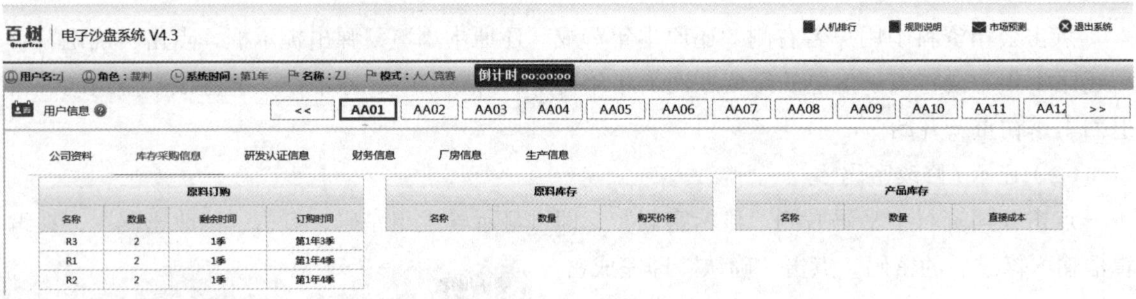

图 2–19 库存采购信息

3. 研发认证信息

点击学生组号（AA01）下的“研发认证信息”，可查看该组学生的市场开拓、产品研发、ISO 认证信息，如图 2–20 所示。

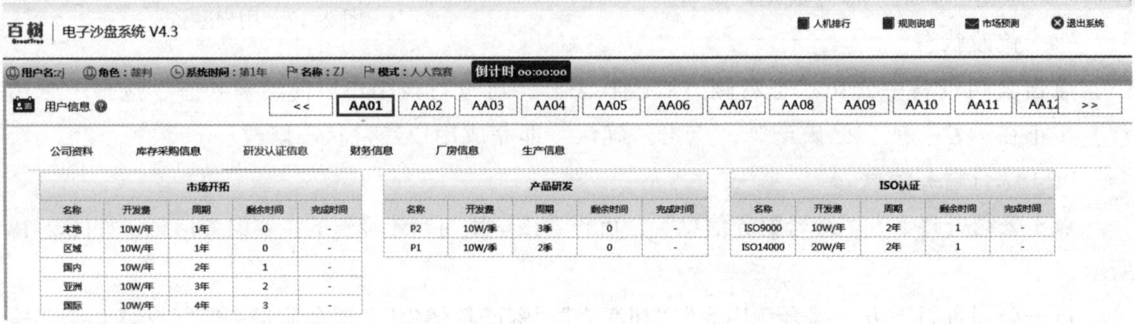

图 2–20 研发认证信息

4. 财务信息

点击学生组号（AA01）下的“财务信息”，可查看该组学生的应收款、长期贷款、短期贷款、特别贷款信息，如图 2-21 所示。

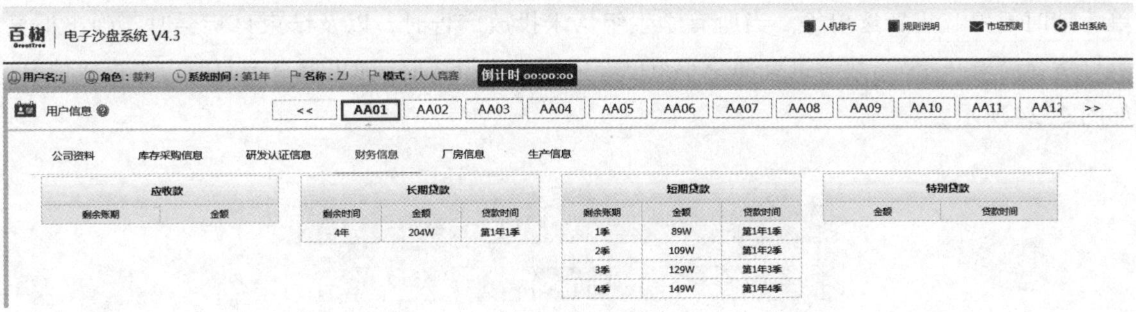

图 2-21 财务信息

5. 厂房信息

点击学生组号（AA01）下的“厂房信息”，可查看该组学生的厂房信息，包括状态、最后付租时间、置办时间等，如图 2-22 所示。

图 2-22 厂房信息

6. 生产信息

点击学生组号（AA01）下的“生产信息”，可查看该组学生的生产信息，包括生产线的类型、所生产产品、状态、建成时间等，如图 2-23 所示。

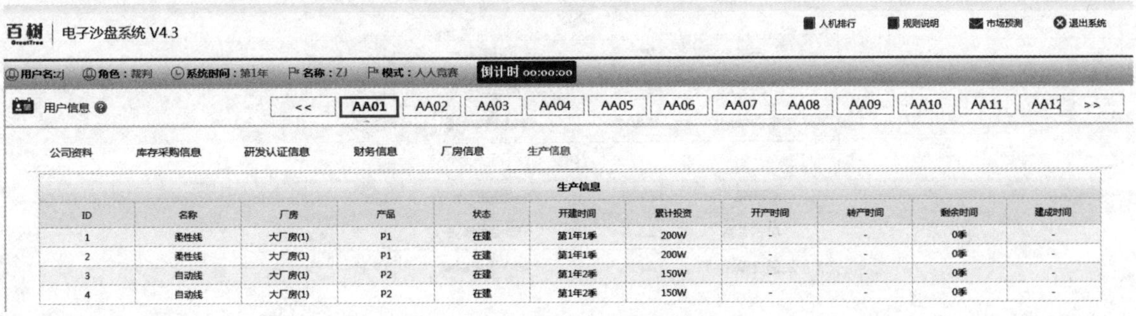

图 2-23 生产信息

三、选单与竞单

点击主页下方的“选单管理”按钮，可管理每组学生选取市场订单的过程，包括开始选单、计时暂停、重新选单等。当所有学生组均未投放广告时，以及结束订货会时，弹出框显示订货会尚未开始；当教学班有部分小组已经完成广告投放时，弹出框显示每组广告投放情况，如图 2–24 所示。

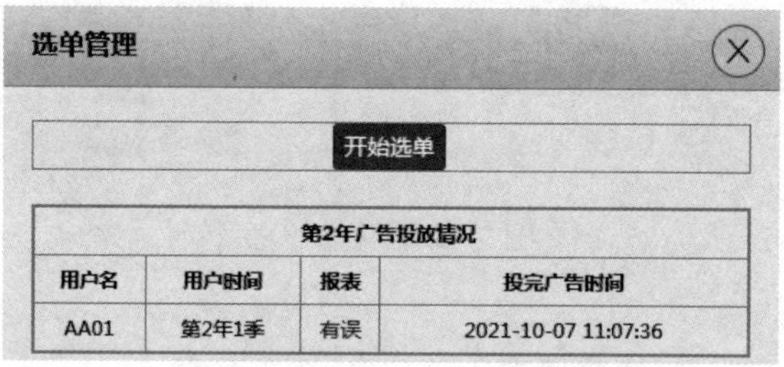

图 2–24　广告投放情况

当教学班全部小组完成广告投放时，点击“开始选单”，弹出提示框“是否确认（重新）开始选单？”，点击“确定”进入订货会管理页面，如图 2–25 所示。

选单管理页面，显示选单过程记录、选单时间、剩余回合、剩余单数等信息。

竞单管理的操作与选单管理的操作步骤相同，一般在第 3 年和第 5 年选单后，开始竞单，具体根据选单年份而定。

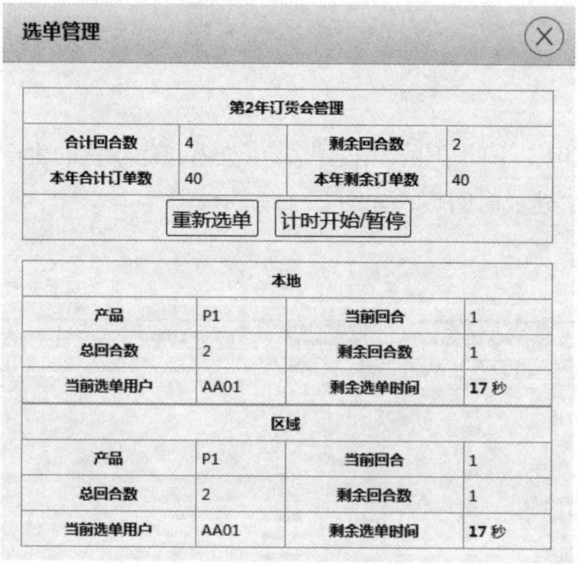

图 2–25　订货会管理

四、组间交易

点击主页面下方的“组间交易”按钮，弹出“组间交易”对话框。在“选择出货方”和“选择进货方”的下拉框中选择买卖双方的组号，选择要交易的产品，在下方编辑框内输入交易数量以及交易总价，点击“确认交易”，即完成了此次组间交易，如图 2–26 所示。

组间交易必须在两个学生组经营到某一共同系统时间点时才能操作。

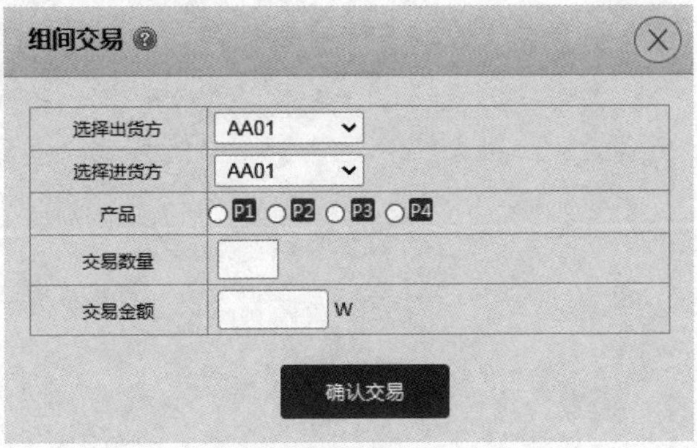

图 2–26　组间交易

五、排行榜单

点击主页面下方的“排行榜单”按钮，弹出“排行榜单”对话框，单击“用户名”或“得分”旁的下拉三角图标，可对用户或得分进行排序。此功能可用来查询学生组经营的最后成绩排名，如图 2–27 所示。

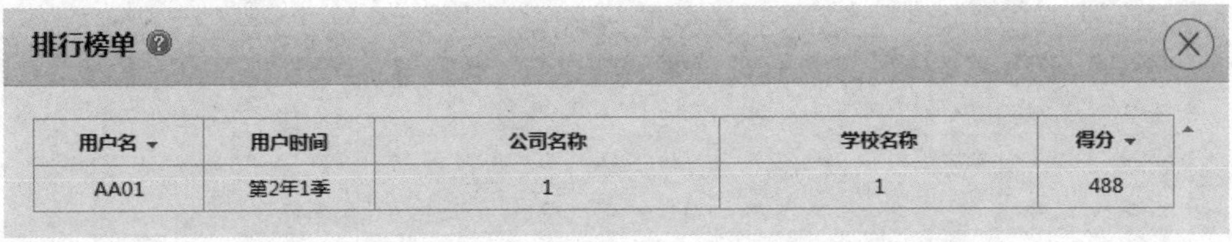

图 2–27　排行榜单

六、公共信息

点击主页面下方的“公共信息”按钮，弹出“公共信息”对话框。在年份后的下拉框中选择要查询的年份，点击“确认信息”按钮，页面跳转到每组的经营结果。

对话框中央显示每组本年利润、权益，下方显示综合费用表、利润表、资产负债表、下一年广告投放情况及导出 Excel，如图 2–28 所示。

点击“下一年广告投放”，显示下一年初各组的广告投放额。该统计数据分别以各组广告投放情况和各个市场广告投放情况对比的两种方式展现，以供选择，如图 2-29 和图 2-30 所示。

点击“导出 Excel”按钮，可将各组的对比信息以 Excel 的形式下载保存，以便查阅。

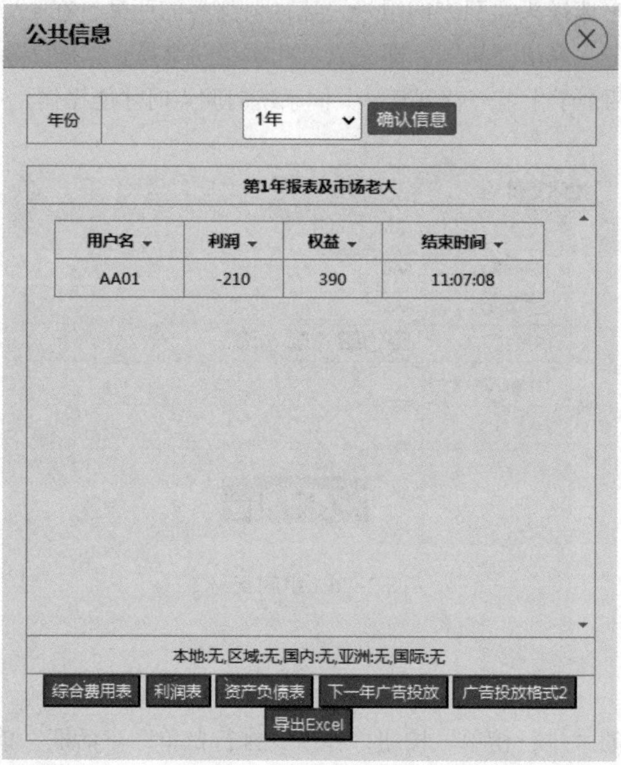

图 2-28　公共信息

第2年本地广告投放情况

产品/用户	GY01	GY02	GY03	GY04	GY05	GY06	GY07	GY08	GY09	GY11	GY12	GY15	GY16	GY17
P1	38	30	11	0	10	0	0	31	0	0	0	0	0	0
P2	0	30	11	31	0	33	11	0	36	0	16	0	0	10
P3	18	0	0	32	60	52	0	11	0	0	0	0	0	0
P4	0	0	11	0	0	0	0	0	0	0	0	39	10	0
P5	0	0	0	0	0	0	0	0	0	10	12	0	0	37

第2年区域广告投放情况

产品/用户	GY01	GY02	GY03	GY04	GY05	GY06	GY07	GY08	GY09	GY11	GY12	GY15	GY16	GY17
P1	18	30	0	0	10	0	0	11	0	0	0	0	0	0
P2	0	30	0	33	0	20	0	0	10	0	0	0	0	10
P3	38	0	0	32	32	33	11	0	0	0	0	0	0	0
P4	0	0	0	0	0	0	0	0	0	0	0	11	30	0
P5	0	0	0	0	0	0	0	0	0	10	12	0	0	31

图 2-29　各组广告投放情况

第2年GY01广告投放情况					
产品/市场	本地	区域	国内	亚洲	国际
P1	38	18	0	0	0
P2	0	0	0	0	0
P3	18	38	0	0	0
P4	0	0	0	0	0
P5	0	0	0	0	0

第2年GY02广告投放情况					
产品/市场	本地	区域	国内	亚洲	国际
P1	30	30	0	0	0
P2	30	30	0	0	0
P3	0	0	0	0	0
P4	0	0	0	0	0
P5	0	0	0	0	0

图 2-30 各个市场广告投放情况

七、订单详情

点击主页面下方的“订单详情”按钮，弹出框显示该教学班所有年份的市场订单明细，如图 2-31 所示。

订单详情

订单编号	类型	年份	市场	产品	数量	总价	交货期	账期	ISO	所属用户	状态
X21-0001	选单	2	本地	P1	5	260	4	2	-	-	-
X21-0002	选单	2	本地	P1	4	201	4	2	-	-	-
X21-0003	选单	2	本地	P1	3	154	4	4	-	-	-
X21-0004	选单	2	本地	P1	3	144	2	1	-	-	-
X21-0005	选单	2	本地	P1	1	48	3	1	-	-	-
X21-0006	选单	2	本地	P1	2	102	4	2	-	-	-
X21-0007	选单	2	本地	P1	1	52	2	4	-	-	-
X21-0008	选单	2	本地	P1	2	98	3	0	-	-	-
X22-0009	选单	2	区域	P1	4	190	4	1	-	-	-
X22-0010	选单	2	区域	P1	2	105	2	1	-	-	-
X22-0011	选单	2	区域	P1	3	162	2	4	-	-	-
X22-0012	选单	2	区域	P1	3	159	2	2	-	-	-
X22-0013	选单	2	区域	P1	1	53	4	4	-	-	-
X22-0014	选单	2	区域	P1	2	97	4	3	-	-	-
X22-0015	选单	2	区域	P1	2	103	3	0	-	-	-
X22-0016	选单	2	区域	P1	5	255	4	2	-	-	-

图 2-31 订单详情

八、系统参数

点击主页面下方的“系统参数”按钮，弹出框显示该教学班初始化的参数设置，选择可修改的参数，在后面的下拉框或编辑框内修改即可对经营参数进行修改，如图 2-32 所示。点击“确认”保存修改结果。其中，初始现金不可修改。

图 2-32 系统参数

九、数据备份

点击主页面下方的“数据备份”按钮，将备份此操作前经营年份的数据，并可在之后的经营年份还原，可管理备份文件，可选择删除，如图 2-33 所示。

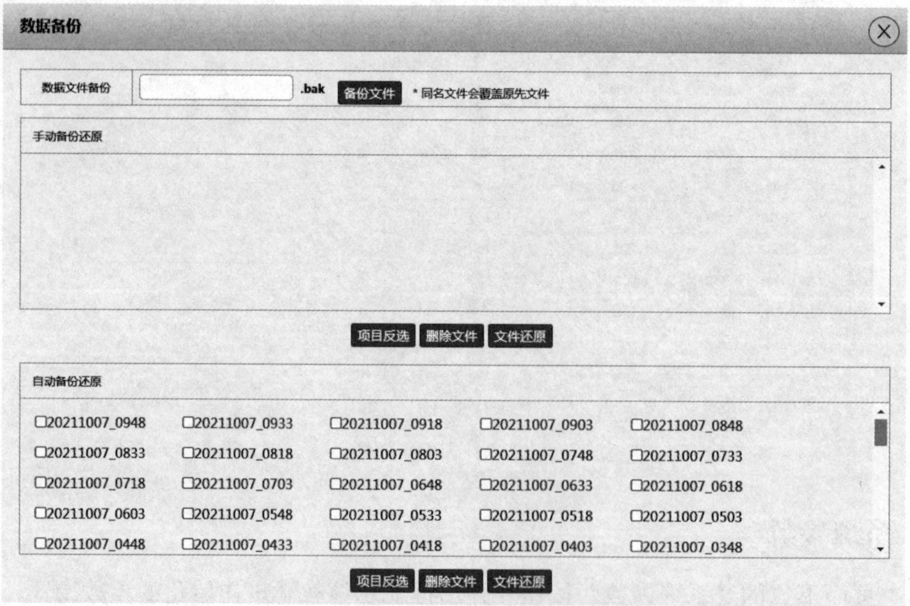

图 2-33 数据备份

十、一键导出

点击主页面下方的“一键导出”按钮，在弹出框中点击“开始导出”，即可将系统提供的全部数据以压缩包的形式直接下载，如图 2–34 所示。

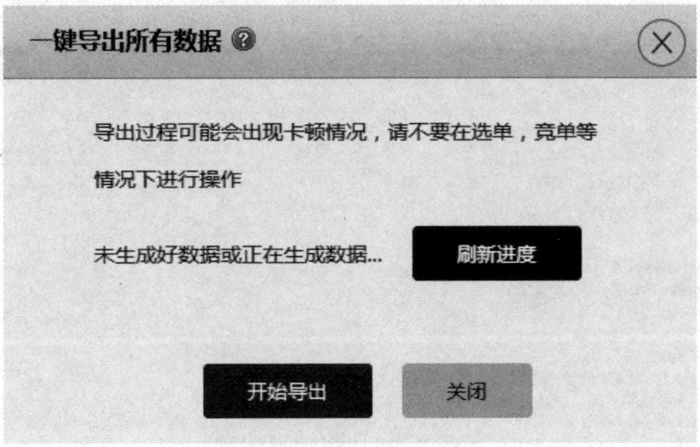

图 2–34　导出数据

十一、巡盘发布

点击页面下方的“巡盘发布”按钮，显示“巡盘发布”对话框，在此可将各小组企业报表、广告投放、企业贷款和应收款、生产线、厂房、研发等间谍信息进行下发，如图 2–35 所示。巡盘发布仅支持在当年结束到参加下一年订货会前操作，若教师在其他时间下发，则学生端无法收到。

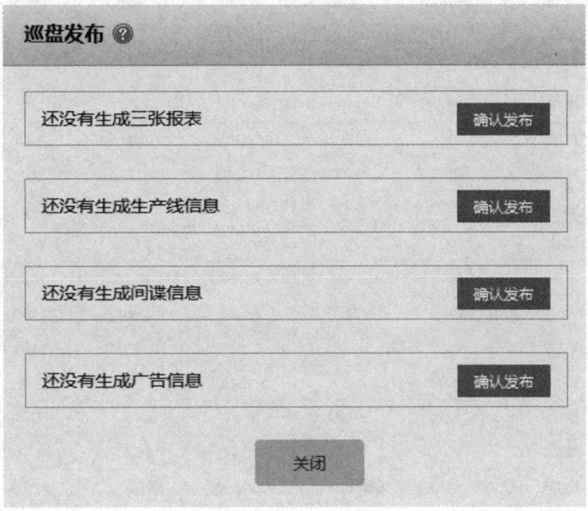

图 2–35　巡盘发布

十二、规则说明

点击主页面右上方的“规则说明”按钮，即可在弹出框中查阅本场企业模拟经营的运营规则，如图 2–36 所示。该规则与初始化设置的系统参数一致，可根据每次参数设置不同而变动。

经营规则说明

重要经营规则

总版本:20160108 主控版本:4.3.10.611

当前初始化规则方案名称：20140042_沙盘教材 商战规则

一.生产线

名称	投资总额	每季投资额	安装周期	生产周期	每季转产费	转产周期	维护费	残值	折旧费	折旧时间	分值
手工线	35 W	35 W	0 季	2 季	0 W	0 季	5 W/年	5 W	10 W	4 年	0
租赁线（自动）	0 W	0 W	0 季	1 季	20 W	1 季	70 W/年	-85 W	0 W	0 年	0
自动线	150 W	50 W	3 季	1 季	20 W	1 季	20 W/年	30 W	30 W	5 年	7
柔性线	200 W	50 W	4 季	1 季	0 W	0 季	20 W/年	40 W	40 W	5 年	10

安装周期为0，表示即买即用；
计算投资总额时，若安装周期为0，则按1算；
不论何时出售生产线，价格为残值，净值与残值之差计入损失；
只有空生产线方可转产；
当年建成生产线需要交维护费；
折旧(平均年限法)：建成当年不提折旧；
当生产线净值等于残值不再计提折旧，并满足：（折旧时间—1）*折旧费+残值=投资总额。

图 2-36　规则说明

十三、市场预测

点击主页面右上方的“市场预测”按钮，即可在弹出框中查阅本场企业模拟经营的市场预测信息，包含均价、需求量、订单张数。市场预测信息中的均价情况如图 2-37 所示。

市场预测信息中的需求量情况如图 2-38 所示。

市场预测表——均价

序号	年份	产品	本地	区域	国内	亚洲	国际
1	第2年	P1	48.89	49.1	0	0	0
2	第2年	P2	70.38	71.48	0	0	0
3	第2年	P3	89.32	90.12	0	0	0
4	第2年	P4	0	120.05	0	0	0
5	第2年	P5	150.75	150.19	0	0	0
6	第3年	P1	49.37	50.16	49.05	0	0
7	第3年	P2	70.4	71.31	71.14	69.97	0
8	第3年	P3	84.33	85.86	88.48	81.33	0
9	第3年	P4	121.45	122.35	0	118.32	0
10	第3年	P5	146.06	0	146.05	148.67	0
11	第4年	P1	49.96	52.29	49.9	0	57.19
12	第4年	P2	69.29	68.78	67.75	73.68	0
13	第4年	P3	83.52	85.07	86.67	87.26	80.41
14	第4年	P4	118.39	116.79	116.86	121.95	0
15	第4年	P5	147.29	0	145.95	144.55	149.33
16	第5年	P1	48.28	0	50.23	0	54.43
17	第5年	P2	71.39	73.29	69.62	71.3	70.42
18	第5年	P3	84.52	84.07	0	87.18	84.05
19	第5年	P4	127.71	128.9	132.22	128.42	0
20	第5年	P5	0	138.7	141.05	145.45	150.69

图 2-37　市场预测表——均价

市场预测表——需求量							
序号	年份	产品	本地	区域	国内	亚洲	国际
1	第2年	P1	63	60	0	0	0
2	第2年	P2	52	54	0	0	0
3	第2年	P3	38	16	0	0	0
4	第2年	P4	0	21	0	0	0
5	第2年	P5	16	16	0	0	0
6	第3年	P1	62	25	59	0	0
7	第3年	P2	20	51	50	29	0
8	第3年	P3	15	44	21	27	0
9	第3年	P4	22	20	0	19	0
10	第3年	P5	17	0	19	15	0
11	第4年	P1	57	17	62	0	43
12	第4年	P2	45	27	24	25	0
13	第4年	P3	40	45	21	43	17
14	第4年	P4	23	19	14	20	0
15	第4年	P5	17	0	19	20	12
16	第5年	P1	54	0	81	0	54
17	第5年	P2	46	17	50	46	24
18	第5年	P3	23	46	0	44	44
19	第5年	P4	24	21	18	19	0
20	第5年	P5	0	23	22	20	26

图 2-38　市场预测表——需求量

市场预测信息中的订单张数情况如图 2-39 所示。

市场预测表——订单张数							
序号	年份	产品	本地	区域	国内	亚洲	国际
1	第2年	P1	22	20	0	0	0
2	第2年	P2	19	20	0	0	0
3	第2年	P3	15	6	0	0	0
4	第2年	P4	0	9	0	0	0
5	第2年	P5	7	7	0	0	0
6	第3年	P1	23	9	20	0	0
7	第3年	P2	7	19	18	10	0
8	第3年	P3	6	16	8	10	0
9	第3年	P4	8	8	0	7	0
10	第3年	P5	7	0	7	6	0
11	第4年	P1	21	8	21	0	14
12	第4年	P2	17	10	11	9	0
13	第4年	P3	15	16	8	15	7
14	第4年	P4	8	7	6	7	0
15	第4年	P5	6	0	7	6	5
16	第5年	P1	20	0	22	0	18
17	第5年	P2	17	6	17	16	9
18	第5年	P3	10	15	0	16	14
19	第5年	P4	7	8	7	7	0
20	第5年	P5	0	8	7	7	11

图 2-39　市场预测表——订单张数

任务五 模拟经营

一、新用户登录

1. 系统登录

打开浏览器，登录网址（本机服务器地址），在用户登录页面输入用户名（AA01）和密码（初始密码为 1），点击“用户登录”，如图 2-40 所示。

图 2-40 登录页面

2. 用户注册

进入用户注册界面，修改密码并完善信息后，点击“确认”，开始企业经营，如图 2-41 所示。

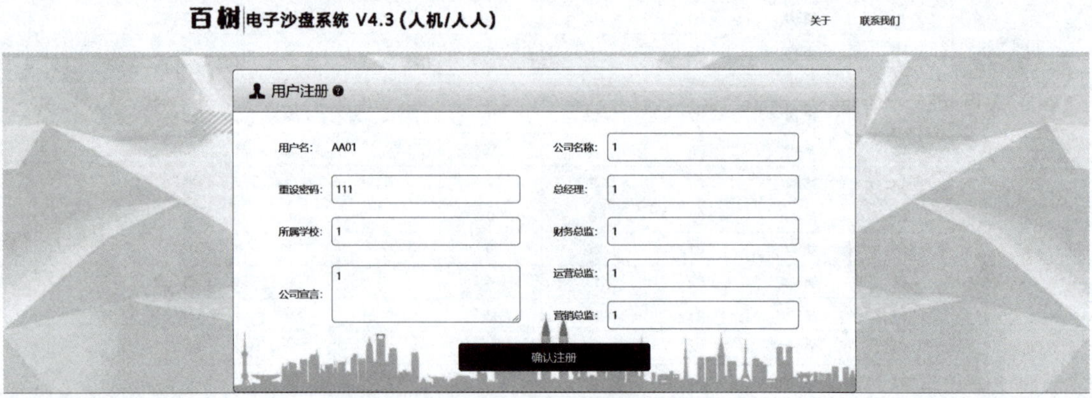

图 2-41 用户注册

3. 查看规则和市场预测

（1）规则

规则说明：在系统中详细地列出生产线、融资、厂房、市场开拓、ISO 认证资格、产品研发等重要信息数据，具体规则参看表 2-2 ～表 2-9。

（2）市场预测

市场预测中会给出此次订单的汇总预测数据，包括每一年、每一种产品、每一个市场的订单均价、市场订单数量、市场产品需求量，具体可参看图 2-37 ～图 2-39。

二、模拟第 1 年运营

在查看规则和市场预测后，选择 4 条自动线生产 P2 产品的方案进行模拟运营。下面，我们将根据规则和市场，进行编制预算、模拟经营和编制报表等操作。

（一）编制第 1 年预算（表 2-13、表 2-14）

表 2-13 第 1 年现金流量表 （单位：万元）

行次	项目	第 1 季度	第 2 季度	第 3 季度	第 4 季度
1	年初现金	630			
2	广告投放				
3	支付上年应交税				
4	支付长贷利息				
5	长期贷款还款				
6	申请长期贷款				
7	贴现金额（随时进行）				
8	贴现费用（随时进行）				
9	季初盘点（请填余额）	630	620	358	267
10	短期贷款还本				
11	支付短期贷款利息				
12	申请短期贷款			129	149
13	原料入库				
14	购买厂房				
15	租用厂房		42		
16	新建 / 在建生产线		200	200	200
17	生产线转产				
18	变卖生产线				
19	紧急采购（随时进行）				
20	开始生产下一批				
21	季中盘点（请填余额）	630	378	287	216
22	应收款到期				
23	订单交货（0 账期）				
24	厂房处理				

（续）

行　次	项　　目	第 1 季度	第 2 季度	第 3 季度	第 4 季度
25	产品研发投资		10	10	10
26	出售库存（随时进行）				
27	厂房贴现（随时进行）				
28	厂房续租				
29	支付管理费	10	10	10	10
30	新市场开拓				60
31	ISO 资格认证				25
32	缴纳违约订单罚款				
33	支付设备维护费				
34	季末现金	620	358	267	111

表 2–14　材料采购表

生 产 计 划							采 购 计 划					
年　份	季　度	P1（个）	P2（个）	P3（个）	P4（个）	P5（个）	R1（个）	R2（个）	R3（个）	R4（个）	人工费（万元）	材料费（万元）
第 1 年	1								0	0		
	2						0	0	0	0		
	3						0	0	4	0	0	0
	4						0	4	4	0	0	0
第 2 年	1		4				0	4	4	0	40	80
	2		4				0	4	4	0	40	80
	3		4				0	4	4	0	40	80
	4		4				0	4	4	0	40	80

（二）第 1 年经营流程

1. 第 1 年第 1 季度“当季开始”

点击“当季开始”，弹出对话框，点击“确认”，如图 2–42 所示。

图 2–42　第 1 年第 1 季度“当季开始”

2. 更新原料库

点击“更新原料库”，弹出对话框，点击“确认”，如图 2–43 所示。

3. 应收款更新

点击“应收款更新”，弹出对话框，点击“确认”，如图 2–44 所示。

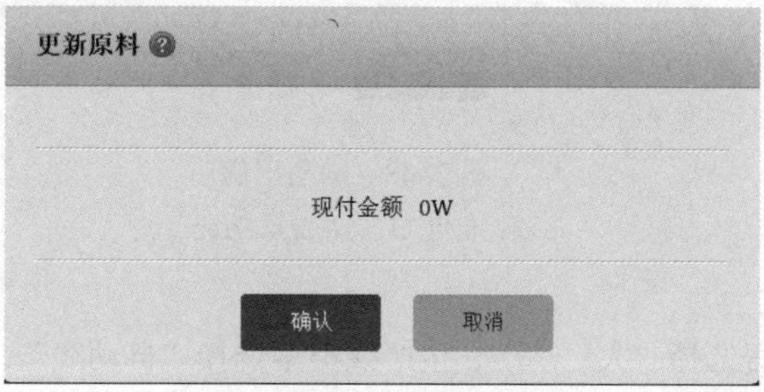

图 2–43 更新原料库

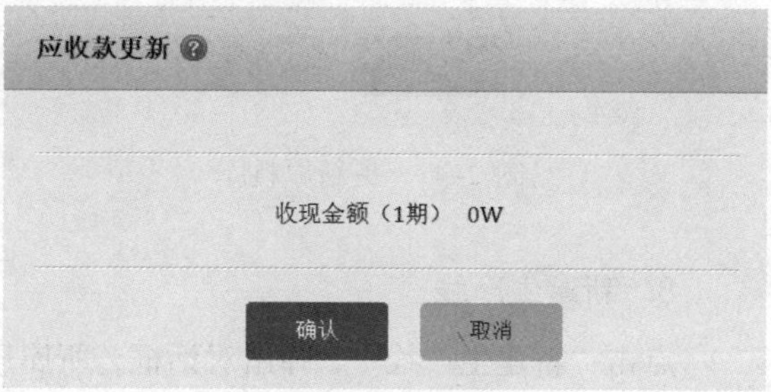

图 2–44 应收款更新

4. 第 1 年第 1 季度“当季结束”

点击“当季结束”，弹出对话框，点击“确认”，如图 2–45 所示。

5. 第 1 年第 2 季度“当季开始”

点击“当季开始”，弹出对话框，点击“确认”，如图 2–46 所示。

图 2–45 第 1 年第 1 季度“当季结束”

（注：支付行政管理费 10 万元。）

图 2–46 第 1 年第 2 季度“当季开始”

6. 更新原料库

点击“更新原料库”，弹出对话框，点击“确认”，如图 2–47 所示。

7. 购租厂房

点击“购租厂房”，弹出对话框，厂房类型选择“大厂房”，订购方式选择“租”，点击“确认”，如图 2–48 所示。

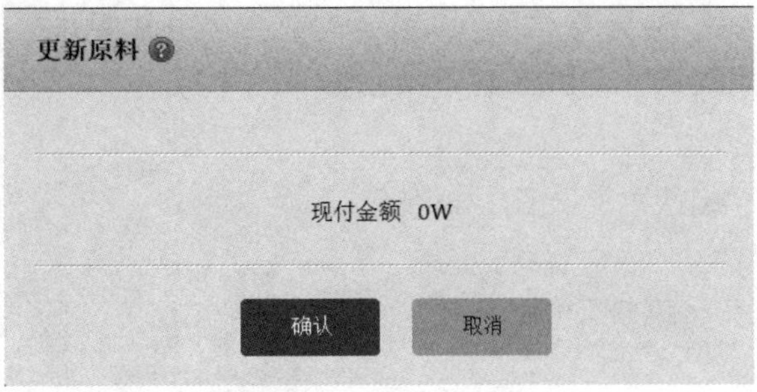

图 2-47 更新原料库

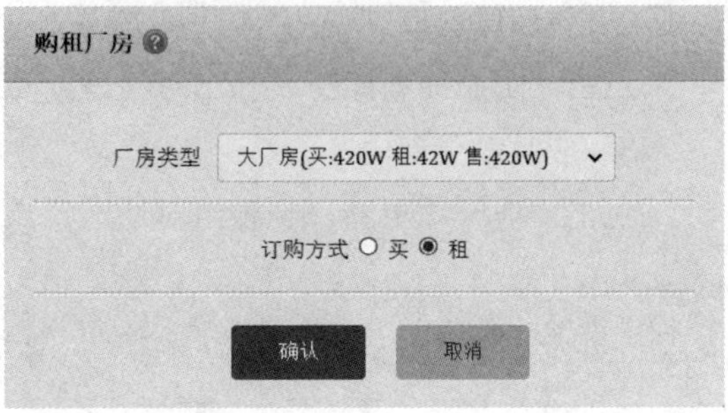

图 2-48 购租厂房

（注：租用大厂房花费 42 万元。）

8. 新建生产线

点击“新建生产线”，弹出对话框，所属厂房选择“大厂房”，生产线类型选择“自动线”，生产产品选择“P2”，点击“确认”，如图 2-49 所示。

在盘面中也可看到“在建”字样，紧临“在建”字样的 3 个格子代表建设周期为 3 个季度，其中一个显示为实心，表示已在建，如图 2-50 所示。

图 2-49 新建生产线

（注：新建 4 条自动线花费 200 万元。）

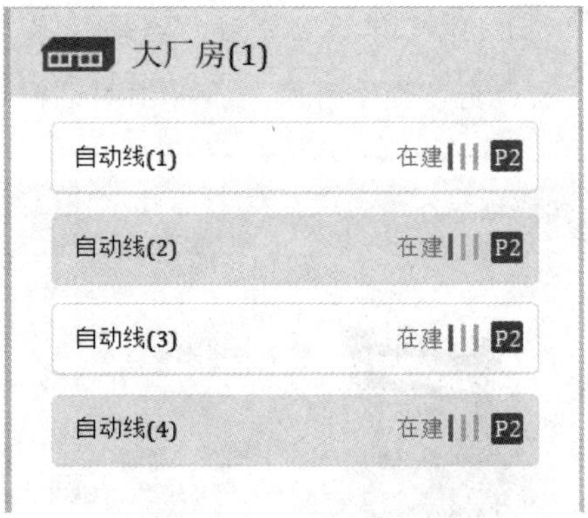

图 2-50 在建的生产线

9. 应收款更新

点击“应收款更新”，弹出对话框，点击“确认”，如图 2-51 所示。

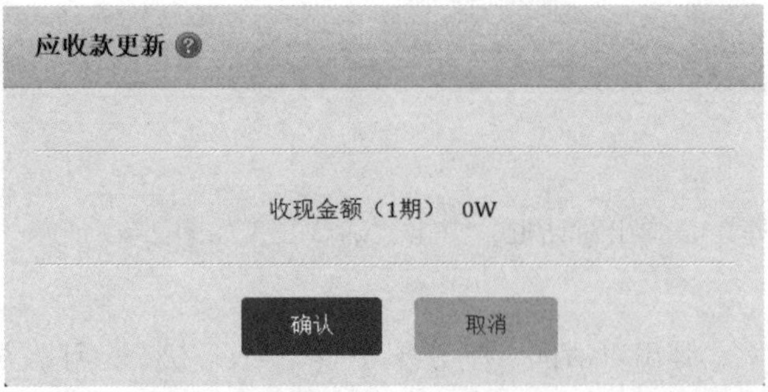

图 2-51 应收款更新

10. 产品研发

点击“产品研发”，弹出对话框，选择 P2 产品，点击“确认”，如图 2–52 所示。

选择项	产品	投资费用	投资时间	剩余时间
☐	P1	10W/季	2季	-
☑	P2	10W/季	3季	-
☐	P3	10W/季	4季	-
☐	P4	11W/季	5季	-
☐	P5	12W/季	6季	-

图 2–52 产品研发

（注：P2 产品研发花费 10 万元。）

11. 第 1 年第 2 季度“当季结束”

点击“当季结束”，弹出对话框，点击“确认”，如图 2–53 所示。

12. 第 1 年第 3 季度“当季开始”

点击“当季开始”，弹出对话框，点击“确认”，如图 2–54 所示。

图 2–53 第 1 年第 2 季度“当季结束”

（注：支付行政管理费 10 万元。）

图 2–54 第 1 年第 3 季度“当季开始”

13. 申请短贷

点击“申请短贷”，弹出对话框，需贷款额输入“129”W，点击“确认”，如图 2–55 所示。

14. 更新原料库

点击“更新原料库”，弹出对话框，点击“确认”，如图 2–56 所示。

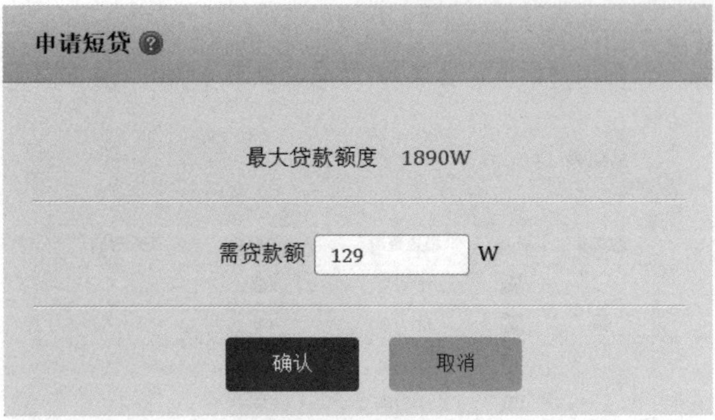

图 2–55 申请短贷

（注：申请短贷 129 万元。）

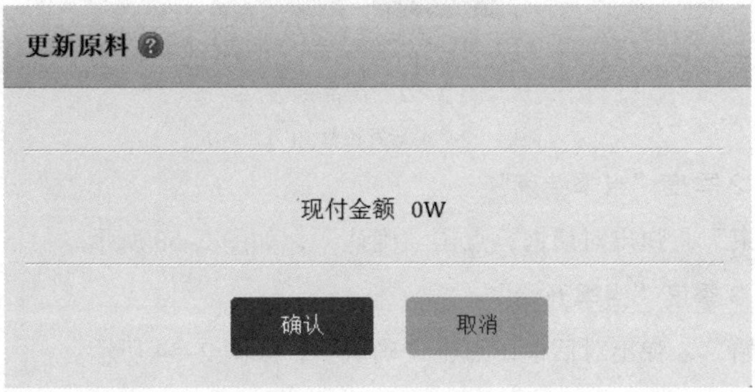

图 2–56 更新原料库

15. 订购原料

点击“订购原料”，弹出对话框，在原料 R3 对应的数量栏输入“4”，点击“确认”，如图 2–57 所示。

图 2–57 订购原料

16. 在建生产线

点击“在建生产线”，弹出对话框，选择 4 条自动线，点击“确认”，如图 2–58 所示。

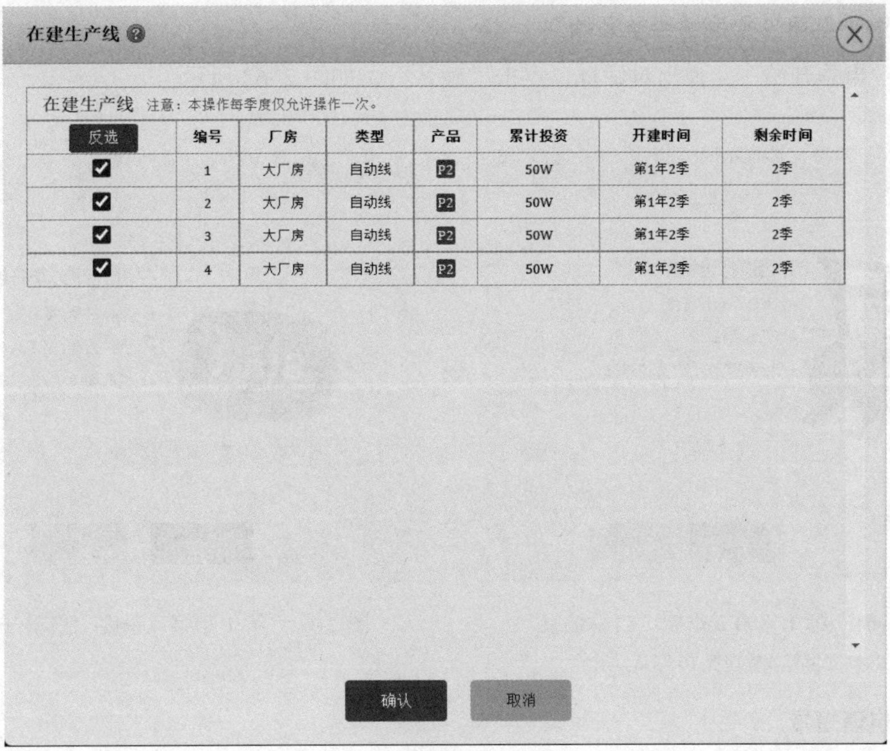

反选	编号	厂房	类型	产品	累计投资	开建时间	剩余时间
☑	1	大厂房	自动线	P2	50W	第1年2季	2季
☑	2	大厂房	自动线	P2	50W	第1年2季	2季
☑	3	大厂房	自动线	P2	50W	第1年2季	2季
☑	4	大厂房	自动线	P2	50W	第1年2季	2季

图 2–58 在建生产线

（注：在建 4 条自动线花费 200 万元。）

17. 应收款更新

点击“应收款更新”，弹出对话框，点击“确认”，如图 2–59 所示。

18. 产品研发

点击“产品研发”，弹出对话框，选择 P2 产品，点击“确认”，如图 2–60 所示。

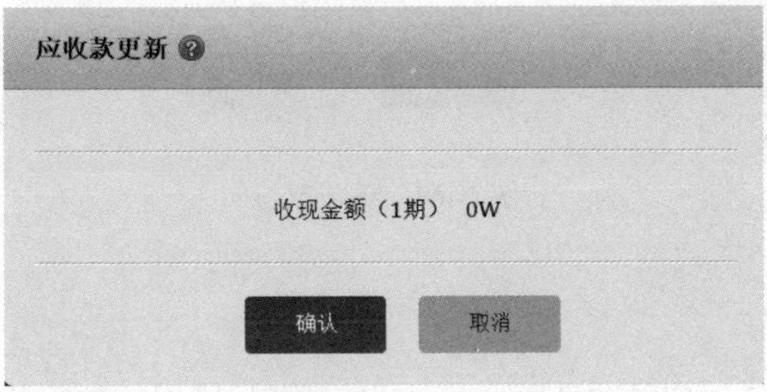

图 2–59 应收款更新

选择项	产品	投资费用	投资时间	剩余时间
☐	P1	10W/季	2季	-
☑	P2	10W/季	3季	2季
☐	P3	10W/季	4季	-
☐	P4	11W/季	5季	-
☐	P5	12W/季	6季	-

图 2–60 产品研发

（注：P2 产品研发花费 10 万元。）

19. 第 1 年第 3 季度“当季结束”

点击“当季结束”，弹出对话框，点击“确认”，如图 2-61 所示。

20. 第 1 年第 4 季度“当季开始”

点击“当季开始”，弹出对话框，点击“确认”，如图 2-62 所示。

图 2-61 第 1 年第 3 季度“当季结束”

（注：支付行政管理费 10 万元。）

图 2-62 第 1 年第 4 季度“当季开始”

21. 申请短贷

点击“申请短贷”，弹出对话框，需贷款额输入“149”W，点击“确认”，如图 2-63 所示。

22. 更新原料库

点击“更新原料库”，弹出对话框，点击“确认”，如图 2-64 所示。

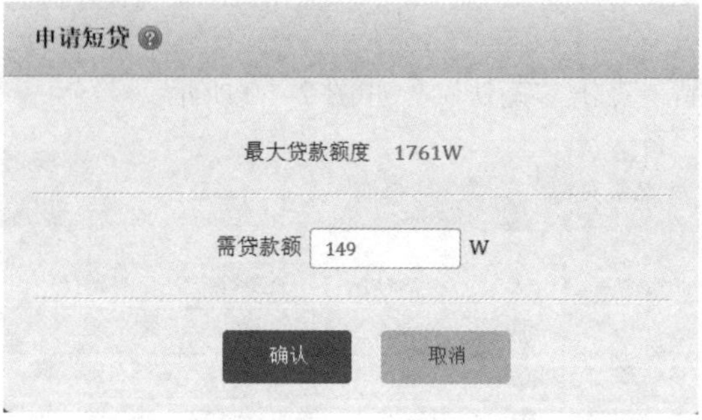

图 2-63 申请短贷

（注：申请短贷 149 万元。）

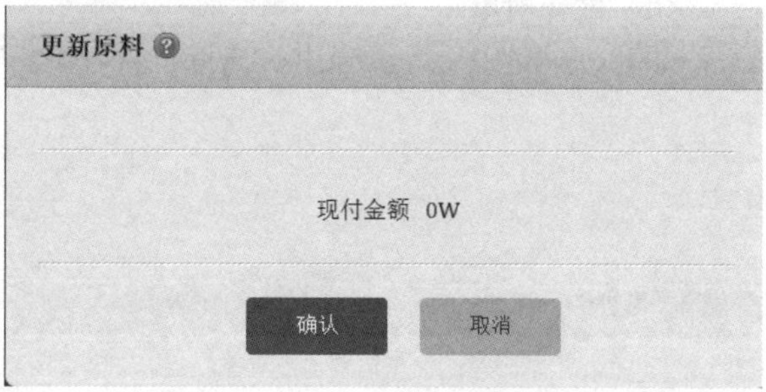

图 2-64 更新原料库

23. 订购原料

点击“订购原料”，弹出对话框，在原料 R2 对应的数量栏输入“4”，原料 R3 对应的数量栏输入“4”，点击“确认”，如图 2-65 所示。

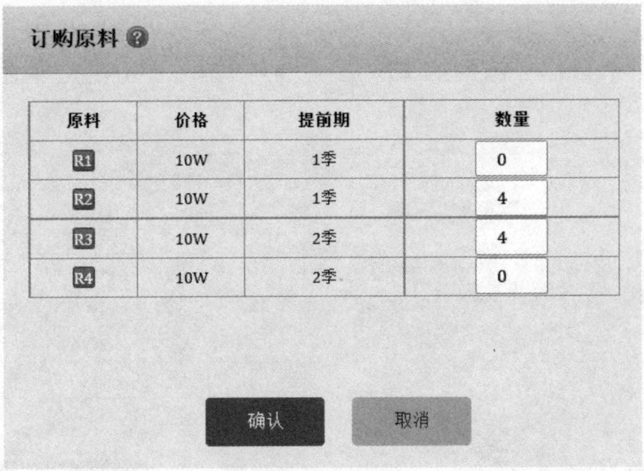
订购原料

原料	价格	提前期	数量
R1	10W	1季	0
R2	10W	1季	4
R3	10W	2季	4
R4	10W	2季	0

确认　取消

图 2-65　订购原料

24. 在建生产线

点击“在建生产线”，弹出对话框，选择 4 条自动线，点击“确认”，如图 2-66 所示。

在建生产线

在建生产线　注意：本操作每季度仅允许操作一次。

反选	编号	厂房	类型	产品	累计投资	开建时间	剩余时间
☑	1	大厂房	自动线	P2	100W	第1年2季	1季
☑	2	大厂房	自动线	P2	100W	第1年2季	1季
☑	3	大厂房	自动线	P2	100W	第1年2季	1季
☑	4	大厂房	自动线	P2	100W	第1年2季	1季

确认　取消

图 2-66　在建生产线

（注：在建 4 条自动线花费 200 万元。）

25. 应收款更新

点击“应收款更新”，弹出对话框，点击“确认”，如图 2-67 所示。

26. 产品研发

点击“产品研发”，弹出对话框，选择 P2 产品，点击“确认”，如图 2-68 所示。

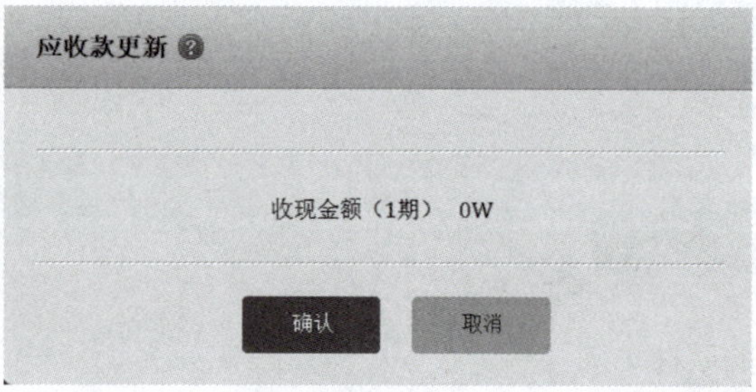

图 2-67　应收款更新

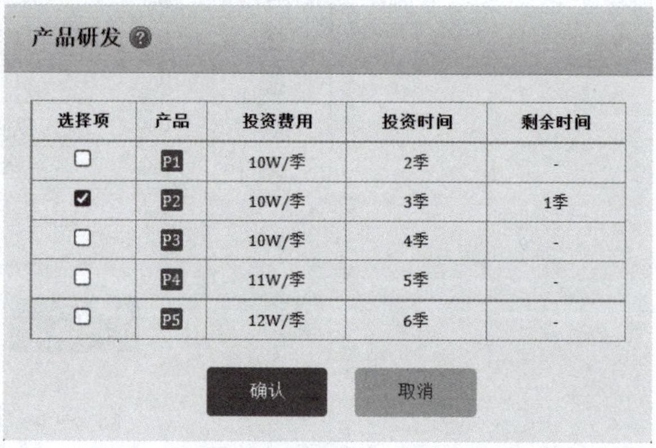

图 2-68　产品研发

（注：P2 产品研发花费 10 万元。）

27. 市场开拓

点击“市场开拓”，弹出对话框，选择本地、区域、国内、亚洲、国际市场，点击“确认”，如图 2-69 所示。

28. ISO 投资

点击“ISO 投资”，弹出对话框，选择 ISO9000、ISO14000，点击“确认”，如图 2-70 所示。

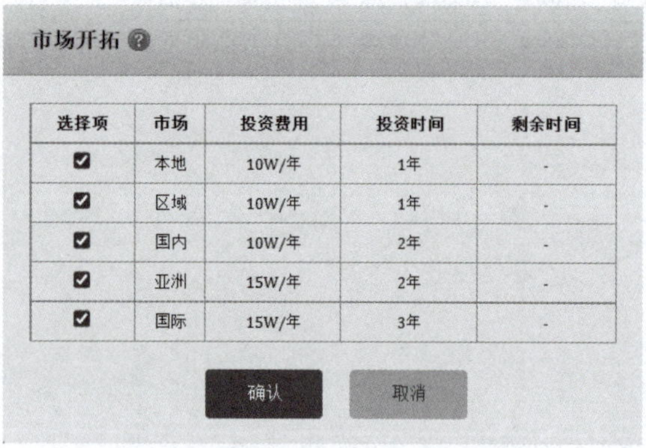

图 2-69　市场开拓

（注：本地、区域、国内、亚洲、国际市场开拓花费 60 万元。）

图 2-70　ISO 投资

（注：ISO9000、ISO14000 资格认证花费 25 万元。）

29. 第 1 年“当年结束”

点击“当年结束”，弹出对话框，点击“确认”，如图 2-71 所示。

30. 填写第 1 年综合费用表

点击“填写报表”，弹出对话框，在“综合费用表”项下输入数据，点击“保存”，如图 2-72 所示。

图 2-71 第 1 年“当年结束”

（注：支付行政管理费 10 万元。）

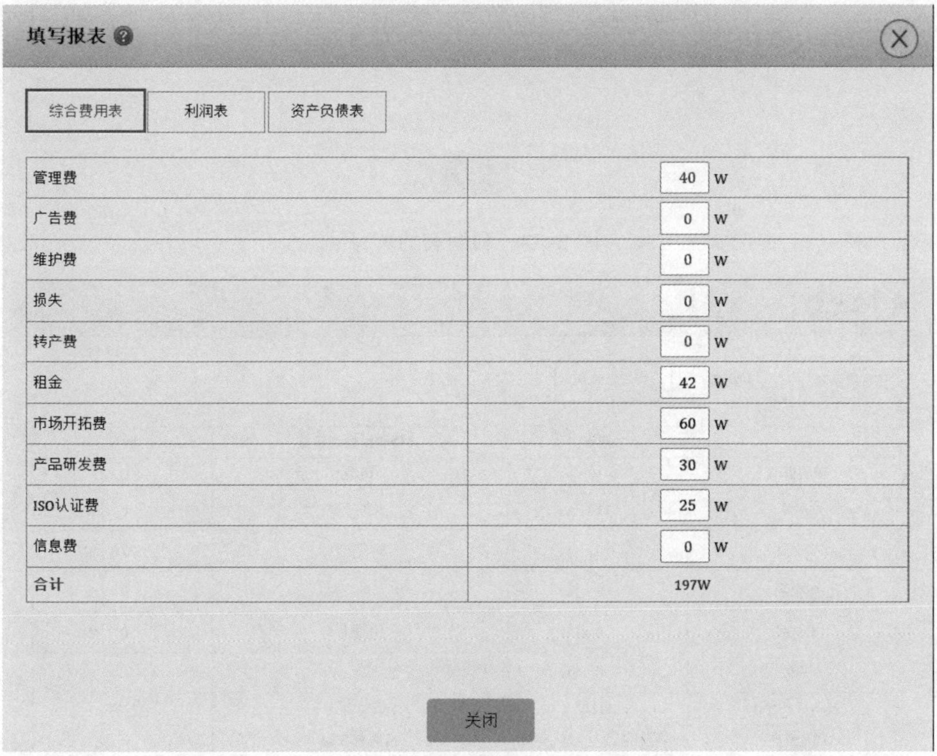

管理费	40 W
广告费	0 W
维护费	0 W
损失	0 W
转产费	0 W
租金	42 W
市场开拓费	60 W
产品研发费	30 W
ISO认证费	25 W
信息费	0 W
合计	197W

图 2-72 综合费用表的填写

31．填写第 1 年利润表

在“填写报表”对话框中点击“利润表”，在“利润表”项下输入数据，点击“保存”，如图 2-73 所示。

32．填写第 1 年资产负债表

在“填写报表”对话框中点击“资产负债表”，在“资产负债表”项下输入数据，点击“保存”，如图 2-74 所示。

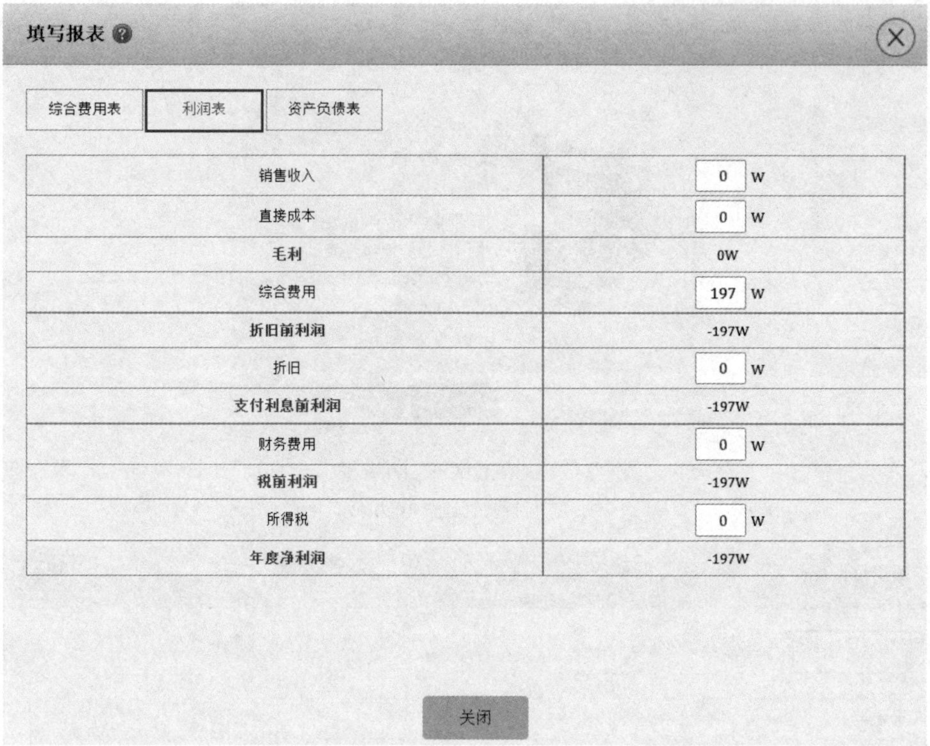

填写报表

综合费用表 | 利润表 | 资产负债表

销售收入	0 W
直接成本	0 W
毛利	0W
综合费用	197 W
折旧前利润	-197W
折旧	0 W
支付利息前利润	-197W
财务费用	0 W
税前利润	-197W
所得税	0 W
年度净利润	-197W

关闭

图 2–73　利润表的填写

填写报表

综合费用表 | 利润表 | 资产负债表

资产	期末	负债和所有者权益	期末
流动资产		负债	
现金	111 W	长期贷款	0 W
应收款	0 W	短期贷款	278 W
在制品	0 W	特别贷款	0 W
产成品	0 W	所得税	0 W
原料	0 W		
流动资产合计	111W	负债合计	278W
固定资产		所有者权益	
厂房	0 W	股东资本	630 W
机器设备	0 W	利润留存	0 W
在建工程	600 W	年度净利	-197 W
固定资产合计	600W	所有者权益合计	433W
资产	711W	负债和所有者权益	711W

提交　关闭

图 2–74　资产负债表的填写

三、模拟第 2 年运营

（一）投放广告和选择订单

1. 投放广告

基于第 1 年生产线建设，第 2 年可以生产 12 个产品 P2。根据市场预测表——需求量，我们可以知道第 2 年 P2 的总需求量为 106 个。根据市场预测表——订单数量，我们可以知道第 2 年 P2 总订单数量为 39 个。那么，我们可以计算出每张 P2 订单的数量大约为 2.72 个。所以，我们至少需要在每个市场抢两次订单，本地和区域的广告额均为 30 万元。

点击“投放广告”，弹出对话框，在 P2 产品市场对应的本地栏输入“30” W，区域栏输入“30” W，点击“确认”，如图 2–75 所示。广告投放完毕，点击“关闭”，如图 2–76 所示。

投放广告

产品市场	本地	区域	国内	亚洲	国际
P1	0 W	0 W	0 W	0 W	0 W
P2	30 W	30 W	0 W	0 W	0 W
P3	0 W	0 W	0 W	0 W	0 W
P4	0 W	0 W	0 W	0 W	0 W
P5	0 W	0 W	0 W	0 W	0 W

确认　取消

图 2–75　投放广告

（注：P2 产品广告投放花费 60 万元。）

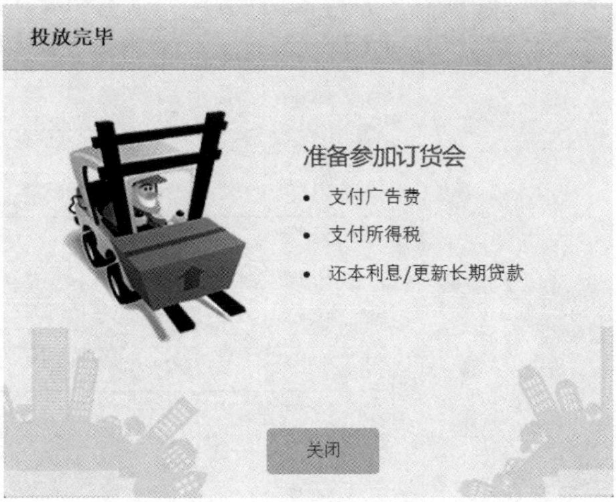

图 2–76　广告投放完毕

2. 参加订货会

点击“参加订货会”，弹出“订货会就绪（等待教师开通）”对话框，如图 2-77 所示。

图 2-77 订货会就绪

点击“参加订货会”，弹出“订货会进行中”对话框，准备开始选单，如图 2-78 所示。点击想选订单对应的“选单”按钮，弹出提示是否选择该订单的对话框，点击“确定”即可选定，如图 2-79 所示。

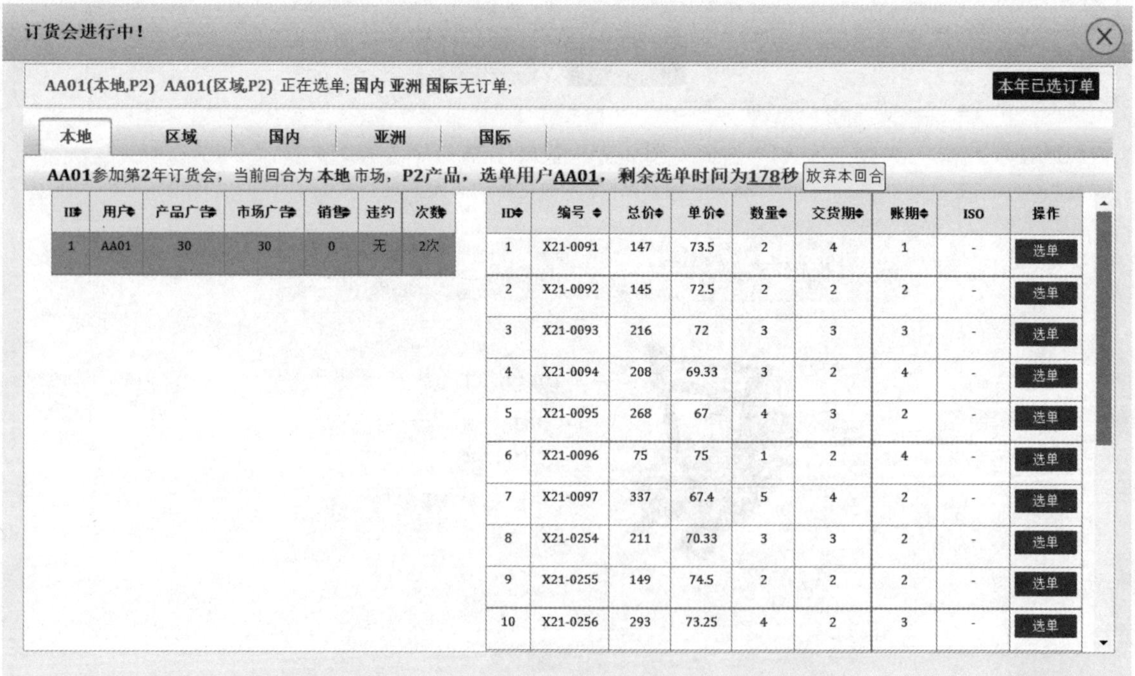

ID	用户	产品广告	市场广告	销售	违约	次数
1	AA01	30	30	0	无	2次

ID	编号	总价	单价	数量	交货期	账期	ISO	操作
1	X21-0091	147	73.5	2	4	1	-	选单
2	X21-0092	145	72.5	2	2	2	-	选单
3	X21-0093	216	72	3	3	3	-	选单
4	X21-0094	208	69.33	3	2	4	-	选单
5	X21-0095	268	67	4	3	2	-	选单
6	X21-0096	75	75	1	2	4	-	选单
7	X21-0097	337	67.4	5	4	2	-	选单
8	X21-0254	211	70.33	3	3	2	-	选单
9	X21-0255	149	74.5	2	2	2	-	选单
10	X21-0256	293	73.25	4	2	3	-	选单

图 2-78 参加订货会

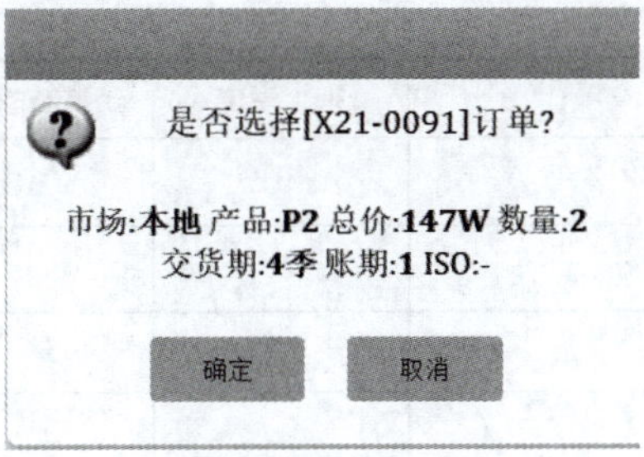

图 2-79 选择订单

3. 订单统计（表 2-15）

表 2-15 订单交货表

产　品	数量（个）	金额（万元）	交货期（季）	账期（季）	交货时间(季)	应收到期(季)
P2	2	147	4	1	2	3
P2	4	276	4	1	4	5
P2	2	153	2	1	2	3
P2	4	297	3	2	3	5

（二）编制第 2 年预算（表 2-16、表 2-17）

表 2-16 第 2 年现金流量表 （单位：万元）

行　次	项　目	第 1 季度	第 2 季度	第 3 季度	第 4 季度
1	年初现金	111			
2	广告投放	60			
3	支付上年应交税				
4	支付长贷利息				
5	长期贷款还款				
6	申请长期贷款				
7	贴现金额（随时进行）				
8	贴现费用（随时进行）				
9	季初盘点（请填余额）	51	90	147	304
10	短期贷款还本			129	149
11	支付短期贷款利息			6	7
12	申请短期贷款	169	229	189	349
13	原料入库	80	80	80	80
14	购买厂房				

（续）

行　次	项　目	第 1 季度	第 2 季度	第 3 季度	第 4 季度
15	租用厂房				
16	新建 / 在建生产线				
17	生产线转产				
18	变卖生产线				
19	紧急采购（随时进行）				
20	开始生产下一批	40	40	40	40
21	季中盘点（请填余额）				
22	应收款到期				
23	订单交货（0 账期）				
24	厂房处理				
25	产品研发投资				
26	出售库存（随时进行）				
27	厂房贴现（随时进行）				
28	厂房续租		42		
29	支付管理费	10	10	10	10
30	新市场开拓				40
31	ISO 资格认证				25
32	缴纳违约订单罚款				
33	支付设备维护费				80
34	季末现金	90	147	371	289

表 2-17　材料采购表

年　份	季　度	生产计划					采购计划					
		P1（个）	P2（个）	P3（个）	P4（个）	P5（个）	R1（个）	R2（个）	R3（个）	R4（个）	人工费（万元）	材料费（万元）
第 2 年	1		4				0	4	4	0	40	80
	2		4				0	4	4	0	40	80
	3		4				0	4	4	0	40	80
	4		4				0	4	4	0	40	80
第 3 年	1		4				0	4	4	0	40	80
	2		4				0	4	4	0	40	80
	3		4				0	4	4	0	40	80
	4		4				0	4	4	0	40	80

（三）第 2 年经营流程

1. 第 2 年第 1 季度“当季开始”

点击“当季开始”，弹出对话框，点击“确认”，如图 2–80 所示。

2. 申请短贷

点击“申请短贷”，弹出对话框，需贷款额输入“169”W，点击“确认”，如图 2–81 所示。

图 2–80 第 2 年第 1 季度“当季开始”

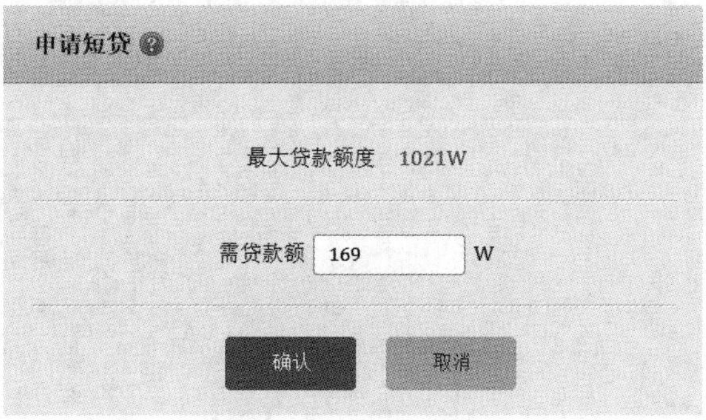

图 2–81 申请短贷

（注：申请短贷 169 万元。）

3. 更新原料库

点击“更新原料库”，弹出对话框，点击“确认”，如图 2–82 所示。

4. 订购原料

点击“订购原料”，弹出对话框，在原料 R2 对应的数量栏输入“4”，原料 R3 对应的数量栏输入“4”，点击“确认”，如图 2–83 所示。

图 2–82 更新原料库

（注：更新原料库花费 80 万元。）

图 2–83 订购原料

5. 开始生产

点击“开始生产”，弹出对话框，选择“全选”，点击“确认”，如图 2–84 所示。

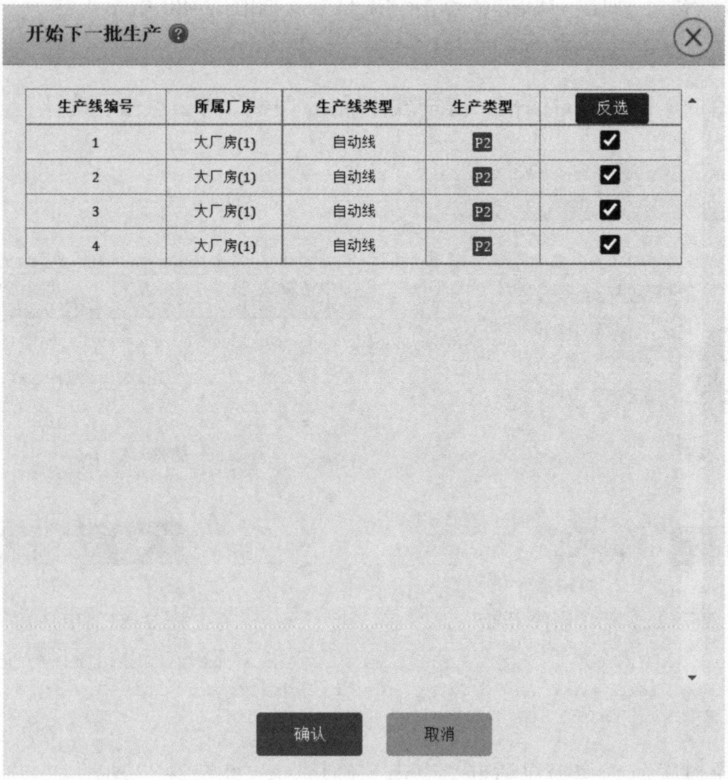

图 2–84　开始下一批生产

（注：开始下一批生产花费 40 万元。）

6. 应收款更新

点击“应收款更新”，弹出对话框，点击“确认”，如图 2–85 所示。

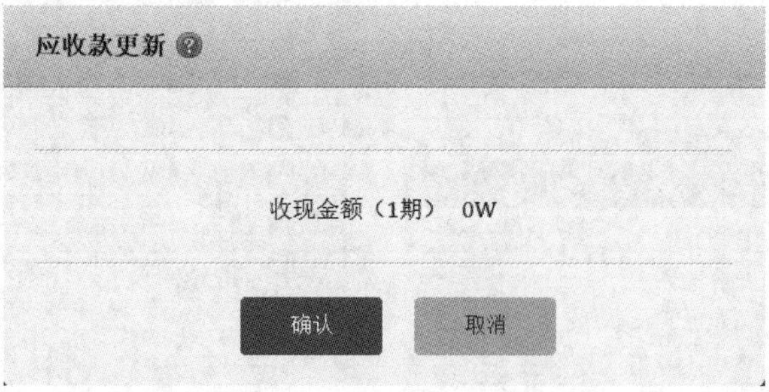

图 2–85　应收款更新

7. 第 2 年第 1 季度“当季结束”

点击“当季结束”，弹出对话框，点击“确认”，如图 2–86 所示。

8. 第 2 年第 2 季度“当季开始”

点击“当季开始”，弹出对话框，点击“确认”，如图 2–87 所示。

图 2–86 第 2 年第 1 季度“当季结束”

（注：支付行政管理费 10 万元。）

图 2–87 第 2 年第 2 季度“当季开始”

9. 申请短贷

点击“申请短贷”，弹出对话框，需贷款额输入“229”W，点击“确认”，如图 2–88 所示。

10. 更新原料库

点击“更新原料库”，弹出对话框，点击“确认”，如图 2–89 所示。

图 2–88 申请短贷

（注：申请短贷 229 万元。）

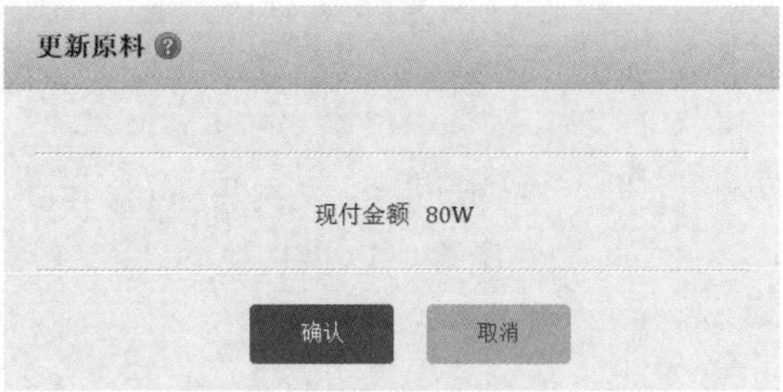

图 2–89 更新原料库

（注：更新原料库花费 80 万元。）

11. 订购原料

点击“订购原料”，弹出对话框，在原料 R2 对应的数量栏输入“4”，原料 R3 对应的数量栏输入“4”，点击“确认”，如图 2–90 所示。

12. 开始生产

点击“开始生产”，弹出对话框，选择“全选”，点击“确认”，如图 2–91 所示。

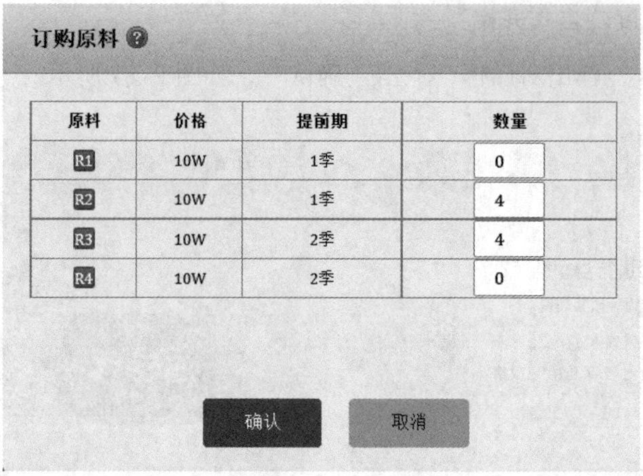

原料	价格	提前期	数量
R1	10W	1季	0
R2	10W	1季	4
R3	10W	2季	4
R4	10W	2季	0

图 2-90　订购原料

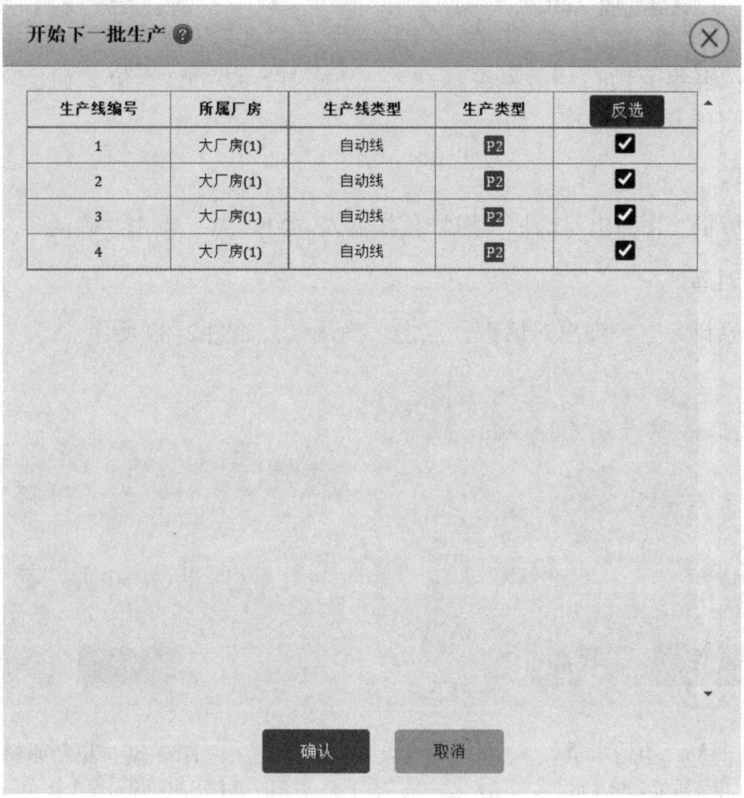

生产线编号	所属厂房	生产线类型	生产类型	反选
1	大厂房(1)	自动线	P2	☑
2	大厂房(1)	自动线	P2	☑
3	大厂房(1)	自动线	P2	☑
4	大厂房(1)	自动线	P2	☑

图 2-91　开始下一批生产

（注：开始下一批生产花费 40 万元。）

13. 应收款更新

点击“应收款更新”，弹出对话框，点击“确认”，如图 2-92 所示。

14. 按订单交货

点击“按订单交货”，弹出对话框，选择交货订单 X22-0300，点击“确认交货”，在弹出的提示框中点击“确定”，如图 2–93、图 2–94 所示。按照同样的方法完成订单 X21–0091 的交货。

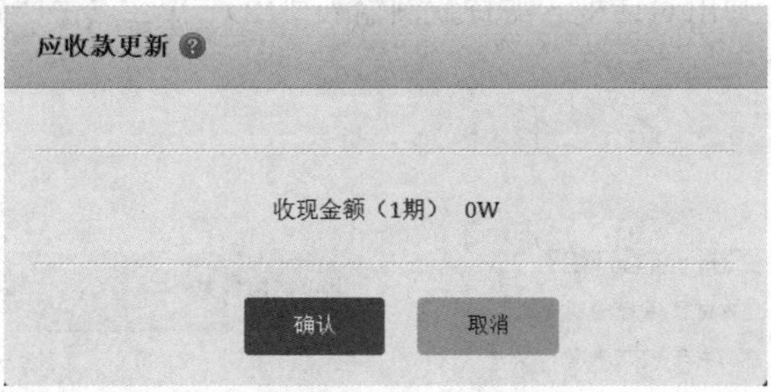

图 2–92　应收款更新

订单交货

订单编号	市场	产品	数量	总价	得单年份	交货期	账期	ISO	操作
X21-0091	本地	P2	2	147W	第2年	4季	1季	-	确认交货
X22-0300	区域	P2	2	153W	第2年	2季	1季	-	确认交货
X22-0104	区域	P2	4	297W	第2年	3季	2季	-	确认交货
X21-0264	本地	P2	4	276W	第2年	4季	1季	-	确认交货

图 2–93　订单交货

（注：交货订单编号 X22–0300、X21–0091。）

15. 第 2 年第 2 季度“当季结束”

点击“当季结束”，弹出对话框，点击“确认”，如图 2–95 所示。

图 2–94　确认交货

图 2–95　第 2 年第 2 季度“当季结束”

（注：支付行政管理费 10 万元，厂房续租花费 42 万元。）

16. 第 2 年第 3 季度“当季开始”

点击“当季开始”，弹出对话框，点击“确认”，如图 2–96 所示。

17. 申请短贷

点击“申请短贷”，弹出对话框，需贷款额输入“189”W，点击“确认”，如图 2-97 所示。

图 2-96　第 2 年第 3 季度“当季开始”

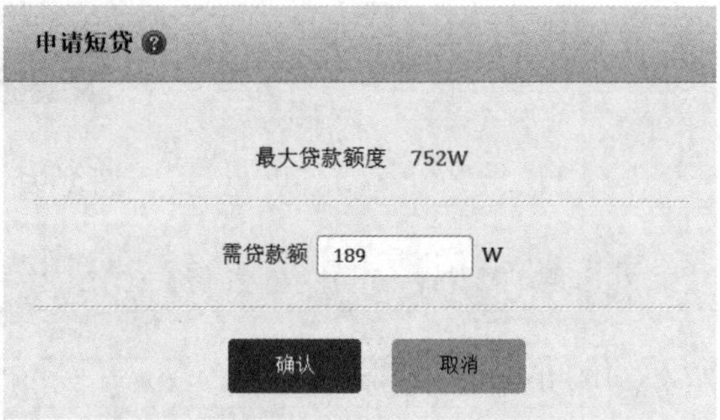

图 2-97　申请短贷

（注：申请短贷 189 万元。）

18. 更新原料库

点击“更新原料库”，弹出对话框，点击“确认”，如图 2-98 所示。

19. 订购原料

点击“订购原料”，弹出对话框，在原料 R2 对应的数量栏输入“4”，原料 R3 对应的数量栏输入“4”，点击“确认”，如图 2-99 所示。

图 2-98　更新原料库

（注：更新原料库花费 80 万元。）

图 2-99　订购原料

20. 开始生产

点击“开始生产”，弹出对话框，选择全选，点击“确认”，如图 2-100 所示。

21. 应收款更新

点击“应收款更新”，弹出对话框，选择全选，点击“确认”，如图 2-101 所示。

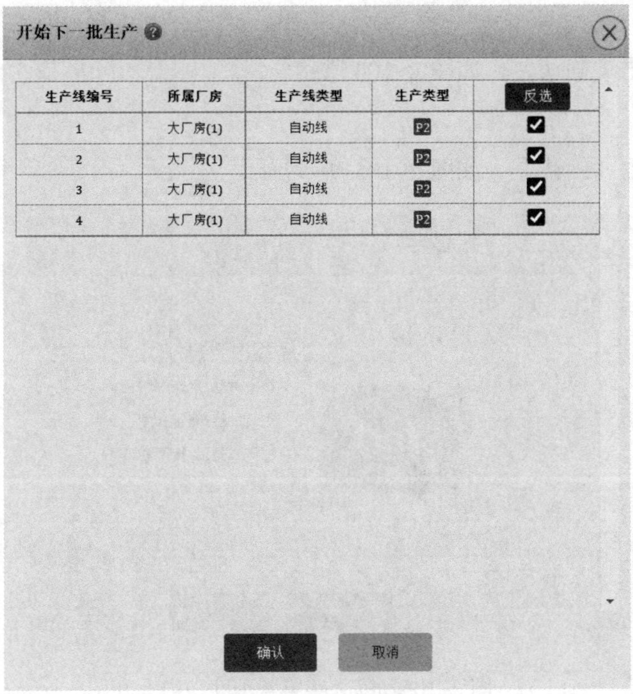

生产线编号	所属厂房	生产线类型	生产类型	反选
1	大厂房(1)	自动线	P2	✔
2	大厂房(1)	自动线	P2	✔
3	大厂房(1)	自动线	P2	✔
4	大厂房(1)	自动线	P2	✔

图 2-100 开始下一批生产

（注：开始下一批生产花费 40 万元。）

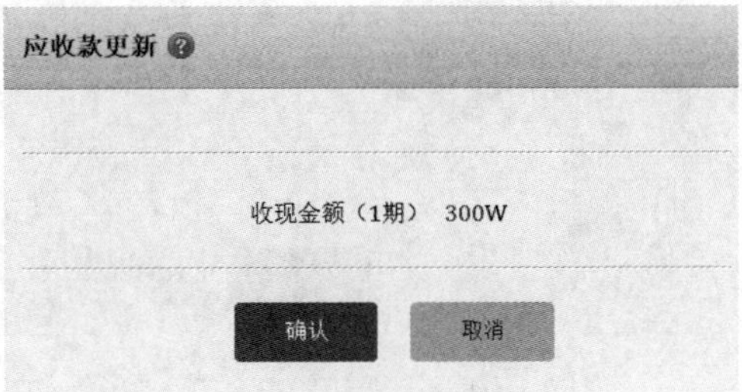

图 2-101 应收款更新

（注：应收款更新 300 万元。）

22. 按订单交货

点击“按订单交货”，弹出对话框，选择交货订单，点击“确认交货”，在弹出的提示框点击“确定”，如图 2-102、图 2-103 所示。

订单编号	市场	产品	数量	总价	得单年份	交货期	账期	ISO	操作
X22-0104	区域	P2	4	297W	第2年	3季	2季	-	确认交货
X21-0264	本地	P2	4	276W	第2年	4季	1季	-	确认交货

图 2-102 订单交货

（注：交货订单编号 X22-0104。）

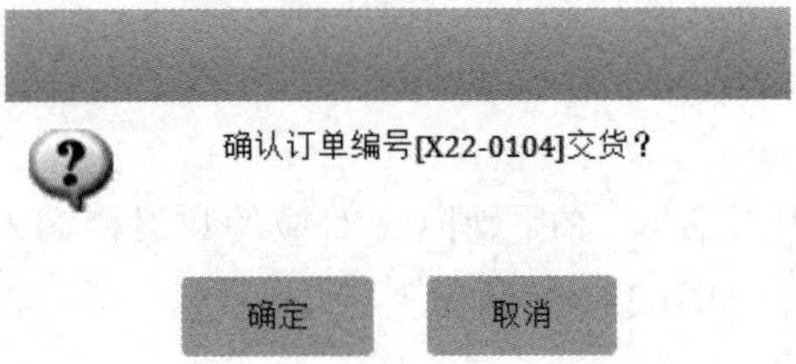

图 2-103 确认交货

23. 第 2 年第 3 季度“当季结束”

点击“当季结束”，弹出对话框，点击“确认”，如图 2–104 所示。

24. 第 2 年第 4 季度“当季开始”

点击“当季开始”，弹出对话框，点击“确认”，如图 2–105 所示。

图 2–104　第 2 年第 3 季度“当季结束”

（注：支付行政管理费 10 万元。）

图 2–105　第 2 年第 4 季度“当季开始”

25. 申请短贷

点击“申请短贷”，弹出对话框，需贷款额输入“349”W，点击“确认”，如图 2–106 所示。

26. 更新原料库

点击“更新原料库”，弹出对话框，点击“确认”，如图 2–107 所示。

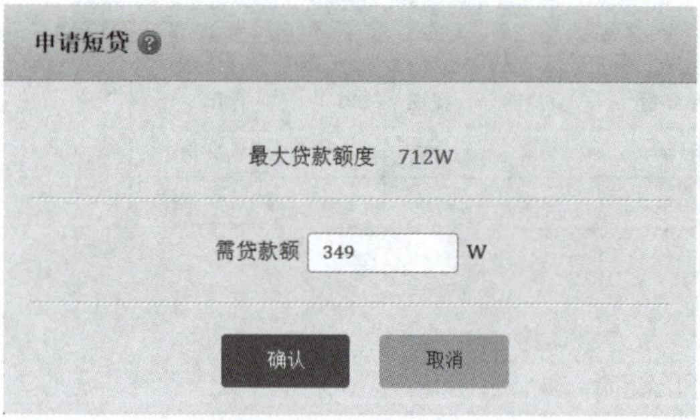

图 2–106　申请短贷

（注：申请短贷 349 万元。）

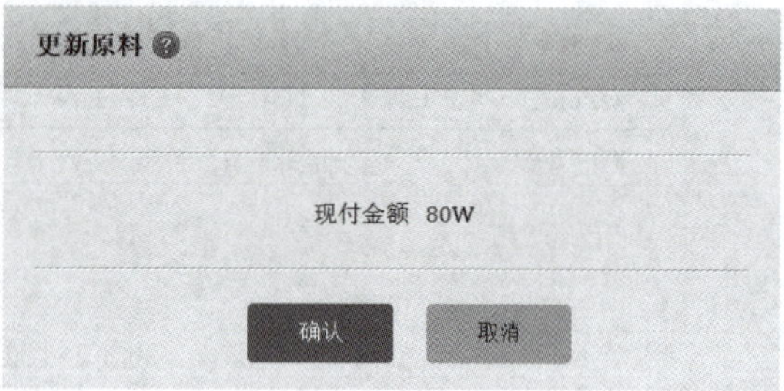

图 2–107　更新原料库

（注：更新原料库花费 80 万元。）

27. 订购原料

点击“订购原料”，弹出对话框，在原料 R2 对应的数量栏输入“4”，原料 R3 对应的数量栏输入“4”，点击“确认”，如图 2–108 所示。

28. 开始生产

点击“开始生产”，弹出对话框，选择“全选”，点击“确认”，如图 2–109 所示。

图 2-108　订购原料

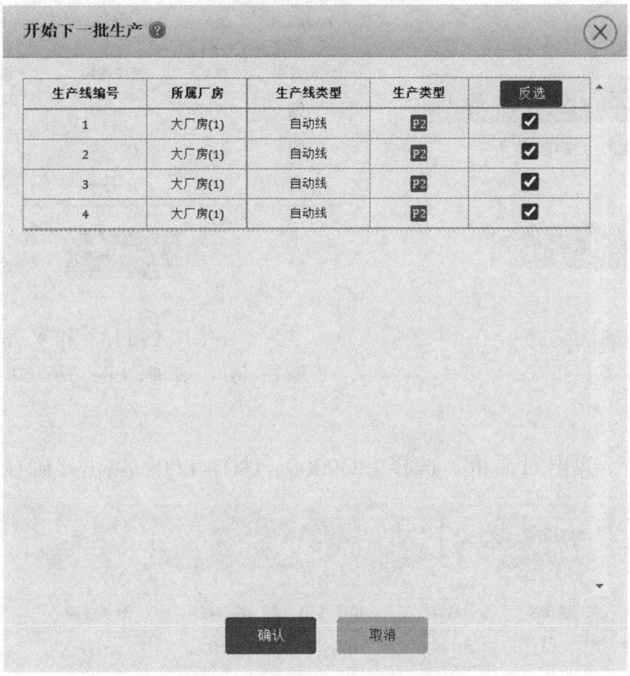

图 2-109　开始下一批生产

（注：开始下一批生产花费 40 万元。）

29. 应收款更新

点击“应收款更新”，弹出对话框，点击“确认”，如图 2-110 所示。

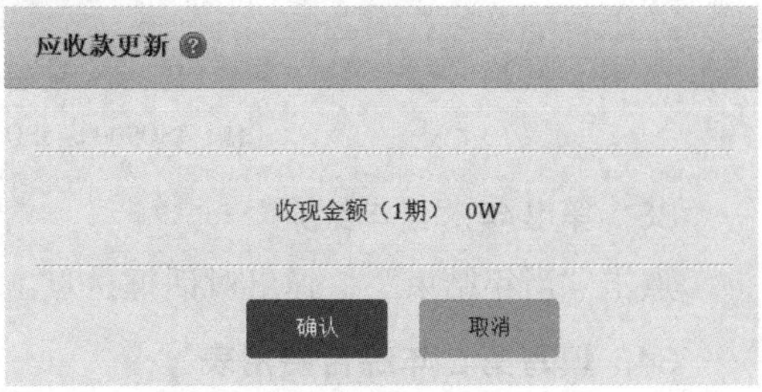

图 2-110　应收款更新

30. 按订单交货

点击“按订单交货”，弹出对话框，选择交货订单，点击“确认交货”，在弹出的提示框点击“确定”，如图 2-111、图 2-112 所示。

31. 市场开拓

点击“市场开拓”，弹出对话框，选择国内、亚洲、国际市场，点击“确认”，如图 2–113 所示。

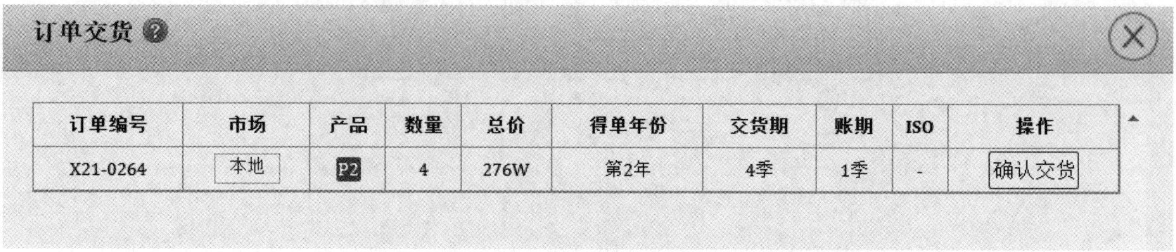

订单编号	市场	产品	数量	总价	得单年份	交货期	账期	ISO	操作
X21-0264	本地	P2	4	276W	第2年	4季	1季	-	确认交货

图 2–111 订单交货

（注：交货订单编号 X21–0264。）

图 2–112 确认交货

选择项	市场	投资费用	投资时间	剩余时间
☑	国内	10W/年	2年	1年
☑	亚洲	15W/年	2年	1年
☑	国际	15W/年	3年	2年

图 2–113 市场开拓

（注：国内、亚洲、国际市场开拓花费 40 万元。）

32. ISO 投资

点击“ISO 投资”，弹出对话框，选择 ISO9000、ISO14000，点击“确认”，如图 2–114 所示。

选择项	名称	投资费用	投资时间	剩余时间
☑	ISO9000	10W/年	2年	1年
☑	ISO14000	15W/年	2年	1年

图 2–114 ISO 投资

（注：ISO9000、ISO14000 资格认证花费 25 万元。）

33. 第 2 年“当年结束”

点击“当年结束”，弹出对话框，点击“确认”，如图 2–115 所示。

34. 填写第 2 年综合费用表

点击“填写报表”，弹出对话框，在“综合费用表”项下输入数据，点击“保存”，如

图 2–116 所示。

图 2–115　第 2 年“当年结束”

（注：支付行政管理费 10 万元、设备维护费 80 万元。）

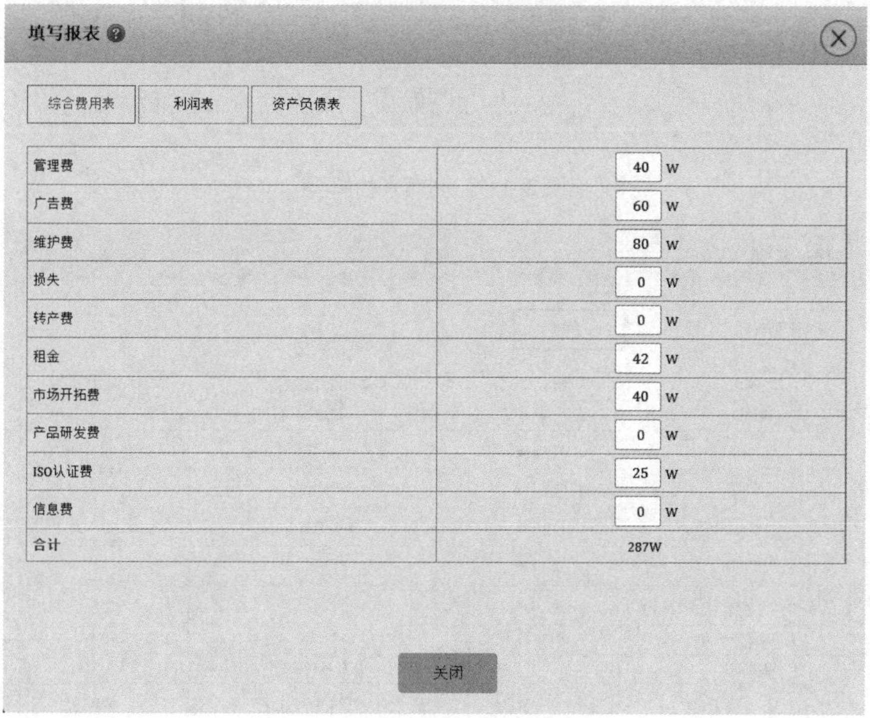

图 2–116　综合费用表的填写

35. 填写第 2 年利润表

在“填写报表”对话框中点击“利润表”，在“利润表”项下输入数据，点击“保存”，如图 2–117 所示。

36. 资产负债表的填写

在“填写报表”对话框中点击“资产负债表”，在“资产负债表”项下输入数据，点击“保存”，如图 2–118 所示。

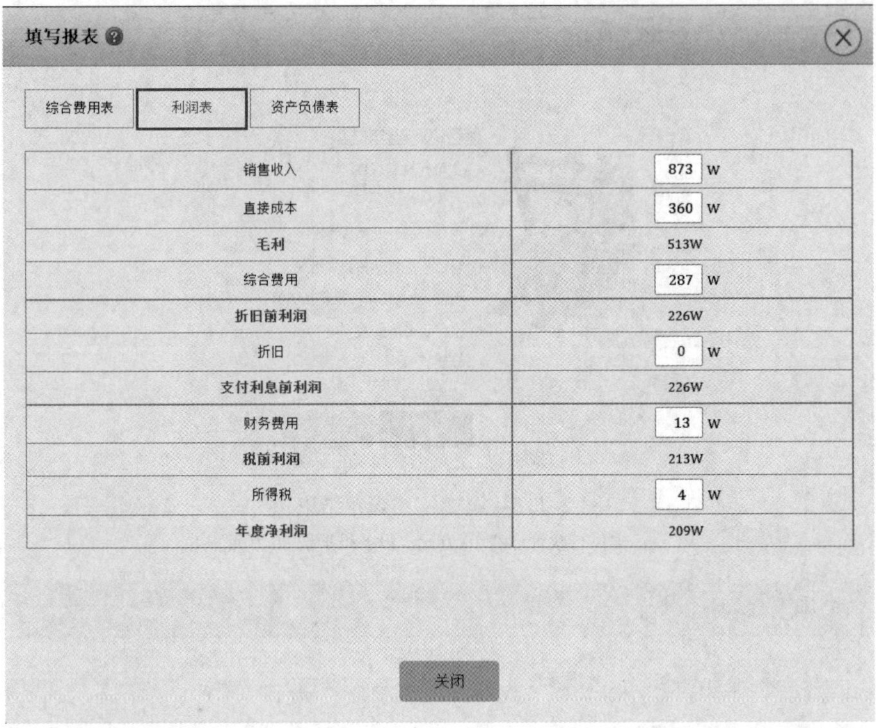

填写报表

综合费用表 | 利润表 | 资产负债表

销售收入	873 W
直接成本	360 W
毛利	513W
综合费用	287 W
折旧前利润	226W
折旧	0 W
支付利息前利润	226W
财务费用	13 W
税前利润	213W
所得税	4 W
年度净利润	209W

关闭

图 2–117　利润表的填写

填写报表

综合费用表 | 利润表 | 资产负债表

资产	期末	负债和所有者权益	期末
流动资产		负债	
现金	289 W	长期贷款	0 W
应收款	573 W	短期贷款	936 W
在制品	120 W	特别贷款	0 W
产成品	0 W	所得税	4 W
原料	0 W		
流动资产合计	982W	负债合计	940W
固定资产		所有者权益	
厂房	0 W	股东资本	630 W
机器设备	600 W	利润留存	-197 W
在建工程	0 W	年度净利	209 W
固定资产合计	600W	所有者权益合计	642W
资产	1582W	负债和所有者权益	1582W

提交　关闭

图 2–118　资产负债表的填写

能力检测

一、单选题

1. 下列选项中，（　　）是首席执行官 CEO 的职责。
   A. 市场调查分析　B. 制定发展战略　C. 产品研发管理　D. 编制采购计划
2. 在生产时出现原料紧缺的情况，你应该（　　）解决问题。
   A. 紧急采购原料　B. 推迟生产计划　C. 违约订单　D. 紧急采购产品
3. 当你所生产的产品第 2、3 年详单发现不需要 ISO 资格时，你会（　　）。
   A. 照常进行 ISO 投资　B. 选择推迟投资一个 ISO 资格
   C. 选择推迟投资两个 ISO 资格　D. 没有想过进行 ISO 投资
4. 紧急采购多付出的成本应该填写在（　　）。
   A. 直接扣除现金，无须在报表中表明　B. 综合费用表的损失中
   C. 资产负债表的原料中　D. 利润表的综合费用中
5. 一般情况下，对于第 1 年的生产线建设，你会选择（　　）。
   A. 在第 1 年建成生产线　B. 第 1 年不建设生产线
   C. 在第 2 年第 3 季建成生产线　D. 在第 2 年第 1 季建成生产线
6. 当最低广告得单额为 10 万元时，你想有两次选单机会，最少应该投（　　）万元。
   A. 20　B. 21　C. 30　D. 31
7. 长贷利率为 11% 时，贷款利息为 10 万元，最优的贷款额为（　　）万元。
   A. 86　B. 87　C. 95　D. 104
8. 下列选项中，（　　）应计算在财务费用中。
   A. 设备维护费　B. 厂房租金
   C. 原料出售折价费用　D. 贴现利息
9. 当你准备竞单时，你需准备（　　）现金参加竞单。
   A. 最低广告得单额的三倍　B. 最低广告得单额
   C. 最低广告得单额的两倍　D. 想留多少就留多少
10. 下列情况中可以出售的生产线是（　　）。
    A. 转产中的生产线　B. 生产中的生产线
    C. 闲置的生产线　D. 未提足折旧转产中的生产线

二、多选题

1. 下列情况中正确的有（　　）。
   A. 当税前利润为正，且以往年度没有亏损，则正常计算
   B. 当税前利润为正，且以往年度有亏损，则弥补亏损，弥补后的数值为负则不计税
   C. 当税前利润为正，且以往年度有亏损，则弥补亏损，弥补后的数值为正则正常计税
   D. 税前利润为负或为零则不计税
2. 下列选项中，应计入综合费用表的损失或其他项的有（　　）。
   A. 紧急采购的多余费用　B. 所出售生产线的未折旧费用

C．订单违约产生的违约金　　　　　　D．所出售原料的购买费用

3．下列选项中，取值会四舍五入的有（　　）。

A．贴现费用　　B．短贷利息　　C．长贷利息　　D．所得税费用

4．下列选项中，正确的有（　　）。

A．生产线建成当年要提折旧，净值等于残值时不提折旧

B．生产线建成的下一年要交维护费

C．融资组广告投放有上限，且无法参加竞单

D．投标得分 =100+（5– 交货期）×2+ 应收账期 –8/（产品成本 × 数量）

5．预算时，下一年现金出现断流，你可以选择（　　）。

A．停止生产　　　　　　B．降低广告投放额

C．调整长短贷借款　　　　　　D. 直接点破

6．下列选项中，正确的有（　　）。

A．不论何时出售生产线，残值计入现金，净值与残值之差计入损失

B．只有未使用且已建成的生产线方可转产

C．当年建成的生产线、转产中的生产线都要交维护费

D．生产线不允许在不同厂房间移动

7．在筹资方面，下列说法正确的有（　　）。

A．在第 5 年最后 2 个季度时，尽可能贴第 1、2 季度应收账款，减少贴现利息

B．在筹集资金相同的情况下，尽可能多筹集短贷，少借长贷

C．在产品充足的情况下，先交金额大、账期好的订单，以此使资金尽快入账

D．长短贷之和不得超过贷款额度

8．下列选项中，属于所有者权益的有（　　）。

A．所得税费用　　B．留存收益　　C．年度净利　　D．实收资本

9．下列选项中，说法错误的有（　　）。

A．团队中意见不合时，以 CEO 的意见为主，不用听取其他人的意见

B．后期制定发展战略时，只要是利润高的产品，都可以研发生产

C．销售总监在选择订单时，只选择价格好的订单就可以了

D．在编制采购计划时，只需满足原计划的生产量即可

10．在比赛开始第 1 年时，需要做（　　）。

A．财务总监开始打表

B．在一旁等待财务总监完成打表

C．首席执行官及其他人员开始分析讨论产品、市场等

D．无须等待财务总监完成预算表，自己编制即可

三、判断题

1．ERP 沙盘模拟经营主要是协助初学者快速组建团队和进行分工，帮助初学者读懂企业运营规则和市场预测的情报数据，并解决其在运营过程中遇到的操作问题。（　　）

2．ERP 沙盘是由首席执行官、财务总监、生产总监、销售总监、采购总监合作完成的。（　　）

3．当手工线在第 1 年第 4 季建成时，产品研发也需在第 1 年第 4 季完成。（　　）

4．计算所得税时，以往年度没有发生亏损时，本年发生亏损则需缴纳所得税。（ ）

5．在第 5 年结束经营时，只要有应收账款和现金，统统购买厂房、生产线。（ ）

6．无融资的情况下，第 1 年到第 5 年的股本是不变的。（ ）

7．在筹集资金时，无须考虑其他因素，长贷拉满。（ ）

8．学习 ERP 沙盘，最重要的是团队协作与沟通。（ ）

9．在某一产品市场拥挤的情况下，只要砸广告，就可以存活下来。（ ）

10．利润表反映企业当期的盈利情况，具体包括销售收入、直接成本、综合管理费用、折旧、财务费用、所得税等项目。（ ）

知识图谱

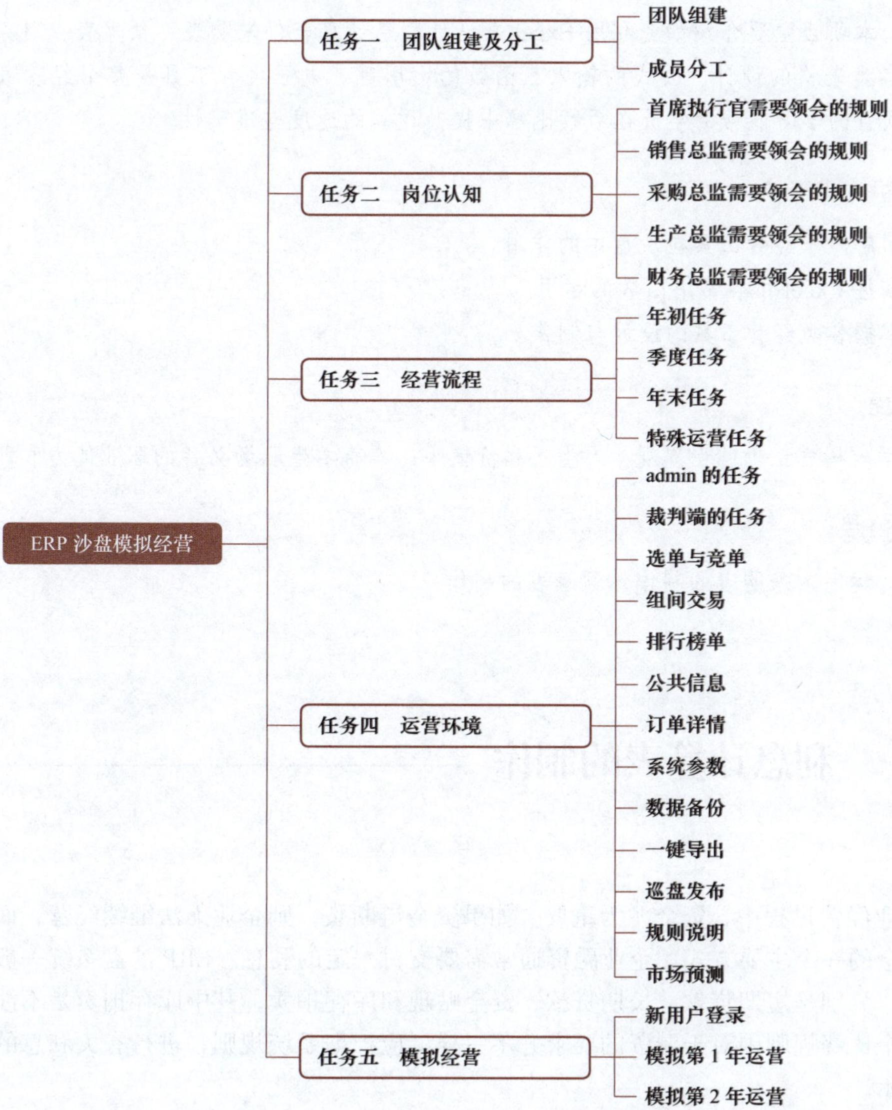

项目三

ERP沙盘工具制作

项目综述

完成企业ERP沙盘模拟经营规则与流程的学习后，能够根据规则说明制作预算也是非常重要的环节。本项目主要介绍如何利用Excel来设计利息计算表、采购表、预算表、财务报表等，其中涉及各类表格的设计、公式的输入、函数的运用等。电子经营工具是整个经营过程的重要工具，该项目的学习能帮助学员在后续比赛中提升运算的速度与准确性。

学习目标

- 了解电子经营工具在沙盘中的作用。
- 掌握Excel中各常用函数的运用。
- 掌握各类经营工具的设计与制作。

素质目标

培养学生树立正确的世界观、人生观和价值观；培养学生职场必备的职业能力和职业素养。

重点与难点

函数的运用、采购表的制作、预算表的制作

任务一 利息计算表的制作

在企业经营过程中，资金尤为重要。如果资金链断裂，则企业无法继续经营，而融资是企业获取资金的一个主要方式。企业融资通常需要支付一定的利息。ERP沙盘系统一般提供四种融资方式，分别是短期贷款、长期贷款、资金贴现和库存拍卖，其中库存拍卖是不涉及利息偿付的。每个比赛规则中对于融资的要求并不一样，应根据系统规则，进行有关利息的计算，如图3-1所示。

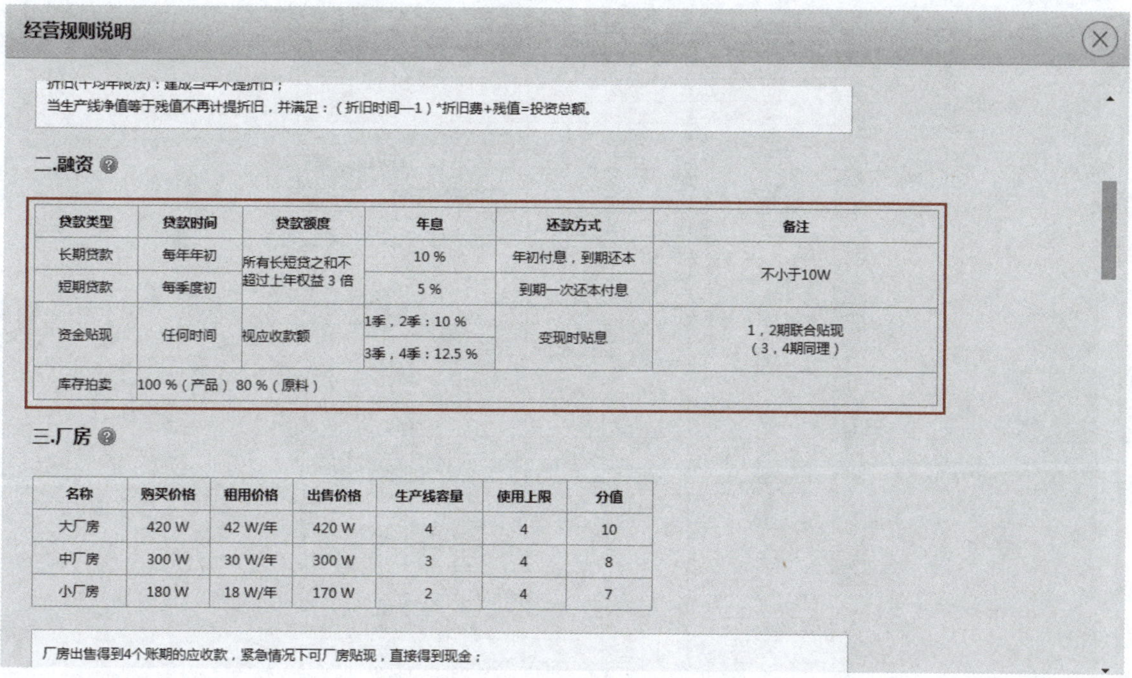
经营规则说明

折旧(平均年限法)：建成当年不提折旧；
当生产线净值等于残值不再计提折旧，并满足：（折旧时间—1）*折旧费+残值=投资总额。

二.融资

贷款类型	贷款时间	贷款额度	年息	还款方式	备注
长期贷款	每年年初	所有长短贷之和不超过上年权益 3 倍	10 %	年初付息，到期还本	不小于10W
短期贷款	每季度初		5 %	到期一次还本付息	
资金贴现	任何时间	视应收款额	1季，2季：10 % 3季，4季：12.5 %	变现时贴息	1，2期联合贴现（3，4期同理）
库存拍卖	100 %（产品）80 %（原料）				

三.厂房

名称	购买价格	租用价格	出售价格	生产线容量	使用上限	分值
大厂房	420 W	42 W/年	420 W	4	4	10
中厂房	300 W	30 W/年	300 W	3	4	8
小厂房	180 W	18 W/年	170 W	2	4	7

厂房出售得到4个账期的应收款，紧急情况下可厂房贴现，直接得到现金；

图 3-1 融资说明

一、长短贷利息的计算

打开一张新工作表，根据系统规则说明，利息 = 贷款金额 × 利率。由于长短贷款利率不同，所以在设计利息表时，需要分别设置长贷利息和短贷利息。图 3-2 中 A 列、E 列为贷款金额，填充入有序等差数列 1、2、3……；B 列、F 列则是根据系统规则输入的利率，而 C 列、G 列的内容则是根据利息公式（利息 = 贷款金额 × 利率）进行设置所得。单元格 C2 中输入“=A2*B2”，然后直接下拉填充；单元格 G2 中输入“=E2*F2”，然后直接下拉填充。

由于系统规则中关于长短贷的利息是四舍五入的，根据图 3-2 C 列中标底色数据能看出利息是 1.4、2.4、3.4……时是最划算的，对应的长贷金额是 14、24、34……，由此总结出长贷利息的规律是 $10N+4$；根据图 3-2 G 列中标底色数据能看出利息是 0.45、1.45、2.45……时是最划算的，对应的短贷金额是 9、29、49……，由此总结出短贷利息的规律是 $20N+9$。

例 3-1

假设现在有 80 万元的资金缺口，如果使用长贷融资，借款金额最划算是借 84 万元，84 万元和 80 万元的利息都是 8 万元，但是可使用资金就多了 4 万元；如果使用短贷融资，借款金额最划算是借 89 万元，89 万元和 80 万元的利息都是 4 万元；但是可使用资金就多了 9 万元。

温馨提示

长贷的借款规律是针对总额而言的，假使第一次借款了 80 万元，年限是 4 年，那么下一年还要长贷借款，借款的金额就需是 $10N$，才能使得借款总额满足规律 $10N+4$，并不是每次长贷借款都是按照 $10N+4$ 这个规律来进行借款。关于短贷，由于借款年限就 1 年，因此不存在这个问题。

	A	B	C	D	E	F	G
1	长贷金额	利率	利息		短贷金额	利率	利息
2	1	0.1	0.1		1	0.05	0.05
3	2	0.1	0.2		2	0.05	0.1
4	3	0.1	0.3		3	0.05	0.15
5	4	0.1	0.4		4	0.05	0.2
6	5	0.1	0.5		5	0.05	0.25
7	6	0.1	0.6		6	0.05	0.3
8	7	0.1	0.7		7	0.05	0.35
9	8	0.1	0.8		8	0.05	0.4
10	9	0.1	0.9		9	0.05	0.45
11	10	0.1	1		10	0.05	0.5
12	11	0.1	1.1		11	0.05	0.55
13	12	0.1	1.2		12	0.05	0.6
14	13	0.1	1.3		13	0.05	0.65
15	14	0.1	1.4		14	0.05	0.7
16	15	0.1	1.5		15	0.05	0.75
17	16	0.1	1.6		16	0.05	0.8
18	17	0.1	1.7		17	0.05	0.85
19	18	0.1	1.8		18	0.05	0.9
20	19	0.1	1.9		19	0.05	0.95
21	20	0.1	2		20	0.05	1
22	21	0.1	2.1		21	0.05	1.05
23	22	0.1	2.2		22	0.05	1.1
24	23	0.1	2.3		23	0.05	1.15
25	24	0.1	2.4		24	0.05	1.2
26	25	0.1	2.5		25	0.05	1.25
27	26	0.1	2.6		26	0.05	1.3
28	27	0.1	2.7		27	0.05	1.35
29	28	0.1	2.8		28	0.05	1.4
30	29	0.1	2.9		29	0.05	1.45
31	30	0.1	3		30	0.05	1.5
32	31	0.1	3.1		31	0.05	1.55
33	32	0.1	3.2		32	0.05	1.6
34	33	0.1	3.3		33	0.05	1.65
35	34	0.1	3.4		34	0.05	1.7
36	35	0.1	3.5		35	0.05	1.75
37	36	0.1	3.6		36	0.05	1.8

Sheet1 | Sheet2 | Sheet3

图 3-2 长短贷利息计算表

二、贴现利息的计算

在设计贴现利息表时，需要分别设置第 1、2 季度贴现利息和第 3、4 季度贴现利息。图 3-3 中 A 列、E 列为贴现金额，B 列、F 列则是根据系统规则输入的利率，而 C 列、G 列的内容则是根据利息公式（利息 = 贴现金额 × 利率）进行设置所得。单元格 C2 中输入“=A2*B2”，然后直接下拉填充；单元格 G2 中输入“=E2*F2”，然后直接下拉填充。

由于系统规则中关于贴现费用是向上取整的，根据图 3-3 C 列中标底色数据能看出利息是 1、2、3……时是最划算的，对应的贴现金额是 10、20、30……，由此总结出第 1、2 季度贴现金额的规律是 10*N*；根据图 3-3 G 列中标底色数据能看出利息是 1、2、3……时是最划算的，对应的贴现金额是 8、16、24……，由此总结出第 3、4 季度贴现金额的规律是 8*N*。

例 3-2

假设现在有 90 万元的资金缺口，如果选择在第 1、2 季度进行应收账款贴现，贴现金额最划算是 90 万元；如果选择在第 3、4 季度进行应收账款贴现，贴现金额最划算是 96 万元。

根据利息计算表，可以精准地确定贷款金额或贴现金额，从而最大限度地利用规则节约财务费用。

	A	B	C	D	E	F	G
1	1、2季贴现金额	利率	贴息		3、4季贴现金额	利率	贴息
2	1	0.1	0.1		1	0.125	0.125
3	2	0.1	0.2		2	0.125	0.25
4	3	0.1	0.3		3	0.125	0.375
5	4	0.1	0.4		4	0.125	0.5
6	5	0.1	0.5		5	0.125	0.625
7	6	0.1	0.6		6	0.125	0.75
8	7	0.1	0.7		7	0.125	0.875
9	8	0.1	0.8		8	0.125	1
10	9	0.1	0.9		9	0.125	1.125
11	10	0.1	1		10	0.125	1.25
12	11	0.1	1.1		11	0.125	1.375
13	12	0.1	1.2		12	0.125	1.5
14	13	0.1	1.3		13	0.125	1.625
15	14	0.1	1.4		14	0.125	1.75
16	15	0.1	1.5		15	0.125	1.875
17	16	0.1	1.6		16	0.125	2
18	17	0.1	1.7		17	0.125	2.125
19	18	0.1	1.8		18	0.125	2.25
20	19	0.1	1.9		19	0.125	2.375
21	20	0.1	2		20	0.125	2.5
22	21	0.1	2.1		21	0.125	2.625
23	22	0.1	2.2		22	0.125	2.75
24	23	0.1	2.3		23	0.125	2.875
25	24	0.1	2.4		24	0.125	3
26	25	0.1	2.5		25	0.125	3.125
27	26	0.1	2.6		26	0.125	3.25
28	27	0.1	2.7		27	0.125	3.375
29	28	0.1	2.8		28	0.125	3.5

Sheet1 | Sheet2 | Sheet3

图 3-3　贴息计算表

任务二　采购表的制作

对于一个长期经营的企业，它的产能应该根据市场的需求来确定，即以需定产。然而由于市场的不确定性及一些经营状况的限制（如必须提前订购原料等），通常就需要提前制订生产计划。由于所有的原料都有提前期，而且不同的原料提前期并不一样，因此为方便材料订购量、加工费和材料费的计算，我们需设计并填写“采购表”，如图 3-4 所示。首先需要根据企业规则填好“产品结构表”，然后营销总监根据生产计划填好“生产计划表”，最后可以利用公式自动生成“采购计划表”，采购计划表中列示了每种材料的订购量，以及加工费和材料费。下面将详细介绍“采购表”的制作。

图 3-4 即是根据需求设计出来的采购表，该表主要由三张小表组成，分别是产品结构表、生产计划表和采购计划表。其中产品结构表主要是根据系统规则填写每种产品的组成、加工费与每种原料的价格；生产计划表主要列示了第 1 ～ 5 年、每年 1 ～ 4 季度、P1 ～ P5 的生产计划；采购计划表主要是利用前两张表中的数据来进行计算，列示了每种原料的具体订购量以及对应的加工费和材料费。接下来将分别介绍三张表的制作方法。

	产品结构表						原料价格
组成	P1	P2	P3	P4	P5		原料价格
R1	1		1		1		10
R2		1		1			10
R3		1	1		1		10
R4			1	1			10
加工费	10	10	10	10	10		
产品成本	20	30	40	50	60		

生产计划表							采购计划表					
年份	季度	P1	P2	P3	P4	P5	R1	R2	R3	R4	材料费	加工费
一	1								0	0		
	2						0	0	0	0		
	3						0	0	0	0	0	0
	4						0	0	0	0	0	0
二	1						0	0	0	0	0	0
	2						0	0	0	0	0	0
	3						0	0	0	0	0	0
	4						0	0	0	0	0	0
三	1						0	0	0	0	0	0
	2						0	0	0	0	0	0
	3						0	0	0	0	0	0
	4						0	0	0	0	0	0
四	1						0	0	0	0	0	0
	2						0	0	0	0	0	0
	3						0	0	0	0	0	0
	4						0	0	0	0	0	0
五	1						0	0	0	0	0	0
	2						0	0			0	0
	3										0	0
	4											

第1年 | 第2年 | 第3年 | 第4年 | 第5年 | 采购表

图 3-4　采购表

一、产品结构表制作

产品结构表的填写主要是为采购计划表提供数据支撑。

首先根据系统规则，了解产品研发和原料设置如图 3-5 和图 3-6 所示。

根据以上系统规则，将产品组成、原料价格、加工费、产品成本填入产品结构表中，如图 3-7 所示。

采购表制作 – 产品结构

六.产品研发

名称	加工费	每季开发费	开发时间	直接成本	分值	产品组成
P1	10 W	10 W	2 季	20 W	7	R1
P2	10 W	10 W	3 季	30 W	8	R2 R3
P3	10 W	10 W	4 季	40 W	9	R1 R3 R4
P4	10 W	11 W	5 季	50 W	10	P1 R2 R4
P5	10 W	12 W	6 季	60 W	11	P2 R1 R3

图 3-5　产品研发

七.原料设置

名称	购买单价	提前期
R1	10 W	1 季
R2	10 W	1 季
R3	10 W	2 季
R4	10 W	2 季

图 3-6　原料设置

	产品结构表						
组成	P1	P2	P3	P4	P5		原料价格
R1	1		1		1		10
R2		1		1			10
R3		1	1		1		10
R4			1	1			10
加工费	10	10	10	10	10		
产品成本	20	30	40	50	60		

图 3-7　产品结构表

二、生产计划表制作

根据图 3–4 所示，在采购表中设计出“生产计划表”。生产计划表主要列示了第 1 ～ 5 年、每年 1 ～ 4 季度、P1 ～ P5 的生产计划。这里需要注意的是，由于产品最短的开发时间是第 2 季度（P1），所以生产计划最早开始于第 1 年的第 3 季度，且正常经营过程中最后 1 年的最后 1 个季度会直接停产。所以生产计划表中涉及这 3 季，无须填写生产计划，如图 3–8 所示。

10	生产计划表						
11	年份	季度	P1	P2	P3	P4	P5
12	一	1					
13		2					
14		3					
15		4					
16	二	1					
17		2					
18		3					
19		4					
20	三	1					
21		2					
22		3					
23		4					
24	四	1					
25		2					
26		3					
27		4					
28	五	1					
29		2					
30		3					
31		4					

图 3–8 生产计划表

采购表制作 – 生产计划

三、采购计划表制作

1）根据图 3–4 所示，在采购表中设计出“采购计划表”。

2）生产计划最早开始于第 1 年第 3 季度，所有提前期是 1 季的 R1 和 R2 最早开始采购是在第 1 年第 2 季度，用于第 1 年第 3 季度的生产；同样用于第 1 年第 3 季度的生产，提前期是 2 季的 R3 和 R4 最早开始采购于第 1 年第 1 季度。第 1 年第 2 季度的 R1 原料的订购量取决于第 1 年第 3 季度的生产计划，且等于 array(C14:G14)*array(B3:F3)，所以选择 I13 单元格，插入公式“=SUMPRODUCT(C14:G14,$B$3:$F$3)”，如图 3–9 所示。这里要注意的是，由于后续要进行公式的下拉填充，所以不变区域 B3:F3 要用绝对地址。I14:I29 区域直接进行公式的下拉填充。由于整个经营持续 5 年，第 5 年第 4 季度停产，所以 R1、R2 原料在第 5 年第 3 季度可以停止采购，I30:J31 区域无须设置公式，如图 3–10 所示。

采购表制作 – 采购计划 1

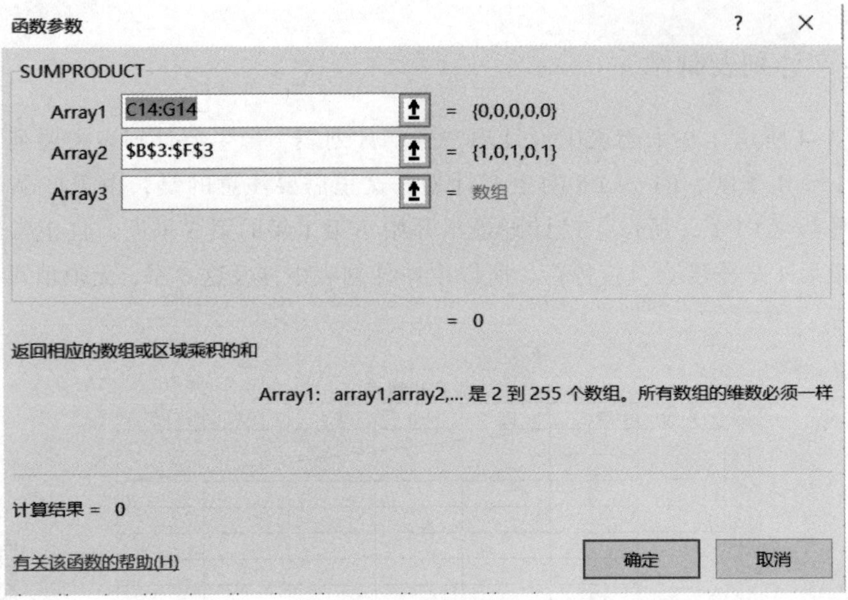

图 3-9　I13 单元格的公式

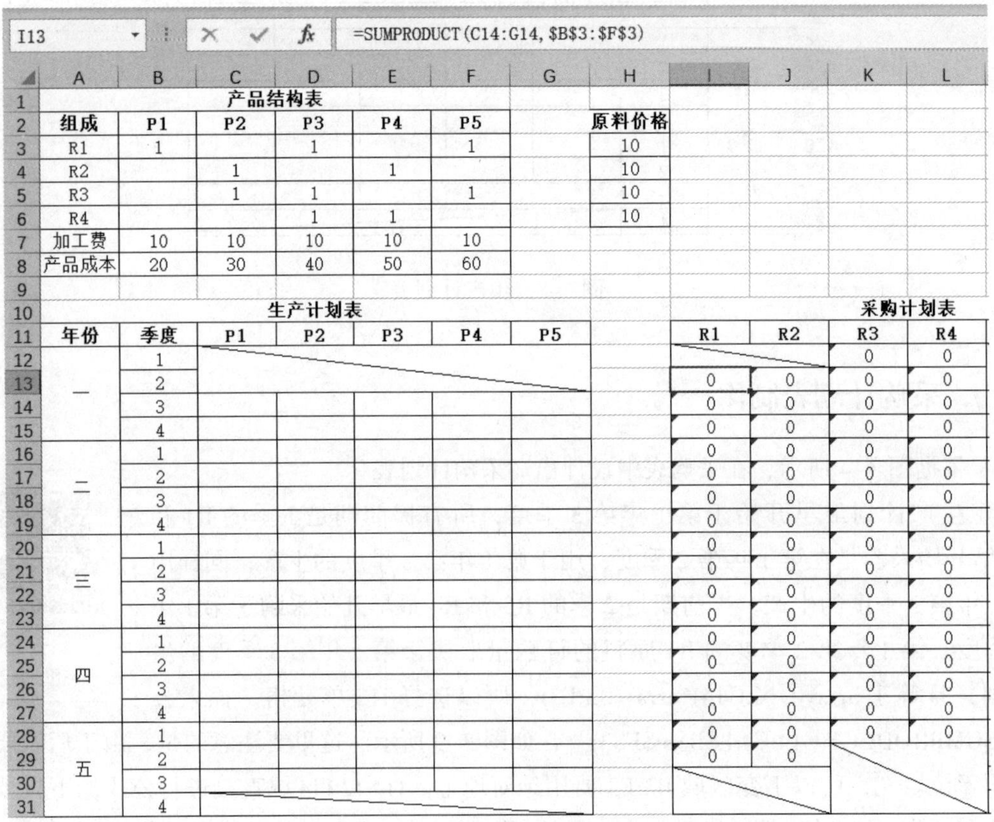

图 3-10　R1 原料公式设置

函数说明

关于 SUMPRODUCT 函数

SUMPRODUCT 函数是在给定的几组数组中，将数组间对应的元素相乘，并返回乘积之和。语法形式为 SUMPRODUCT(array1, [array2], [array3], ...)，示例如图 3-11 所示。

C12 =SUMPRODUCT(D4:D10, E4:E10)

	A	B	C	D	E	F
1	举例					
2	例：	用sumproduct函数对下列表格计算总销售价格				
3		品名	规格	数量	单价	
4		A	x	16	2	
5		B	x	28	3	
6		B	y	21	2	
7		B	y	28	5	
8		A	x	26	4	
9		A	y	27	1	
10		A	y	13	6	
11						
12		总价：	507			

图 3-11 SUMPRODUCT 函数示例

3）同理，第 1 年第 2 季度的 R2 原料的订购量也取决于第 1 年第 3 季度的生产计划，且等于 array(C14:G14)*array(B4:F4)，所以选中 J13 单元格，插入公式“=SUMPRODUCT(C14:G14, $B$4:$F$4)”，J14:J29 区域直接进行公式的下拉填充。

4）由于 R3 和 R4 的提前期是 2 季，所以第 1 年第 1 季度的 R3 原料的订购量取决于第 1 年第 3 季度的生产计划，且等于 array(C14:G14)*array(B5:F5)，所以选择 K12 单元格，插入公式“=SUMPRODUCT(C14:G14,$B$5:$F$5)”（如图 3-12 所示），K13:K28 区域直接进行公式的下拉填充。由于第 5 年第 4 季度停产，R3、R4 原料在第 5 年第 2 季度可以停止采购，K29:L31 区域无须设置公式。

采购表制作 –
采购计划 2

5）同理，第 1 年第 1 季度的 R4 原料的订购量也取决于第 1 年第 3 季度的生产计划，且等于 1array(C14:G14)*array(B6:F6)，选中 L12 单元格，插入公式“=SUMPRODUCT(C14:G14,$B$6:$F$6)”，L13:L28 区域直接进行公式的下拉填充。

6）关于材料费的计算。R1 和 R2 的提前期是 1 季，R3 和 R4 的提前期是 2 季，所以第 1 年第 3 季度的材料费包含了第 1 年第 2 季度订购的 R1、R2 和第 1 年第 1 季度订购的 R3、R4，因此选中 M14 单元格，插入公式“=I13*$H$3+J13*$H$4+K12*$H$5+L12*$H$6”（如图 3-13 所示），然后下拉进行公式填充。由于最后 1 个季度的停产，因此第 5 年第 4 季度的材料费也无须填写。

7）关于加工费的计算。由于最早可以在第 1 年第 3 季度出现产成品，因此生产费用的计算从单元格 N14 开始。加工费 = 对应的产成品个数 × 每种产品对应的加工费。

选中 N14 单元格，插入公式“=SUMPRODUCT(C14:G14,$B$7:$F$7)”（如图 3-14 所示），然后下拉进行公式填充。由于最后 1 个季度的停产，因此第 5 年第 4 季度的加工费也无须填写。

K12 =SUMPRODUCT(C14:G14, $B$5:$F$5)

	A	B	C	D	E	F	G	H	I	J	K	L
1			产品结构表									
2	组成	P1	P2	P3	P4	P5		原料价格				
3	R1	1		1		1		10				
4	R2		1		1			10				
5	R3		1	1		1		10				
6	R4			1	1			10				
7	加工费	10	10	10	10	10						
8	产品成本	20	30	40	50	60						
9												
10				生产计划表							采购计划表	
11	年份	季度	P1	P2	P3	P4	P5		R1	R2	R3	R4
12		1									0	0
13	一	2							0	0	0	0
14		3							0	0	0	0
15		4							0	0	0	0
16		1							0	0	0	0
17	二	2							0	0	0	0
18		3							0	0	0	0
19		4							0	0	0	0
20		1							0	0	0	0
21	三	2							0	0	0	0
22		3							0	0	0	0
23		4							0	0	0	0
24		1							0	0	0	0
25	四	2							0	0	0	0
26		3							0	0	0	0
27		4							0	0	0	0
28		1							0	0	0	0
29	五	2							0	0		
30		3										
31		4										

图 3-12　R3 原料公式设置

M14 =I13*$H$3+J13*$H$4+K12*$H$5+L12*$H$6

	A	B	C	D	E	F	G	H	I	J	K	L	M	N
1			产品结构表											
2	组成	P1	P2	P3	P4	P5		原料价格						
3	R1	1		1		1		10						
4	R2		1		1			10						
5	R3		1	1		1		10						
6	R4			1	1			10						
7	加工费	10	10	10	10	10								
8	产品成本	20	30	40	50	60								
9														
10				生产计划表							采购计划表			
11	年份	季度	P1	P2	P3	P4	P5		R1	R2	R3	R4	材料费	加工费
12		1									0	0		
13		2							0	0	0	0		
14	一	3							0	0	0	0	0	0
15		4							0	0	0	0	0	0
16		1							0	0	0	0	0	0
17	二	2							0	0	0	0	0	0
18		3							0	0	0	0	0	0
19		4							0	0	0	0	0	0

图 3-13　材料费公式设置

N14 =SUMPRODUCT(C14:G14, $B$7:$F$7)

	A	B	C	D	E	F	G	H	I	J	K	L	M	N
1			产品结构表											
2	组成	P1	P2	P3	P4	P5		原料价格						
3	R1	1		1		1		10						
4	R2		1		1			10						
5	R3		1	1		1		10						
6	R4			1	1			10						
7	加工费	10	10	10	10	10								
8	产品成本	20	30	40	50	60								
9														
10				生产计划表							采购计划表			
11	年份	季度	P1	P2	P3	P4	P5		R1	R2	R3	R4	材料费	加工费
12		1									0	0		
13		2							0	0	0	0		
14	一	3							0	0	0	0	0	0
15		4							0	0	0	0	0	0
16		1							0	0	0	0	0	0
17	二	2							0	0	0	0	0	0
18		3							0	0	0	0	0	0
19		4							0	0	0	0	0	0

图 3-14　加工费公式设置

任务三 第 1 年预算表的制作

企业的所有经营活动都需要资金来支持，在沙盘模拟经营中，一旦资金链断裂或者是所有者权益为负，就认定为破产。因此为了防止破产，需要在每年经营之前填好当年的预算表。我们通过建立 Excel 模型，可以模拟出维持企业经营所需的现金流，防止企业破产。同时我们需要借助财务报表来反映企业财务状况和经营成果，而且在沙盘模拟经营中也需要在年末填写财务报表。因此我们设计的预算表中，主要包含了现金流量表、综合费用表、资产负债表和利润表，因此在这四个表的基础上建立了 Excel 模型，具体如图 3–15 所示。

第 1 年预算表制作 1

	A	B	C	D	E
1	现金流量表				
2	项目 季度	第1季度	第2季度	第3季度	第4季度
3	期初现金		0	0	0
4	贴现金额				
5	贴现费用				
6	租金				
7	广告投放				
8	应交税				
9	长期贷款本金				
10	长期贷款利息				
11	申请长期贷款				
12	季初盘点	0	0	0	0
13	短期贷款还本				
14	短期贷款还息				
15	申请短期贷款				
16	原料入库			0	0
17	购买厂房				
18	新租厂房				
19	新建生产线				
20	生产线转产				
21	变卖生产线				
22	紧采原料				
23	开始下一批生产			0	0
24	季中盘点	0	0	0	0
25	更新应收款				
26	紧采产品				
27	订单交货(0账)				
28	产品研发投资				
29	厂房处理				
30	贴现金额				
31	贴现费用				
32	ISO资格认证				
33	新市场开拓				
34	季末盘点	0	0	0	0
35	支付管理费		0	0	0
36	厂房续租				
37	支付设备维护费				
38	折旧				
39	损失				
40	期末现金	0	0	0	0

综合费用表	
管理费	0
广告费	0
设备维护费	0
转产费	0
租金	0
市场准入开拓	0
ISO认证资格	0
产品研发费	0
信息费	
其他	0
合计	0

利润表	
销售收入	
直接成本	
毛利	0
综合管理费用	0
折旧前利润	0
折旧	0
支付利息前利润	0
财务费用	0
税前利润	0
所得税	
净利润	0

资产负债表			
现金	0	长期负债	0
应收款		短期负债	0
在制品		特别贷款	
产成品		应交税金	0
原材料			
流动资产合计	0	负债合计	0
土地和建筑	0	股东资本	0
机器与设备		利润留存	
在建工程		年度净利	0
固定资产合计	0	所有者权益合计	0
资产总计	0	负债和所有者权益总计	0

长贷利率	
短贷利率	
贴现1.2季	
贴现3.4季	

可贷额度			
年初可贷	0		
第1季	第2季	第3季	第4季
0	0	0	0

图 3–15 第 1 年预算表

由于第 1 年并没有订单，而且大部分时间处于在建状态，资金也处于充足的状态，因此第 1 年的预算表相对比较简单，接下来将详细介绍其中的公式设置。

一、现金流量表制作

企业在经营过程中，常常出现现金短缺的“意外”情况，正常经营不得不中断，其实如果仔细分析，就会发现这种“意外”情况的发生不外乎两方面的原因：第一，企业没有编制预算，现金流就只能考虑到当季的经营，到

第 1 年预算表制作 2

下一季需要先还款才可以借款，往往由于借款还不上而导致破产；第二，企业没有事先制订合适的融资计划、生产计划、采购计划而导致财务费用和损失增高，大大增加了企业的经营成本。为了合理安排和筹集资金，企业在经营之前应当根据新年计划编制现金流量表。

现金流量表是反应一定时期内（如月度、季度或年度）企业经营活动、投资活动和筹资活动对其现金及现金等价物所产生影响的财务报表。它详细描述了由公司的经营、投资与筹资活动所产生的现金流。现金流量表可用于分析一家机构在短期内有没有足够现金去应付开销，而在沙盘模拟经营中，需根据比赛规则将财务上的现金流量表进行具体化，按企业经营流程进行设置，如图 3-16 所示。

	A	B	C	D	E
1	现金流里表				
2	项目 季度	第1季度	第2季度	第3季度	第4季度
3	期初现金		0	0	0
4	贴现金额				
5	贴现费用				
6	租金				
7	广告投放				
8	应交税				
9	长期贷款本金				
10	长期贷款利息				
11	申请长期贷款				
12	季初盘点	0	0	0	0
13	短期贷款还本				
14	短期贷款还息				
15	申请短期贷款				
16	原料入库			0	0
17	购买厂房				
18	新租厂房				
19	新建生产线				
20	生产线转产				
21	变卖生产线				
22	紧采原料				
23	开始下一批生产			0	0
24	季中盘点	0	0	0	0
25	更新应收款				
26	紧采产品				
27	订单交货(0账)				
28	产品研发投资				
29	厂房处理				
30	贴现金额				
31	贴现费用				
32	ISO资格认证				
33	新市场开拓				
34	季末盘点	0	0	0	0
35	支付管理费		0	0	0
36	厂房续租				
37	支付设备维护费				
38	折旧				
39	损失				
40	期末现金	0	0	0	0

图 3-16　现金流量表

单元格 C3（期初现金）：每一季的期初现金都等于上一季的期末现金，所以 C3 中输入公式“=B40”，后续直接右拉填充公式。

单元格 B12（季初盘点）：公式为“=B3+B4-B5-B6-B7-B8-B9-B10+B11”，则后续季度直接右拉填充公式。

第 16 行的原料入库：区域 D16:E16 可以直接从采购表中取数，选中区域后输入公式“=TRANSPOSE(采购表!M14:M15)”，由于是数组公式，输入公示后需按 ctrl+shift+enter 组合键。

第 23 行的开始下一批生产：区域 D23:E23 可以直接从采购表中取数，选中区域后输入公式“=TRANSPOSE(采购表!N14:N15)”，由于是数组公式，输入公示后需要按 ctrl+shift+enter。

单元格 B24（季中盘点）：季初盘点加上所有的增项，减去所有的减项，即输入公式“=B12–B13–B14+B15 –B16–B17–B18–B19–B20+B21–B22–B23”，则后续季度直接右拉填充公式。

单元格 B35（支付管理费）：在 C35 单元格中输入公式“=B35”，后续季度直接右拉填充公式。

单元格 B40（期末现金）：第一季度结束时剩余现金，输入公式“=B34–B35–B36–B37–B39”，则后续季度直接右拉填充公式。

函数说明

TRANSPOSE 函数（转置函数）

TRANSPOSE 函数是行列转置函数，即行转成列，列转成行。语法形式为 TRANSPOSE (array)，示例如下：

如图 3–17 所示，等待转置的区域为 D1：H3，是 3 行 5 列的区域。首先要转置，先选中 5 行 3 列的区域。

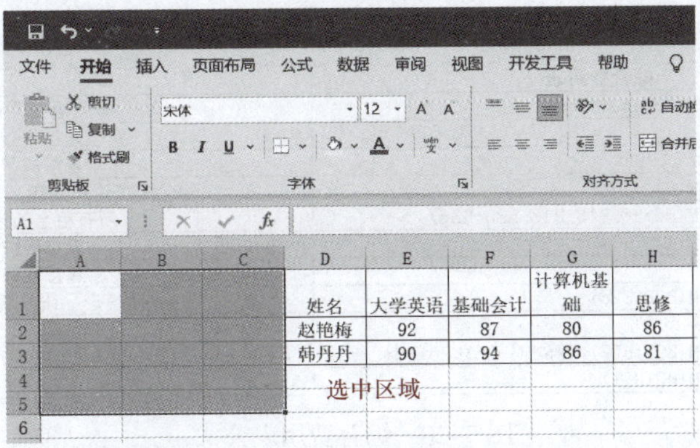

图 3–17 TRANSPOSE 函数示例 1

如图 3–18 所示，输入公式 =transpose(D1:H3)。由于是数组公式，所以输入公式后按 ctrl+shift+enter 组合键。完成效果如图 3–19 所示。

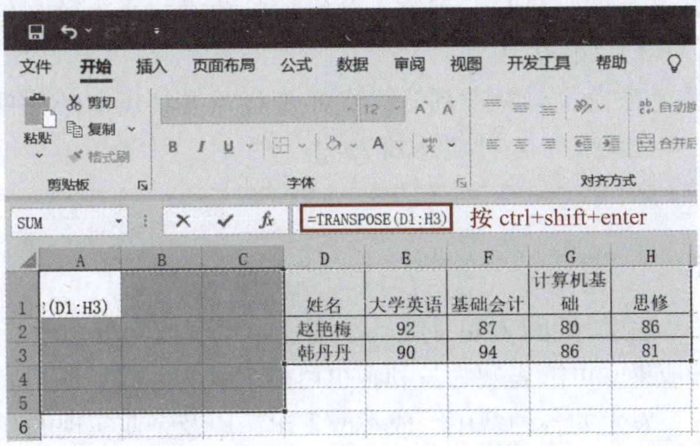

图 3–18 TRANSPOSE 函数示例 2

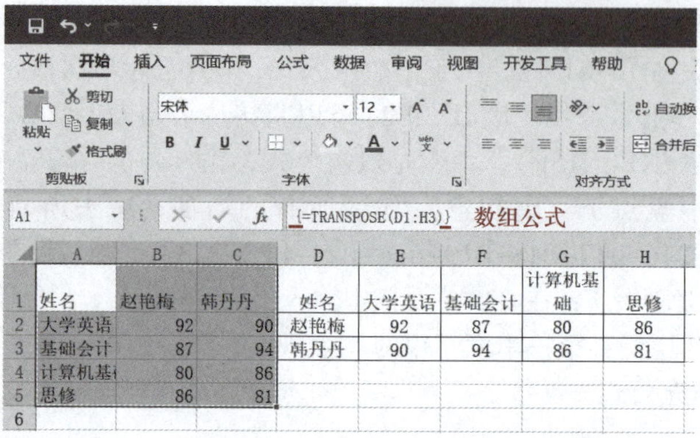

图 3-19　TRANSPOSE 函数示例 3

第 1 年预算表制作 3

二、综合费用表制作

综合费用表是反映企业财务情况和产品成本水平的综合性报表，主要用来及时反映企业某些重要财务、成本指标的实现情况。其各项公式及含义如图 3-20 所示。

	G	H	I
1		综合费用表	
2	管理费	=SUM(B35:E35)	4个季度管理费的合计
3	广告费	=B7	直接取数
4	设备维护费	=E37	直接取数
5	转产费	=SUM(B20:E20)	4个季度生产线转产费用的合计
6	租金	=SUM(B6:E6,B18:E18,B36:E36)	所有租金的合计
7	市场准入开拓	=E33	直接取数
8	ISO认证资格	=E32	直接取数
9	产品研发费	=SUM(B28:E28)	4个季度产品研发费用的合计
10	信息费		
11	其他	=SUM(B22:E22)/2+SUM(B26:E26)/3*2+E39	紧急采购的损失+其他损失（订单违约和拆线差价）
12	合计	=SUM(H2:H11)	

图 3-20　综合费用表公式

温馨提示

①紧急采购的损失 = 紧采原料损失 + 紧采产品损失。

②根据规则，“紧急采购，付款即到货，原料价格为直接成本的 2 倍”，紧采原料的损失 = 付款总额 − 直接成本 = 付款总额 /2。

③根据规则，“紧急采购，付款即到货，成品价格为直接成本的 3 倍”，紧采产品的损失 = 付款总额 − 直接成本 =2× 直接成本 = 付款总额 /3×2。

三、利润表制作

利润表是反映企业一定会计期间（如月度、季度、半年度或年度）生产经营成果的会计报表。企业一定会计期间的经营成果既可能表现为盈利，也可能表现为亏损。该报表全面揭示了企业在某一特定时期实现的各种收入，发生的各种费用、成本或支出，以及企业实现的利润或发生的亏损情况。

利润表可直接根据系统提供的利润表来进行编制，并不是很复杂。由于经营第 1 年是企业刚成立，并未经营过，销售有部分数据是没有的，例如销售收入、销售成本等，具体的公式设置参照图 3–21。

	J	K	L
1		利润表	
2	销售收入		
3	直接成本		
4	毛利	=K2-K3	=销售收入-直接成本
5	综合管理费用	=H12	直接取数
6	折旧前利润	=K4-K5	=毛利-综合管理费用
7	折旧	=E38	直接取数
8	支付利息前利润	=K6-K7	=折旧前利润-折旧
9	财务费用	=SUM(B5:E5,B10,B14:E14,B31:E31)	=贴现费用+长短贷利息
10	税前利润	=K8-K9	=支付利息前利润-财务费用
11	所得税		
12	净利润	=K10-K11	=税前利润-所得税

图 3–21 利润表公式

四、资产负债表制作

资产负债表是反映企业在某一特定日期（如月末、季末、年末）的全部资产、负债和所有者权益情况的会计报表，是企业经营活动的静态体现，根据“资产 = 负债 + 所有者权益”这一平衡公式，依照一定的分类标准和一定的次序，将某一特定日期的资产、负债、所有者权益的具体项目予以适当的排列编制而成。它表明企业在某一特定日期所拥有或控制的经济资源、所承担的现有义务和所有者对净资产的要求权。

第 1 年预算表制作 4

资产负债表同样是直接根据系统提供的资产负债表来进行编制的。资产负债表的数据中主要分为两列，即“资产”和“负债和所有者权益”，其中资产类主要包含现金、应收款、在制品、产成品、原料、土地和建筑、机器与设备、在建工程；负债和所有者权益中主要包括长期负债、短期负债、应交税金、股东资本、利润留存、净利润等。接下来将讲述资产负债表中的公式设置。图 3–22 是资产负债表中的公式。由于第 1 年很多项目都没有，所以公式设置相对比较简单。

	G	H	I	J
14			资产负债表	
15	现金	=E40	长期负债	=B11
16	应收款		短期负债	=SUM(B15:E15)
17	在制品		特别贷款	
18	产成品		应交税	=K11
19	原料			
20	流动资产合计	=SUM(H15:H19)	负债合计	=SUM(J16)
21	土地和建筑	=SUM(B17:E17)	股东资本	=B3
22	机器与设备		利润留存	
23	在建工程		年度净利	=K12
24	固定资产合计	=SUM(H21:H23)	所有者权益合计	=SUM(J21:J23)
25	资产总计	=H20+H24	负债和所有者权益总计	=J20+J24

图 3–22 资产负债表公式

五、其他辅助表制作

除了以上的四张表之外，我们还可以制作其他辅助表，用来帮助我们更好地经营企业。由于第 1 年的经营比较简单，这里就补充一张“可贷额度表”，如图 3–23 所示，主要包括年初可贷额度的计算和第 1 ～ 4 季度可贷额度的计算，主要是为了了解后续可贷额度，防止因为无法贷款而导致现金流断裂。

单元格 N6：年初可贷 = 股东资本的 3 倍，公式为“=B3*3”。

单元格 M8：第 1 季可贷额度 = 年初可贷额度 – 申请的长贷 + 第 1 季还的短贷，公式为“=N6–B11+B13”。

	M	N	O	P
5	可贷额度			
6	年初可贷	0		
7	第1季	第2季	第3季	第4季
8	0	0	0	0

图 3–23　可贷额度表

单元格 N8：第 2 季可贷额度 = 第 1 季可贷额度 – 第 1 季申请的短贷 + 第 2 季还的短贷，公式为“=M8–B15+C13”，第 3 季和第 4 季依此类推。

任务四　第 2 ～ 5 年预算表的制作

第 2 年预算表制作 1

第 1 年是经营的准备阶段，而第 2 ～ 5 年就是经营阶段，经营阶段就会涉及生产、交货、扩大生产、贴现、应收账款等。所以第 2 ～ 5 年的预算表在第 1 年的基础上，需要添加很多公式和很多辅助表。这里的辅助表主要有订单统计表、销售统计表、应收账款统计表、贴现统计表和在产品成本表。

新建一张工作表，重命名为“第 2 年”，把工作表“第 1 年”复制到新建的工作表上，这里需要进行部分公式的更改以及添加部分公式，整体布局如图 3–24 所示。

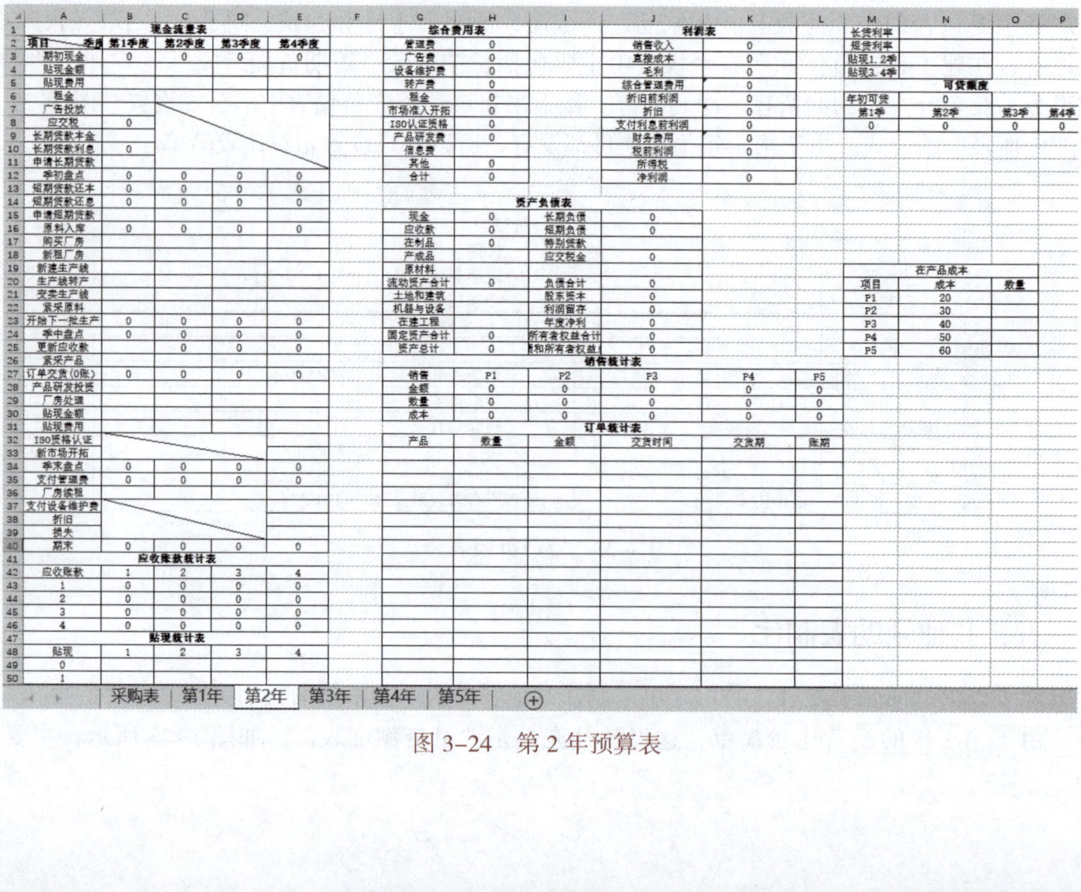

图 3–24　第 2 年预算表

一、现金流量表的制作

第 2 年的现金流量表需要在第 1 年的现金流量表的基础上需要进行改动，如图 3–25 框出部分所示。

接下来按照项目的顺序逐一进行介绍。

	A	B	C	D	E
1		现金流里表			
2	项目　季度	第1季度	第2季度	第3季度	第4季度
3	期初现金	0	0	0	0
4	贴现金额				
5	贴现费用				
6	租金				
7	广告投放				
8	应交税	0			
9	长期贷款本金				
10	长期贷款利息	0			
11	申请长期贷款				
12	季初盘点	0	0	0	0
13	短期贷款还本	0	0	0	0
14	短期贷款还息	0	0	0	0
15	申请短期贷款				
16	原料入库	0	0	0	0
17	购买厂房				
18	新租厂房				
19	新建生产线				
20	生产线转产				
21	变卖生产线				
22	紧采原料				
23	开始下一批生产	0	0	0	0
24	季中盘点	0	0	0	0
25	更新应收款		0	0	0
26	紧采产品				
27	订单交货(0账)	0	0	0	0
28	产品研发投资				
29	厂房处理				
30	贴现金额				
31	贴现费用				
32	ISO资格认证				
33	新市场开拓				
34	季末盘点	0	0	0	0
35	支付管理费	0	0	0	0
36	厂房续租				
37	支付设备维护费				
38	折旧				
39	损失				
40	期末	0	0	0	0

图 3–25　现金流量表

第 2 年预算表制作 2

单元格 B3（年初现金）：第 2 年的年初现金是根据第 1 年的年末现金进行填写的，公式为“= 第一年 !E40”。

单元格 B8（应交税）：直接取自第 1 年的资产负债表中的“应交税金”，公式为“= 第 1 年 !J18”。

单元格 B10（长贷利息）：= 第 1 年申请的长贷金额 × 长贷利率，公式为“=ROUND(第 1 年 !J15*N1,0)”。

单元格 B13（短贷还本）：直接取自第 1 年申请短贷的金额，公式为“= 第 1 年 !B15”，后面每季度直接右拉填充。

单元格 B14（短贷还息）：= 第 1 年第 1 季申请短贷的金额 × 短贷利率，公式为 “=ROUND(B13*$N$2,0)”，后续季度直接右拉进行公式填充。

区域 B16:E16（原料入库）：根据“采购表”中材料费的数据自动录入，选中区域后输入公式 “=TRANSPOSE(采购表 !M16:M19)”，由于是数组公式，输入公示后需要按 ctrl+shift+enter 组合键。

区域 B23:E23（开始下一批生产）：根据“采购表”中加工费的数据自动录入，选中区域后输入公式“=TRANSPOSE(采购表 !N16:N19)”，由于是数组公式，输入公示后需要 ctrl+shift+enter 组合键。

关于更新应收款和订单交货，需要用到两张辅助表，因此放在后续的辅助表中进行讲解。

以上是第 2 年的现金流量表上需要进行修改的地方，后续的第 3 ～ 5 年可依此类推。

二、综合费用表制作

第 2 ～ 5 年综合费用表的制作与第 1 年是一致的，不需要进行更改，直接把第 1 年的综合费用表复制过来即可。

第 2 年预算表制作 3

三、利润表制作

第 2 ～ 5 年利润表的制作与第 1 年是基本一致的，但是要添加销售收入与直接成本的计算公式，如图 3-26 所示。

	G	H	I	J	K	L
1	综合费用表			利润表		
2	管理费	0		销售收入	=SUM(H28:L28)	
3	广告费	0		直接成本	=SUM(H30:L30)	
4	设备维护费	0		毛利		
5	转产费	0		综合管理费用		
6	租金	0		折旧前利润		
7	市场准入开拓	0		折旧		
8	ISO认证资格	0		支付利息前利润		
9	产品研发费	0		财务费用		
10	信息费			税前利润		
11	其他	0		所得税		
12	合计	0		净利润		
26				销售统计表		
27	销售	P1	P2	P3	P4	P5
28	金额	0	0	0	0	0
29	数量	0	0	0	0	0
30	成本	0	0	0	0	0

图 3-26 利润表新增公式

销售统计表中记录了 5 种产品的销售金额、数量和成本，销售收入就是 5 种产品的销售金额合计，直接成本就是 5 种产品的销售成本合计。

单元格 K2（销售收入）：公式为“=SUM(H28:L28)”。

单元格 K3（直接成本）：公式为“=SUM(H30:L30)”。

四、资产负债表制作

由于第 2 ～ 5 年企业开始经营了，所以在第 1 年的基础上，对资产负债表中部分公式进行设置，如图 3-27 框出部分所示。

	G	H	I	J
14	资产负债表			
15	现金	=E40	长期负债	=第1年!J15-B9+B11
16	应收款	=SUM(E43:E46)	短期负债	=SUM(B15:E15)
17	在制品	=SUMPRODUCT(N21:N25,O21:O25)	特别贷款	
18	产成品		应交税	=K11
19	原料			
20	流动资产合计	=SUM(H15:H19)	负债合计	=SUM(J16)
21	土地和建筑		股东资本	=第1年!J21
22	机器与设备		利润留存	=第1年!J22+第1年!J23
23	在建工程		年度净利	=K12
24	固定资产合计	=SUM(H21:H23)	所有者权益合计	=SUM(J21:J23)
25	资产总计	=H20+H24	负债和所有者权益总计	=J20+J24

图 3–27　资产负债表公式

接下来按照项目的顺序逐一进行介绍。

单元格 H16（应收款）：应收款的金额 = 年末所有应收账款的合计数，如图 3–28 所示，公式为“=SUM(E43:E46)”。

	A	B	C	D	E
41	应收账款统计表				
42	应收账款	1	2	3	4
43	1	0	0	0	0
44	2	0	0	0	0
45	3	0	0	0	0
46	4	0	0	0	0

图 3–28　应收账款统计表

第 2 年预算表制作 4

单元格 H17（在制品）：取自“在产品成本”这张表，如图 3–29 所示，公式为“=SUMPRODUCT(N21:N25,O21:O25)”。

	M	N	O
19	在产品成本		
20	项目	成本	数量
21	P1	20	
22	P2	30	
23	P3	40	
24	P4	50	
25	P5	60	

图 3–29　在产品成本表

单元格 J15（长期负债）：= 上一年资产负债表中的长贷 – 今年已还的长贷 + 今年申请的长贷，公式为“= 第 1 年 !J15–B9+B11”。

单元格 J21（股东资本）：= 上一年资产负债表中的股东资本，公式为“= 第 1 年 !J21”。

单元格 J22（利润留存）：= 上一年的利润留存 + 上一年的净利润，公式为“= 第 1 年 !J22+ 第 1 年 !J23”。

以上是第 2 年的资产负债表上需要进行修改的地方，后续的第 3 ～ 5 年可此类推。

第 3 年预算表制作

第 4、5 年预算表制作

五、其他辅助表制作

第 2 ～ 5 年的其他辅助表中，主要有订单统计表、销售统计表、应收账款统计表、贴现统计表、在产品成本表、可贷金额表，接下来进行具体的介绍。

1. 可贷金额表

第 2 ～ 5 年的可贷金额表的制作与第 1 年基本是一致的，只需要修改“年初可贷”的公式，如图 3–30 所示。

	M	N	O	P
5	可贷额度			
6	年初可贷	=第1年!J24*3-第1年!J15-第1年!J16+B9		
7	第1季	第2季	第3季	第4季
8	=N6-B11+B13	=M8-B15+C13	=N8-C15+D13	=O8-D15+E13

图 3–30　可贷金额计算公式

单元格 O9（年初可贷）：=3× 上一年所有者权益 – 已经贷的长贷 – 已经贷的短贷 + 今年已还的长贷，公式为“= 第 1 年 !J24*3– 第 1 年 !J15– 第 1 年 !J16+B9”，后续的第 3 ～ 5 年可依此类推。

2. 在产品成本表

在资产负债表种已经详细讲解过，这里不再赘述。后续几年可直接复制，主要是为了方便资产负债表中“在制品”的填写。

3. 订单统计表

订单统计表主要是根据实际订货会上所抢的订单来进行填写，主要填写产品、数量、金额、账期、交货时间、交货期。后续几年可直接复制。

关于现金流量表中的 B27“订单交货（0 账）”，是订单统计表中账期为 0 季、交货时间是 1 的订单金额合计，所以插入公式“=SUMPRODUCT(($J$33:$J$54=B$42)*($L$33:$L$54=0)*($I$33:$I$54))”，后续 3 个季度直接公式右拉填充。

4. 销售统计表

这张表主要根据订单统计表中的所有交货订单信息来进行填写。

单元格 H28（产品 P1 的销售金额）：插入公式“=SUMIF($G$33:$G$54,H27,$I$33:$I$54)”，然后直接进行公式填充。

单元格 H29（产品 P1 的销售数量）：插入公式“=SUMIF($G$33:$G$54,H27,$H$33:$H$54)”，然后直接进行公式填充。

单元格 H30（产品 P1 的成本）：插入公式“=SUMIF($G$33:$G$54,H27,$H$33:$H$54)”，然后直接进行公式填充。

函数说明

关于 SUMIF 函数

该函数的功能是根据指定条件对若干单元格求和。其语法形式为 sumif(range,criteria,sum_range)。

range：用于条件判断的单元格区域。

criteria：求和的条件。

sum_range：需要求和的实际单元格。

SUMIF 函数示例如图 3–31 所示。

B14 =SUMIF(D4:D11,"<1500",F4:F11)

	A	B	C	D	E	F
1	某商场8月份销售的家电流水记录如下表，试进行分类销售额汇总。					
2	8月家电销售记录					
3	日期	商品名称	商品代码	单价	数量	金额
4	2	21寸长虹	211	800	2	1600
5	4	25寸长虹	211	1200	3	3600
6	10	2升海尔	215	1500	1	1500
7	14	1.5匹海尔	212	2300	2	4600
8	20	1.5匹海尔	212	2300	3	6900
9	25	联想电脑	220	8000	2	16000
10	25	25寸长虹	211	1200	1	1200
11	31	1.5匹海尔	212	2300	2	4600
12						
13	对于上例：如何用sumif函数计算单价小于1500的所有商品的销售金额之和。					
14		6400				

图 3–31 SUMIF 函数示例

5. 贴现统计表

这张表主要用来统计每个季度的贴现金额和贴现费用。根据系统设置的贴现规则（见图 3–32），第 1、2 季度的利率是 10%，第 3、4 季度的利率是 12.5%，且贴现费用向上取整，所以设计了“贴现统计表”，方便相关金额的统计。

贷款类型	贷款时间	贷款额度	年息	还款方式	备注
长期贷款	每年年初	所有长短贷之和不超过上年权益 3 倍	10 %	年初付息，到期还本	不小于10W
短期贷款	每季度初		5 %	到期一次还本付息	
资金贴现	任何时间	视应收款额	1季，2季：10 % 3季，4季：12.5 %	变现时贴息	1，2期联合贴现 （3，4期同理）
库存拍卖	100 %（产品） 80 %（原料）				

图 3–32 贴现规则

为了方便计算不同贴现利率情况下的贴息，新增了一张辅助表，如图 3–33 所示，这样可以保证当系统规则发生更改时也不会影响表格中的公式。

	M	N
1	长贷利率	
2	短贷利率	
3	贴现1.2季	
4	贴现3.4季	

图 3–33 其他辅助数据表

如图 3–34 所示是根据系统规则设计的“贴现统计表”，行标签是贴现时应收账款的账期，这里的“0”针对的是这一季就会到账的应收账款，但是在应收账款更新之前要进行贴现的金额。列标签是 4 个季度。

	A	B	C	D	E
47	贴现统计表				
48	贴现	1	2	3	4
49	0				
50	1				
51	2				
52	3				
53	4				
54	贴息	0	0	0	0

图 3–34 贴现统计表

函数说明

关于 ROUNDUP 函数

ROUNDUP 函数和 ROUND 函数功能相似，不同之处在于 ROUNDUP 函数总是向上舍入数字（要舍去的首数小于 4 也进数加 1）。其语法为 ROUNDUP(number,num_digits)。第一个参数 Number 为需要向上舍入的任意实数。第二个参数 Num_digits 是舍入后的数字的小数位数。由于是向上取整，因此第二个参数是“0”。

单元格 B54（第一季度的贴息）：公式为“=SUM(ROUND(B49*$N$3,0),ROUND(B50*$N$3,0),ROUND(B51*$N$3,0),ROUND(B52*$N$4,0),ROUND(B53*$N$4,0))”，后面 3 个季度直接右拉填充。

6. 应收账款统计表

应收账款统计表主要用来统计不能季度不同账期应收账款的金额，具体表格设计如图 3-35 所示。应收账款的数据主要源于订单统计表（见图 3-36），接下来将具体介绍应收账款统计表中的公式。

	A	B	C	D	E
41	应收账款统计表				
42	应收账款	1	2	3	4
43	1	0	0	0	0
44	2	0	0	0	0
45	3	0	0	0	0
46	4	0	0	0	0

图 3-35　应收账款统计表

	G	H	I	J	K	L
31	订单统计表					
32	产品	数量	金额	交货时间	交货期	账期
33						
34						
35						
36						
37						
38						
39						
40						
41						
42						

图 3-36　订单统计表

单元格 B43：统计订单统计表中同时满足交货时间是 1 季、账期是 1 季两个条件的订单的金额合计，在此基础上再减去第 1 季度账期为 1 季的贴现金额。这里就可以用多条件求和函数 SUMPRODUCT, 公式为“=SUMPRODUCT(($J$33:$J$54=B$42)*($L$33:$L$54=$A43)*($I$33:$I$54))–B50”。同理，第 1 季度账期是 2、3、4 季的应收款，可以直接下拉填充，公式如表 3-1 所示。

表 3-1　B43:B46 公式

单　元　格	公　　式
B43	=SUMPRODUCT(($J$33:$J$54=B$42)*($L$33:$L$54=$A43)*($I$33:$I$54))–B50
B44	=SUMPRODUCT(($J$33:$J$54=B$42)*($L$33:$L$54=$A44)*($I$33:$I$54))–B51
B45	=SUMPRODUCT(($J$33:$J$54=B$42)*($L$33:$L$54=$A45)*($I$33:$I$54))–B52
B46	=SUMPRODUCT(($J$33:$J$54=B$42)*($L$33:$L$54=$A46)*($I$33:$I$54))–B53

单元格 C43：统计订单统计表中同时满足交货时间是 2 季、账期是 1 季两个条件的订单的金

额合计，在此基础上再减去第 2 季度账期为 1 季的贴现金额。另外，由于第 1 季度账期为 2 季的应收款到第 2 季度账期会自动转为 1 季，所以要加上这部分的金额。第 2 季度所有应收账款的公式如表 3–2 所示。

表 3–2 C43:C46 公式

单元格	公式
C43	=SUMPRODUCT(($J$33:$J$54=C$42)*($L$33:$L$54=$A43)*($I$33:$I$54))–C50+B44
C44	=SUMPRODUCT(($J$33:$J$54=C$42)*($L$33:$L$54=$A44)*($I$33:$I$54))–C51+B45
C45	=SUMPRODUCT(($J$33:$J$54=C$42)*($L$33:$L$54=$A45)*($I$33:$I$54))–C52+B46
C46	=SUMPRODUCT(($J$33:$J$54=C$42)*($L$33:$L$54=$A46)*($I$33:$I$54))–C53

单元格 D43：统计订单统计表中同时满足交货时间是 3 季、账期是 1 季两个条件的订单的金额合计，在此基础上再减去第 3 季度账期为 1 季的贴现金额。另外，由于第 2 季度账期为 2 季的应收款到第 3 季度账期会自动转为 1 季，所以要加上这部分的金额。第 3 季度所应收账款的公式如表 3–3 所示。

表 3–3 D43:D46 公式

单元格	公式
D43	=SUMPRODUCT(($J$33:$J$54=D$42)*($L$33:$L$54=$A43)*($I$33:$I$54))–D50+C44
D44	=SUMPRODUCT(($J$33:$J$54=D$42)*($L$33:$L$54=$A44)*($I$33:$I$54))–D51+C45
D45	=SUMPRODUCT(($J$33:$J$54=D$42)*($L$33:$L$54=$A45)*($I$33:$I$54))–D52+C46
D46	=SUMPRODUCT(($J$33:$J$54=D$42)*($L$33:$L$54=$A46)*($I$33:$I$54))–D53

单元格 E43：统计订单统计表中同时满足交货时间是 4 季、账期是 1 季两个条件的订单的金额合计，在此基础上再减去第 4 季度账期为 1 季的贴现金额。另外，由于第 3 季度账期为 2 季的应收款到第 4 季度账期会自动转为 1 季，所以要加上这部分的金额。第 4 季度所有应收账款的公式如表 3–4 所示。

表 3–4 E43:E46 公式

单元格	公式
E43	=SUMPRODUCT(($J$33:$J$54=E$42)*($L$33:$L$54=$A43)*($I$33:$I$54))–E50+D44
E44	=SUMPRODUCT(($J$33:$J$54=E$42)*($L$33:$L$54=$A44)*($I$33:$I$54))–E51+D45
E45	=SUMPRODUCT(($J$33:$J$54=E$42)*($L$33:$L$54=$A45)*($I$33:$I$54))–E52+D46
E46	=SUMPRODUCT(($J$33:$J$54=E$42)*($L$33:$L$54=$A46)*($I$33:$I$54))–E53

最后关于现金流量表中的“更新应收账款”也是直接从应收账款统计表中取数，第 1 季度还没有交货所以没有应收账款，第 2 季度的应收账款 C25= 第 1 季度账期为 1 季的应收账款 – 第 2 季度账期为 0 季的贴现金额，插入公式“=B43–C49”，后续 2 个季度直接公式右拉填充。

能力检测

一、单选题

1. 资产负债表中应交税金的数据来源于（　　）。

A. 现金流量表　　B. 综合费用表　　C. 利润表　　D. 销售统计表

2. 下列折旧前利润公式正确的是（　　）。

A. 销售收入 – 直接成本 – 综合费用　　B. 销售收入 – 直接成本

C. 销售收入 – 综合费用　　D. 销售收入 – 直接成本 – 折旧

3. 在第 2 年第 1 季度的可贷额度等于（　　）。

A. 第 2 年第 1 季度的可贷额度 = 年初可贷额度 – 年初申请的长期贷款 + 今年第 1 季度还的短贷

B. 第 2 年第 1 季度的可贷额度 = 年初可贷额度 – 年初申请的长期贷款

C. 第 2 年第 1 季度的可贷额度 = 年初可贷额度 – 年初申请的长期贷款 – 今年第 1 季度申请的短贷

D. 第 2 年第 1 季度的可贷额度 = 年初可贷额度 – 年初申请的长期贷款 – 今年第 1 季度还的短贷

4. 下列表示 D 列 25 行至 D 列 35 行求平均值的公式是（　　）。

A. =AVERAGE(D25:D35)　　B. =AVERAGE(D25–D35)

C. =SUM(D25:D35)　　D. =SUM(D25–D35)

5. 在电子表格中引用绝对单元格，需在单元格地址前加上（　　）符号。

A. &　　B. $　　C. @　　D. #

6. 计算短贷利息时，用（　　）函数来体现四舍五入。

A. SUM　　B. ROUND　　C. IF　　D. COUNT

7. 当长期贷款利率为 12%，贷款利息四舍五入时，在第二年贷款 30 万元，则在第 3 年初需要偿还（　　）万元长贷利息。

A. 3　　B. 3.6　　C. 4　　D. 5

8. 在采购表的“采购计划表”中，加工费的计算使用到的公式为（　　）。

A. ROUND　　B. COUNTIF　　C. SUM　　D. SUMPRODUCT

9. 计算贴现费用时，用（　　）函数来体现向上取整。

A. SUM　　B. ROUND　　C. ROUNDUP　　D. ROUNDDOWN

10. 在 Excel 中，创建公式的操作步骤是（　　）。

① 在编辑栏键入“＝”　② 键入公式　③按 Enter 键　④选择需要建立公式的单元格

A. ④③①②　　B. ④①②③　　C. ④①③②　　D. ①②③④

二、多选题

1. 利润表中的财务费用，包含（　　）。

A. 长贷利息　　B. 短贷利息　　C. 贴现费用　　D. 管理费

2．在电子表格中，公式 SUM（B1:B4）等价于（　　）。

A．SUM（A1:B4 B1:C4）　　B．SUM（B1+B4）

C．SUM（B1+B2,B3+B4）　　D．SUM（B1,B4）

3．在综合费用表中，可以用 SUM 函数计算（　　）。

A．管理费　　B．转产费　　C．租金　　D．ISO 认证资格

4．采购表需要根据系统中（　　）等规则设置。

A．市场开拓　　B．融资　　C．产品研发表　　D．原料设置

5．利息计算表需要根据系统中（　　）规则来计算。

A．贴现　　B．贷款　　C．产品研发　　D．原料设置

6．在现金流量表中，年末现金需要扣除（　　）等金额。

A．维修费　　B．折旧　　C．市场开拓　　D．ISO 认证

7．关于支付设备维护费，下列说法正确的有（　　）。

A．安装完成当年，不开工生产，要交维修费

B．安装完成当年，开工生产，要交维修费

C．安装完成当年，不开工生产，不交维修费

D．今年已经变卖的生产线，还需要交维修费

8．初始资金为 100 万元，贷款倍率为 3 时，第 1 年贷款额度不正确的有（　　）。

A．160 万元　　B．440 万元　　C．320 万元　　D．80 万元

9．最大长贷年限为 4 年时，在（　　）贷长期贷款到经营结束是不需要还款的。

A．第 1 年　　B．第 2 年　　C．第 3 年　　D．第 4 年

10．SUMIF 函数是对计算区域中满足给定条件的单元格进行求和，函数主要由（　　）三个参数组成。

A．range　　B．criteria　　C．sum_range　　D．array

三、判断题

1．Excel 单元格中的公式，都是以“=”开头的。（　　）

2．选定不连续区域的方法是按住 Shift 键，同时拖曳鼠标。（　　）

3．Excel 中的相对地址与绝对地址的切换，可使用 Alt+F4 组合键。（　　）

4．在统计销售金额时需要用到 SUMIF 函数。（　　）

5．下年度贷款额度是当年所有者权益的倍数减去当年短期贷款金额。（　　）

6．今年的利润留存 = 上一年的利润留存 + 上一年的净利润。（　　）

7．现金流量表中的订单交货指的是账期为 0 季的订单交货时收到的现金。（　　）

8．年末现金 = 季末现金 – 市场开拓 –ISO 认证 – 违约损失 – 折旧。（　　）

9．在计算所得税时，不需要考虑以前年度的亏损。（　　）

10．长期贷款每年只有一次借款机会。（　　）

知识图谱

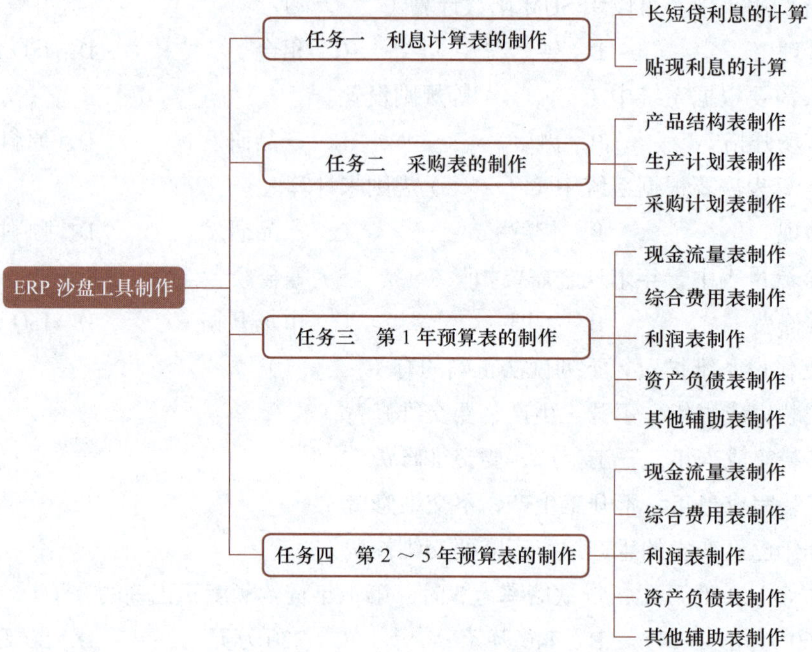
ERP 沙盘工具制作
任务一　利息计算表的制作
长短贷利息的计算
贴现利息的计算
任务二　采购表的制作
产品结构表制作
生产计划表制作
采购计划表制作
任务三　第 1 年预算表的制作
现金流量表制作
综合费用表制作
利润表制作
资产负债表制作
其他辅助表制作
任务四　第 2 ～ 5 年预算表的制作
现金流量表制作
综合费用表制作
利润表制作
资产负债表制作
其他辅助表制作

项目四

ERP 沙盘人机对抗

项目综述

人机对抗即通过教师给学生分配账号，自行与智能机器人进行对抗训练，可以让学生快速熟悉企业经营模拟的流程和操作技巧，并成功过渡到人人实战对抗阶段。本项目主要介绍传统ERP 沙盘的困境、人机系统的特点和局限、人机系统的使用、规则解读与市场分析、人机对抗方案的制订以及运营等，该项目在本课程学习中起到承上启下的作用。

学习目标

- 了解人机对抗的特点。
- 熟悉人机系统的使用技巧。
- 掌握人机系统规则解读与市场分析。
- 能够进行人机对抗方案的制订与运营实操。

素质目标

培养学生商业模拟思维方式；培养具体问题具体分析，灵活决策的能力；培养学生的团队意识与合作精神。

重点与难点

人机系统初始化、裁判端操作、方案制订、人机运营实操

任务一　人机系统认知

人机对抗模式是一种基于决策云平台、大数据支持的新型人工智能模式，与传统教学模式和教学工具完全兼容，可以配合使用，也可以独立使用。由教师（裁判）给每一个学生分配账号，学生运用所分配的账号进行自我训练。人机系统的操作界面如图 4–1 和图 4–2 所示。

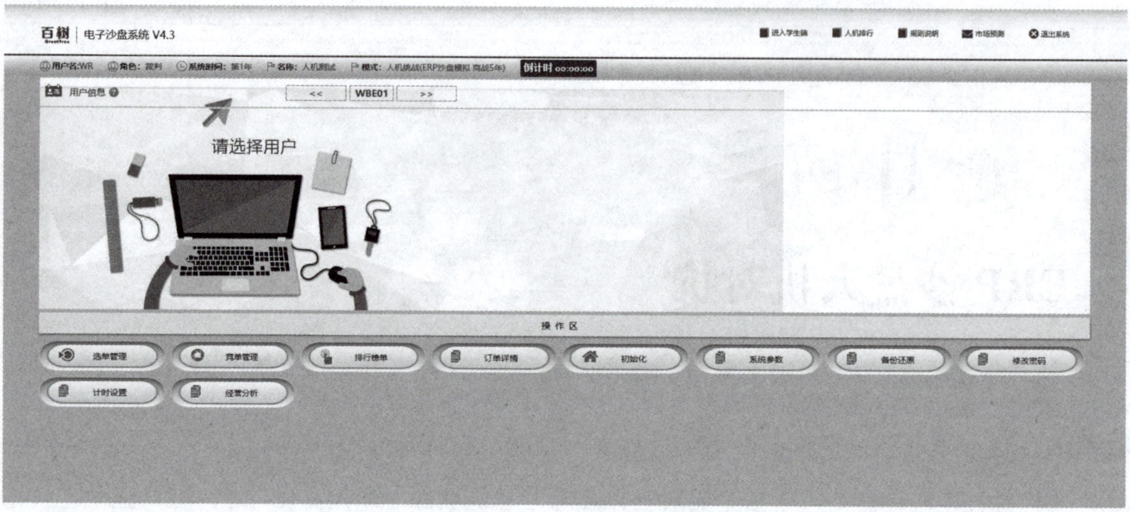

图 4-1　人机系统裁判端

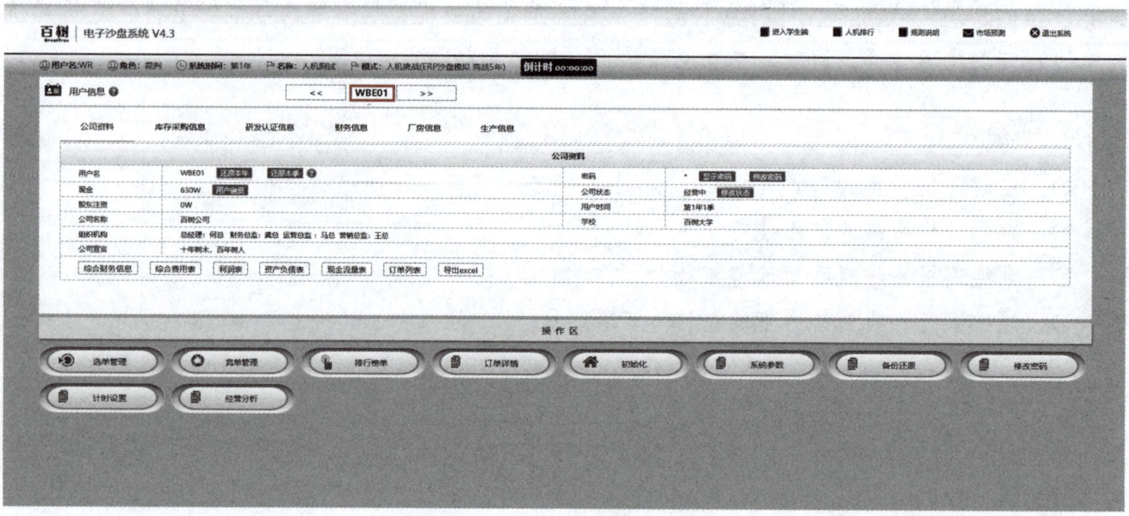

图 4-2　人机系统学生端

人机系统介绍 –
人人与人机对比

人机系统是 ERP 沙盘中一种独特的对抗模式，其操作界面与人人对抗系统基本无异。人机系统不仅仅兼具了人人对抗系统的模式及优点，它还具有以下特点：

1. 容易组织，工作量小

传统形式的 ERP 沙盘需要集中授课，选单以及操盘都需要全部学生参与集中进行。教师不仅要讲授沙盘基础知识，还要解决每组在经营过程中遇到的各种问题。在人机系统中学生兼具裁判和学生两种角色，容易组织，同时也能够减轻老师的工作量，教师可以用更多时间对学生在经营过程中遇到的实际问题，进行有针对性的辅导。

2. 突破限制，反复练习

传统形式的 ERP 沙盘，是一种在模拟中学习的体验式学习方式，如果学生不能进行反复的练习，必将大打折扣。人机系统给学生提供了一个在课外也能进行自我训练的机会，帮助学生为沙盘实战打好基础。

3. 多种方案，阶梯进步

人机对抗分为练习和挑战两种模式，两种模式下难易程度不同；在方案的选择上也更加丰富，有入门、中级、高级、校赛、市赛、省赛、国赛等各种对抗方案。机器人队数、规则、订单均可自由设定和选择。

任务二　人机系统安装

1. 关注微信公众号

1）打开手机微信，点击右上角“+”，点击“扫一扫”扫描二维码（图 4–3），或微信搜索“百树电子沙盘”/“GT135E”，关注百树电子沙盘公众号。

图 4–3　百树电子沙盘公众号二维码

2）点击“关注”进入公众号，再点击右下角“用户中心”，如图 4–4 所示。

2. 购买云账号

1）进入“用户中心”，点击“云账号购买”，如图 4–5 所示，产品服务选择“人机对抗（1 元 / 小时）”，如图 4–6 所示。

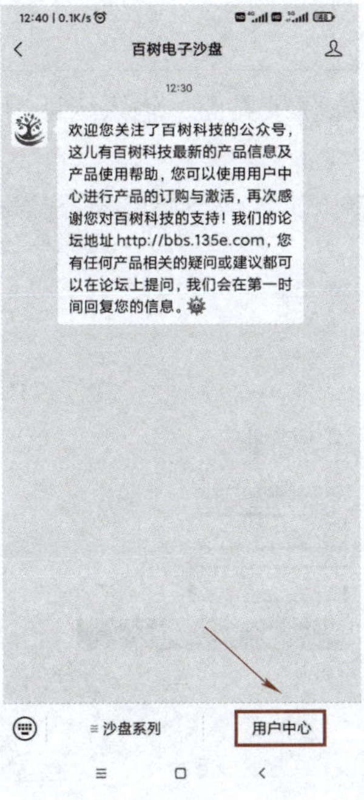

图 4–4　公众号首页

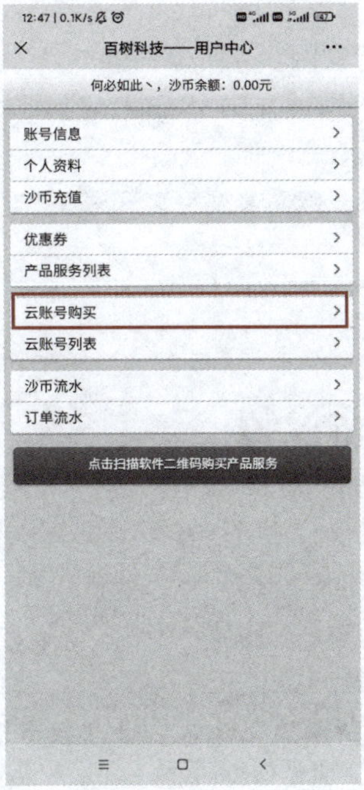

图 4–5　用户中心

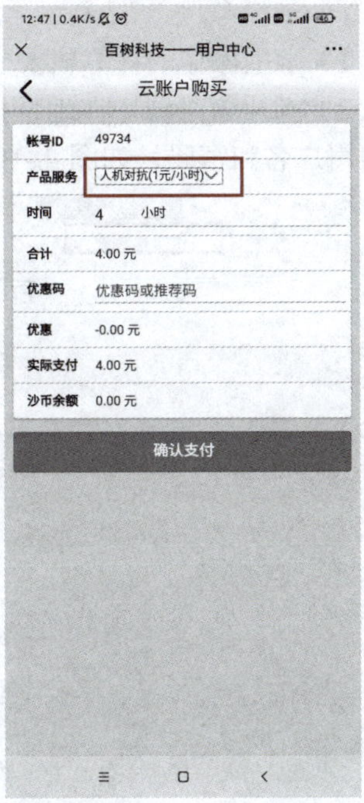

图 4–6　云账号购买

2）时间输入“204”小时，优惠码输入“66102”或“EED87”（仅限首次使用），实际支付 4 元即可，具体如图 4–7 所示。

3）支付完成后，即自动跳转云账户列表，可查看用户名、密码以及云服务器地址，如图 4–8 所示；也可在公众号 – 用户中心 – 云账号列表中点击查看，如图 4–9 所示。

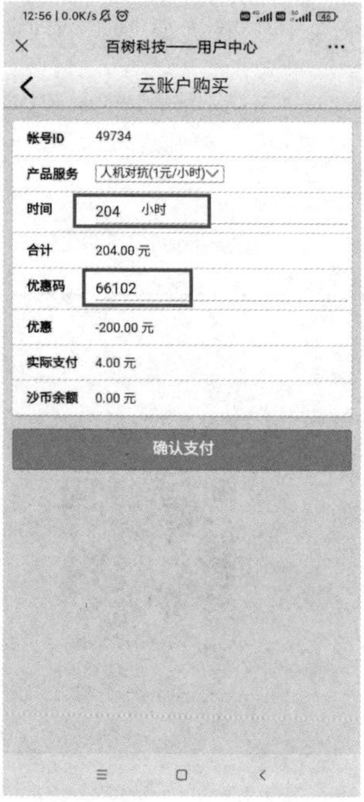

图 4–7 确认支付

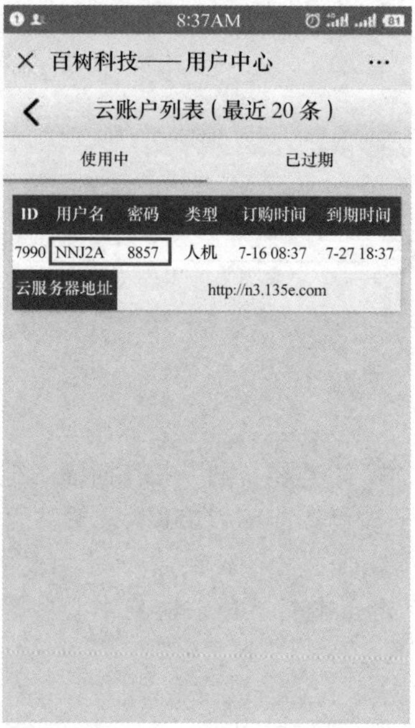

图 4–8 云账户列表

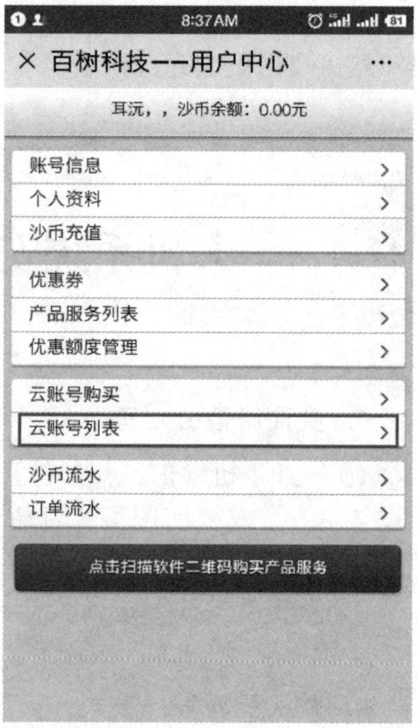

图 4–9 用户中心

3. 登录云账号

1）学生操作的计算机要先进行联网。

2）打开浏览器，在地址栏输入网址 w3.135e.net，进入人机系统登录界面，输入云账号列表中的用户名和密码，如图 4–10 所示。

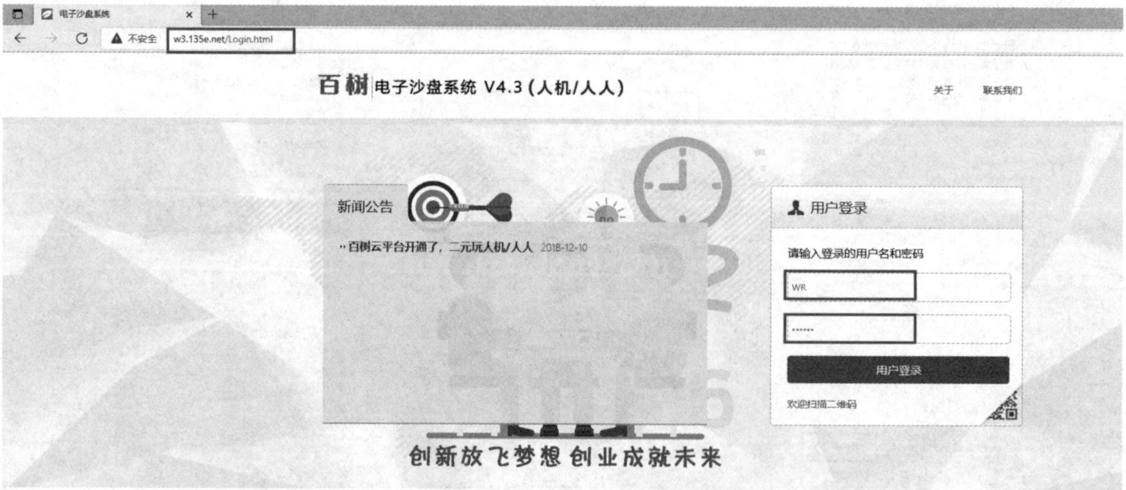

图 4–10 登录云账号

任务三 人机系统使用

人机系统介绍－
人机系统操作说明

人机系统只需通过网站，输入账号密码即可登录，使用简单。但是对于初学者可能会遇到以下困惑，为了方便初学者快速入门，现对人机系统使用过程中可能遇到的问题，做以下整理。

1. 人机系统如何初始化

用购买的账号登录后，裁判端界面上的按钮基本与人人对抗模式无异，可以进行查看规则、市场预测以及退出系统等操作。人机对抗分为练习和挑战两种子模式：练习模式可以进行备份数据、修改参数、还原（当年或当季）、注资等操作，学生可以反复练习，边练习边学习知识库；挑战模式不可以进行备份数据、修改参数、还原、注资等操作。学生完成一轮经营，一般为 6 年。

在裁判端界面，点击“初始化”，如图 4–11 所示。在“初始化”对话框中选择类型、类别及模式，并且选择对应的训练方案。类型分为创业者和商战两种，类别为练习、校赛、省赛等，模式有练习和挑战两种。订单、规则、队伍数、参数、经营年限等所有因素加在一起构成方案，如图 4–12 所示。

在这里我们选择类型为“商战”，类别为“练习”，对抗方案为“赵砚 3”，模式为“练习”（也可以自行选择其他方案进行训练）。选择完成后，点击“确定”，即完成初始化。

2. 人机系统如何操作和还原

人机系统中，学生兼具裁判和学生两种角色，通过右上角的按钮可以随时进入裁判端，同理也可以在裁判端随时切换进入学生端。学生在学生端界面进行相关操作，如图 4–13 所示。

学生在练习中如有操作失误，可以切换至裁判端，点击“用户组号”，再点击下方的“还原本年”或“还原本季”，即可进行还原操作，如图 4–14 所示。

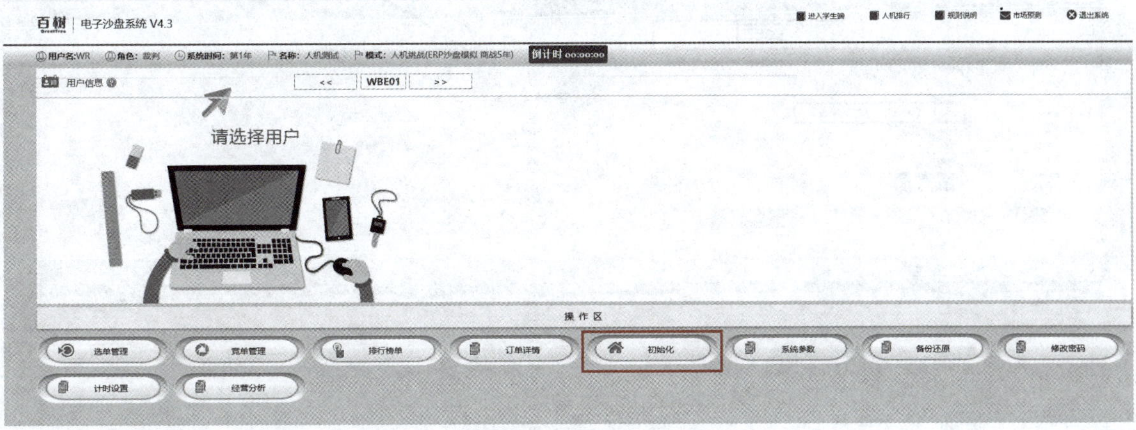

图 4–11 裁判端界面

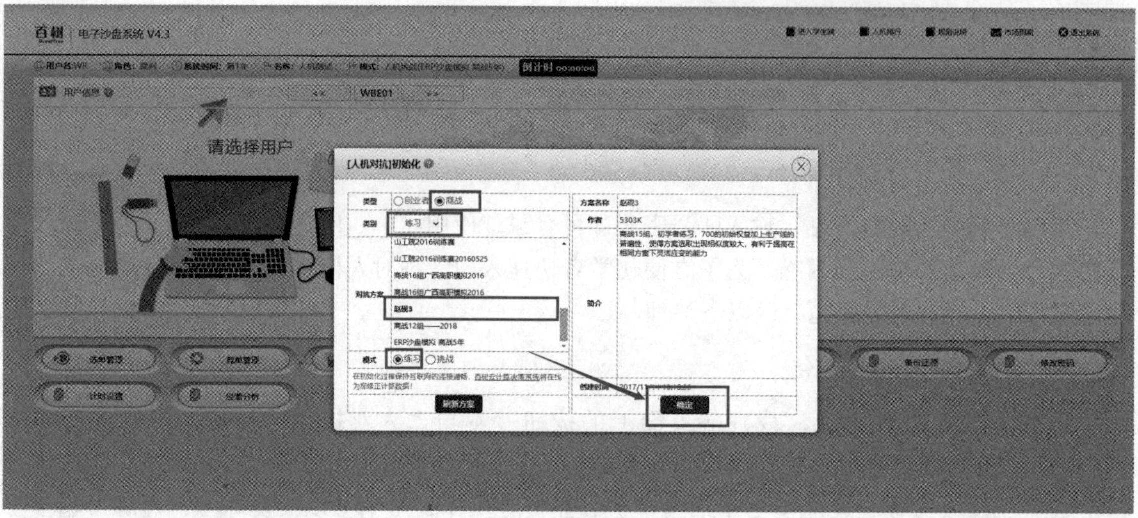

图 4-12　初始化

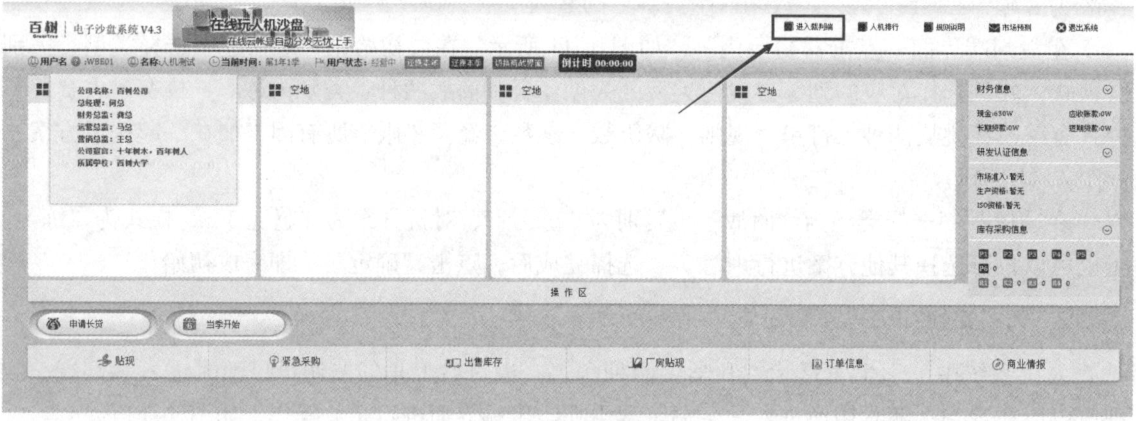

图 4-13　学生端界面

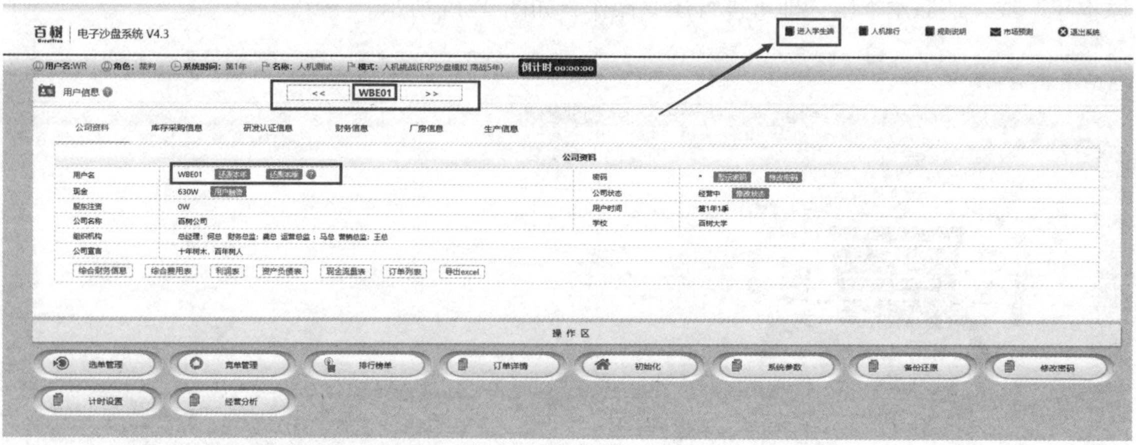

图 4-14　用户组还原

裁判端用户信息只显示一队，即人队，机器队不显示在裁判端界面上。

3. 人机系统如何选单和竞单

人机对抗没有间谍询盘，即在本年结束并填写完成报表后，直接根据自己小组的情况投放广告。

广告投放结束后，切换到裁判端，点击“选单管理”→“开始选单”，如图 4–15 所示。

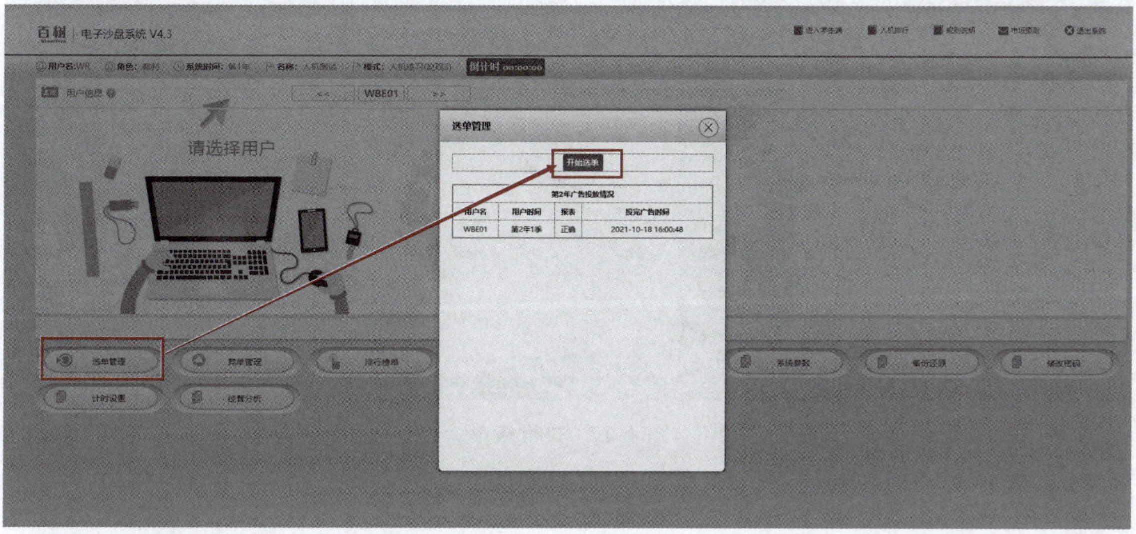

图 4–15　选单管理

裁判端开好单后，需立即切换回学生端，开始参加订货会选单。

在选单结束后，学生端出现参加竞单会，即表明本年需要竞单。同理切换到裁判端，点击“竞单管理”→“开始竞单”，如图 4–16 所示。

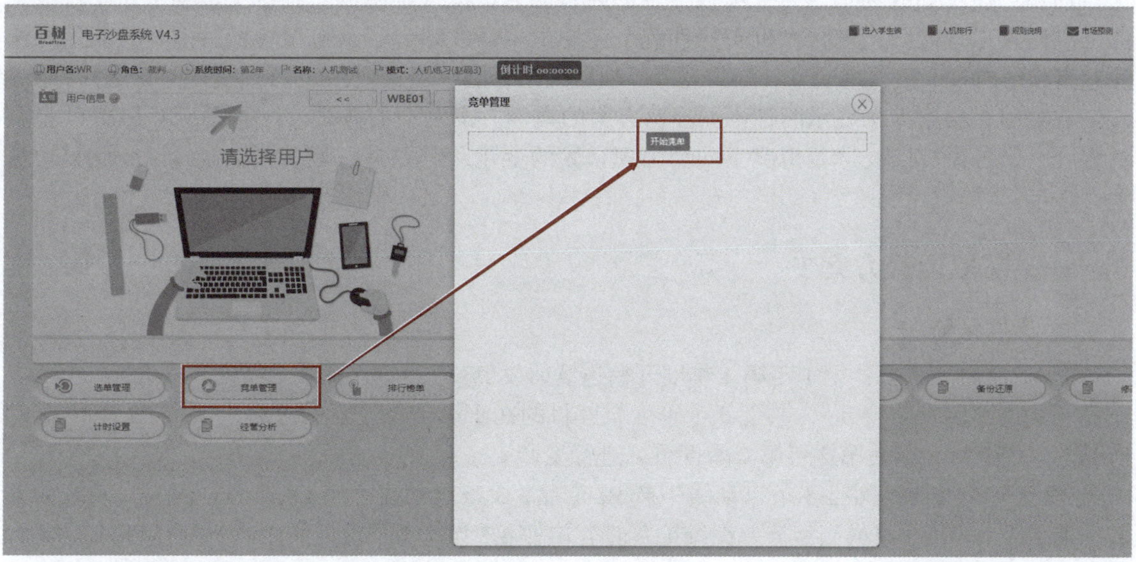

图 4–16　竞单管理

4. 人机系统如何查看成绩

人机系统可在裁判端“排行榜单”查看成绩，操作步骤与人人系统操作无异。排行榜单中可查看各队的分数，机器队没有其他信息，只能看到分数，机器队的学校名称为“人工智能”，如图 4–17 所示。

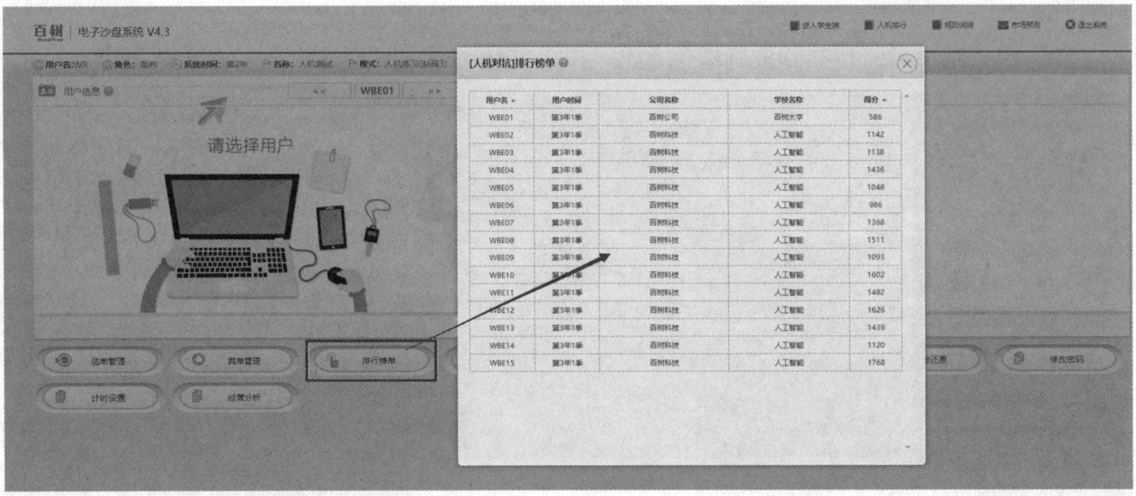

图 4–17　排行榜单

任务四　方案制订

所谓“商场如战场”，为了增强学生的经营能力，提升学生的竞赛水平，学生需要挑战功能强大的人工智能队，进行人机对抗训练。前期学生已经熟悉了人机系统的特点、安装、操作注意事项等内容，接下来通过 6 年的经营，战胜人工智能机器人吧！

在这里，会给大家展示两种不同经营方案的案例。案例中的方案仅供参考，因 ERP 沙盘灵活多变，广告投放以及选单情况不同会出现很大的变化，需要进行很多调整，所以在此只模拟运营 2 年。

一、模拟运营方案 1

1. 方案策略

1）产品研发策略：第 1 年第 1 季度开始连续研发 P3 产品，共计 4 个季度。同时第 1 年第 2 季度开始连续研发 P2 产品，共计 3 个季度。其目的在于第 1 年经营结束后，获得 P2 产品和 P3 产品的生产资格，以便第 2 年第 1 季度可以进行生产。

2）生产线安装策略：3 条自动线生产 P2 产品，3 条自动线生产 P3 产品。因为自动线的安装周期是 3 个季度，建成当年需要交维护费。本方案第 2 年第 1 季度开始生产 P2 产品和 P3 产品，所以根据安装和生产最优原则，需在第 1 年第 2 季度开始连续安装自动线，共计 3 个季度。

3）厂房策略：大厂房、中厂房和小厂房的生产线容量分别是 4 条、3 条和 2 条，租金分别是 40 万元、30 万元和 18 万元。因为准备安装 6 条自动线，所以选择“大厂房 + 小厂房”的搭配。同时商战规则的初始资金不高，所以在第 1 年以租厂房为主。

4）广告策略：由于 P2 产品和 P3 产品均为中端产品，利润较为可观，需求量也相差不大，且第 2 年的生产产能相同，各为 9 个。所以两者在广告投放上应较为接近，广告额度应该在产品个数的 10 倍到 20 倍之间，具体根据实际比赛的竞争激烈程度来定。如本案例中，P2 产品和 P3 产品第 2 年的总产能是 18 个，所以广告额度应在 180 万元到 360 万元之间。

5）市场开拓、ISO 认证：根据市场预测可以得出第 2 年这两种产品在本地、区域两个市场都有需求量，第 3 年会出现国内市场，第 4 年会出现亚洲市场。所以需要开拓本地、区域、国内、亚洲市场（国际市场无订单，所以不用开拓）。因为人机对抗是没有详单的，所以 ISO 认证一定要开，不能抱有侥幸心理，没有 ISO 认证在选单上会有很大的局限性。

2. 第 1 年预算编制（表 4–1 ～表 4–3）

表 4–1　第 1 年现金流量表　（单位：万元）

项　目	第 1 季度	第 2 季度	第 3 季度	第 4 季度
期初现金	700	889	710	589
贴现金额				
贴现费用				
租金				
广告投放				
应交税				
长期贷款本金				
长期贷款利息				
申请长期贷款				
季初盘点	700	889	710	589
短期贷款还本				
短期贷款还息				
申请短期贷款	209	209	209	209
原料入库			0	0
购买厂房				
新租厂房		58		
新建生产线		300	300	300
生产线转产				
变卖生产线				
紧采原料				
开始下一批生产			0	0
季中盘点	909	740	619	498
更新应收款				
紧采产品				
订单交货（0 账）				
产品研发投资	10	20	20	20
厂房处理				
贴现				
贴息				
ISO 资格认证				30
新市场开拓				40
季末盘点	899	720	599	408
支付管理费	10	10	10	10
厂房续租				
支付设备维护费				
折旧				
损失				
期末现金	889	710	589	398

表 4-2 生产计划表

年份	季度	P1（个）	P2（个）	P3（个）	P4（个）	P5（个）
一	1					
	2					
	3					
	4					
二	1		3	3		
	2		3	3		
	3		3	3		
	4		3	3		

表 4-3 采购计划表

年份	季度	R1（个）	R2（个）	R3（个）	R4（个）	材料费（万元）	加工费（万元）
一	1			0	0		
	2	0	0	0	0		
	3	0	0	6	3	0	0
	4	3	3	6	3	0	0
二	1	3	3	6	3	150	60
	2	3	3	6	3	150	60
	3	3	3	6	3	150	60
	4	3	3	6	3	150	60

本案例中，第 2 年 1 季度开始，每季度分别生产 3 个 P2 产品和 3 个 P3 产品。因为生产 P2 产品需 1 个 R2 原料和 1 个 R3 原料，R2 原料需要提前 1 个季度采购，R3 原料需要提前 2 个季度。所以为实现第 2 年第 1 季度生产 3 个 P2 产品，需在第 1 年第 4 季度预定 3 个 R2 原料，在第 1 年第 3 季度预定 3 个 R3 原料。同理，生产 P3 产品需 1 个 R1 原料、1 个 R3 原料和 1 个 R4 原料，所以为实现第 2 年第 1 季度生产 3 个 P3 产品，需在第 1 年第 4 季度预定 3 个 R1 原料，在第 1 年第 3 季度预定 3 个 R3 原料和 3 个 R4 原料。依此类推，为实现第 2 年第 2 季度生产 3 个 P2 产品和 3 个 P3 产品，需在第 1 年第 4 年季度预定 6 个 R3 原料和 3 个 R4 原料。

3. 第 1 年实际操作

（1）第 1 季度操作

登录账号，进去学生端，不申请长贷（贷款年限为 5 年，第 1 年如果申请长贷，第 6 年需要偿还本金及利息），点击“当季开始”，如图 4-18 所示。

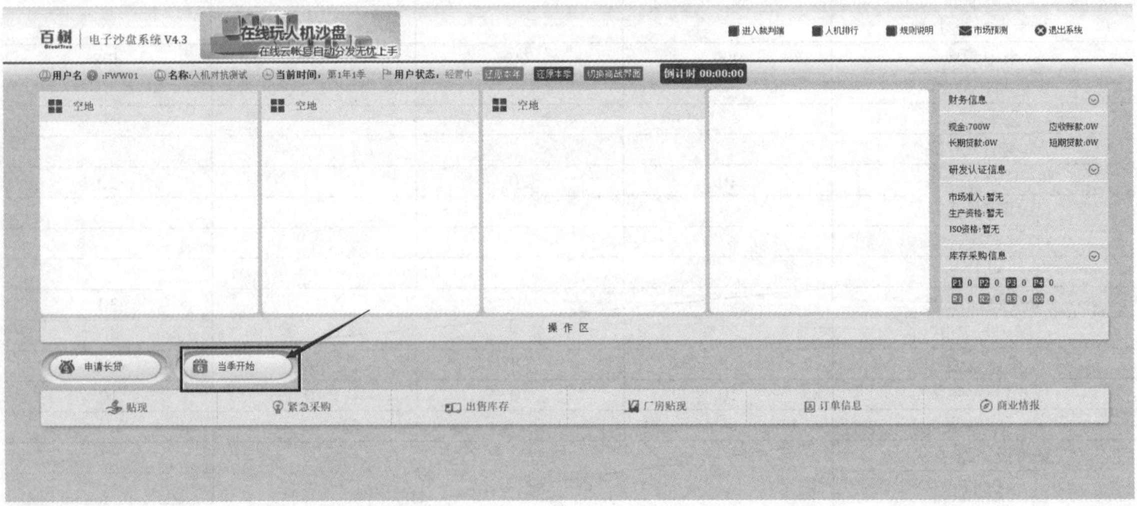

图 4-18 操作界面 1

①点击“申请短贷”，申请 209 万元的短期贷款；②点击“更新原料库”，如图 4–19 所示。

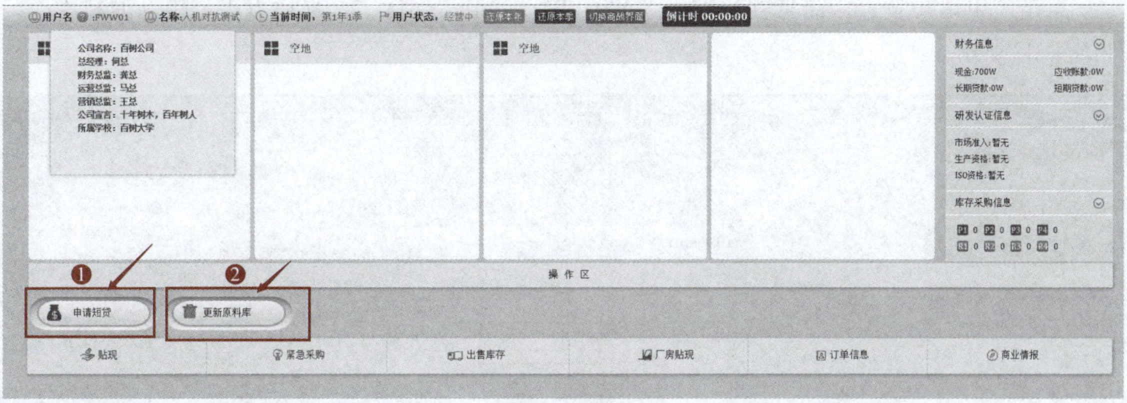

图 4–19 操作界面 2

无其他操作，点击“应收款更新”，如图 4–20 所示。

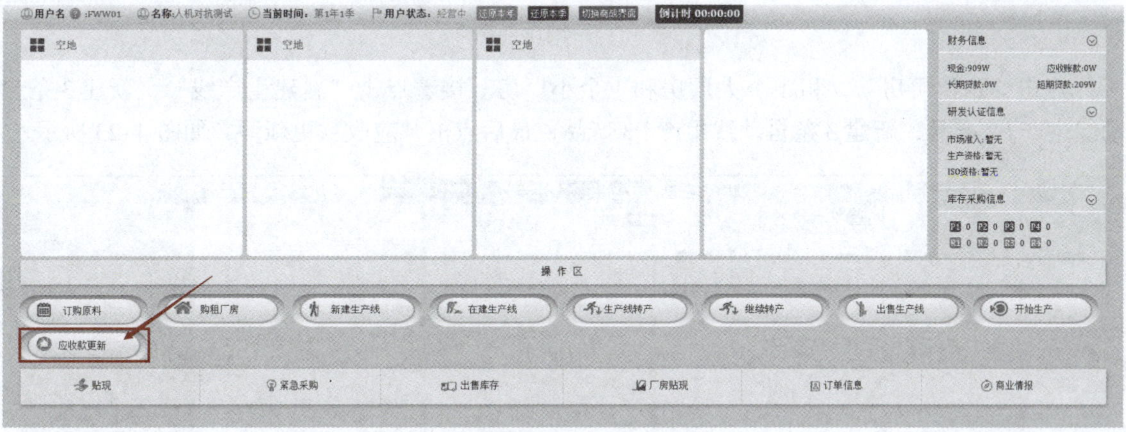

图 4–20 操作界面 3

点击“产品研发”，选择 P3 产品，点击“确认”完成当季产品研发，最后点击“当季结束”，如图 4–21 所示。

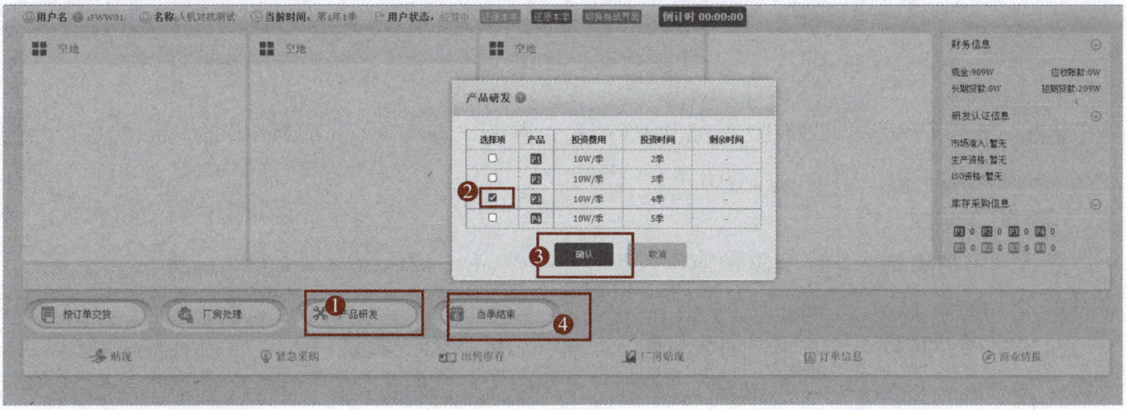

图 4–21 操作界面 4

（2）第 2 季度操作

点击“申请短贷”，需贷款额输入“209”W，点击“确认”，最后点击“更新原料库”，如图 4-22 所示。

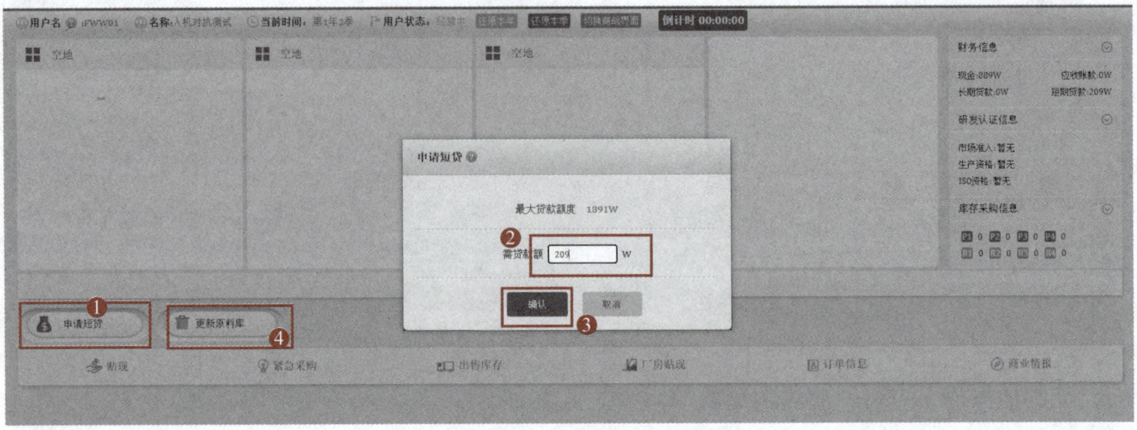

图 4-22　操作界面 5

点击“购租厂房”，租 1 个大厂房和 1 个小厂房。接着点击“新建生产线”，新建 3 条自动线生产 P2 产品，新建 3 条自动线生产 P3 产品，最后点击“应收款更新”，如图 4-23 所示。

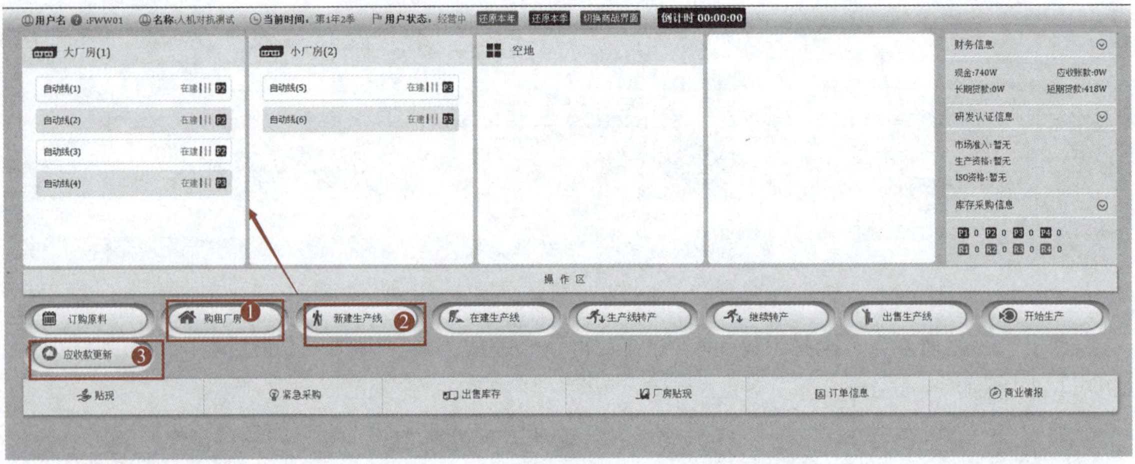

图 4-23　操作界面 6

点击“产品研发”，选择 P2 产品和 P3 产品，点击“确认”，完成当季 P2 产品和 P3 产品的研发，最后点击“当季结束”，如图 4-24 所示。

（3）第 3 季度操作

点击“申请短贷”，需贷款额输入“209”W，点击“确认”，最后点击“更新原料库”，如图 4-25 所示。

点击“订购原料”，R3 原料的数量输入“6”，R4 原料的数量输入“3”，点击“确认”；接着点击“在建生产线”，将 6 条自动线进行在建投资；最后点击“应收款更新”，如图 4-26 所示。

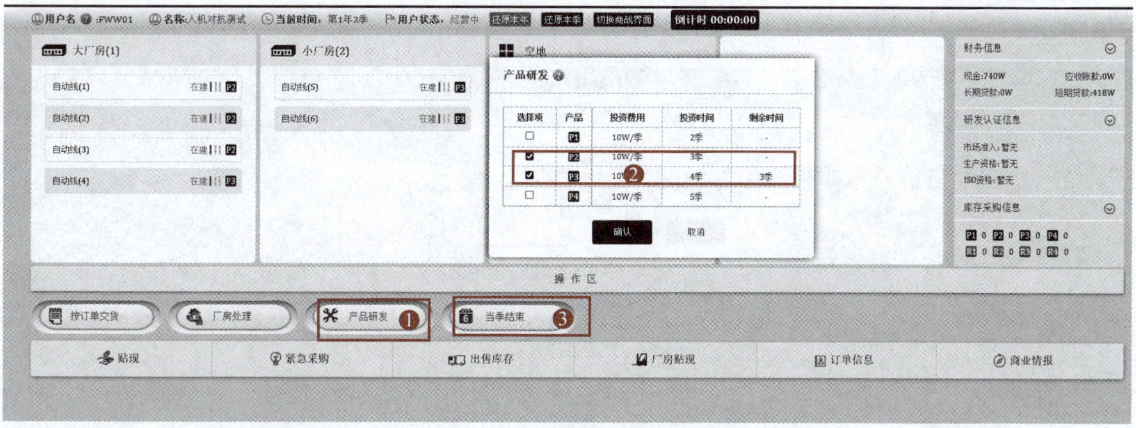

图 4–24　操作界面 7

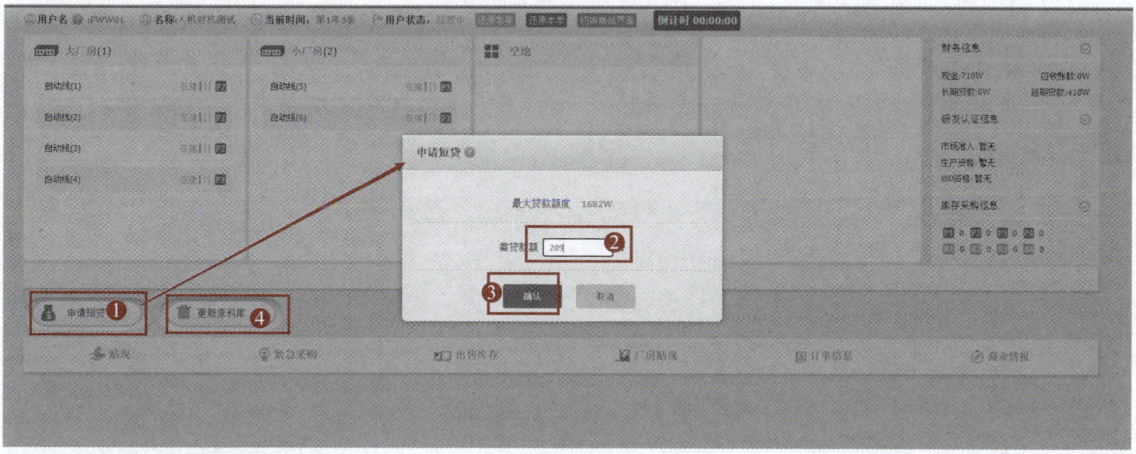

图 4–25　操作界面 8

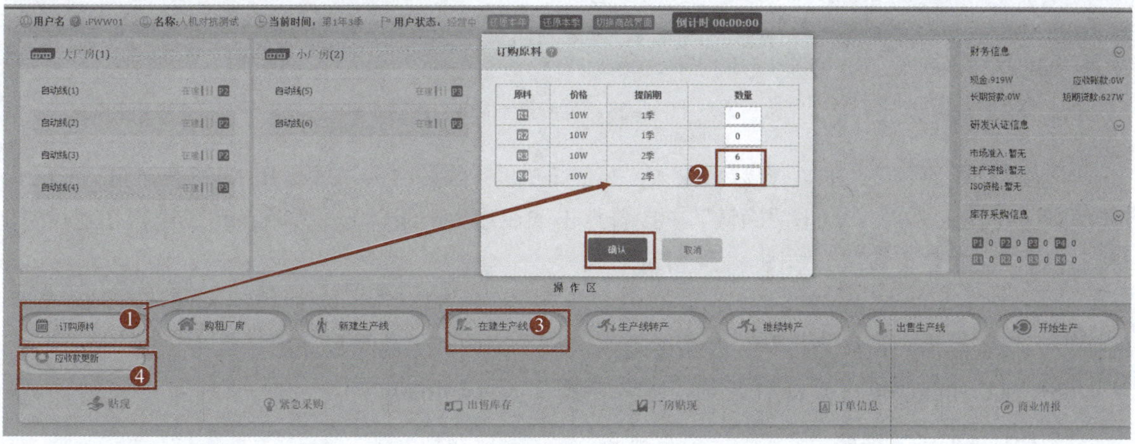

图 4–26　操作界面 9

点击“产品研发”，选择 P2 产品和 P3 产品，点击“确认”，完成当季 P2 产品和 P3 产品的研发，最后点击“当季结束”，如图 4–27 所示。

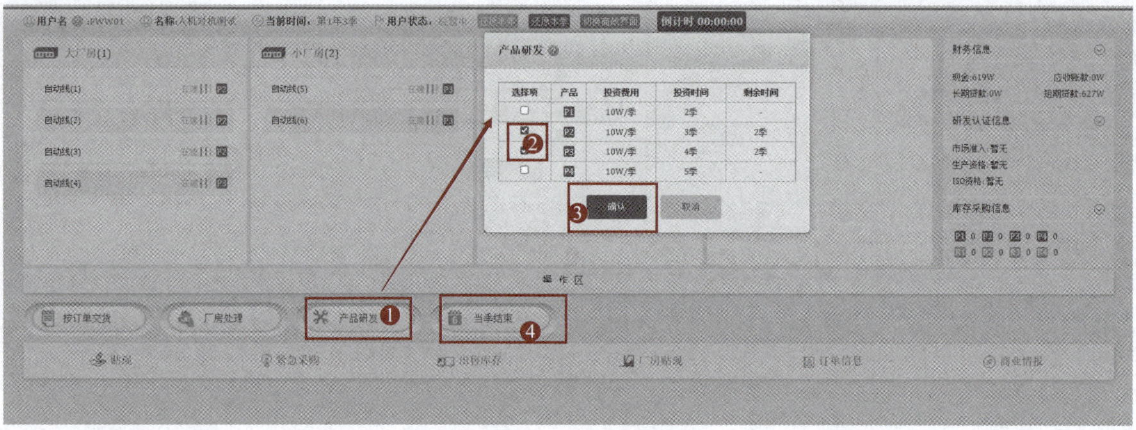

图 4–27 操作界面 10

（4）第 4 季度操作

点击“申请短贷”，需贷款额输入“209”W，点击“确认”。最后点击“更新原料库”，如图 4–28 所示。

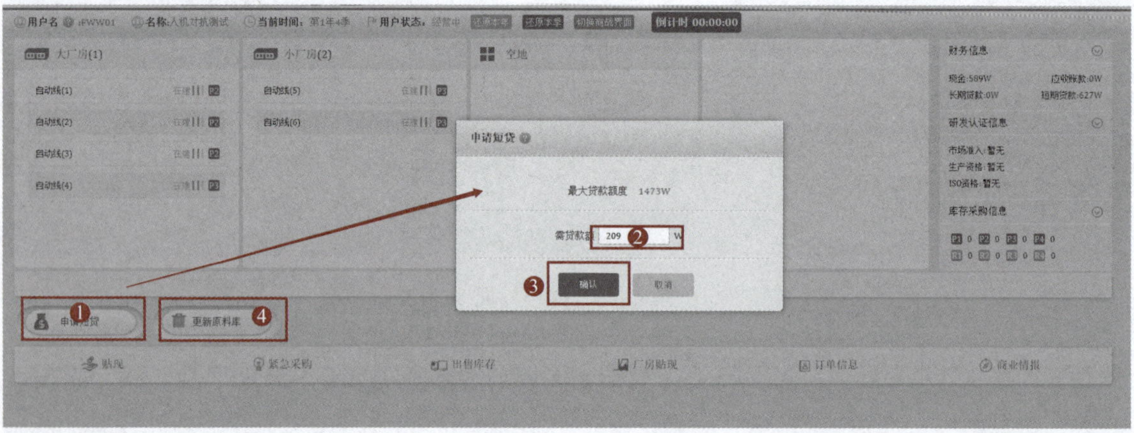

图 4–28 操作界面 11

点击“订购原料”，R1 原料数量输入“3”，R2 原料数量输入“3”，R3 原料数量输入“6”，R4 原料数量输入“3”，点击“确认”。接着点击“在建生产线”，将 6 条自动线进行在建投资。最后点击“应收款更新”，如图 4–29 所示。

点击“产品研发”，选择 P2 产品和 P3 产品，点击“确认”，完成当季 P2 产品和 P3 产品的研发。接着点击“市场开拓”，开拓本地、区域、国内和亚洲市场。然后点击“ISO 投资”，认证 ISO9000 和 ISO14000。最后点击“当季结束”，如图 4–30 所示。

（5）填写第 1 年报表

如图 4–31 ～图 4–33 所示，填写完三张报表，然后点击“提交”即可。

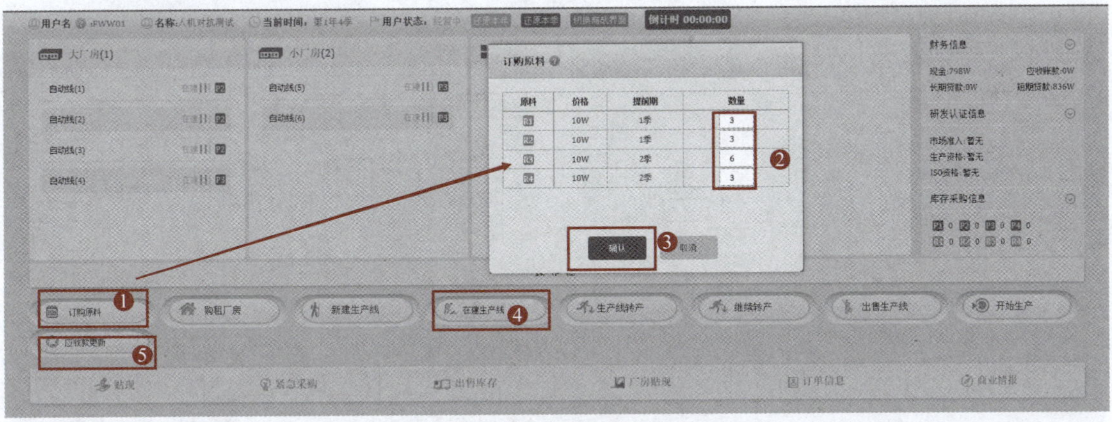

图 4–29　操作界面 12

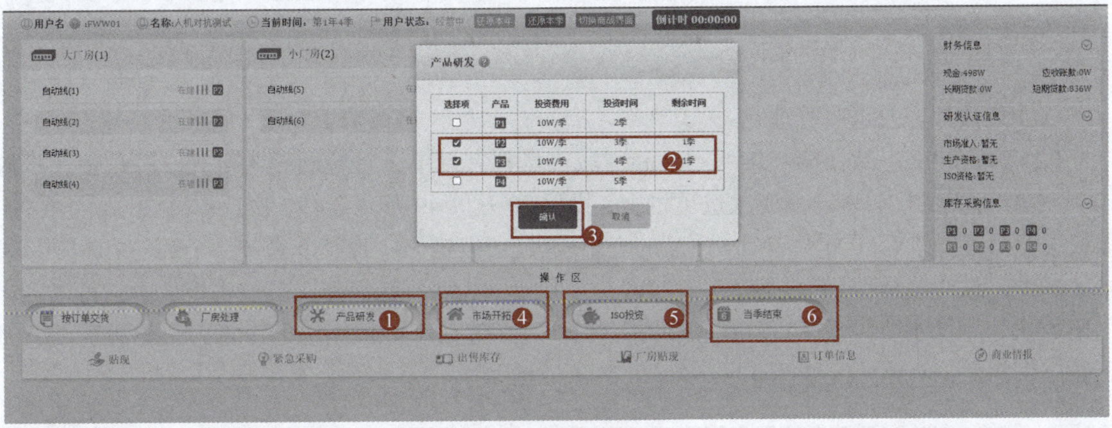

图 4–30　操作界面 13

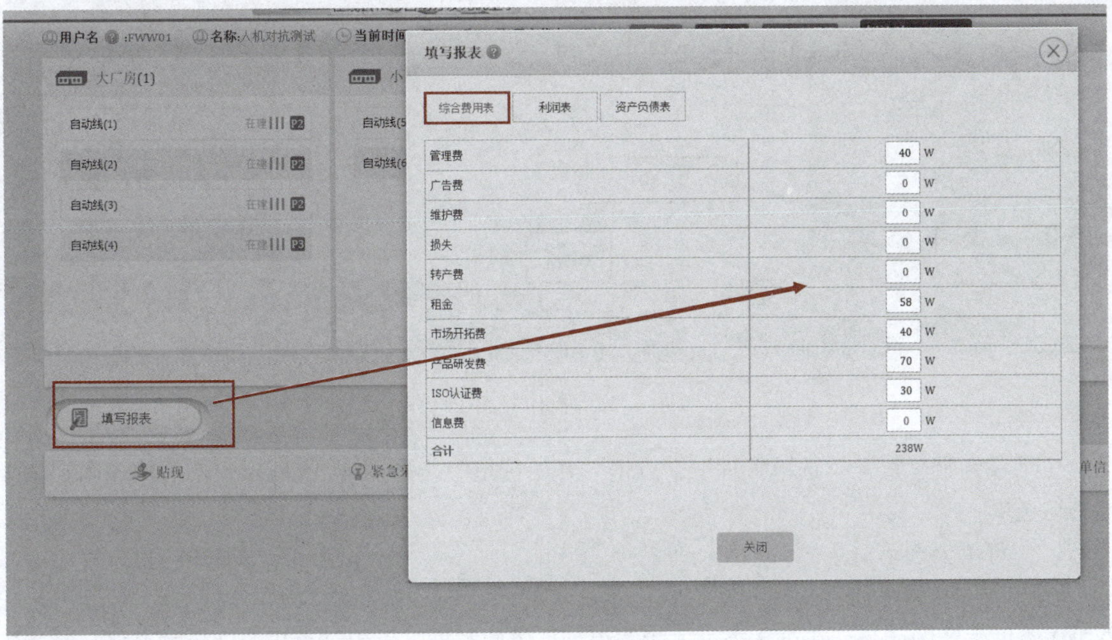

图 4–31　操作界面 14

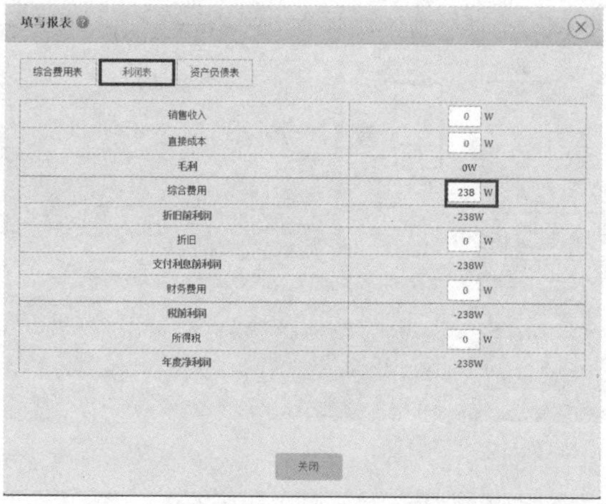

图 4-32　操作界面 15

图 4-33　操作界面 16

（6）投放广告及选单管理

P2 产品和 P3 产品在第 2 年的本地和区域市场都有订单，且毛利较为可观。理论上，投放 10 万～ 29 万元的广告费会有 1 次选单机会，投放 30 万～ 49 万元会有 2 次选单机会，以此类推。但根据竞争程度来看，P2 产品和 P3 产品的竞争较大，所以遵循广告额度是产品个数的 10～20 倍。本案例中，总产能是 18 个，所以广告额度在 180 万～ 360 万元之间，且广告投放中，可以多运用尾数法，尽量不要投放 10 万元、30 万元、50 万元等数字。根据综合考虑，最终投放 220 万元的广告额度，具体分配如图 4-34 所示。

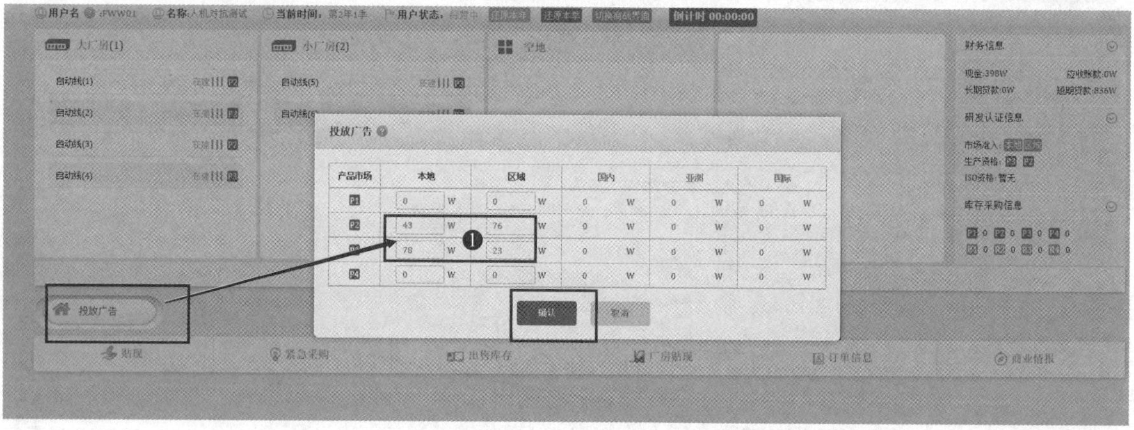

图 4-34　操作界面 17

进入裁判端，点开“选单管理”，点击“开始选单”，如图 4-35 所示。然后快速回到学生端进行选单。

（7）订单会选单

在订单会开始之前，学生要写好自己第 2 年的产能表。自动线的生产周期是 1 季度，意味着第 1 季度生产的产品，在第 2 季度才能够得到。依此类推，可以计算出第 2 年的产能：第 2 年

2 季度到第 2 年 4 季度各生产 3 个 P2 产成品、3 个 P3 产成品，共计 9 个 P2 产成品和 9 个 P3 产成品。但因为产成品完工的时间不同，所选取的订单不应超过所能交货的最大数量。例如第 2 年第 2 季度的 P2 产成品数量是 3 个，在选取订单时交货期为 2 季的数量应不超过 3 个。选单操作如图 4–36 所示。

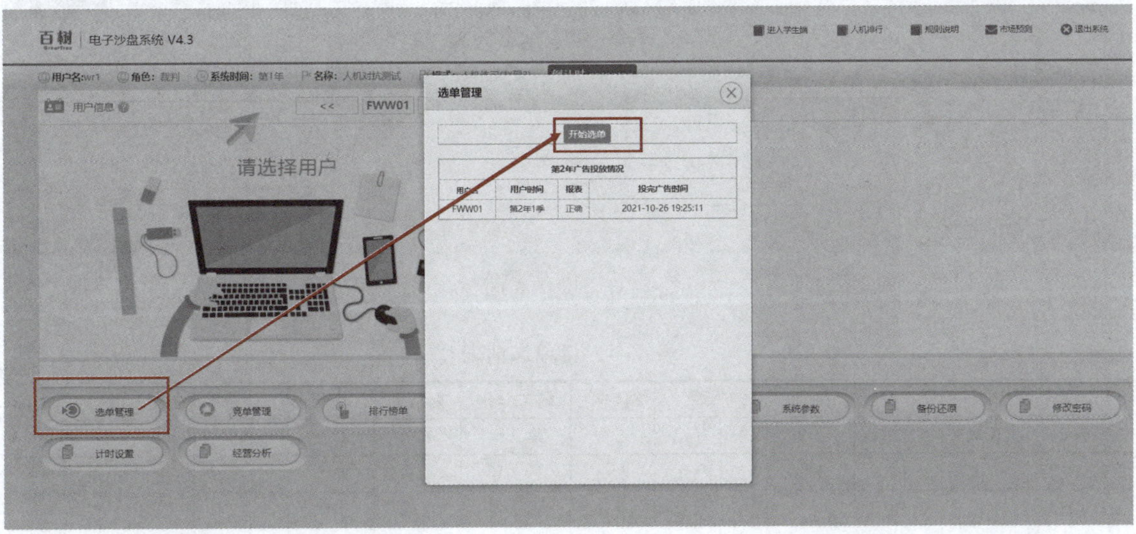

图 4–35　操作界面 18

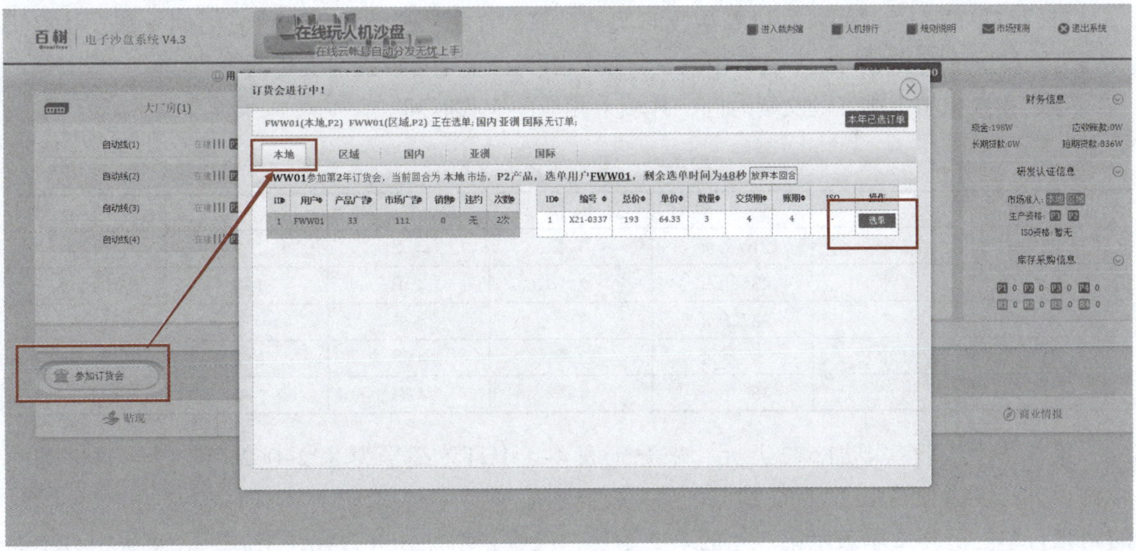

图 4–36　操作界面 19

进行订单会选单，注意上方时间，超时即跳单。

4. 第 2 年预算编制

点击“订单信息”，选择“第 2 年”，查看所选订单信息，如图 4–37 所示。把订单信息复制粘贴到第 2 年的电子表格内，如表 4–4 所示。

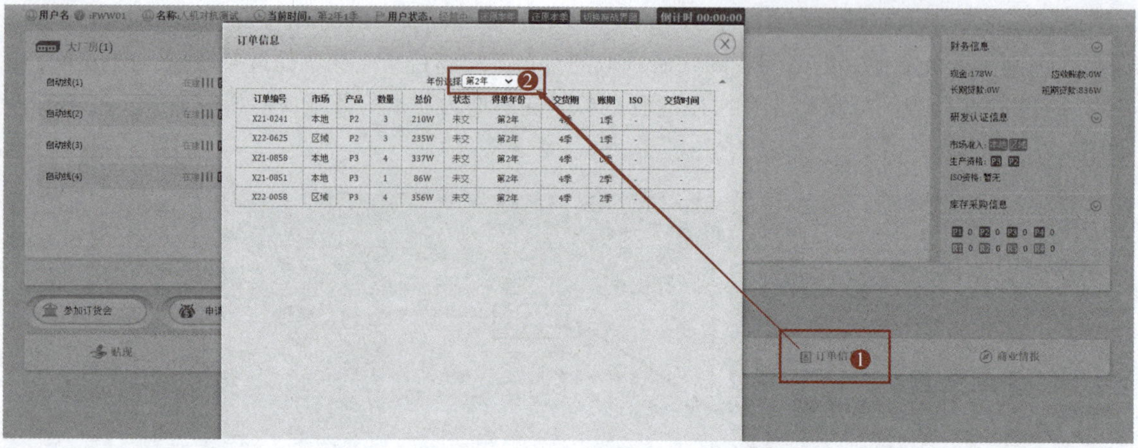

图 4-37 操作界面 20

表 4-4 订单详情表

订单编号	市场	产品	数量	总价	状态	得单年份	交货期	账期	ISO	交货时间	应收时间
X21-0241	本地	P2	3 个	210 万元	未交	第 2 年	4 季	1 季			
X22-0625	区域	P2	3 个	235 万元	未交	第 2 年	4 季	1 季			
X21-0858	本地	P3	4 个	337 万元	未交	第 2 年	4 季	0 季			
X21-0851	本地	P3	1 个	86 万元	未交	第 2 年	4 季	2 季			
X22-0058	区域	P3	4 个	356 万元	未交	第 2 年	4 季	2 季			

进行订单的交货时间排序以及应收时间的计算。注意：应收时间 = 交货时间 + 账期（交货时间为刚排出可交货时间而不是订单的交货期，因为订单是可以提前交货的）。

在表 4-5 中填上排好的交货时间，并填上相应的应收时间。

表 4-5 第 2 年排单交货表

订　单	数　量	金　额	交 货 时 间	交 货 期	账　期	应 收 时 间
P2	3 个	210 万元	3 季	4 季	1 季	4 季
P2	3 个	235 万元	2 季	4 季	1 季	3 季
P3	4 个	337 万元	3 季	4 季	0 季	3 季
P3	1 个	86 万元	2 季	4 季	2 季	4 季
P3	4 个	356 万元	4 季	4 季	2 季	下年 2 季

第 3 季度应收款增加 572 万元，来源于表 4-4 中订单编号为 X22-0625 和 X21-0858 的两张订单。第 4 季度应收款增加 296 万元，来源于表 4-4 中订单编号为 X21-0241 和 X21-0851 的两张订单。下年 2 季表示第 3 年的第 2 季度，应收款增加 356 万元，来源于表 4-4 中订单编号为 X22-0058 的订单。在预算过程中发现本年第 3 季度初，无法偿还上一年借的短期贷款本金及利息，所以需要贴现 20 万元，则对第 4 季度中 20 万元应收款进行贴现，贴息为 2 万元，得到 18 万元现金。因为相隔 1 季和相隔 2 季的贴现利息是一样的，所以一般会选择贴第 4 季度的应收款（隔 2 季）。

根据订单上的产品数量、销售额、成本和毛利填写销售统计表（见表 4-6），根据表中数据填写利润表。

表 4-6　第 2 年销售统计表

销售	P1	P2	P3	P4	P5
金额（万元）	0	445	779	0	0
数量（个）	0	6	9	0	0
成本（万元）	0	180	360	0	0

填写第 2 年现金流量表（见表 4-7）、生产计划表（见表 4-8）和采购计划表（见表 4-9）。

表 4-7　第 2 年现金流量表　　（单位：万元）

项　目	第 1 季度	第 2 季度	第 3 季度	第 4 季度
期初现金	398	492	204	564
贴现金额			20	
贴现费用			2	
租金				
广告投放	220			
应交税	0			
长期贷款本金				
长期贷款利息	0			
申请长期贷款	544			
季初盘点	722	492	222	564
短期贷款还本	209	209	209	209
短期贷款还息	10	10	10	10
申请短期贷款	209	209	209	209
原料入库	150	150	150	150
购买厂房				
新租厂房				
新建生产线				
生产线转产				
变卖生产线				
紧采原料				
开始下一批生产	60	60	60	60
季中盘点	502	272	2	344
更新应收款		0	235	276
紧采产品				
订单交货（0 账）	0	0	337	0
产品研发投资				
厂房处理				
贴现				
贴息				
ISO 资格认证				30
新市场开拓				20
季末盘点	502	272	574	570
支付管理费	10	10	10	10
厂房续租		58		
支付设备维护费				120
折旧				
损失				
期末	492	204	564	440

表 4-8 生产计划表

年份	季度	P1（个）	P2 个（个）	P3（个）	P4（个）	P5（个）
二	1		3	3		
	2		3	3		
	3		3	3		
	4		3	3		
三	1		3	3		
	2		3	3		
	3		3	3		
	4		3	3		

表 4-9 采购计划表

R1（个）	R2（个）	R3（个）	R4（个）	材料费（万元）	加工费（万元）
3	3	6	3	150	60
3	3	6	3	150	60
3	3	6	3	150	60
3	3	6	3	150	60
3	3	6	3	150	60
3	3	6	3	150	60
3	3	6	3	150	60
3	3	6	3	150	60

自动线转产需要转产费及时间，一般不进行转产，所以生产计划是固定的，每一季度生产 3 个 P2 产品和 3 个 P3 产品。相应地，原料采购计划也是固定的，原料 R1、R2、R3、R4 的采购数量分别是 3、3、6、3，计算方式上文有提到，在此不做赘述。材料费指的是每一季度到货的原料所付费用，如第 2 年第 1 季度，到货的是 3 个 R1 原料、3 个 R2 原料、6 个 R3 原料和 3 个 R4 原料，用来制作 3 个 P2 产品和 3 个 P3 产品，每个原料价格是 10 万元，所以共计 150 万元。生产每个产品的人工费是 10 万元，每季度生产 6 个产品，所以共计 60 万元。

5. 第 2 年实际操作

（1）第 1 季度操作

点击“申请长贷”，需贷款年限选择“5 年”，需贷款额填写“544”W，点击“确认”，然后点击“当季开始”，如图 4-38 所示。

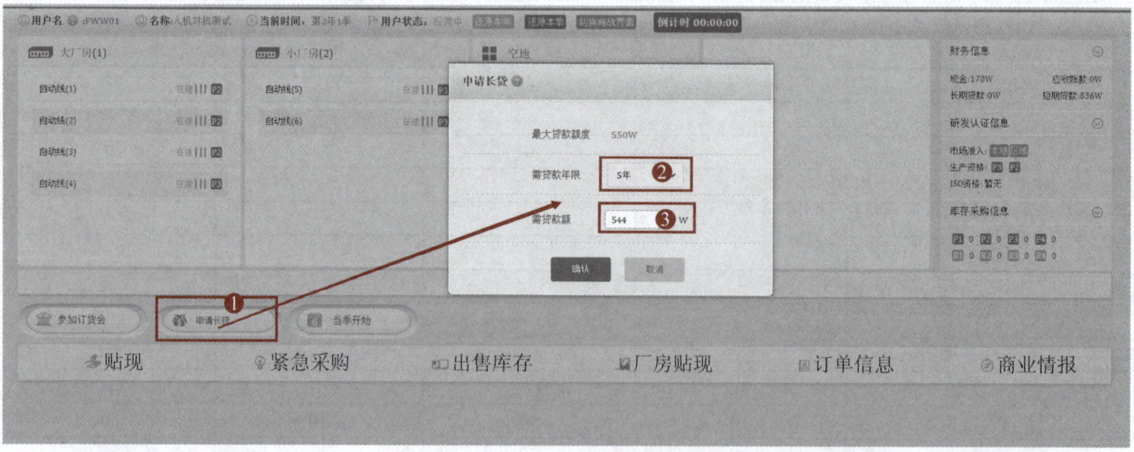

图 4-38 操作界面 21

点击“申请短贷”，需贷款额输入“209”W，点击“确认”，然后点击“更新原料库”，如图 4-39 所示。

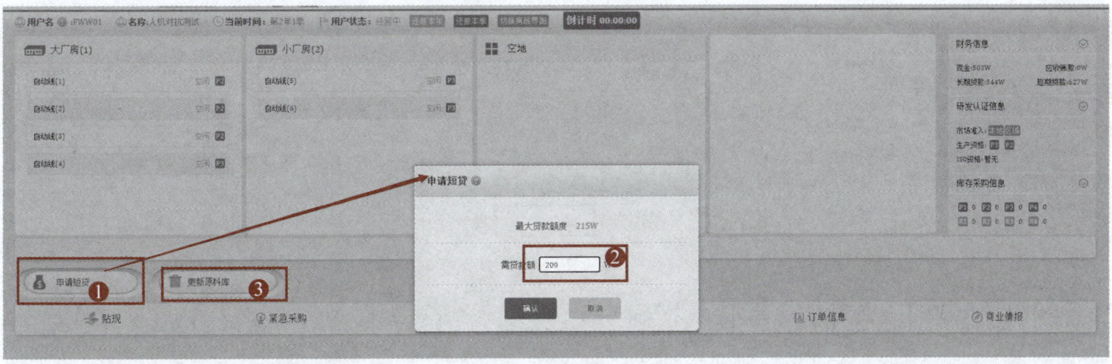

图 4–39　操作界面 22

点击“订购原料”，填写原料对应的采购数量；点击“开始生产”，选中生产线进行生产；最后点击“应收款更新”，如图 4–40 所示。

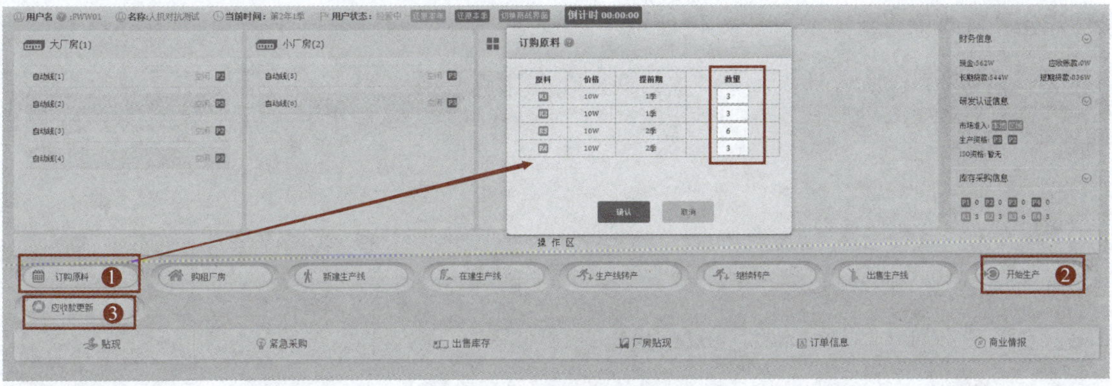

图 4–40　操作界面 23

因为第 1 季度没有产成品，无法交货。同时没有其他操作，直接点击“当季结束”，如图 4–41 所示。

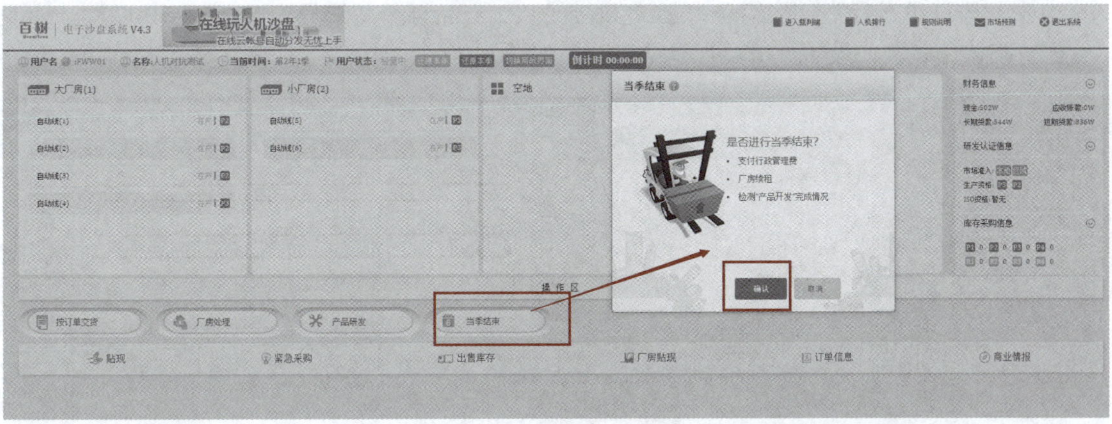

图 4–41　操作界面 24

（2）第 2 季度操作

点击“短期贷款”，需贷款额输入“209”W，点击“确认”，然后点击“更新原料库”，如图 4–42 所示。

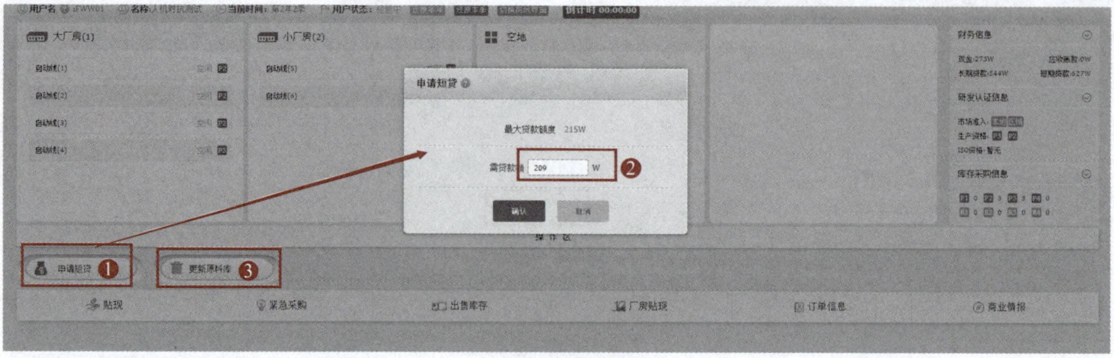

图 4–42　操作界面 25

点击“订购原料”，填写原料对应的采购数量；点击“开始生产”，选中生产线进行生产；最后点击“应收款更新”，如图 4–43 所示。

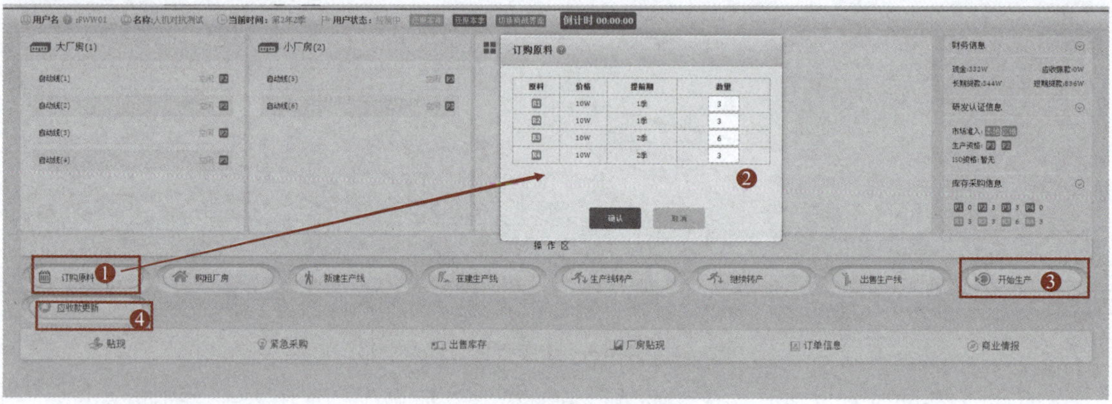

图 4–43　操作界面 26

点击“按订单交货”，将编号为 X22–0625 的 P2 产品订单和编号为 X21–0851 的 P3 产品订单点击“确认交货”，最后点击“当季结束”，如图 4–44 所示。

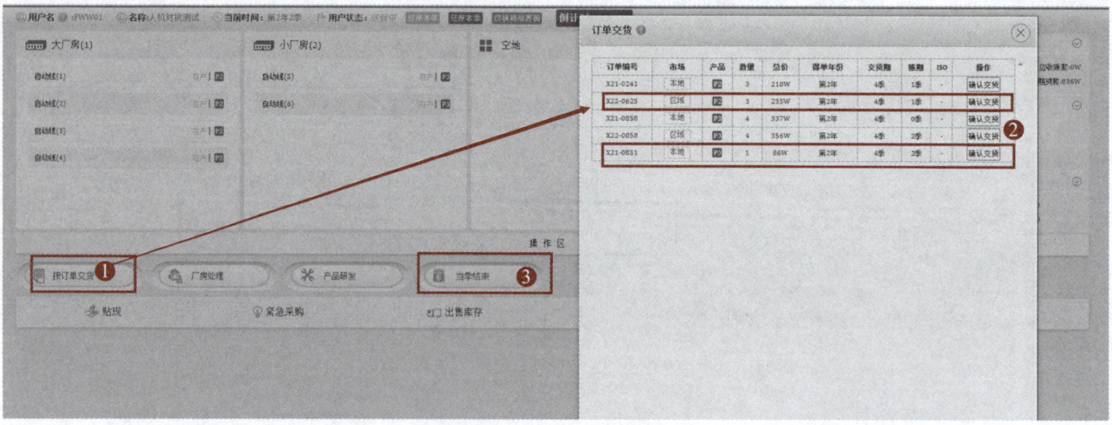

图 4–44　操作界面 27

点击“贴现”，“2 季”对应的贴现额填写“20”W，点击“确认”，最后点击“当季开始”，如图 4–45 所示。

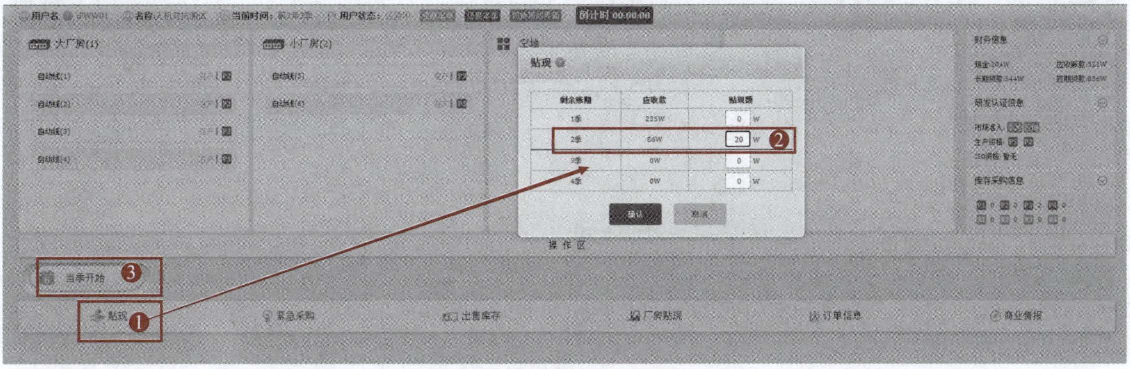

图 4–45 操作界面 28

（3）第 3 季度操作

点击“短期贷款”，需贷款额输入“209”W，然后点击“更新原料库”，如图 4–46 所示。

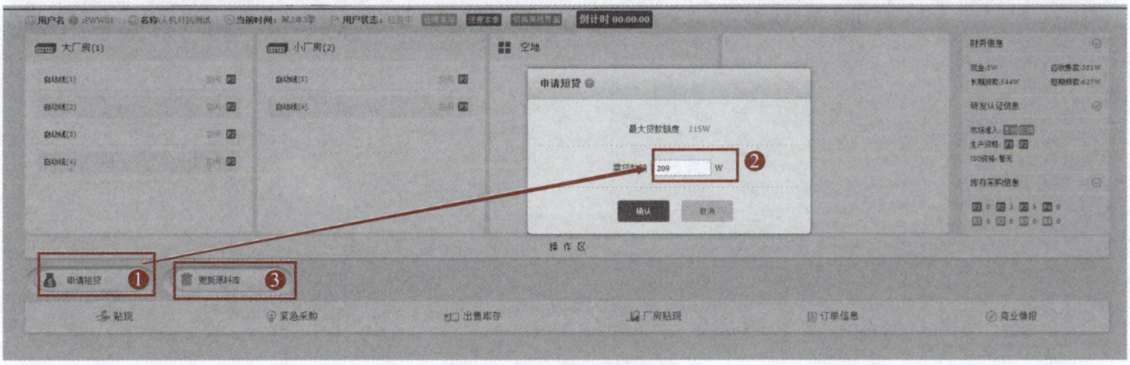

图 4–46 操作界面 29

点击“订购原料”，填写原料对应的数量，如图 4–47 所示；点击“开始生产”，选中生产线进行生产；最后点击“应收款更新”，收到 235 万元应收款。

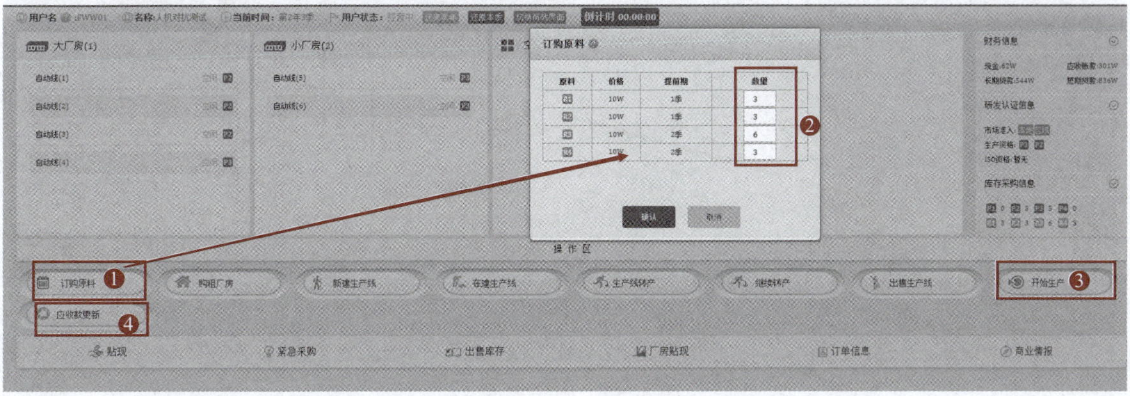

图 4–47 操作界面 30

点击“按订单交货”，将编号为 X21–0241 的 P2 产品订单和编号为 X21–0858 的 P3 产品订单点击“确认交货”，最后点击“当季结束”，如图 4-48 所示。

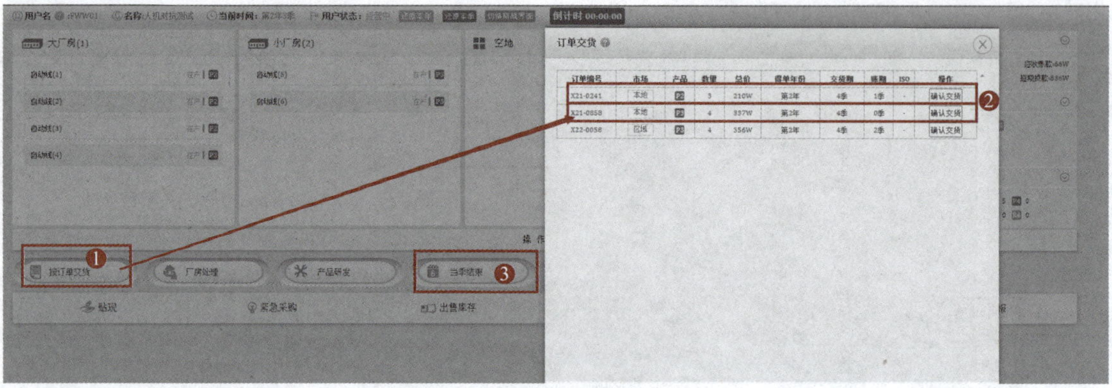

图 4-48　操作界面 31

（4）第 4 季度操作

点击“短期贷款”，需贷款额输入“209”W，然后点击“更新原料库”，如图 4-49 所示。

图 4-49　操作界面 32

点击“订购原料”，填写原料对应的数量，如图 4-50 所示；点击“开始生产”，选中生产线进行生产；最后点击“应收款更新”，收到 276 万元应收款。

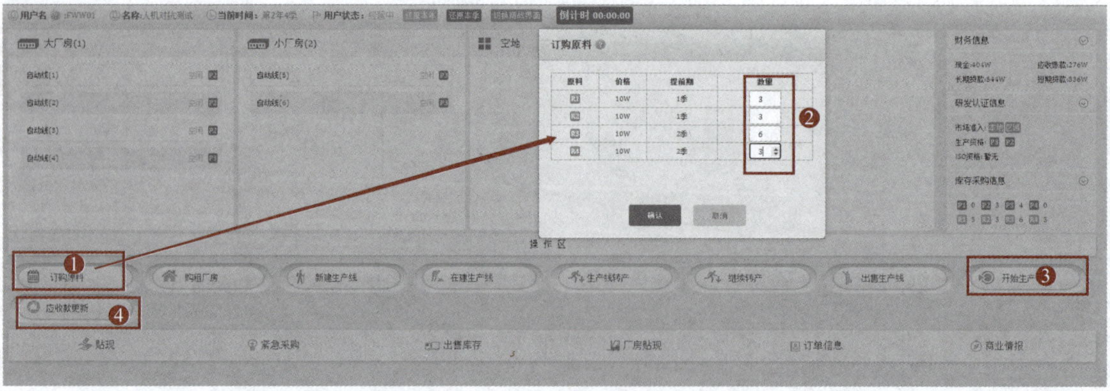

图 4-50　操作界面 33

点击“按订单交货”，将编号为 X22-0058 的 P3 产品订单点击“确认交货”；接着点击“市场开拓”，开拓国内和亚洲市场；然后点击“ISO 投资”，认证 ISO9000 和 ISO14000；最后点击

“当季结束”，如图 4–51 所示。

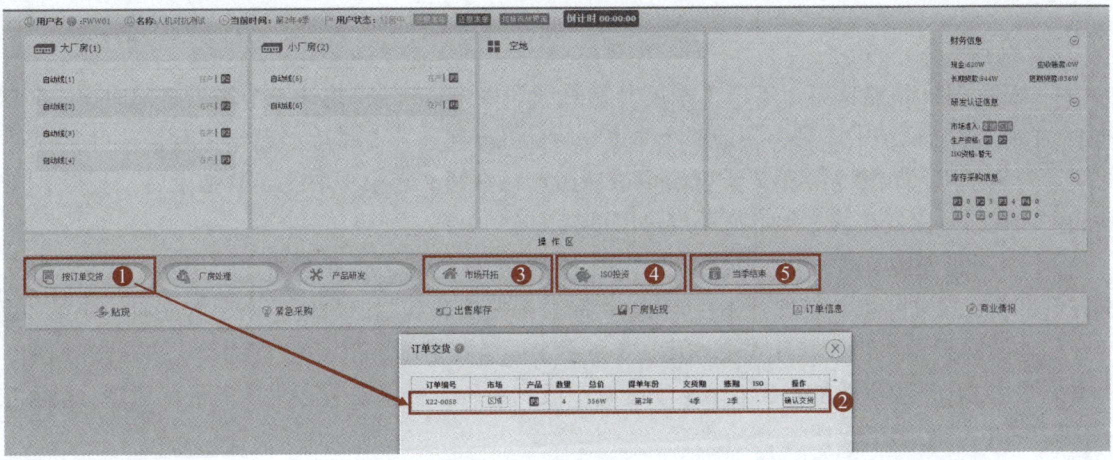

图 4–51　操作界面 34

（5）填写第 2 年报表

点击“填写报表”，填写相应内容，最后点击“提交”，如图 4–52 ～图 4–54 所示。

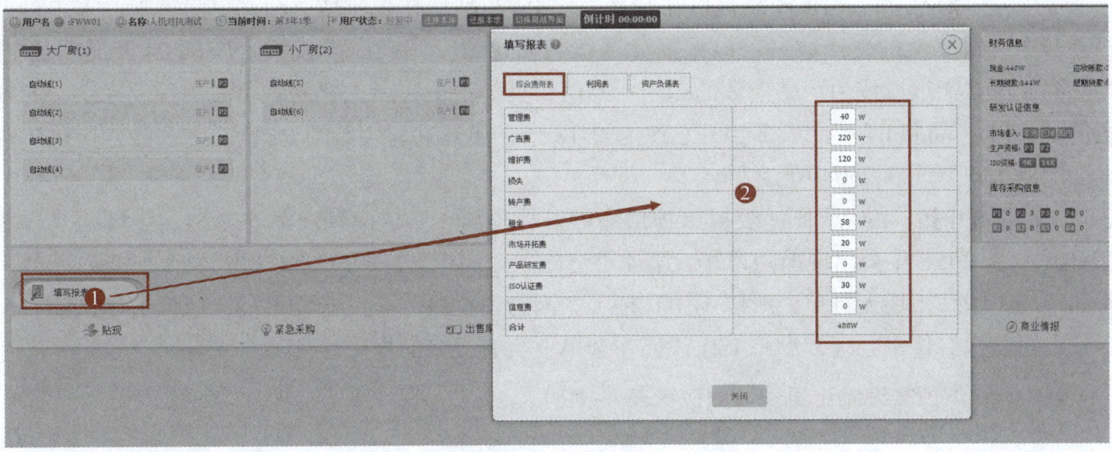

图 4–52　操作界面 35

图 4–53　操作界面 36

图 4–54　操作界面 37

二、模拟运营方案 2

1. 方案策略

1）产品研发策略：第 1 年第 1 季度开始连续研发 P4 产品，共计 5 个季度。同时第 1 年第 1 季度开始连续研发 P1 产品，共计 2 个季度。目的在于第 1 年 2 季度经营结束后，获得 P1 产品的生产资格，以便在第 1 年第 3 季度可以进行生产；在第 2 年第 1 季度经营结束后，获得 P4 产品的生产资格，以便在第 2 年第 2 季度可以进行生产。

2）生产线安装策略：4 条柔性线生产 P1 产品和 P4 产品，柔性线的安装周期是 4 个季度。本方案准备在第 2 年第 1 季度开始生产 P1 产品，根据安装和生产最优原则，需在第 1 年第 1 季度开始连续安装柔性线，共计 4 个季度。3 条手工线生产 P1 产品，因为手工线没有安装周期，而本方案中 P1 产品需要在第 2 年第 1 季度有产成品，所以根据安装和生产的最优原则，需在第 1 年第 3 季度安装手工线。

3）厂房策略：大厂房、中厂房和小厂房的生产线容量分别是 4 条、3 条和 2 条，租金分别是 40 万元、30 万元和 18 万元。本方案准备安装 3 条手工线和 4 条柔性线，所以选择“大厂房 + 中厂房”的搭配。同时商战规则设定的初始资金不高，所以在第 1 年以租厂房为主。

4）广告策略：由于 P1 产品是低端产品，而 P4 产品是高端产品，利润更为可观，需求量也相差较大，第 2 年的生产数量可以根据参赛级数做出改变。在广告投放上应该 P4 产品要比 P1 产品高，广告额度应该为产品个数的 10 ～ 20 倍，具体根据实际比赛的竞争激烈程度来定。如本案例中，P1 产品和 P4 产品第 2 年的总产能是 18 个，而且毛利较低的 P1 产品占多数，所以广告额度应在 130 万元和 260 万元之间。

5）市场开拓、ISO 认证：根据市场预测可以得出第 2 年这两种产品在本地、区域两个市场都有需求量，第 3 年会出现国内市场，第 4 年会出现亚洲市场。所以需要开拓本地、区域、国内、亚洲市场（国际市场无订单，所以不用开拓）。因为人机对抗是没有详单的，所以 ISO 认证一定要开，不能抱有侥幸心理，没有 ISO 认证在选单上会有很多的局限性。

2. 第 1 年预算编制（见表 4-10 ～表 4-12）

表 4-10 第 1 年现金流量表 （单位：万元）

项　目	第 1 季度	第 2 季度	第 3 季度	第 4 季度
期初现金	700	579	558	412
贴现金额				
贴现费用				
租金				
广告投放				
应交税				
长期贷款本金				
长期贷款利息				
申请长期贷款				

（续）

项　目	第 1 季度	第 2 季度	第 3 季度	第 4 季度
季初盘点	700	579	558	412
短期贷款还本				
短期贷款还息				
申请短期贷款	149	209	269	209
原料入库			30	0
购买厂房				
新租厂房	40		30	
新建生产线	200	200	305	200
生产线转产				
变卖生产线				
紧采原料				
开始下一批生产			30	0
季中盘点	609	588	432	421
更新应收款				
紧采产品				
订单交货（0 账）				
产品研发投资	20	20	10	10
厂房处理				
贴现				
贴息				
ISO 资格认证				30
新市场开拓				40
季末盘点	589	568	422	341
支付管理费	10	10	10	10
厂房续租				
支付设备维护费				15
折旧				
损失				
期末现金	579	558	412	316

表 4-11　生产计划表

年份	季度	P1（个）	P2（个）	P3（个）	P4（个）	P5（个）
一	1					
	2					
	3	3				
	4					
二	1	7				
	2				4	
	3	3			4	
	4				4	

表 4-12　采购计划表

R1（个）	R2（个）	R3（个）	R4（个）	材料费（万元）	加工费（万元）
		0	0		
3	0	0	0		
0	0	0	0	30	30
7	0	4	8	0	0
4	0	4	8	70	70
7	0	4	8	160	40
4	0	4	8	190	70
7	0	4	8	160	40

本案例中，第 1 年第 3 季度开始生产 3 个 P1 产品。生产 P1 产品需消耗 1 个 R1 原料，

R1 原料需提前 1 季采购，所以为在第 1 年第 3 季度生产 3 个 P1 产品，需要在第 1 年第 2 季度预定 3 个 R1 原料；为在第 2 年第 1 季度生产 7 个 P1 产品，需要在第 1 年 4 季度预定 7 个 R1 原料。同理，第 2 年第 2 季度准备生产 4 个 P4 产品，生产 P4 需消耗 1 个 R1 原料、1 个 R3 原料和 2 个 R4 原料，R3 原料和 R4 原料的提前季是 2 季度，所以需要在第 1 年第 4 季度预定 4 个 R3 原料和 8 个 R4 原料。

3. 第 1 年预算编制

（1）第 1 季度操作

登录账号，进去学生端，不申请长贷，点击“当季开始”（贷款年限为 5 年，第一年如果申请长贷，第 6 年需要偿还本金及利息），如图 4–55 所示。

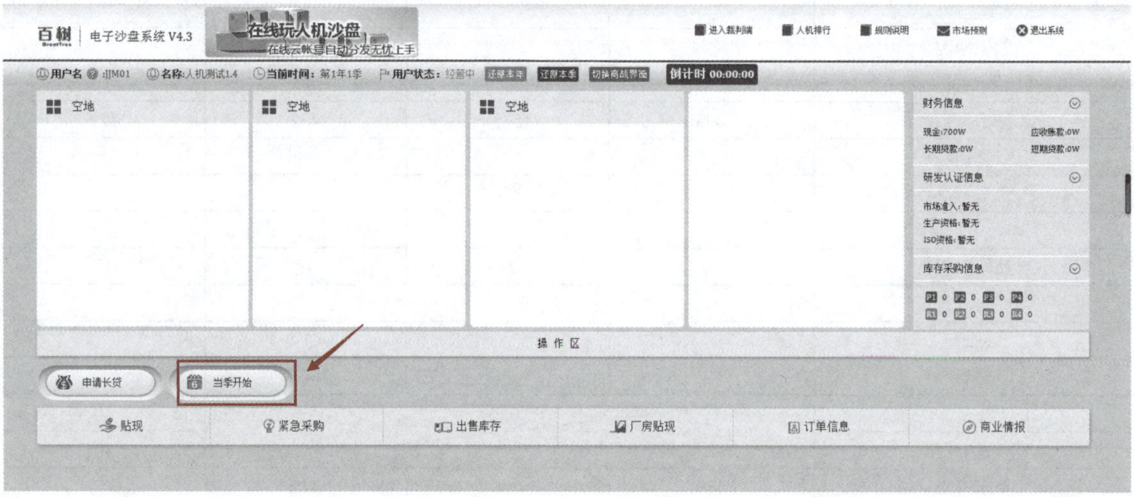

图 4–55　操作界面 38

点击“申请短贷”，申请 149 万元；然后点击“更新原料库”，如图 4–56 所示。

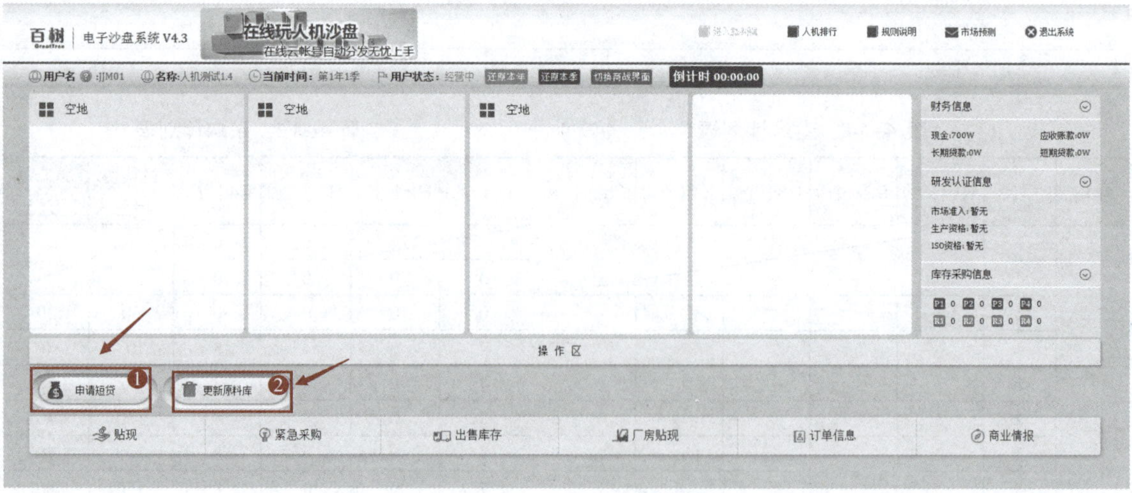

图 4–56　操作界面 39

点击“购租厂房”，租 1 个大厂房；接着点击“新建生产线”，新建 4 条柔性线生产 P1 产品；最后点击“应收款更新”，如图 4-57 所示。

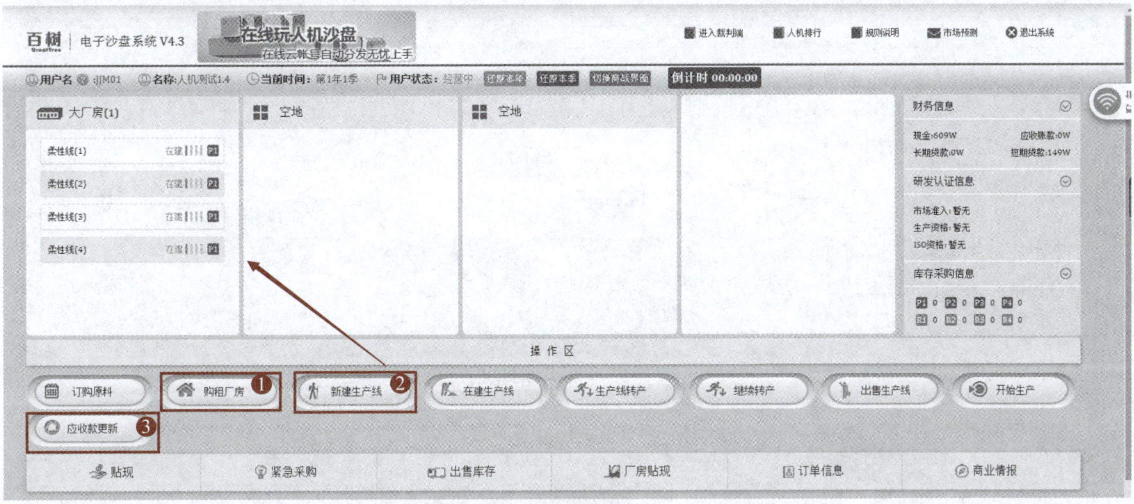

图 4-57 操作界面 40

点击“产品研发”，研发 1 个季度的 P1 和 P4 产品，点击“当季结束”，如图 4-58 所示。

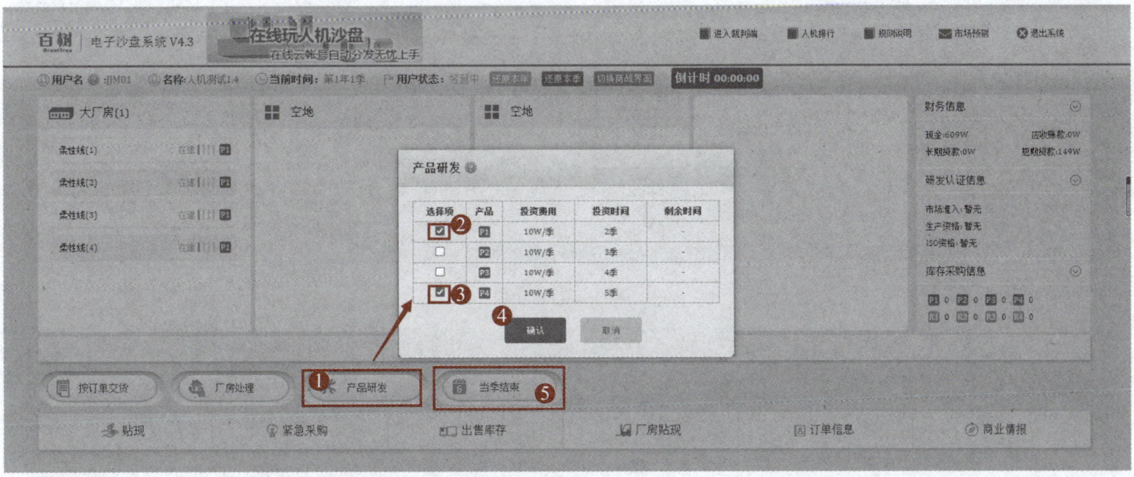

图 4-58 操作界面 41

（2）第 2 季度操作

点击“申请短贷”，需贷款额输入“209”W，点击“确认”，最后点击“更新原料库”，如图 4-59 所示。

点击“订购原料”，R1 原料的数量输入“3”，点击“确认”；接着点击“在建生产线”，将 4 条柔性线进行在建投资；最后点击“应收款更新”，如图 4-60 所示。

点击“产品研发”，研发 1 个季度的 P1 产品和 P4 产品，点击“当季结束”，如图 4-61 所示。

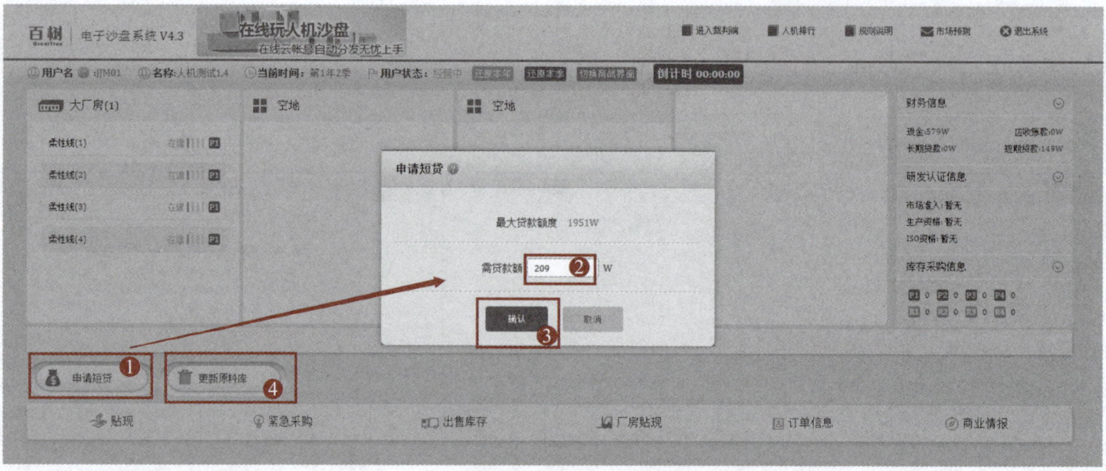

图 4-59 操作界面 42

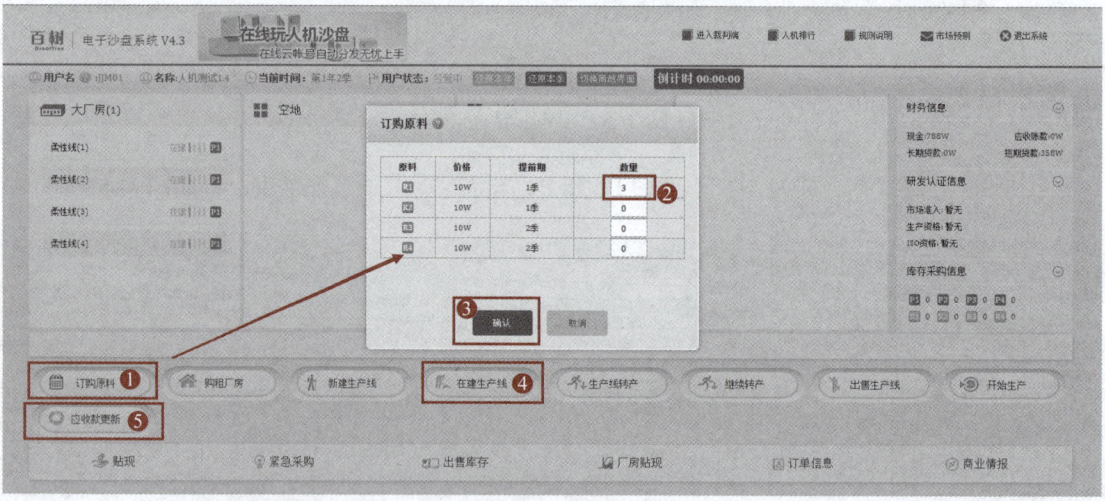

图 4-60 操作界面 43

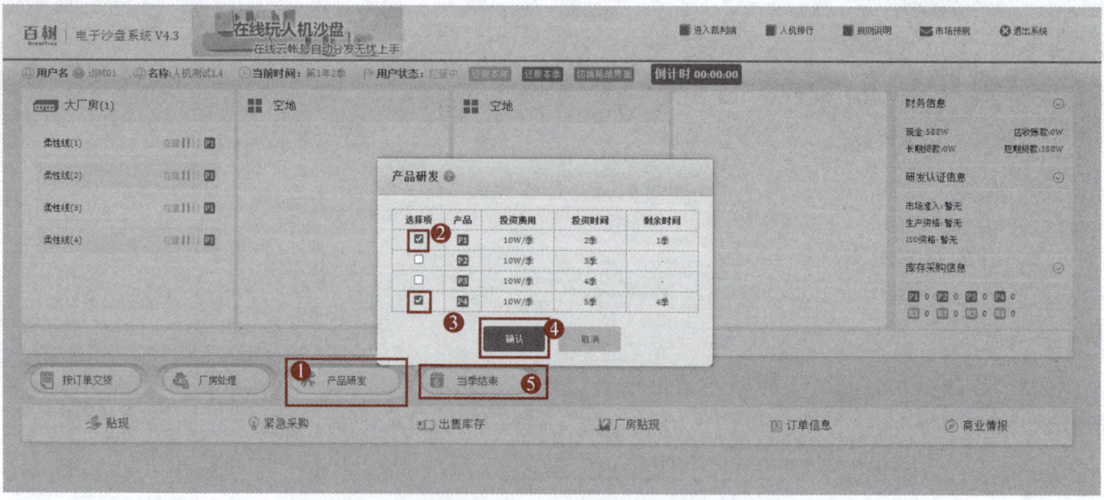

图 4-61 操作界面 44

（3）第 3 季度操作

点击“申请短贷”，需贷款额输入“269”W，点击“确认”，最后点击“更新原料库”，如图 4-62 所示。

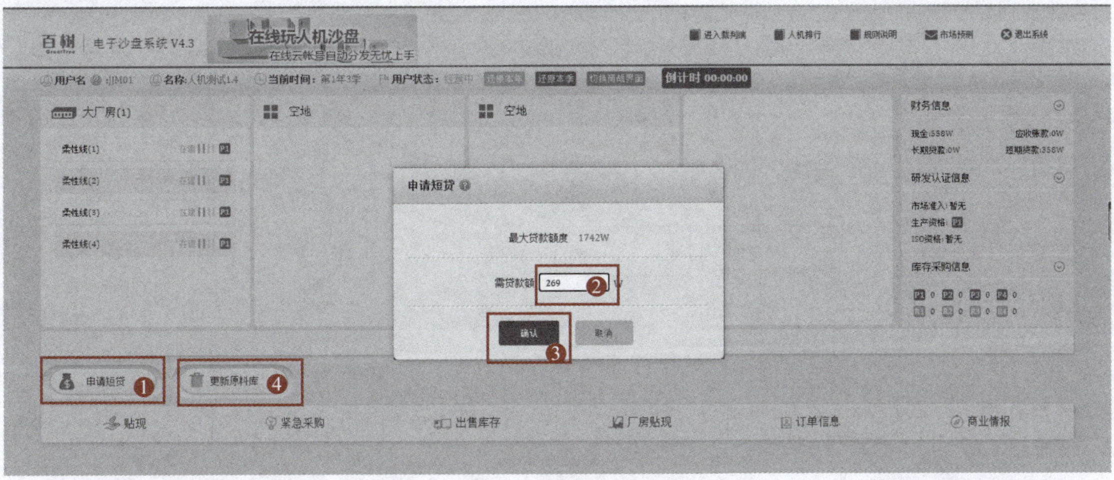

图 4-62　操作界面 45

点击“购租厂房”，租 1 个中厂房；接着点击“新建生产线”，新建 3 条手工线，生产 P1 产品；接着点击“在建生产线”，将 4 条柔性线进行在建投资；最后点击“应收款更新”，如图 4-63 所示。

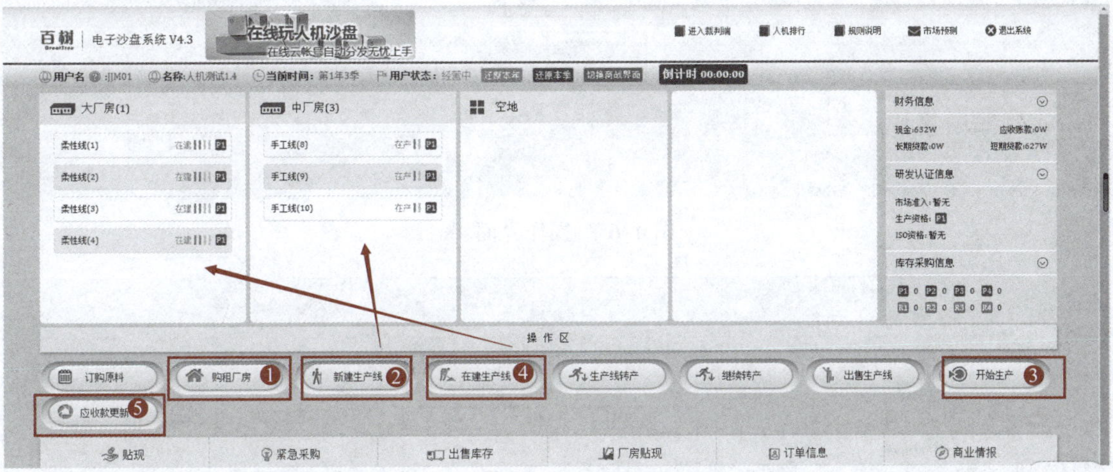

图 4-63　操作界面 46

点击“产品研发”，研发 1 个季度的 P4 产品，点击“当季结束”，如图 4-64 所示。

（4）第 4 季度操作

点击“申请短贷”，需贷款额输入“209”W，点击“确认”；最后点击“更新原料库”，如图 4-65 所示。

点击“订购原料”，R1 原料数量输入“7”，R3 原料数量输入“4”，R4 原料数量输入“8”，点击“确认”；接着点击“在建生产线”，将 4 条柔性线进行在建投资；最后点击“应收款更新”，如图 4-66 所示。

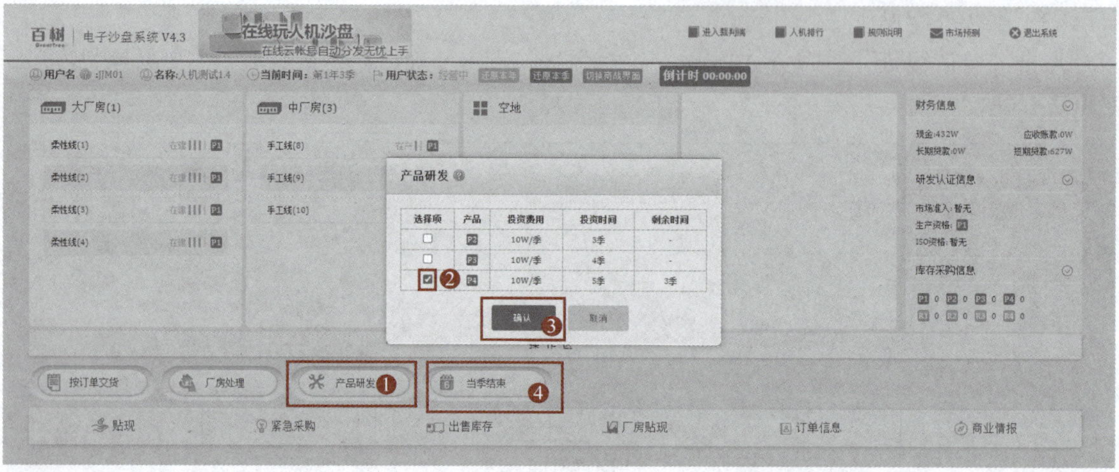

图 4-64　操作界面 47

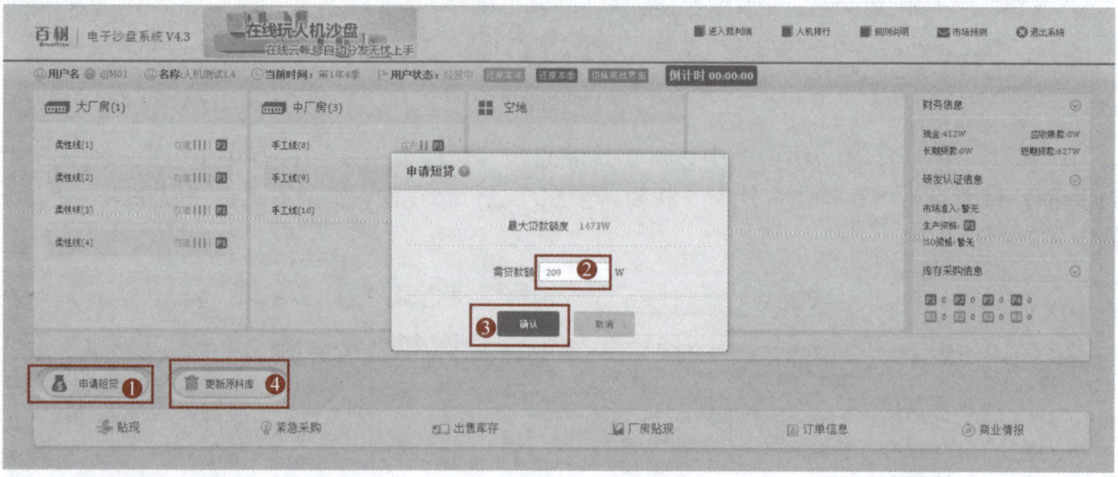

图 4-65　操作界面 48

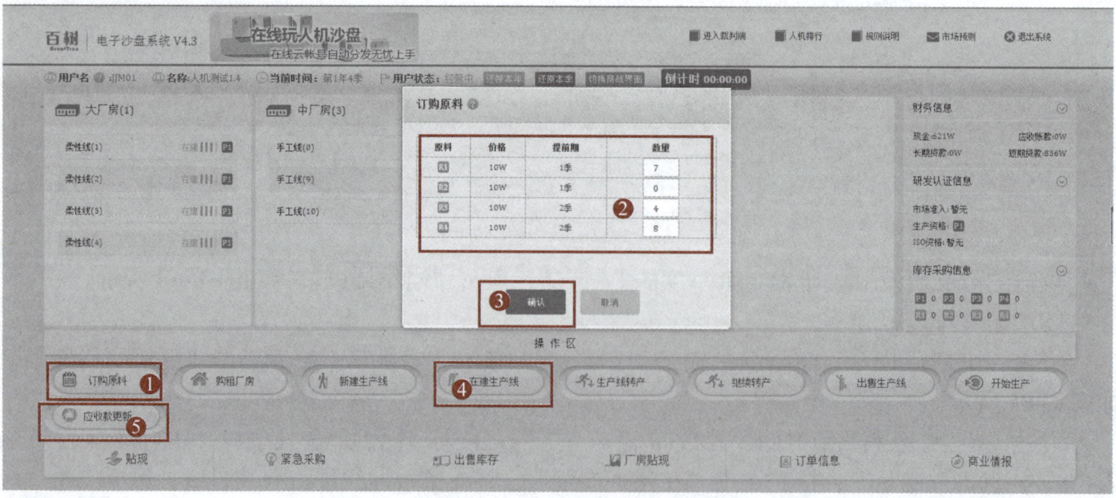

图 4-66　操作界面 49

点击“产品研发”，研发 1 季度的 P4 产品，点击“确认”；接着点击“市场开拓”，开拓本地、区域、国内和亚洲市场；然后点击“ISO 投资”，认证 ISO9000 和 ISO14000；最后点击“当季结束”，如图 4–67 所示。

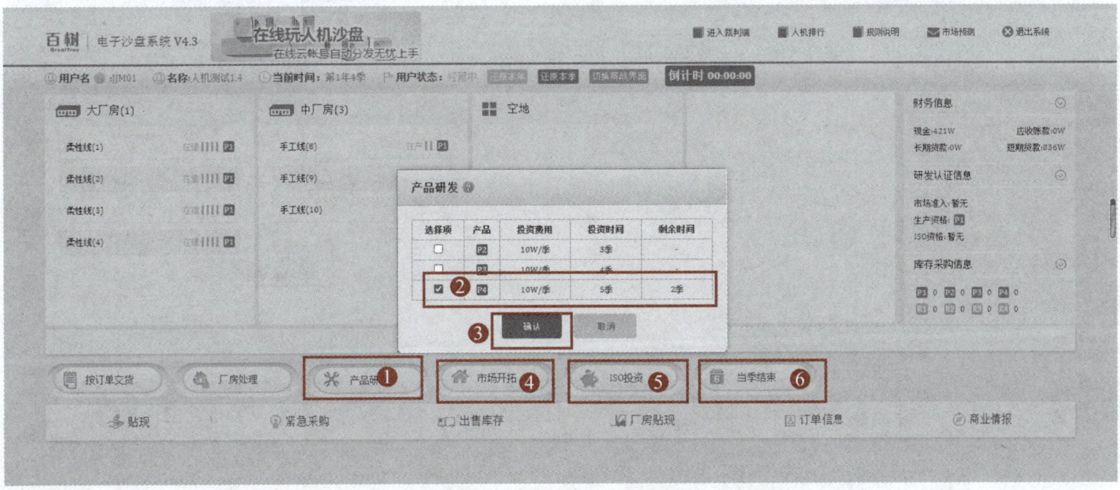

图 4–67　操作界面 50

（5）填写第 1 年报表

点击“填写报表”，填写完 3 张报表后，点击“提交”，如图 4–68 ～图 4–70 所示。

P1 产品和 P4 产品在第 2 年的本地和区域市场都有订单，且毛利较为可观。理论上，广告投放额在 10 万～ 29 万元会有 1 次选单机会，广告投放额在 30 万～ 49 万元会有 2 次选单机会，以此类推。但根据竞争程度来看，P1 产品的竞争较小，所以遵循广告额度是产品个数的 5 ～ 10 倍，P4 产品的竞争较大，所以遵循广告额度是产品个数的 10 ～ 20 倍。本案例中，P1 产品的产能是 10 个，P4 产品的产能是 8 个，所以广告额度在 130 万～ 260 万元。且广告投放中，可以多运用尾数法，尽量不要投放 10 万元、30 万元、50 万元等数字。根据综合考虑，最终投放 143 万元的广告，具体如图 4–71 所示。

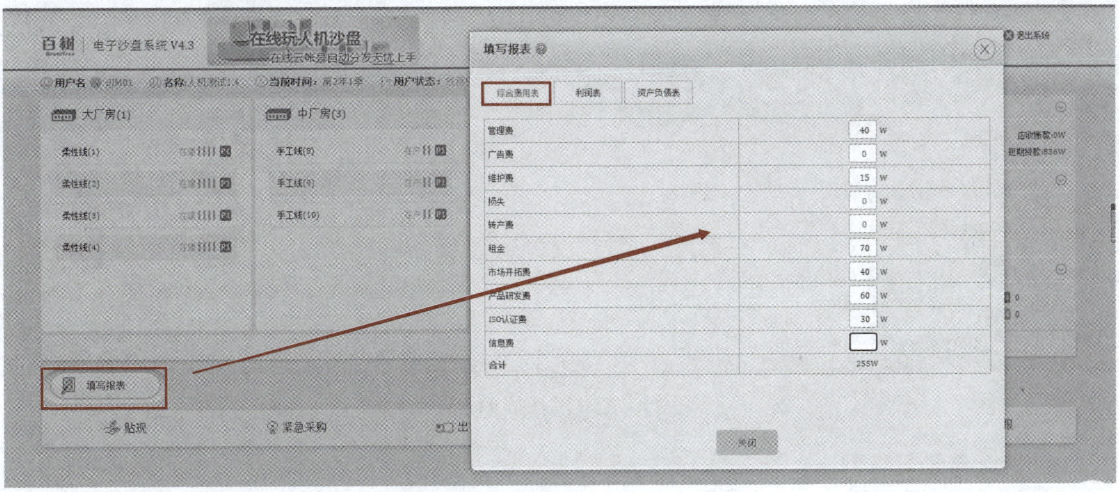

图 4–68　操作界面 51

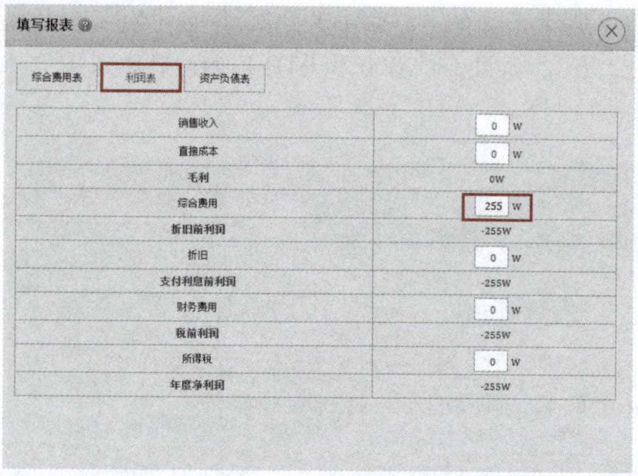

图 4–69　操作界面 52

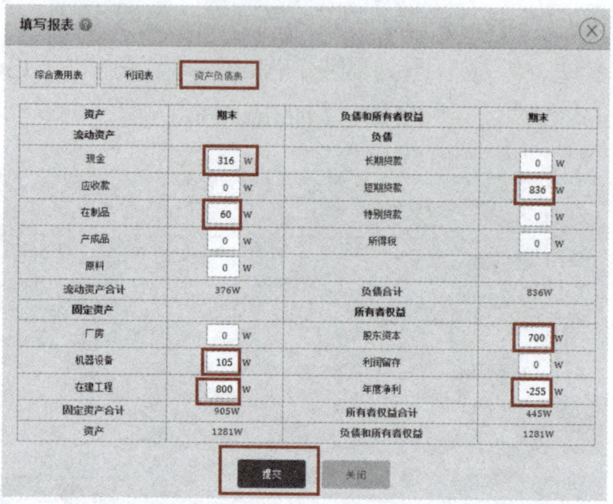

图 4–70　操作界面 53

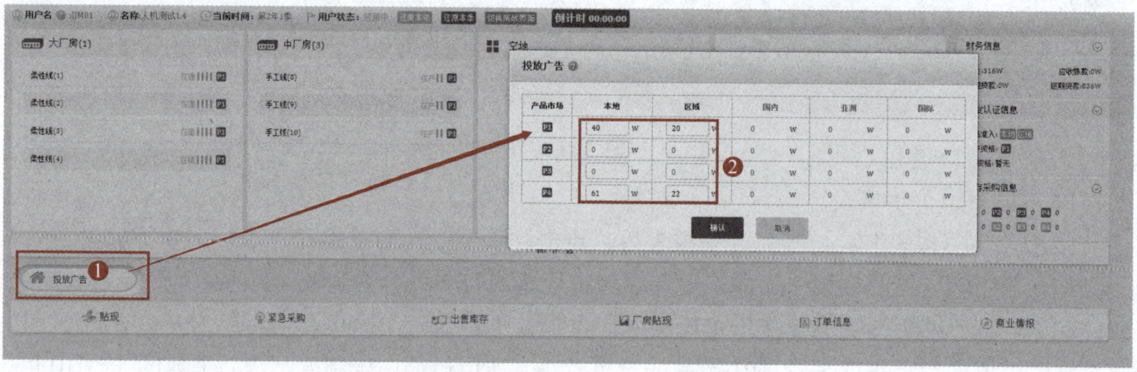

图 4–71　操作界面 54

进行订货会选单，注意上方时间，超时即跳单，如图 4–72 所示。

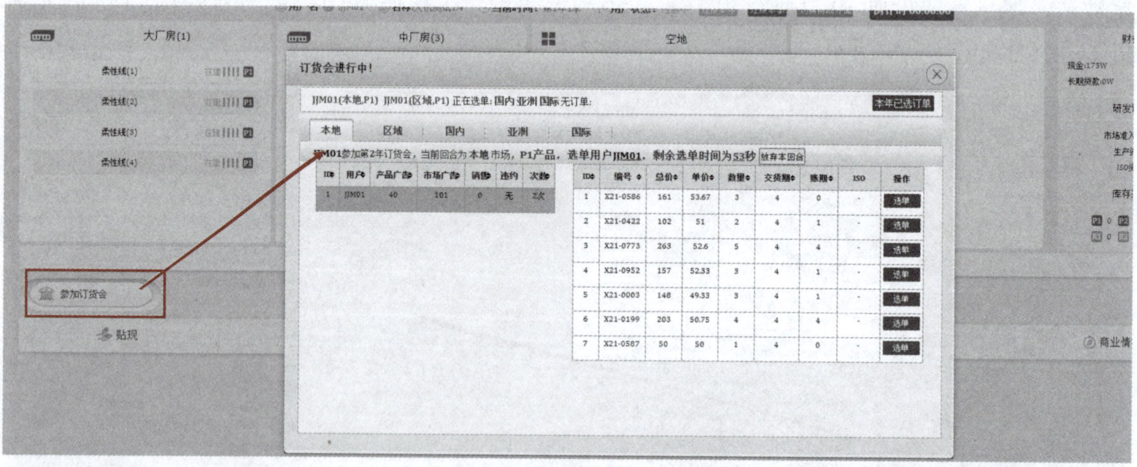

图 4–72　操作界面 55

4. 第 2 年预算编制

点击“订单信息”，选择“第 2 年”，查看所选订单信息，如图 4–73 所示。把订单信息复制粘贴到第 2 年的电子表格内，如表 4–13 所示。

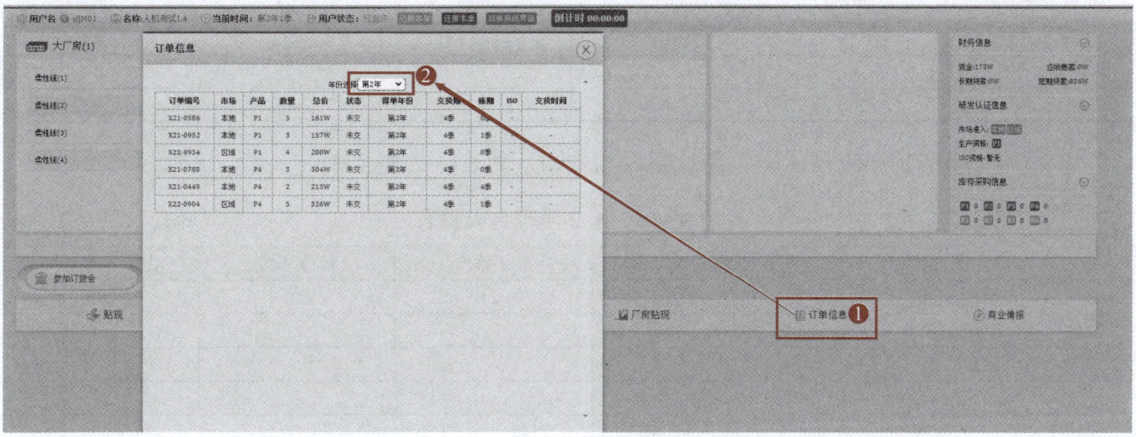

图 4–73 操作界面 56

表 4–13 订单详情表

订单编号	市场	产品	数量	总价	状态	得单年份	交货期	账期	ISO	交货时间	应收时间
X21–0586	本地	P1	3 个	161 万元	未交	第 2 年	4 季	0 季			
X21–0952	本地	P1	3 个	157 万元	未交	第 2 年	4 季	1 季			
X22–0954	区域	P1	4 个	200 万元	未交	第 2 年	4 季	0 季			
X21–0788	本地	P4	3 个	304 万元	未交	第 2 年	4 季	0 季			
X21–0449	本地	P4	2 个	213 万元	未交	第 2 年	4 季	4 季			
X22–0904	区域	P4	3 个	326 万元	未交	第 2 年	4 季	1 季			

进行订单的交货时间排序以及应收时间的计算。注意：应收时间 = 交货时间 + 账期（交货时间为刚排出可交货时间而不是订单的交货期，因为订单是可以提前交货的）。

根据产品生产完成时间，填上排好的交货时间，并填上相应的应收时间，如表 4–14 所示。

表 4–14 第 2 年排单交货表

订　单	数　量	金　额	交 货 时 间	交　货　期	账　期	应 收 时 间
P1	3 个	161 万元	1 季	4 季	0 季	1 季
P1	3 个	157 万元	3 季	4 季	1 季	4 季
P1	4 个	200 万元	2 季	4 季	0 季	2 季
P4	3 个	304 万元	4 季	4 季	0 季	4 季
P4	2 个	213 万元	4 季	4 季	4 季	下年 4 季
P4	3 个	326 万元	3 季	4 季	1 季	4 季

第 1 季度应收款增加 161 万元，来源于表 4–13 中的订单编号为 X21–0586 的订单。第 2 季度应收款增加 200 万元，来源于表 4–13 中的订单编号为 X22–0954 的订单。第 4 季度应收款增加 787 万元，来源于表 4–13 中的订单编号为 X21–0952、X21–0788 和 X22–0904 的订单。下年 4 季表示第 3 年的第 4 季度，应收款增加 213 万元，来源于表 4–13 中的订单编号为 X21–0449 的订单。

根据订单上的产品数量、销售额、成本和毛利，填写销售统计表，如表 4–15 所示，计算数据归入利润表。

表 4-15　第 2 年销售统计表

销售产品	P1	P2	P3	P4	P5
金额（万元）	518	0	0	843	0
数量（个）	10	0	0	8	0
成本（万元）	200	0	0	400	0

填写第 2 年的现金流量表、生产计划表和采购计划表，如表 4-16～表 4-18 所示。

表 4-16　第 2 年现金流量表　（单位：万元）

项　目	第 1 季度	第 2 季度	第 3 季度	第 4 季度
期初现金	316	621	601	288
贴现金额				
贴现费用				
租金				
广告投放	143			
应交税	0			
长期贷款本金				
长期贷款利息	0			
申请长期贷款	374			
季初盘点	547	621	601	288
短期贷款还本	149	209	269	209
短期贷款还息	7	10	13	10
申请短期贷款	269	209	269	209
原料入库	70	160	190	160
购买厂房				
新租厂房				
新建生产线				
生产线转产				
变卖生产线				
紧采原料				
开始下一批生产	70	40	70	40
季中盘点	520	411	328	78
更新应收款		0	0	483
紧采产品				
订单交货（0 账）	161	200	0	304
产品研发投资	10			
厂房处理				
贴现				
贴息				
ISO 资格认证				30
新市场开拓				20
季末盘点	671	611	328	815
支付管理费	10	10	10	10
厂房续租	40		30	
支付设备维护费				95
折旧				30
损失				
期末	621	601	288	710

表 4–17 生产计划表

年份	季度	P1（个）	P2（个）	P3（个）	P4（个）	P5（个）
一	1	7				
	2				4	
	3	3			4	
	4				4	
二	1	3			4	
	2				4	
	3	3			4	
	4				4	

表 4–18 采购计划表

R1（个）	R2（个）	R3（个）	R4（个）	材料费（万元）	加工费（万元）
4	0	4	8	70	70
7	0	4	8	160	40
4	0	4	8	190	70
7	0	4	8	160	40
4	0	4	8	190	70
7	0	4	8	160	40
4	0	4	8	190	70
7	0	4	8	160	40

P4 产品的研发周期是 5 季，所以只能利用柔性线在第 2 年第 2 季度进行转产来生产 P4 产品。

生产 1 个 P4 产品需要消耗 1 个 R1 原料、1 个 R3 原料和 2 个 R4 原料，R1 原料需提前 1 季采购，R3 原料和 R4 原料需提前 2 季采购。所以第 2 年第 1 季度需采购 4 个 R1 原料用来生产第 2 季度的 4 个 P4 产品，采购 4 个 R3 原料和 8 个 R4 原料用来生产第 3 季度的 4 个 P4 产品。

第 2 季度需采购 7 个 R1 原料，其中有 3 个是为了生产第 3 季度的 P1 产品，有 4 个是为了生产第 3 季度的 P4 产品。

第 1 季度的材料费，是第 1 年第 4 季度采购的 7 个 R1 原料，用来生产 7 个 P1 产品，共计 70 万元；第 2 季度的材料费，是第 1 年 4 季度采购的 4 个 R3 原料和 8 个 R4 原料，以及第 2 年 1 季度采购的 4 个 R1 原料，用来生产第 2 季度的 4 个 P4 产品，共计 160 万元。生产每个产品的加工费是 10 万元，如第 2 年 1 季度生产了 7 个 P1 产品，就需要支付 70 万元的加工费，依此类推，形成表 4–18 的材料采购表。

需要注意的是，第 2 年第 1 季度需要继续研发 1 个季度的 P4 产品，同时第 1 季度需要交付订单。

5. 第 2 年实际操作

（1）第 1 季度操作

点击“申请长贷”，需贷款年限选择“5 年”，需贷款额输入“374”W，最后点击“当季开始”，如图 4–74 所示。

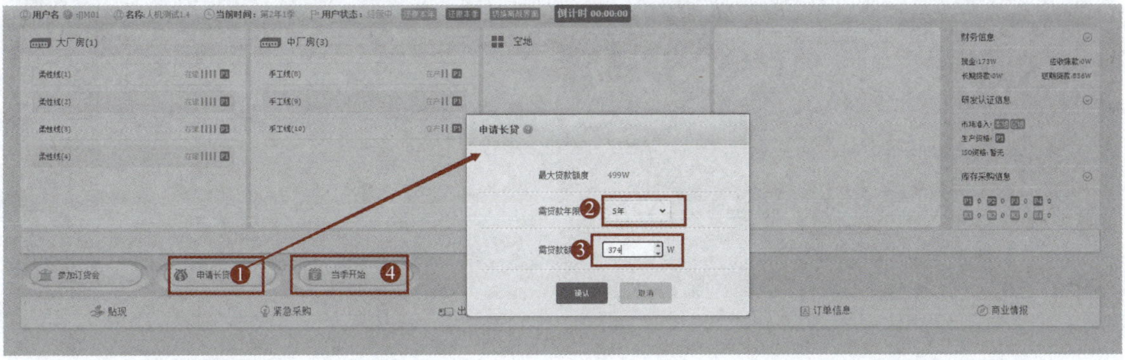

图 4–74 操作界面 57

点击“申请短贷”，需贷款额输入“269”W，最后点击“更新原料库”，如图 4–75 所示。

图 4–75　操作界面 58

点击“订购原料”，填写原料对应的数量；点击“开始生产”，选中生产线进行生产；最后点击“应收款更新”，如图 4–76 所示。

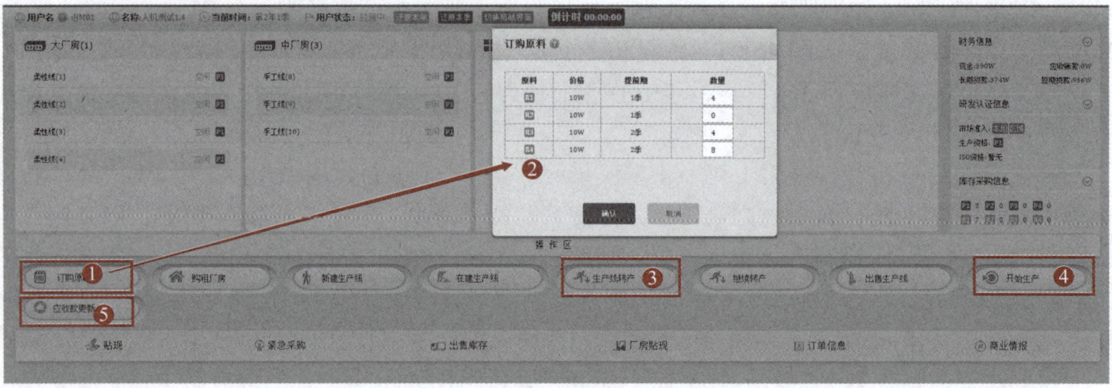

图 4–76　操作界面 59

点击“按订单交货”，将订单编号为 X21–0586 的 P1 产品订单点击“确认交货”；接着点击“产品研发”，将 P4 产品继续研发；最后点击“当季结束”，如图 4–77 所示。

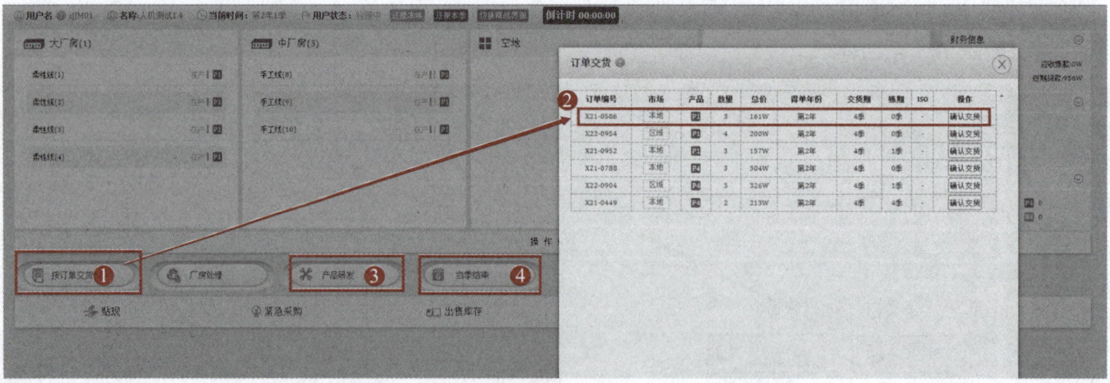

图 4–77　操作界面 60

（2）第 2 季度操作

点击“短期贷款”，需贷款额输入“209”W，然后点击“更新原料库”，如图 4–78 所示。

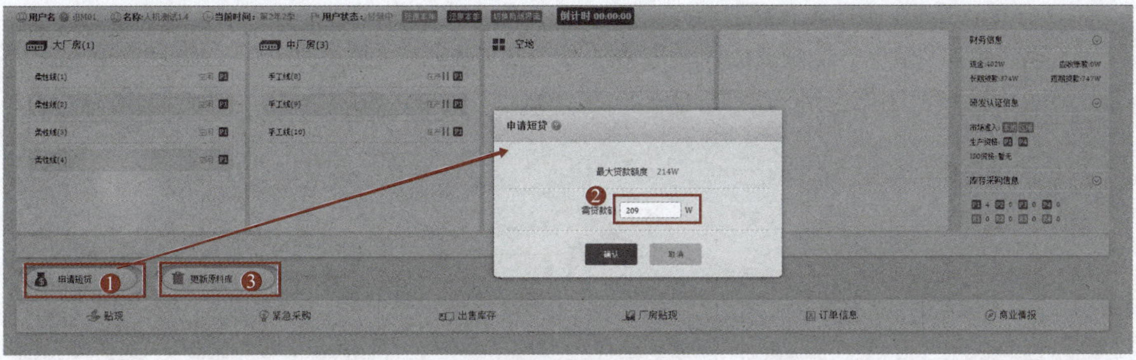

图 4–78 操作界面 61

点击“订购原料”，R1 原料、R2 原料、R3 原料、R4 原料数量分别是 7、0、4、8；点击“生产线转产”，将 4 条柔性线转产 P4 产品；接着点击“开始生产”，选中生产线进行生产；最后点击“应收款更新”，如图 4–79 所示。

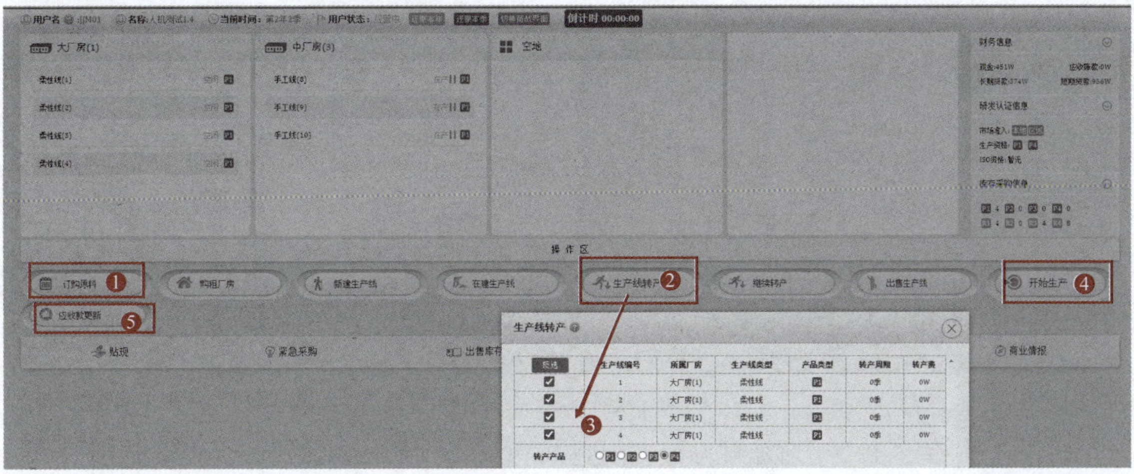

图 4–79 操作界面 62

点击“按订单交货”，将订单编号为 X21–0952 的 P1 订单点击“确认交货”；最后点击“当季结束”，如图 4–80 所示。

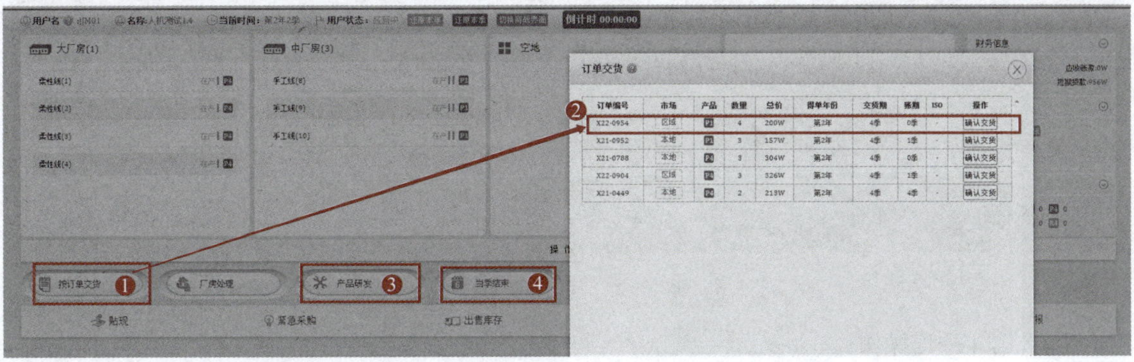

图 4–80 操作界面 63

（3）第 3 季度操作

点击“短期贷款”，需贷款额输入“269”W，然后点击“更新原料库”，如图 4-81 所示。

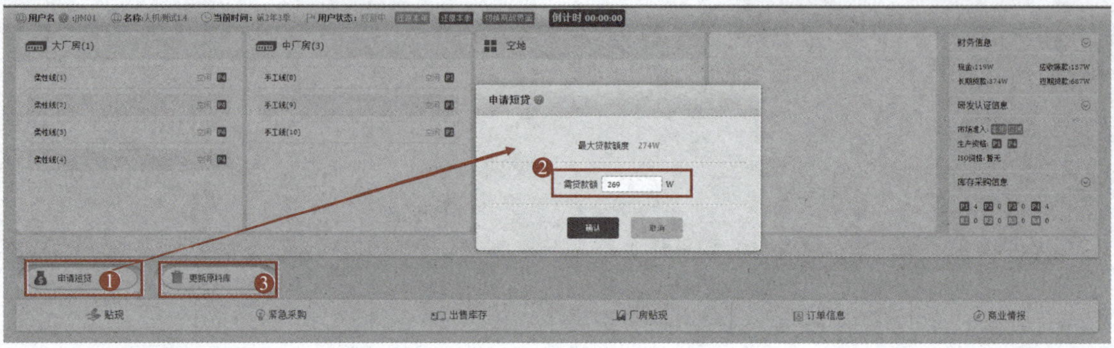

图 4-81　操作界面 64

点击“订购原料”，填写原料对应的数量，如图 4-82 所示；点击“开始生产”，选中生产线进行生产；最后点击“应收款更新”，收到 157 万元应收款。

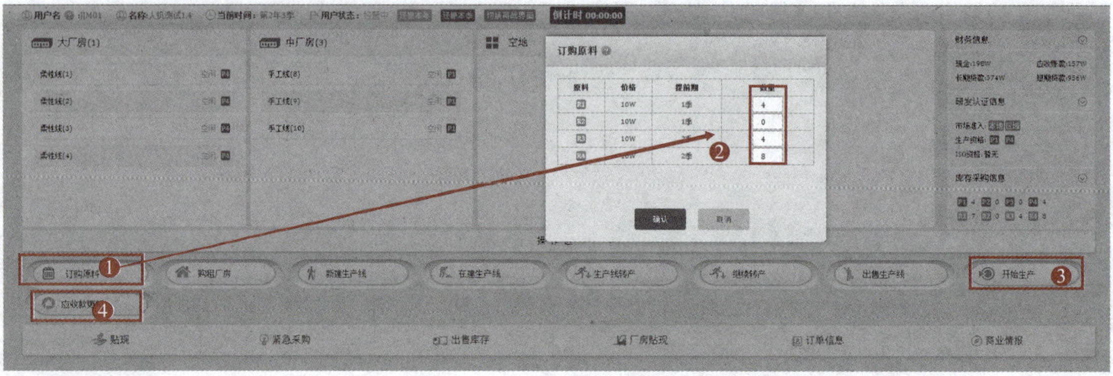

图 4-82　操作界面 65

点击“按订单交货”，将编号为 X21-0952 的 P1 产品订单和编号为 X22-0904 的 P4 产品订单点击“确认交货”，最后点击“当季结束”，如图 4-83 所示。

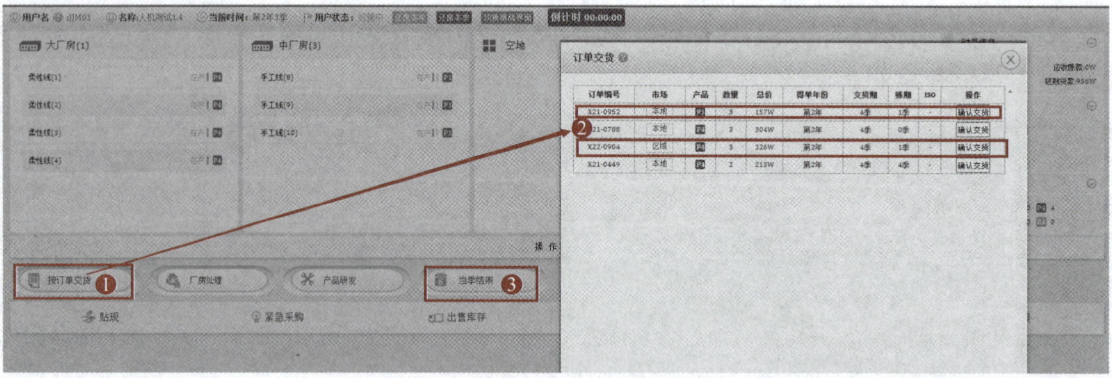

图 4-83　操作界面 66

（4）第 4 季度操作

点击“短期贷款”，需贷款额输入“209”W，然后点击“更新原料库”，如图 4-84 所示。

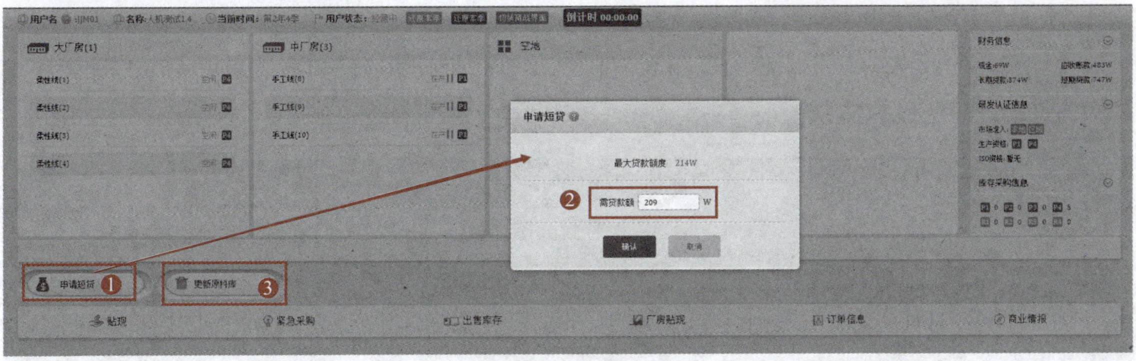

图 4–84　操作界面 67

点击“订购原料”，填写原料对应的数量，如图 4–85 所示；点击“开始生产”，选中生产线进行生产；最后点击“应收款更新”，收到 483 万元应收款。

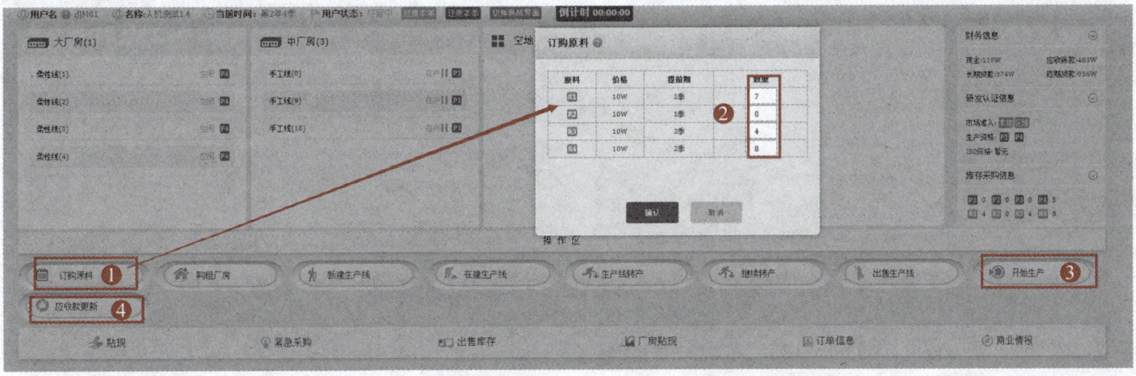

图 4–85　操作界面 68

点击“按订单交货”，将编号为 X21–0788 和 X21–0449 的 P4 产品订单点击“确认交货”；接着点击“市场开拓”，开拓国内和亚洲市场；然后点击“ISO 投资”，认证 ISO9000 和 ISO14000；最后点击“当季结束”，如图 4–86 所示。

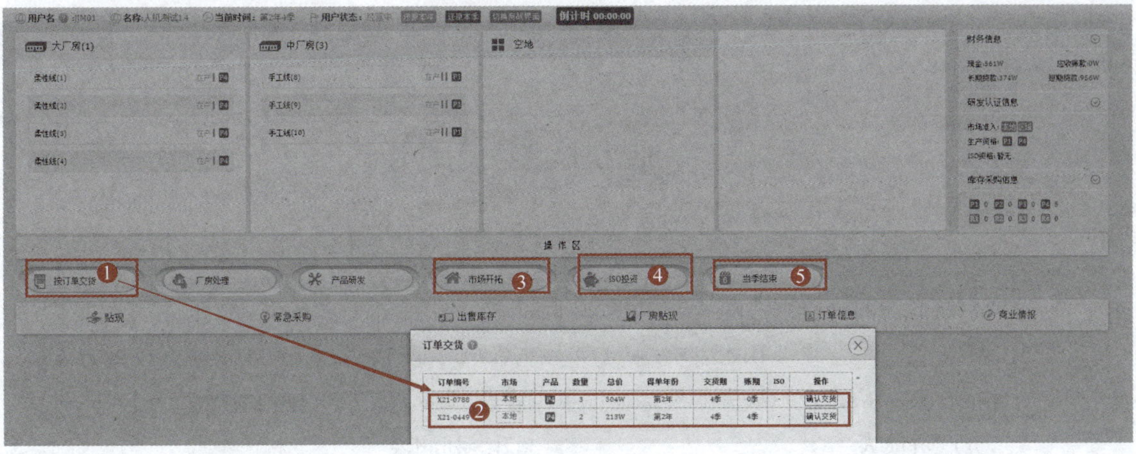

图 4–86　操作界面 69

（5）填写第 2 年报表

点击“填写报表”，完成综合费用表、利润表和资产负债表的填写，最后点击“提交”，如图 4-87 ～图 4-89 所示。

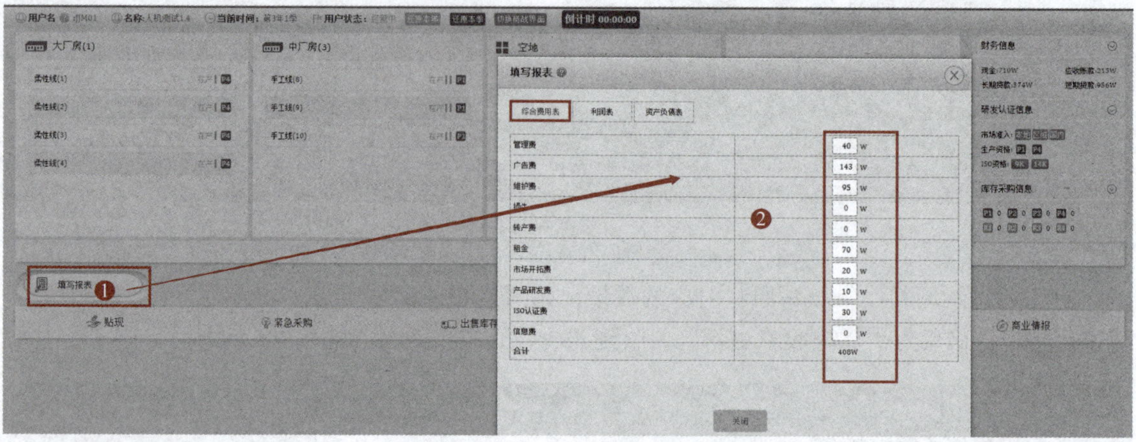

图 4-87　操作界面 70

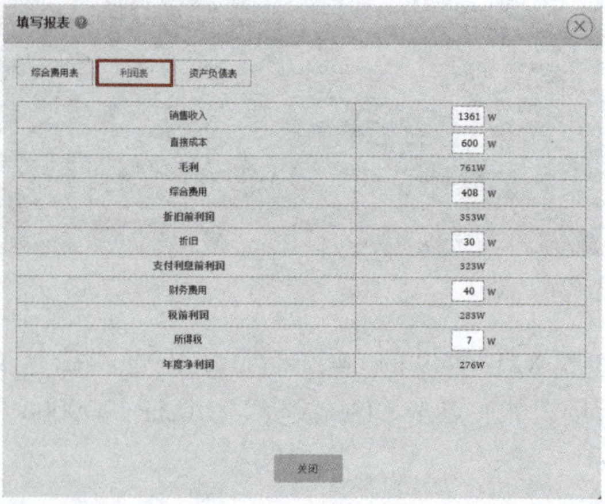

图 4-88　操作界面 71

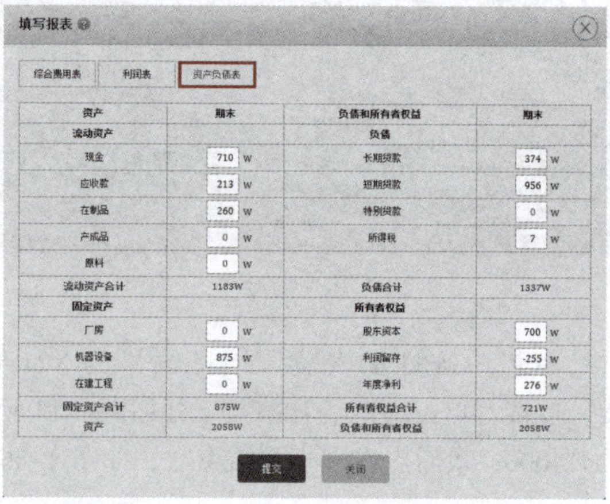

图 4-89　操作界面 72

能力检测

一、单选题

1. 人机系统经营时间一般为（　　）年。

A. 4　　B. 5　　C. 6　　D. 视具体的方案

2. 当你需要查找预算表中缺失的现金，你可以在裁判端（　　）找到数据。

A. 资产负债表　　B. 利润表

C. 现金流量表　　D. 综合费用表

3. 下列不属于人机对抗的特点的是（ ）。

A. 容易组织，工作量小　　B. 学会如何猛砸广告

C. 多种方案，阶梯进步　　D. 突破限制，反复练习

4. 以下不属于人机训练用户破产的评判标准的是（ ）。

A. 资金流断裂　　B. 所有者权益小于零

C. 现金为零　　D. 融资

5. 人机系统最后以（ ）来评定排名。

A. 所有者权益　　B. 现金

C. 系统总分　　D. 市场潜力

二、多选题

1. 人机系统与人人系统的区别有（ ）。

A. 广告的精准度　　B. 方案的不确定性

C. 参赛过程中无法还原备份　　D. 对手的了解程度

2. 人机系统分为（ ）等子模式。

A. 练习模式　　B. 对抗模式

C. 挑战模式　　D. 地狱模式

3. 在系统初始化时，可选的训练方案类型包括（ ）。

A. 投资者　　B. 创业者　　C. 商战　　D. 挑战者

4. 人机对抗的优势包括（ ）。

A. 熟悉比赛流程　　B. 熟悉报表的编制

C. 开拓思维　　D. 了解市场的竞争力

5. 人机系统最后的评分由（ ）等因素组成。

A. 所有者权益　　B. 现金

C. 参赛组数　　D. 企业综合发展潜力系数

三、判断题

1. 人机系统打破了人人系统训练的束缚，开创了个人练习的新模式。人机系统能够随时随地练习的优势适合沙盘初学者，为初学者熟悉沙盘规则、裁判系统和操作步骤提供了极大的帮助。（ ）

2. 人机系统广告盲投，选单死板限制了沙盘模拟的操作空间，不利于后续水平的提升。通过人人系统多与高手过招，学习高手的方案和技术，才能取得更大的进步。（ ）

3. 人机系统可以通过询盘其他小组的经营情况来进行广告投放。（ ）

4. 人机系统挑战模式不可以进行备份数据、修改参数、还原等操作。（ ）

5. 人机对抗中，如果出现投放的广告无法压制对手的情况，需要分析当年的生产情况以及市场需求，为下一年做好准备。（ ）

知识图谱

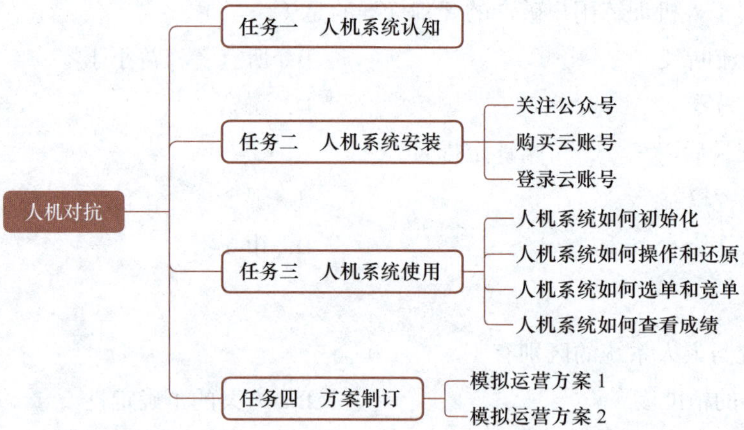
人机对抗
任务一　人机系统认知
任务二　人机系统安装
关注公众号
购买云账号
登录云账号
任务三　人机系统使用
人机系统如何初始化
人机系统如何操作和还原
人机系统如何选单和竞单
人机系统如何查看成绩
任务四　方案制订
模拟运营方案 1
模拟运营方案 2

项目五

ERP沙盘实战对抗

项目综述

通过开展ERP沙盘实战对抗，让学生在真实的市场竞争环境中进一步掌握沙盘模拟的流程和技巧，并能顺利地完成6年的企业模拟经营。本项目主要介绍ERP沙盘的系统初始化、规则解读、详单分析、方案设计和实战对抗，该项目在本课程学习中起到自我提升的作用。

学习目标

- 熟练掌握系统初始化的操作。
- 学会剖析沙盘比赛规则。
- 掌握比赛详单分析的方法。
- 能够熟练设计和制订比赛方案。
- 能够独立地完成ERP沙盘实战对抗。

素质目标

培养学生企业经营管理的风险意识及风险防范能力；培养学生团队精神，提升实际分析问题与解决问题的能力。

重点与难点

系统初始化、规则解读、详单分析、方案设计、实战对抗

任务一 系统认知

一、Admin的任务

用admin身份登录系统，可进行增加用户、名称、密码，勾选“人人对抗”并选择登录前缀，前缀不能重复，即成功创建教师/裁判账号，如图5-1所示。

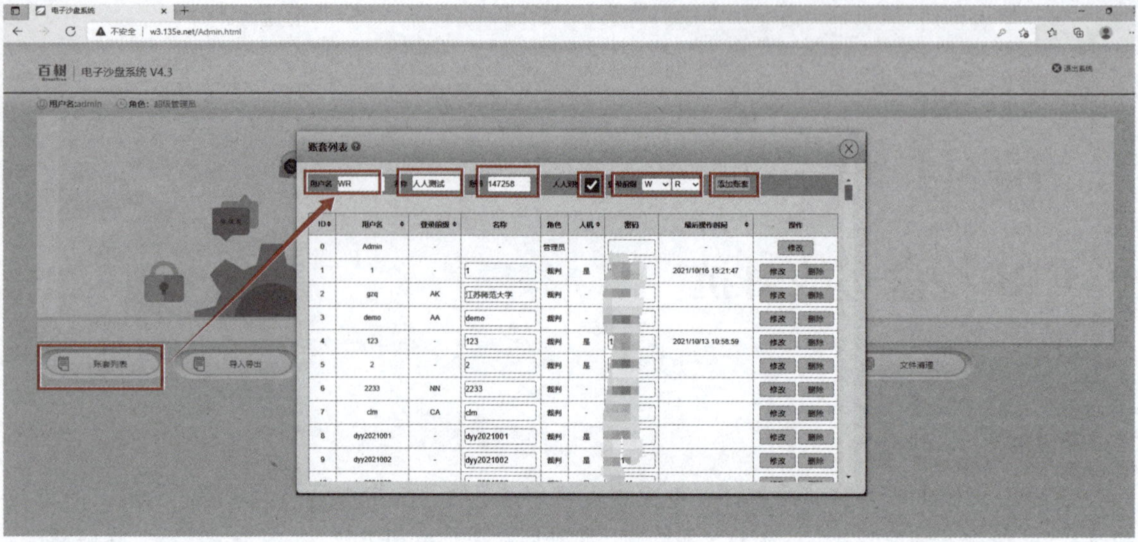

图 5-1 账套列表

二、教师端的任务

用教师账号登录系统，上传实战对抗的规则和订单，如图 5-2 所示。

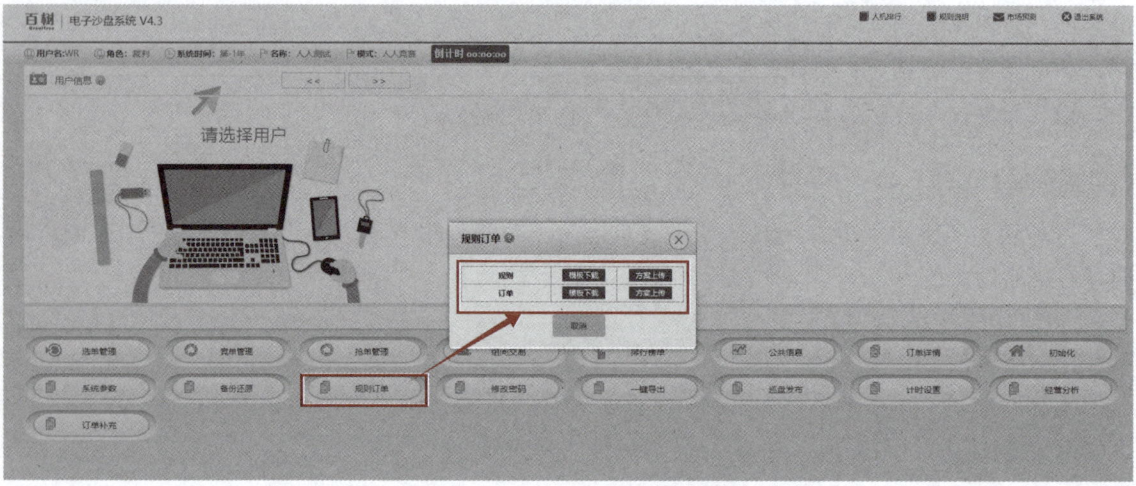

图 5-2 规则和订单的方案上传

点击“初始化”按钮，设置比赛队伍数，参数版本选择“商战”，选择规则方案和订单方案，如图 5-3 所示。

选定任一用户可以查看其用户信息，包括公司资料、库存采购信息、研发认证信息、财务信息、厂房信息和生产信息等。除此之外，还可以查看公司数据，包括综合财务信息、综合费用表、利润表、资产负债表、现金流量表和订单列表，并能够导出 Excel 数据。操作区可以控制选单管理、竞单管理、抢单管理和组间交易，也可以查看排行榜单、公共信息、订单详情和系统参数，还可以进行备份还原和一键导出数据等，具体如图 5-4 所示。

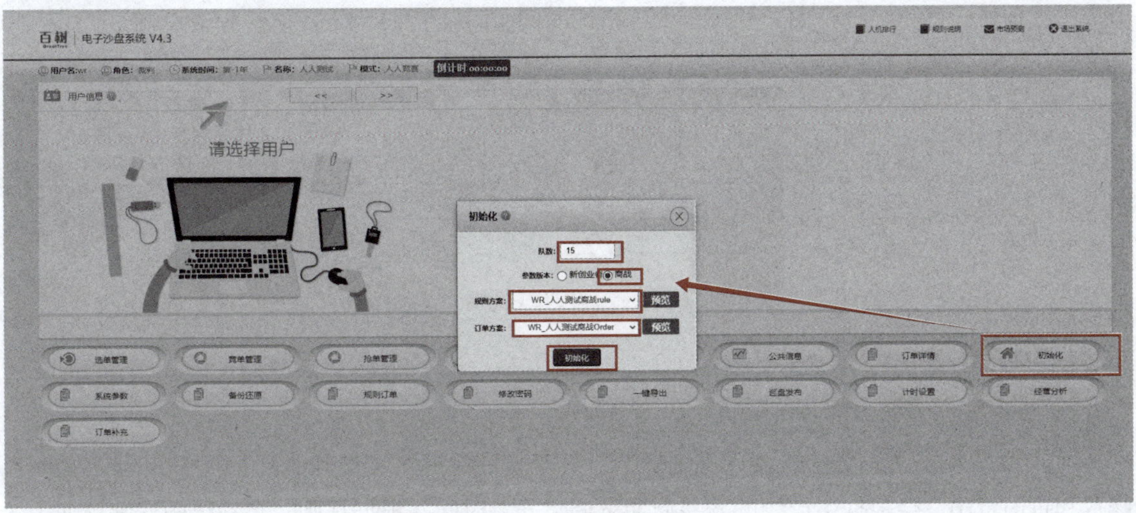

图 5–3 初始化

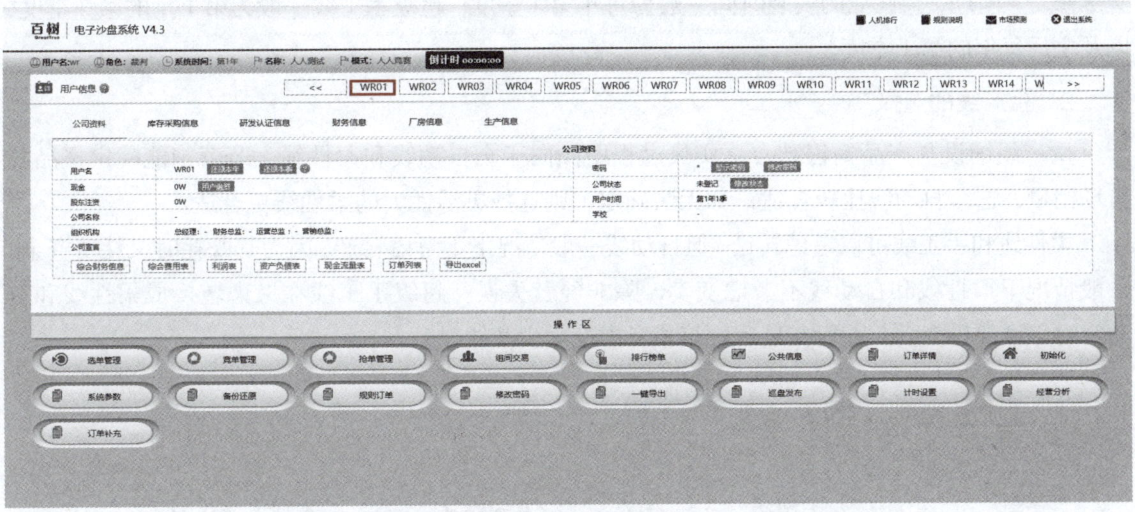

图 5–4 用户信息及操作区

任务二 重要规则解读

一、生产线规则（图 5–5）

根据生产线规则，安装周期为 0 季，表示即买即用；计算投资总额时，若安装周期为 0 季，则按 1 季算；不论何时出售生产线，价格为残值，净值与残值之差计入损失；只有空生产线可以转产；当年建成生产线需要交维护费；折旧采用平均年限法，建成当年不提折旧；当生产线净值等于残值时，不再计提折旧，并满足“（折旧时间 –1）× 折旧费 + 残值 = 投资总额”。

名称	投资总额	每季投资额	安装周期	生产周期	每季转产费	转产周期	维护费	残值	折旧费	折旧时间	分值
手工线	35 W	35 W	0 季	2 季	0 W	0 季	5 W/年	5 W	10 W	4 年	0
租赁线	0 W	0 W	0 季	1 季	20 W	1 季	70 W/年	-85 W	0 W	0 年	0
自动线	150 W	50 W	3 季	1 季	20 W	1 季	20 W/年	30 W	30 W	4 年	7
柔性线	200 W	50 W	4 季	1 季	0 W	0 季	20 W/年	40 W	40 W	4 年	10

图 5–5 生产线规则

规则解读：

1. 生产线的安装时间

生产线安装完成的当年需要计提维修费，且于安装完成第 2 年开始计提折旧，为了节约维修费和折旧费用，会根据生产线的安装周期来调整安装时间。根据规则，自动线的安装周期为 3 季，则自动线的安装时间为每年第 2 季度，于下一年的第 1 季度安装完成，避免安装当年就需要交维修费；同理，柔性线的安装时间一般为每年第 1 季度；超级手工线一般为第 1 年的第 3 季度，以及之后每年的第 1 季度。

2. 生产线的选择

生产线铺设与产品销售结合，实战过程中倾向于全自动线和柔性线。若营销能确定产品的市场销量，选全自动线比较合适；如无法确定，则选择灵活性大的柔性线更合适。

柔性线和手工线可以考虑转产，但自动线一般情况下不考虑转产，因为其既耗时又耗费资金。一般情况下柔性线和自动线不考虑变卖，除非经营失误。超级手工线在考虑转换成柔性线和自动线时，可选择变卖。一般在最后一年才考虑变卖生产线。

二、融资规则（图 5–6）

贷款类型	贷款时间	贷款额度	年息	还款方式	备注
长期贷款	每年年初	所有长短贷之和不超过上年权益 3 倍	10 %	年初付息，到期还本	不小于10万元
短期贷款	每季度初		5 %	到期一次还本付息	
资金贴现	任何时间	视应收款额	1季，2季：10 % 3季，4季：12.5 %	变现时贴息	1，2期联合贴现 （3，4期同理）
库存拍卖	100 %（产品） 80 %（原料）				

图 5–6 融资规则

规则解读：

1. 贷款利息的控制

（1）总额的控制

若初始资金（股东资本）为 600 万元，那么所有长、短贷总限额为 600×3=1800 万元。

（2）长期贷款的控制

根据规则，如借 100 万元长贷，长贷利率为 10%，则年息为 100×10%=10 万元；如借 104 万元长贷，年息为 100×10.0%=10.4 万元≈ 10 万元。由于长贷的利息是按长贷总额计算的，所以第一次长贷的借款应为 10 万元的倍数加 4 万元，之后在此基础上长贷的借款应为 10 万元的倍数。

（3）短期贷款的控制

根据规则，短贷的利率为 5%，如借 20 万元短贷，年息为 20×5%=1 万元；如借 29 万元短贷，年息为 29×5%=1.45 万元≈ 1 万元。所以短贷的借款应为 20 的倍数加 9 万元。

（4）贴现和库存拍卖

资金不足时，还可以通过资金贴现和库存拍卖来缓解资金压力。根据规则，第 1 季度、第 2 季度贴息为 10%，贴现金额为 1/10%=10 万元，所以第 1 季度、第 2 季度的贴现金额为 10 万元的倍数；第 3 季度、第 4 季度贴息为 12.5%，贴现金额为 1/12.5%=8 万元，所以第 3 季度、第 4 季度的贴现金额为 8 万元的倍数。

2. 贷款方案的选择

由于长期贷款利率要高于短期贷款，尽量多地使用短期贷款筹集资金，可以有效减少财务费用，保证企业权益增长，借款方向可以逐季增加。

但也可以充分利用长期贷款还款压力小的特点，前期利用大量资金扩充产能，快速控制市场和产品，吸收利润，借款方向可以逐季减少，通过高利润转化成长期贷款。以贷养贷风险高，需要预算精准，不然容易造成资金链断裂、企业破产。

三、厂房规则（图 5–7）

名称	购买价格	租用价格	出售价格	生产线容量	使用上限	分值
大厂房	420 W	42 W/年	420 W	4	4	10
中厂房	300 W	30 W/年	300 W	3	4	8
小厂房	180 W	18 W/年	170 W	2	4	7

图 5–7　厂房规则

规则解读：

根据规则，大、中、小厂房的租金分别为 10.5 万元 / 条，10 万元 / 条，9 万元 / 条。以此为据，看似小厂房最合算。但小厂房会限制企业发展。根据厂房数上限为 4 的规则，大、中、小三种厂房分别可以容纳 16 条、12 条、8 条生产线，而 4 个大厂房比 4 个小厂房只多付 96 万元租金，在市场空闲的情况下，就可以赚回多出的租金。

如果市场比较拥挤，且企业资金充裕，则适合买厂房；如果市场比较宽松，企业资金不受限制，适合租厂房，一般都是选择大厂房更合适。

四、市场开拓规则（图 5-8）

名称	每年开发费	开发时间	分值
本地	10 W	1 年	7
区域	10 W	1 年	7
国内	10 W	2 年	8
亚洲	15 W	2 年	9
国际	15 W	3 年	10

图 5-8　市场开拓规则

规则解读：

根据市场开拓规则，每个市场的开拓成本不同，虽然开发费会影响权益，进而减少贷款的额度，使资金流变得紧张，但是开拓市场可以扩大市场需求量，从而适当地增加自身的产能，获得更多的利润。一般情况下，每个市场都需要开拓。如果在某一个市场没有所生产产品的订单，可以考虑延迟开拓。

五、ISO 资格认证规则（图 5-9）

名称	每年开发费	开发时间	分值
ISO9000	10 W	2 年	8
ISO14000	15 W	2 年	10

图 5-9　ISO 资格认证规则

根据 ISO 资格认证规则，一般情况下，每一项 ISO 资格都应选择开发，因为可以获取相应的订单。但如果所选择的订单没有要求 ISO 资格认证，可以考虑延迟认证。

六、产品研发规则（图 5-10）

名称	加工费	每季开发费	开发时间	直接成本	分值	产品组成
P1	10 W	10 W	2 季	20 W	7	R1
P2	10 W	10 W	3 季	30 W	8	R2 R3
P3	10 W	10 W	4 季	40 W	9	R1 R3 R4
P4	10 W	11 W	5 季	50 W	10	R2 R4 P1
P5	10 W	12 W	6 季	60 W	11	R1 R3 P2

图 5-10　产品研发规则

规则解读：

在模拟经营过程中，有的企业一开始还没考虑建生产线，就先研发产品，结果产品研发完，生产线还没有建成，导致无法正常生产；或者生产线建好了，但产品研发还没完成，导致生产线白白停工。产品研发注意开发时间，可以在即将要生产的前一季度开发完成。

七、原料设置规则（图 5–11）

规则解读：

原料的采购数量计算、采购时间安排，是 MRP（物资需求计划）的核心内容之一，也是影响一个企业资金周转率的重要因素。根据产品结构确定各层次原料的从属和数量关系，以每个原料为计划对象，以完工时期为时间基准倒排采购计划，按提前期长短区别各个原料下达采购计划时间的先后顺序，是一种制造企业内物资计划管理模式。为什么要推崇“零库存”管理？因为资金是有时间成本的。订购原料需注意产品组成，可以进行提前下料或多下料，千万不要少下料或错下料。

名称	购买单价	提前期
R1	10 W	1季
R2	10 W	1季
R3	10 W	2季
R4	10 W	2季

图 5–11 原料设置规则

八、其他说明

1）紧急采购：付款即到货，原料价格为直接成本的 2 倍，成品价格为直接成本的 3 倍。

2）选单规则：上年本市场销售额最高（无违约）者优先；其次看本市场本产品广告额；再看本市场广告总额；再看市场销售排名；如仍无法决定，先投广告者先选单。

3）破产标准：现金断流或权益为负。

4）第 1 年无订单。

5）交单可提前，不可推后，违约收回订单。

6）违约金扣除——四舍五入；库存拍卖所得现金——向下取整；贴现费用——向上取整；扣税——四舍五入；长短贷利息——四舍五入。

7）库存折价拍价，生产线变卖，紧急采购，订单违约计入损失。

8）排行榜记分标准：总成绩＝所有者权益 ×（1 ＋企业综合发展潜力 /100），企业综合发展潜力 = 市场资格分值 +ISO 资格分值 + 生产资格分值 + 厂房分值 + 各条生产线分值。生产线建成（包括转产）即加分，无须生产出产品，也无须有在制品。

任务三 详单分析

详单分析是指通过数据透视表计算出产品每年的组均、交货期、账期和利润，以折线图或者表格的形式展现在 Excel 表格中，可以较为清晰地观察出每年产品组均、交货期、账期和利润的变化趋势，有利于对产品和生产线进行选择。

起始年战略制定

一、组均分析

打开详单，选中详单中的任意一个数据，点击“插入”栏中的“数据透视表”，点击“确定”，如图 5-12 所示。

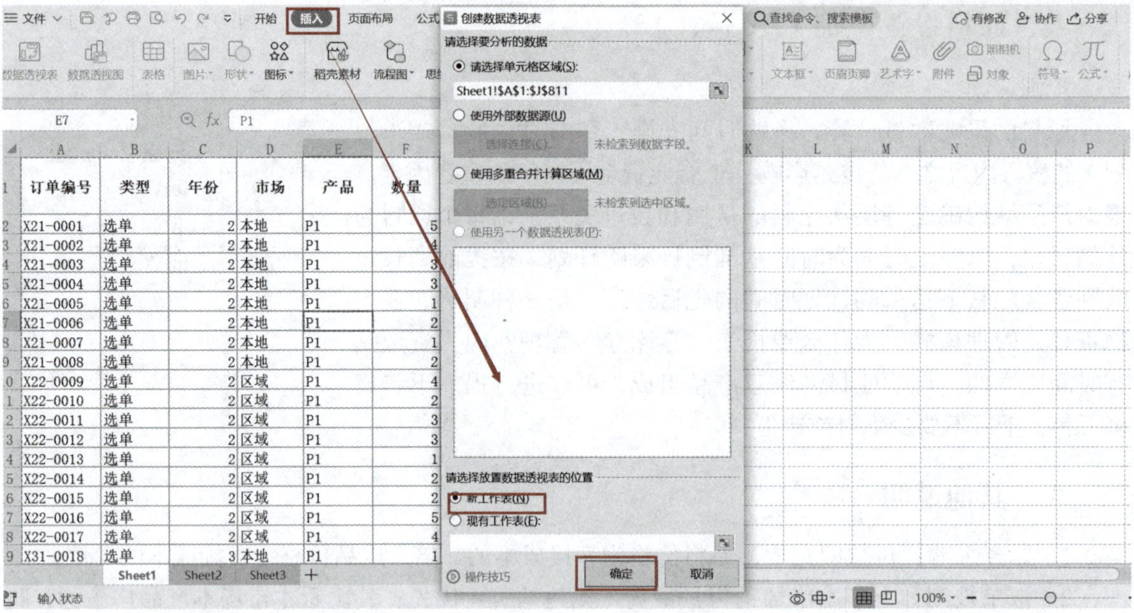

图 5-12 创建数据透视表

在数据透视表字段中，选择“年份”“产品”“数量”“总价”，将“年份”拖入“列”字段，将“产品”拖入“行”字段，形成左侧 Excel 表中数据，如图 5-13 所示。

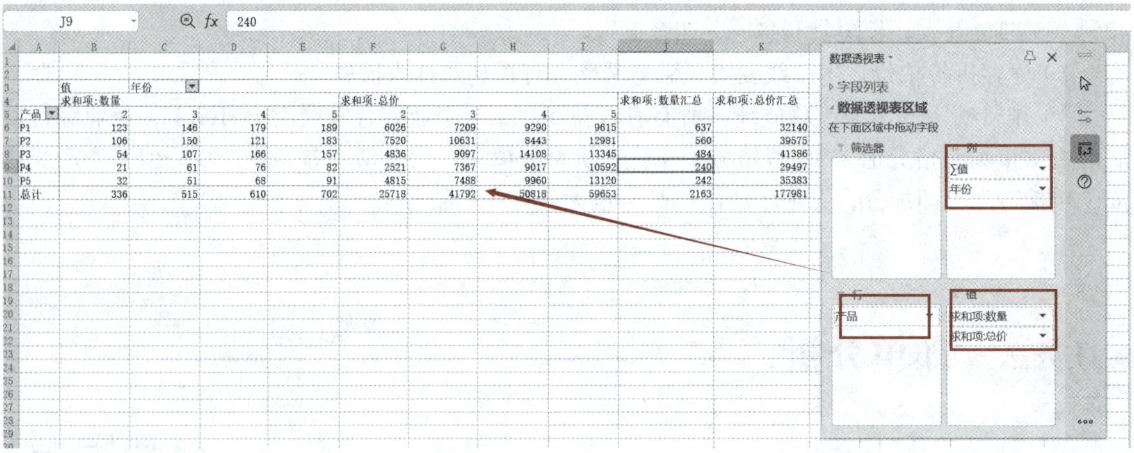

图 5-13 数量与金额数据

复制、粘贴“数据透视表”中的产品和数量，将每一年所有产品的需求量求和，由于 P4 产品、P5 产品的生产需要 P1 产品、P2 产品作为原料，相当于两个产品，所以需求量需要乘 2。根据 15 组的比赛队伍数计算组均（产品总需求量除以比赛队伍数量），计算结果如表 5-1 所示。

表 5–1　组均计算表　（单位：个）

产品名称	需求量			
	第 2 年	第 3 年	第 4 年	第 5 年
P1	123	146	179	189
P2	106	150	121	183
P3	54	107	166	157
P4	21×2	61×2	76×2	82×2
P5	32×2	51×2	68×2	91×2
总计	389	629	754	875
组均（15 组）	25.9	41.9	50.3	58.3

计算组均，主要是为了确定生产线和产能。组均较大时，意味着产能也较大，一般考虑以自动线和柔性线为主，配合使用租赁线或手工线；组均较小时，意味着产能也较小，一般考虑以手工线为主，配合使用自动线或柔性线。同时，要考虑组均是呈现递增变化，还是递减变化。当组均呈现递增变化时，需要逐年扩线；反之，生产线不宜扩太多，应维持一定数量的生产线，甚至要考虑拆线。

表 5–1 中第 2 年组均达到了 25.9，而 4 条自动线第 2 年的产能只有 12，第 3 年产能 16，显然没有达到组均要求。因此一开始建线时，可以考虑以 4 ～ 6 条自动线或柔性线为主，再配合手工线或租赁线的方案。同时，第 3 ～ 5 年组均稳定增长，可以在资金充裕的情况下适当增加自动线或者柔性线来提高产能。具体需根据实际需求和资金情况来进行选择。

二、交货期分析

插入“数据透视表”，在数据透视表字段中选择“序号”“年份”“市场”“产品”“交货期”，将“交货期”拖入“列”字段，将“年份”“市场”“产品”拖入“行”字段，将“序号”拖入“值”字段，并设置“值”字段计算类型为“计数”，形成左侧 Excel 表中数据，如图 5–14 和图 5–15 所示。

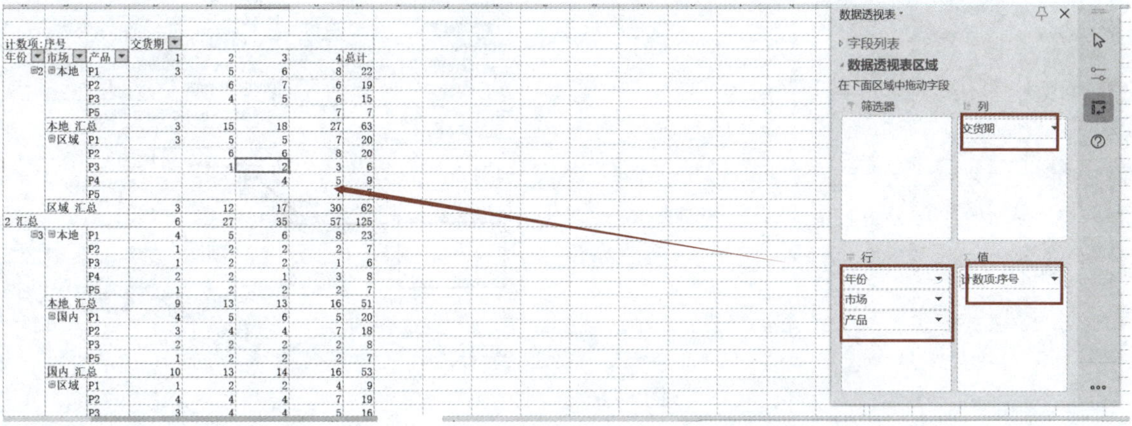

图 5–14　交货期数据

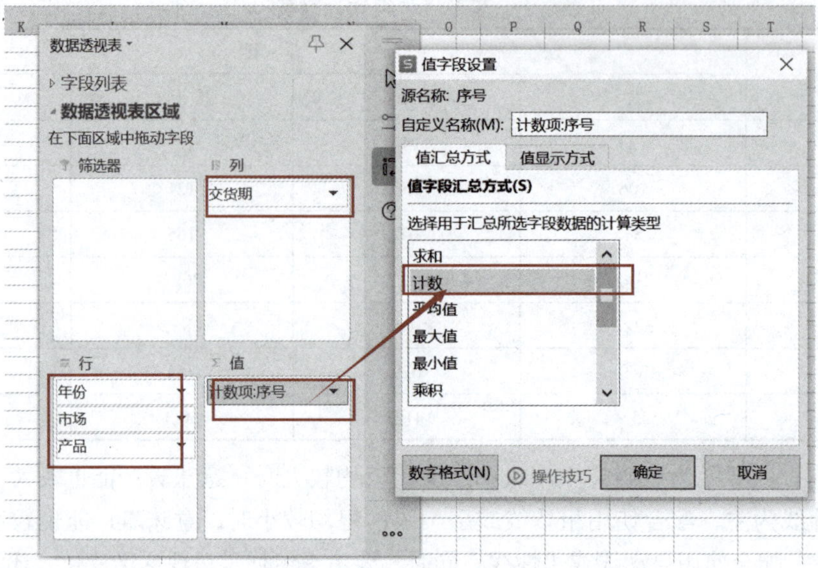

图 5-15 “值”字段设置

根据交货期数据透视表，可以看出交货期分别为 1、2、3、4 季的订单张数，如果交货期为 1、3 季的订单数量较多，那么可以考虑多使用手工线，避免 4 季的交货压力。

在本案例中，第 5 年交货期为 4 季的 P4 产品订单较少，尽量减少用自动线生产 P4 产品，可以用柔性线在前两季多生产 P4 产品，后两季再转到其他产品上。

三、账期分析

插入“数据透视表”，在数据透视表字段中选择“序号”“年份”“市场”“产品”“账期”，将“账期”拖入“列”字段，将“年份”“市场”“产品”拖入“行”字段，将“序号”拖入“值”字段，并设置“值”字段计算类型为“计数”，形成左侧 Excel 表中数据，如图 5-16 所示。

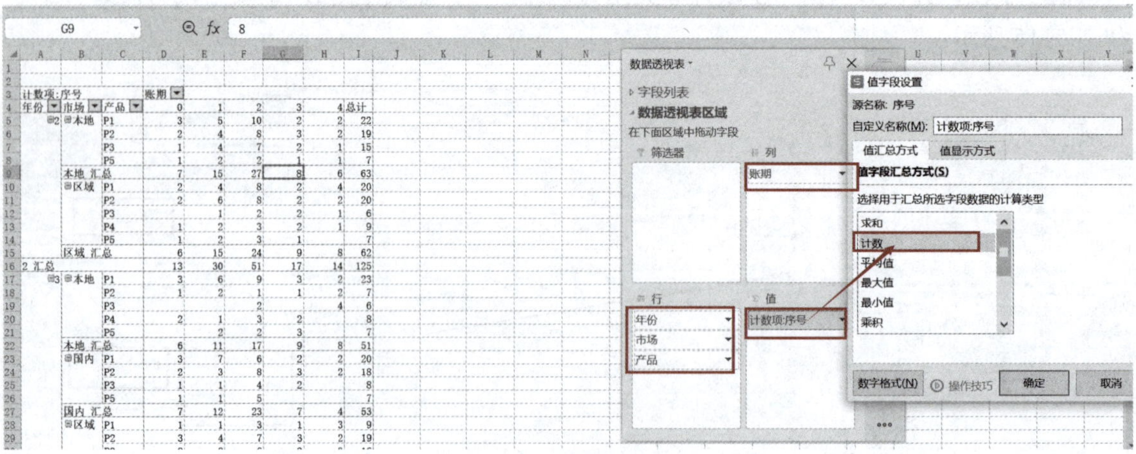

图 5-16 账期数据

根据账期数据透视表，可以看出不同账期的订单张数，如果某市场账期为 0 季的订单数量较多，那么可以考虑在该市场中投放较多广告，拿到账期为 0 季的订单，减少资金压力。

在本案例中，每一年账期为 0 季的 P1 产品订单较多，且在账期为 0 季的订单中交货期为 1 季的订单较多，那么可以利用手工线多生产交货期为 1 季的 P1 产品，获得账期为 0 季的订单，减少资金压力，有利于后期的发展。

四、利润分析

起始年预算编制

插入“数据透视表”，在数据透视表字段中选择“年份”“产品”“数量”“总价”，将“年份”拖入“列”字段，将“产品”拖入“行”字段，形成左侧 Excel 表中数据，如图 5-17 所示。

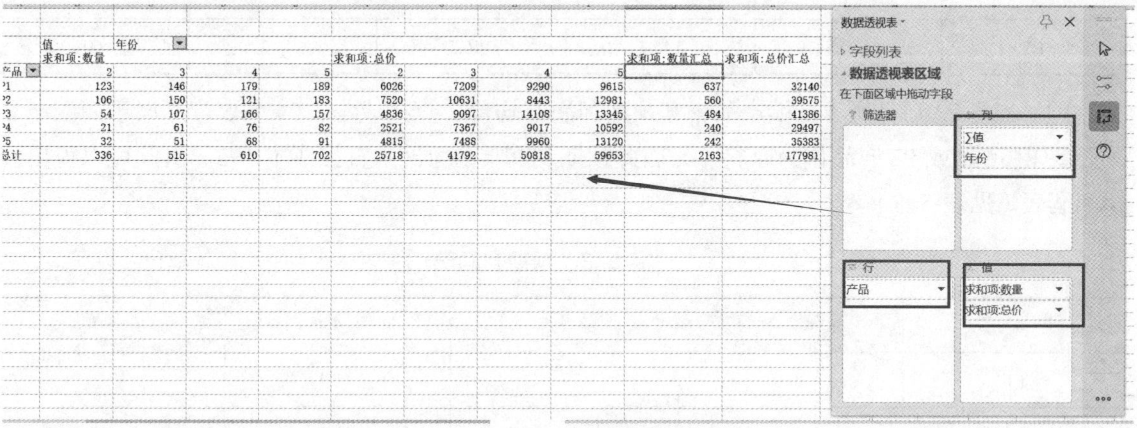

图 5-17　数量和总价数据

选择“数据透视表工具”，点击“字段、项目和集”中的“计算字段”，在名称栏输入“均价”，公式栏输入“= 总价 / 数量”，如图 5-18 所示。

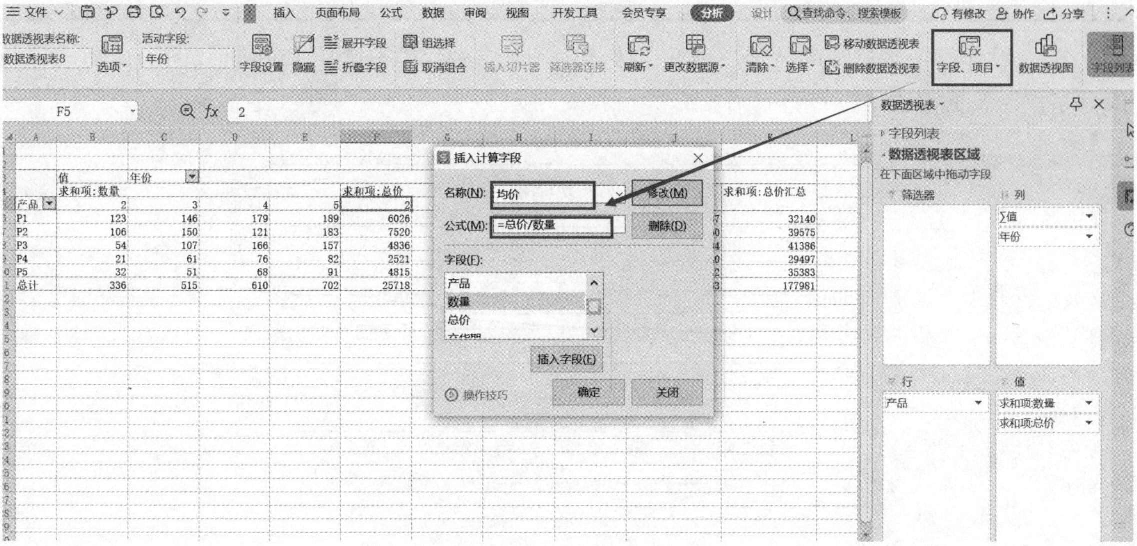

图 5-18　插入计算字段

将均价数据复制粘贴到 Excel 工作表中，并输入 P1 产品到 P5 产品的“直接成本”，如表 5–2 所示。

表 5–2　均价与直接成本　（单位：万元）

产　品	第 2 年	第 3 年	第 4 年	第 5 年	直 接 成 本
P1	49.0	49.4	51.9	50.9	20
P2	70.9	70.9	69.8	70.9	30
P3	89.6	85.0	85.0	85.0	40
P4	120.0	120.8	118.6	129.2	50
P5	150.5	146.8	146.5	144.2	60

P1、P2、P3 产品属于低端产品，其预期利润 = 均价 − 直接成本；P4、P5 产品属于高端产品（需要 P1 产品或 P2 产品作为原料），因此预期利润 =（均价 − 直接成本）/2。由此可以得出预期利润表（见表 5–3）。

表 5–3　预期利润表　（单位：万元）

产　品	第 2 年	第 3 年	第 4 年	第 5 年
P1	29.0	29.4	31.9	30.9
P2	40.9	40.9	39.8	40.9
P3	49.6	45.0	45.0	45.0
P4	35.0	35.4	34.3	39.6
P5	45.2	43.4	43.2	42.1

选中所有“年份”“产品”“利润”字段，点击“插入”中的“二维折线图”，形成“利润分析图”，如图 5–19 所示。

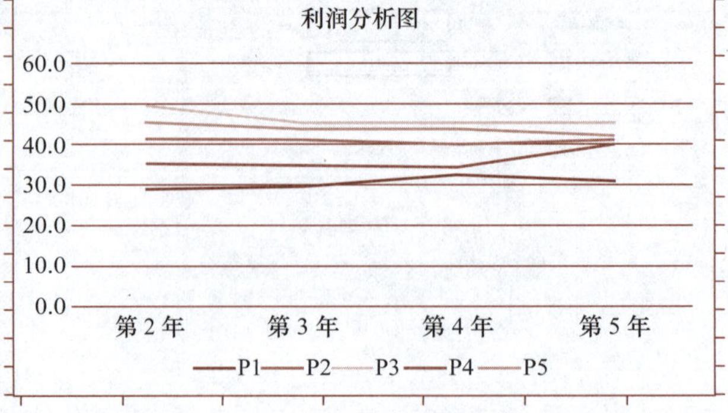

图 5–19　利润分析图

五、方案决策

根据市场预测——对组均、交货期、账期、利润分析图表的分析，可以明显对比出不同产品的利润差异。根据利润、组均、交货期、账期，选择合适的产品和生产线，进行研发、生产和销售，来获得良好的利润。观察利润的变化和市场的空闲程度，来选择进入该产品市场的时机。

起始年经营操作

任务四 方案制订

一、推荐方案 1

1. 方案策略

1）产品研发策略：第 1 年研发完成 P1 产品、P2 产品和 P3 产品。

2）生产线安装策略：3 条手工线第 1 年第 3 季度建成生产 P1 产品，2 条自动线在建生产 P2 产品，2 条自动线在建生产 P3 产品。

3）厂房策略：根据规则，大厂房、中厂房和小厂房的生产线容量分别是 4 条、3 条和 2 条，租金分别是 42 万元、30 万元和 18 万元。为安装 3 条手工线和 4 条自动线，选择“大厂房＋中厂房”的搭配。同时，由于初始资金不高，在第 1 年以租厂房为主。

4）贷款策略：每季度贷款金额应根据下一年对应还款季度的原料价格和工人工资来确定。本案例中，第 2 年第 1 季度原料价格为 130 万元，工人工资为 70 万元，则短贷金额为 209 万元（贷款利息按四舍五入计算，最优贷款额尾数是 9）。

2. 方案优劣势

优势：①不涉及复合产品，所以产成品较为简单，新手容易上手；②研发时间较短，产成品的产出时间相对较早，可以提前交货回笼现金。

劣势：①研发相对容易，竞争对手会相对较多；②三种产品同时研发生产，需要安排好选单，对现金流的控制要求较高。

3. 方案 1 详情（表 5-4 ～表 5-6）

表 5-4 第 1 年现金流量表 （单位：万元）

项 目	第 1 季度	第 2 季度	第 3 季度	第 4 季度
期初现金	600	769	636	420
贴现金额				
贴现费用				
租金				

（续）

项　目	第 1 季度	第 2 季度	第 3 季度	第 4 季度
广告投放				
应交税				
长期贷款本金				
长期贷款利息				
申请长期贷款				
季初盘点	600	769	636	420
短期贷款还本				
短期贷款还息				
申请短期贷款	209	149	209	149
原料入库			30	0
购买厂房				
新租厂房		42	30	
新建生产线		200	305	200
生产线转产				
变卖生产线				
紧采原料				
开始下一批生产			30	0
季中盘点	809	676	450	369
更新应收款				
紧采产品				
订单交货（0 账）				
产品研发投资	30	30	20	10
厂房处理				
贴现				
贴息				
ISO 资格认证				25
新市场开拓				60
季末盘点	779	646	430	274
支付管理费	10	10	10	10
厂房续租				
支付设备维护费				15
折旧				
损失				
期末现金	769	636	420	249

表 5–5　生产计划表

年　份	季　度	P1（个）	P2（个）	P3（个）	P4（个）	P5（个）
一	1					
	2					
	3	3				
	4					
二	1	3	2	2		
	2		2	2		
	3	3	2	2		
	4		2	2		

表 5-6　采购计划表

R1（个）	R2（个）	R3（个）	R4（个）	材料费（万元）	加工费（万元）
		0	0		
3	0	0	0		
0	0	4	2	30	30
5	2	4	2	0	0
2	2	4	2	130	70
5	2	4	2	100	40
2	2	8	4	130	70
7	4	8	4	100	40

第 1 年第 3 季度生产 3 个 P1 产品，所以第 1 年第 2 季度需要订购 3 个 R1 原料，第 3 季度到货支付 30 万元，生产相应产品支付工人工资 30 万元。根据第 2 年的排产，在第 1 年订购相应的原料。

4. 第 1 年实际操作

（1）第 1 季度操作

点击“申请短贷”，需贷款额填写“209”W；然后点击“更新原料库”，如图 5-20 所示。

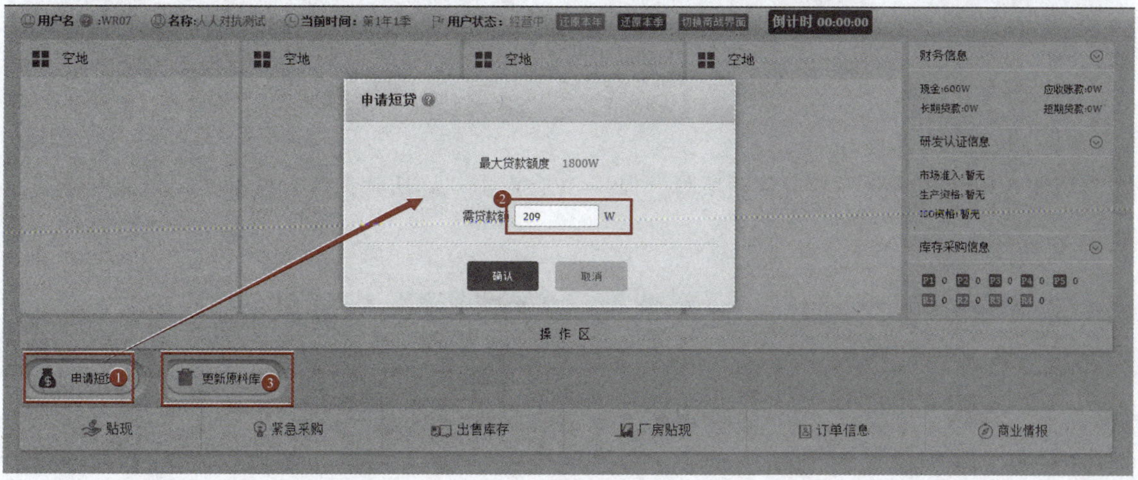

图 5-20　操作界面 1

无生产操作，直接点击“应收款更新”，如图 5-21 所示。

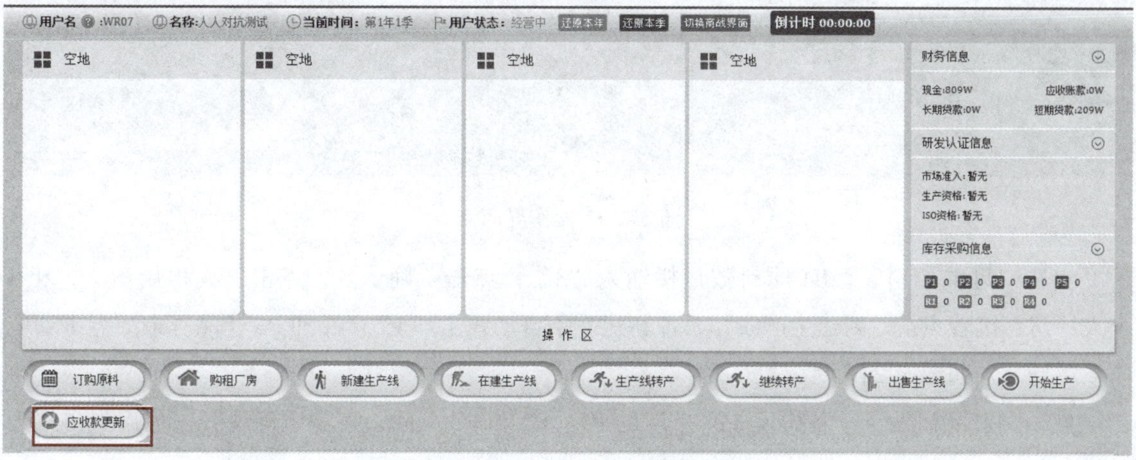

图 5-21　操作界面 2

点击“产品研发”，选择研发 P1、P2、P3 产品；最后点击“当季结束”，如图 5–22 所示。

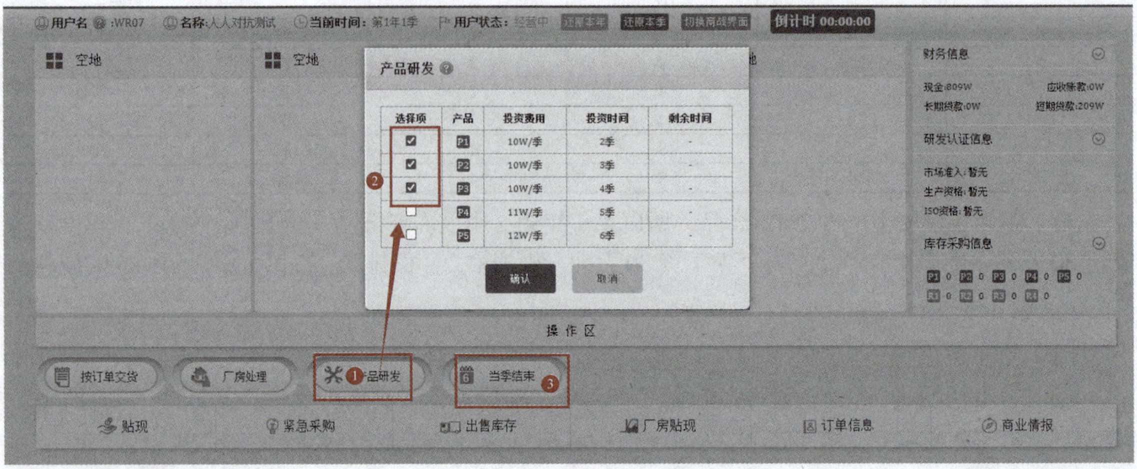

图 5–22 操作界面 3

（2）第 2 季度操作

点击“申请短贷”，需贷款额填写“149”W，点击“确认”；然后点击“应收款更新”，如图 5–23 所示。

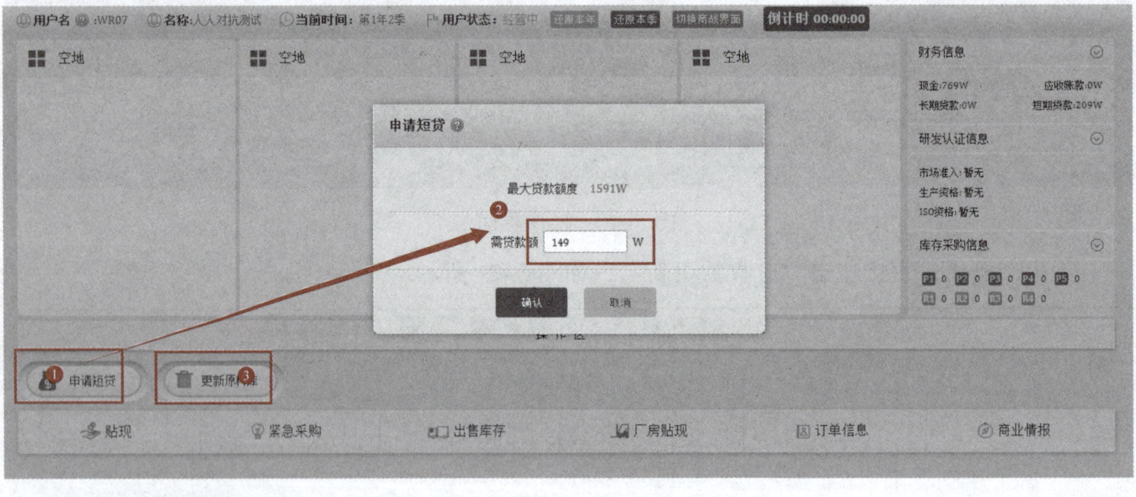

图 5–23 操作界面 4

点击“订购原料”，R1 原料数量栏输入“3”，点击“确认”；点击“购租厂房”，租 1 个大厂房；接着点击“新建生产线”，各新建 2 条自动线生产 P2 产品和 P3 产品；最后点击“应收款更新”，如图 5–24 所示。

点击“产品研发”，各研发 1 个季度的 P1、P2 和 P3 产品，点击“确认”；最后点击“当季结束”，如图 5–25 所示。

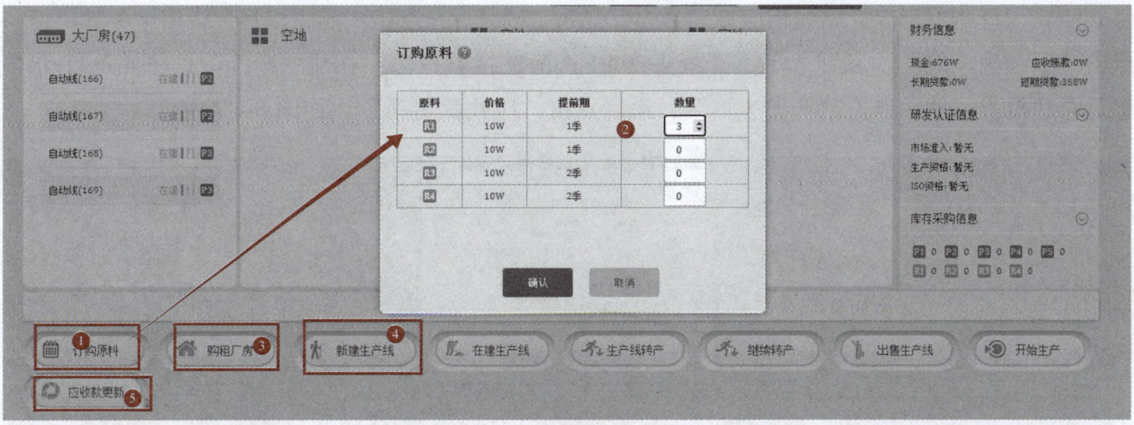

图 5–24　操作界面 5

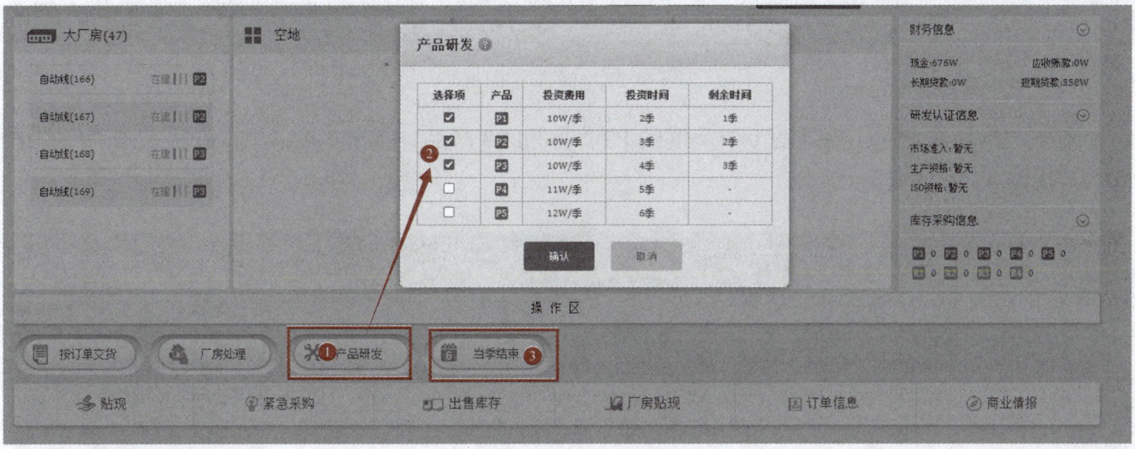

图 5–25　操作界面 6

（3）第 3 季度操作

点击“申请短贷”，需贷款额输入“209”W，点击“确认”；最后点击“更新原料库”，如图 5–26 所示。

图 5–26　操作界面 7

点击“订购原料”，填写相应原料数量，点击“确认”；点击“购租厂房”，租1个中厂房；点击“新建生产线”，新建3条手工线生产P1产品；接着点击“在建生产线”，将4条自动线进行在建投资；然后点击“开始生产”；最后点击“应收款更新”，如图5-27所示。

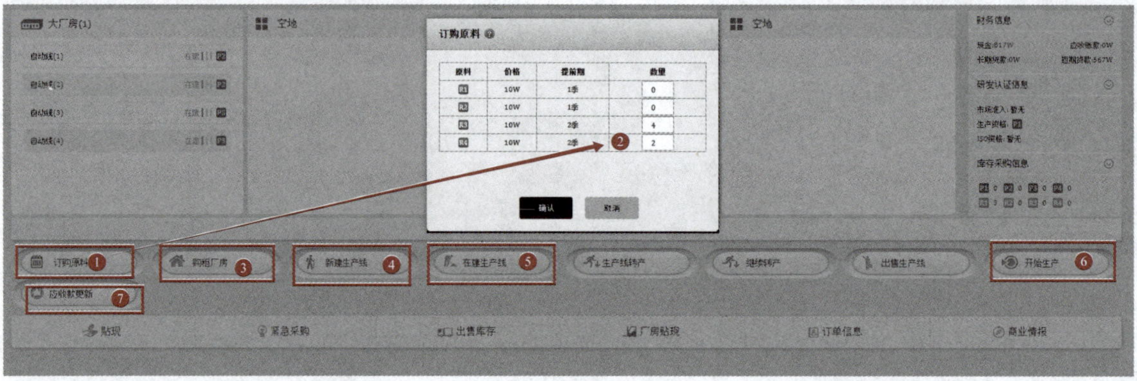

图5-27 操作界面8

点击“产品研发”，各研发1个季度的P2产品和P3产品，点击“确认”；最后点击“当季结束”，如图5-28所示。

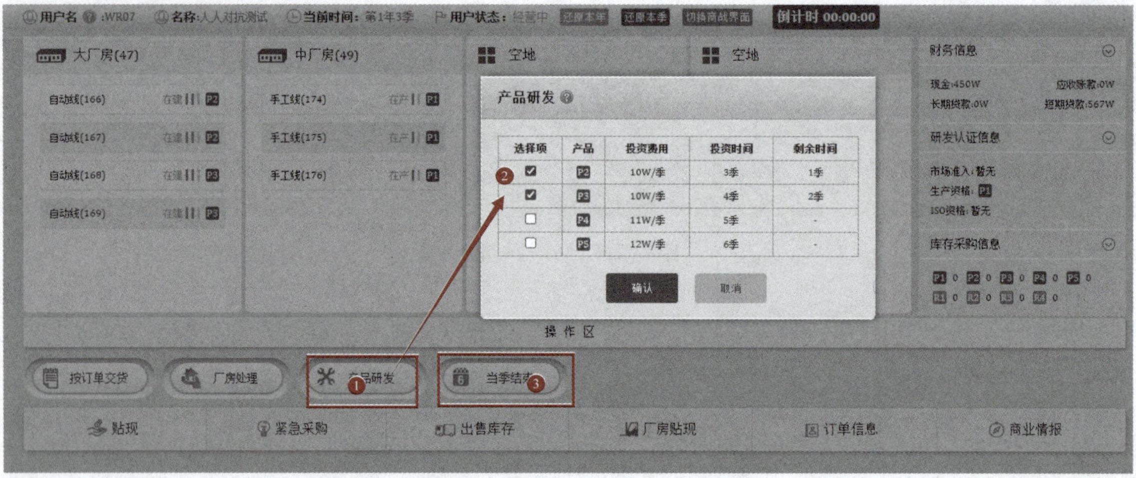

图5-28 操作界面9

（4）第4季度操作

点击“申请短贷”，需贷款额输入“149”W，点击“确认”；最后点击“更新原料库”，如图5-29所示。

点击“订购原料”，输入相应的原料数量，点击“确认”；接着点击“在建生产线”，将4条自动线进行在建投资；最后点击“应收款更新”，如图5-30所示。

点击“产品研发”，继续研发1个季度的P3产品，点击“确认”；接着点击“市场开拓”，开拓本地、区域、国内和亚洲市场；然后点击“ISO投资”，认证ISO9000和ISO14000；最后点击“当季结束”，如图5-31所示。

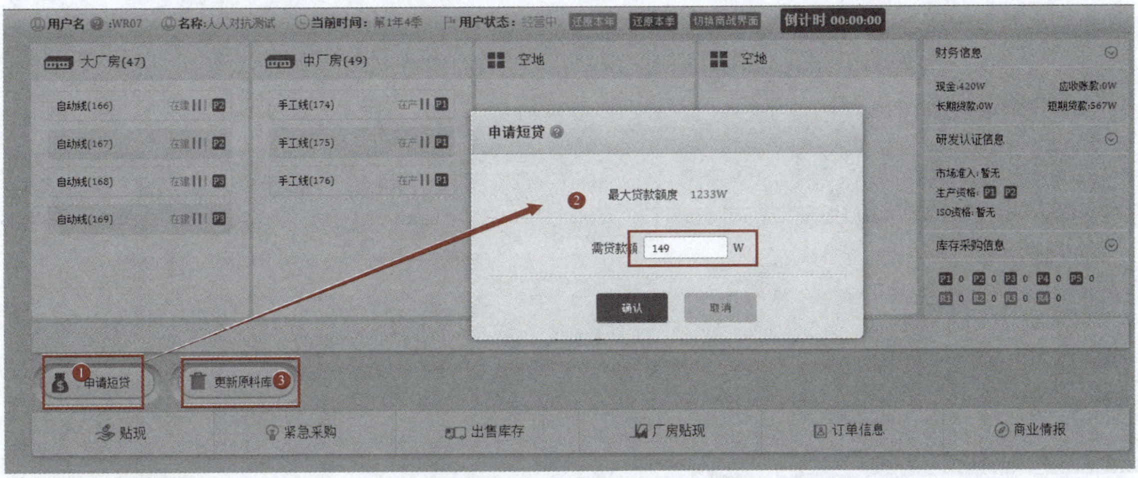

图 5-29　操作界面 10

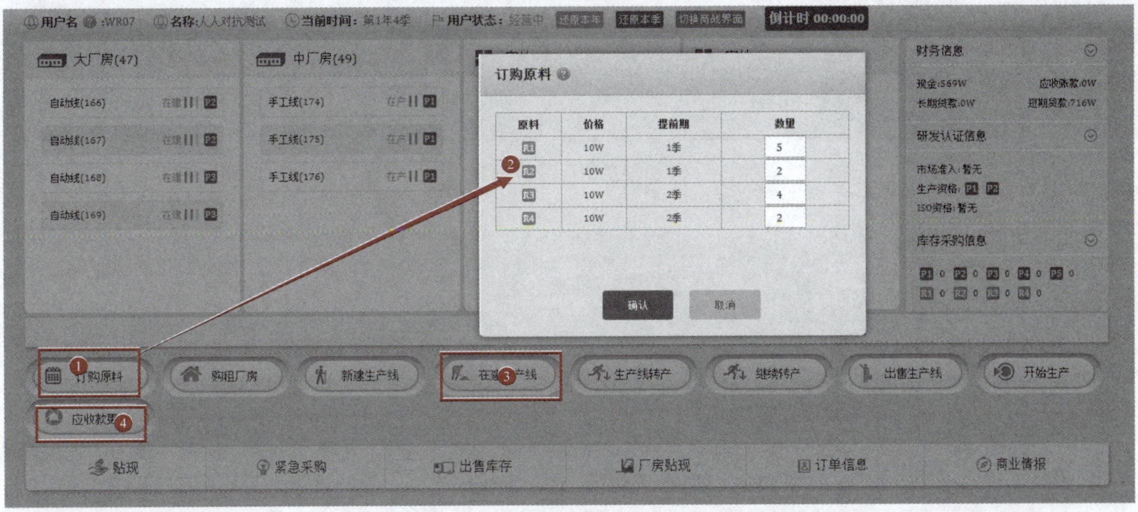

图 5-30　操作界面 11

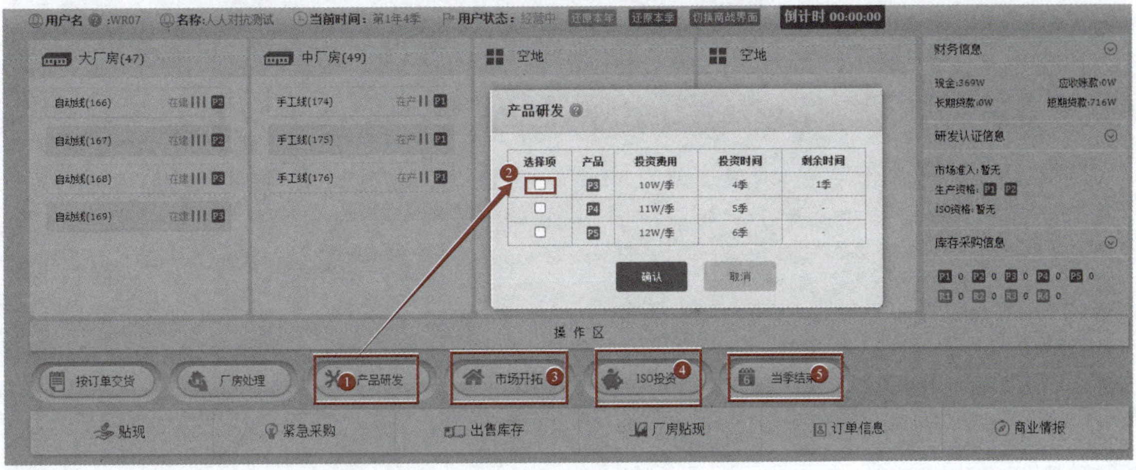

图 5-31　操作界面 12

（5）填写第 1 年报表

点击“填写报表”，完成综合费用表、利润表、资产负债表的填写后，点击“提交”，如图 5-32 ～图 5-34 所示。

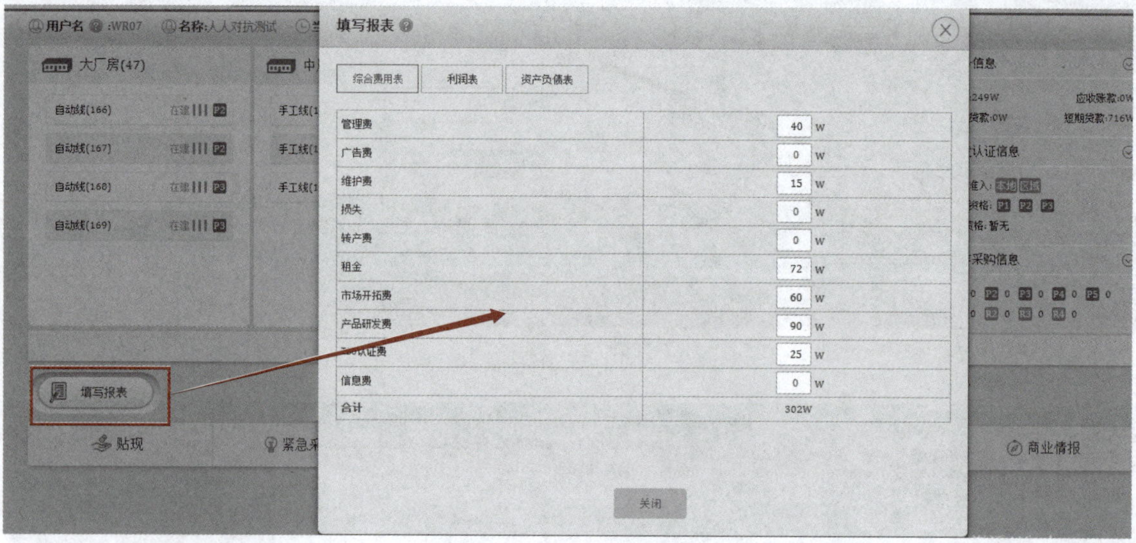

图 5-32　操作界面 13

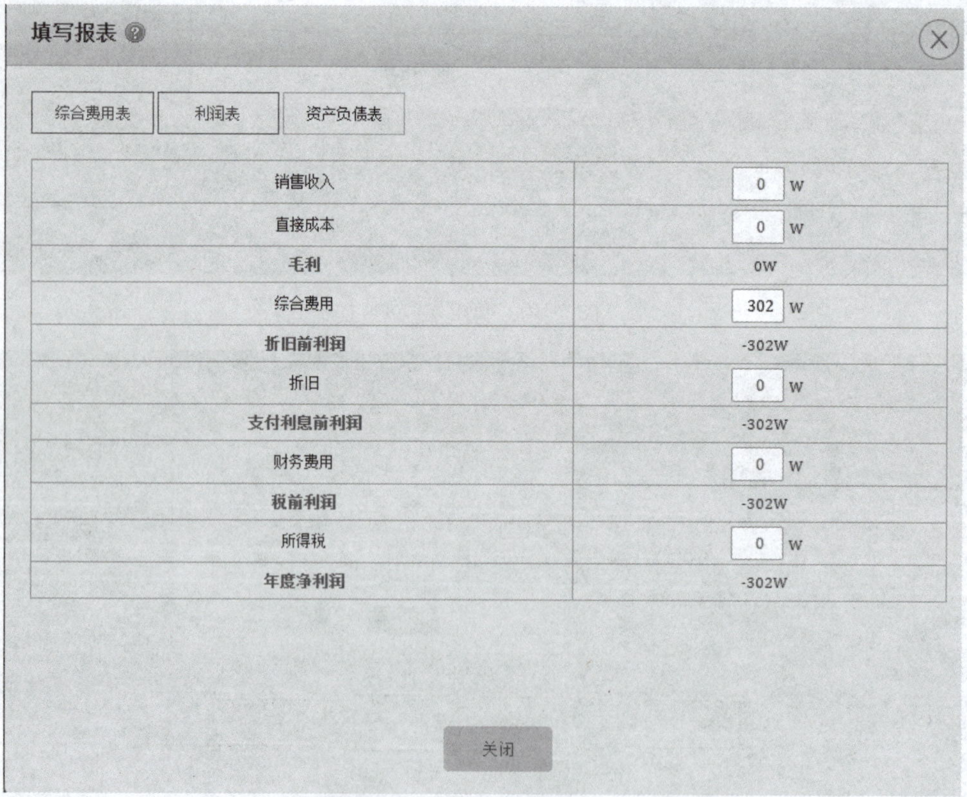

图 5-33　操作界面 14

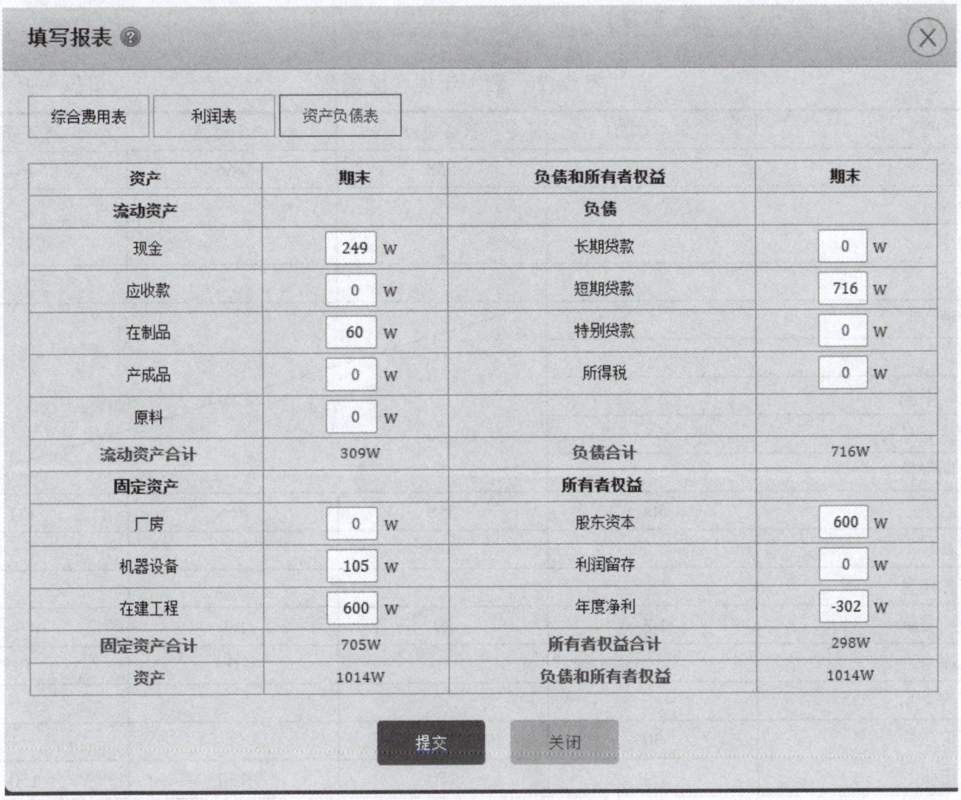

填写报表

综合费用表 | 利润表 | 资产负债表

资产	期末	负债和所有者权益	期末
流动资产		负债	
现金	249 W	长期贷款	0 W
应收款	0 W	短期贷款	716 W
在制品	60 W	特别贷款	0 W
产成品	0 W	所得税	0 W
原料	0 W		
流动资产合计	309W	负债合计	716W
固定资产		所有者权益	
厂房	0 W	股东资本	600 W
机器设备	105 W	利润留存	0 W
在建工程	600 W	年度净利	-302 W
固定资产合计	705W	所有者权益合计	298W
资产	1014W	负债和所有者权益	1014W

提交 关闭

图 5-34 操作界面 15

二、推荐方案 2

1. 方案策略

1）产品研发策略：第一年研发 P1 产品和 P4 产品，将 P1 作为原料来生产 P4 产品。

2）生产线安装策略：第 1 年第 1 季度开始在建 3 条柔性线生产 P1 产品，第 2 年第 1 季度预备 3 条手工线生产 P1 产品。

3）厂房策略：大厂房、中厂房和小厂房的生产线容量分别是 4 条、3 条和 2 条，租金分别是 42 万元、30 万元和 18 万元。因为准备安装 3 条柔性线，所以选择中厂房。同时商战规则的初始资金不高，所以在第 1 年以租厂房为主。

4）贷款策略：第 1 年以短期贷款为主，每季度贷款金额应根据下一年同季度的原料成本和工人工资来确定，适当调整。如本案例中，第 2 年第 1 季度原料成本加工人工资为 120 万元，第 2 年第 2 季度原料成本加工人工资为 90 万元，所以短贷金额应该分别是 169 万元和 89 万元（为了减少长期贷款，往往会在第 1 季度多贷一些短期贷款，减少财务支出）。

2. 方案优劣势

优势：产成品较为复杂，新手不容易上手，同时，P4 产品的毛利比 P5 产品低，因此竞争对手相对较少，可以以较低的广告投入获得较多的订单。

劣势：毛利较低，后期发展容易受到限制，需及时研发其他产品。

3. 方案详情（表 5-7 ～表 5-9）

表 5-7　第 1 年现金流量表　　（单位：万元）

项　目	第 1 季度	第 2 季度	第 3 季度	第 4 季度
期初现金	600	558	466	464
贴现金额				
贴现费用				
租金				
广告投放				
应交税				
长期贷款本金				
长期贷款利息				
申请长期贷款				
季初盘点	600	558	466	464
短期贷款还本				
短期贷款还息				
申请短期贷款	169	89	169	89
原料入库			0	0
购买厂房				
新租厂房	30			
新建生产线	150	150	150	150
生产线转产				
变卖生产线				
紧采原料				
开始下一批生产			0	0
季中盘点	589	497	485	403
更新应收款				
紧采产品				
订单交货（0 账）				
产品研发投资	21	21	11	11
厂房处理				
贴现				
贴息				
ISO 资格认证				25
新市场开拓				60
季末盘点	568	476	474	307
支付管理费	10	10	10	10
厂房续租				
支付设备维护费				
折旧				
损失				
期末现金	558	466	464	297

表 5-8 生产计划表

年份	季度	P1（个）	P2（个）	P3（个）	P4（个）	P5（个）
一	1					
	2					
	3					
	4					
二	1	6				
	2				3	
	3	3			3	
	4	3				

表 5-9 采购计划表

R1（个）	R2（个）	R3（个）	R4（个）	材料费（万元）	加工费（万元）
		0	0		
0	0	0	0		
0	0	0	0	0	0
6	0	0	3	0	0
0	3	0	3	60	60
3	3	0	0	60	30
3	0	0	0	90	60
0	0	0	0	30	30

第 2 年第 2 季度生产的 3 个 P1 产品是用作 P4 产品的原料，在第 2 年不能进行销售。

4. 第 1 年实际操作

（1）第 1 季度操作

点击“申请短贷”，需贷款额填写“169”W；最后点击“更新原料库”，如图 5-35 所示。

点击“购租厂房”，租 1 个中厂房；接着点击“新建生产线”，新建 3 条柔性线生产 P1 产品；最后点击“应收款更新”，如图 5-36 所示。

点击“产品研发”，选择研发 P1 产品、P4 产品；最后点击“当季结束”，如图 5-37 所示。

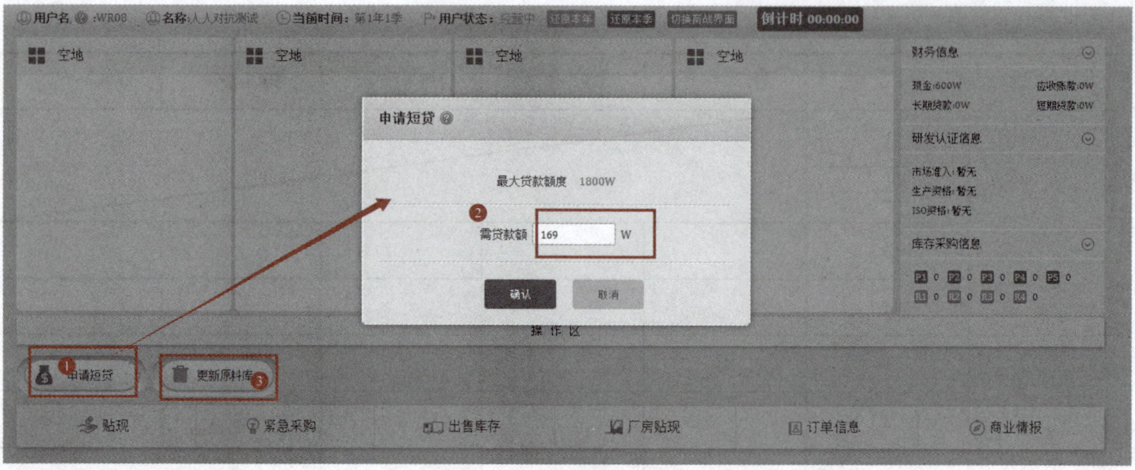

图 5-35　操作界面 16

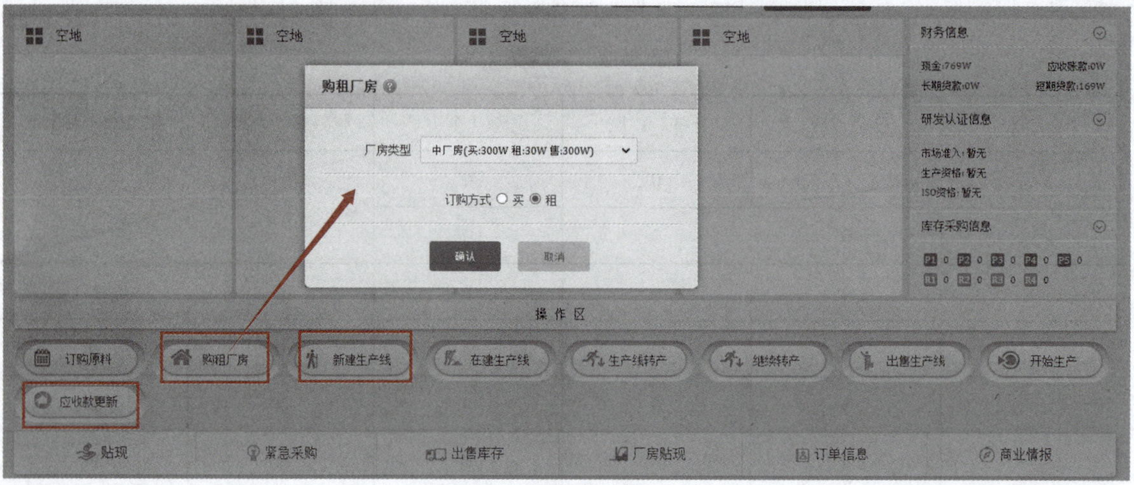

图 5-36　操作界面 17

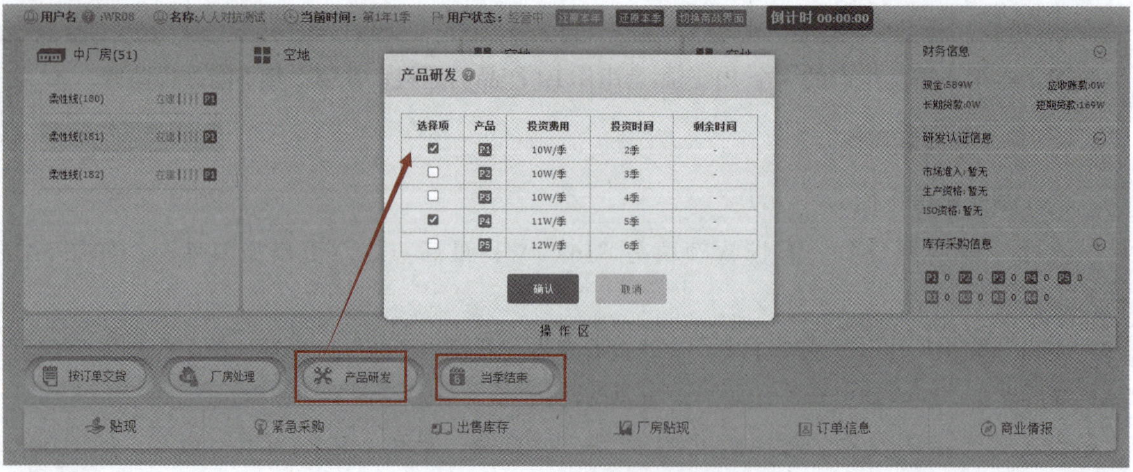

图 5-37　操作界面 18

（2）第 2 季度操作

点击“申请短贷”，需贷款额填写“89”W；然后点击“应收款更新”，如图 5-38 所示。

图 5-38　操作界面 19

点击“在建生产线”，对 3 条柔性线进行投资；然后点击“应收款更新”，如图 5-39 所示。

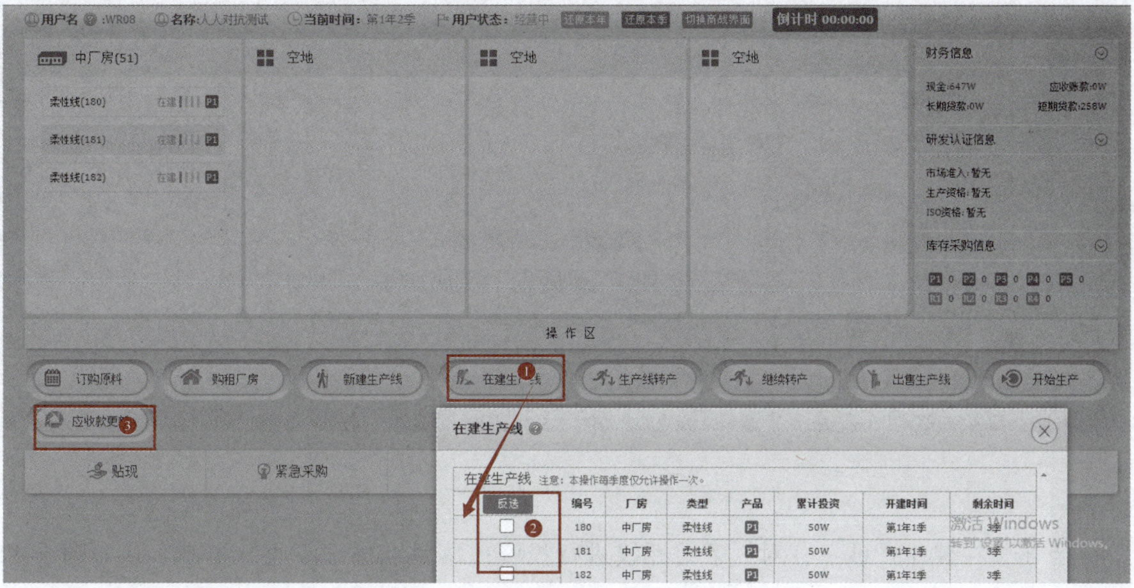

图 5-39　操作界面 20

点击“产品研发”，各研发 1 个季度的 P1 产品、P4 产品，点击“确认”；最后点击“当季结束”，如图 5-40 所示。

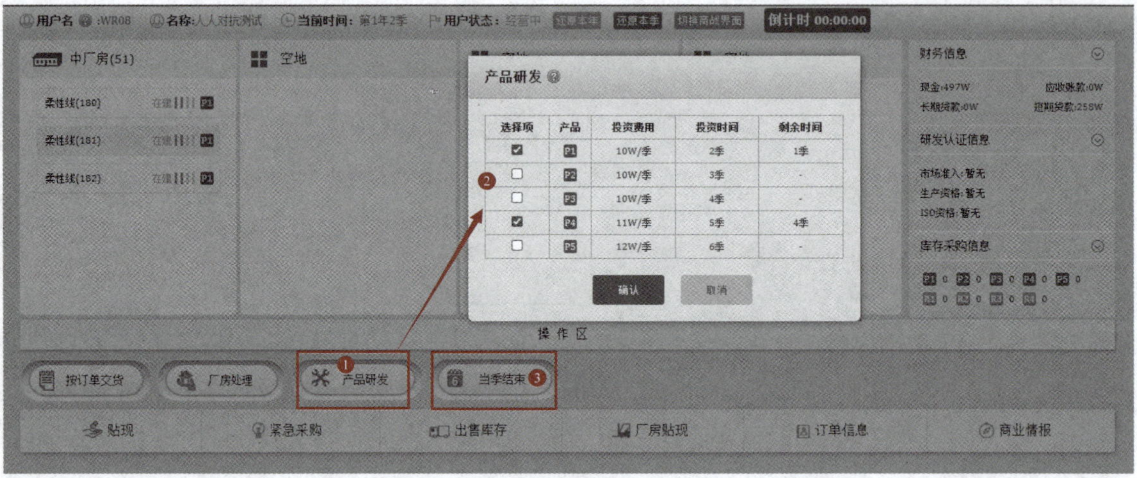

图 5-40 操作界面 21

(3) 第 3 季度操作

点击“申请短贷”，需贷款额输入“169”W，点击“确认”；最后点击“更新原料库”，如图 5-41 所示。

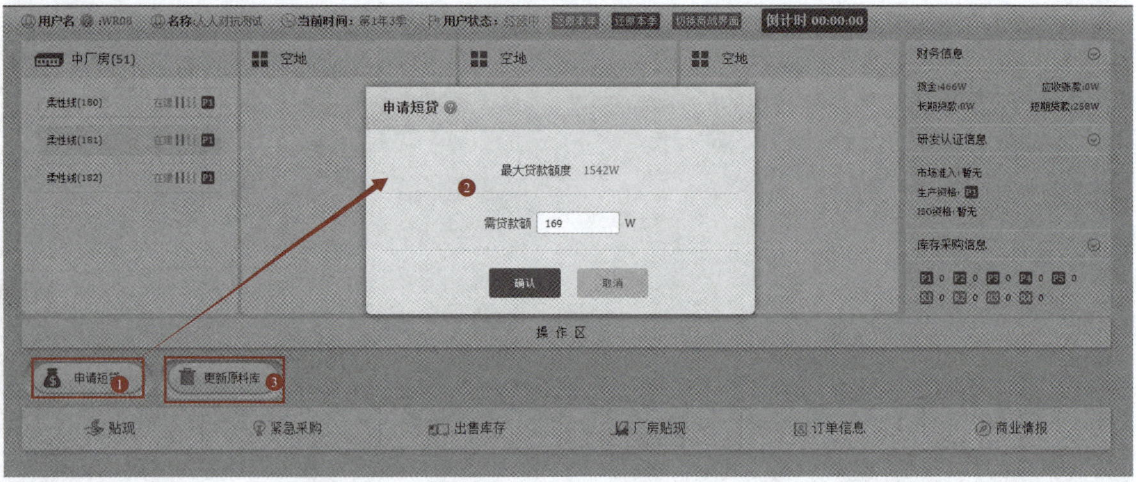

图 5-41 操作界面 22

点击“在建生产线”，对 3 条柔性线进行投资；然后点击“应收款更新”，如图 5-42 所示。

点击“产品研发”，研发 1 个季度的 P4 产品，点击“确认”；最后点击“当季结束”，如图 5-43 所示。

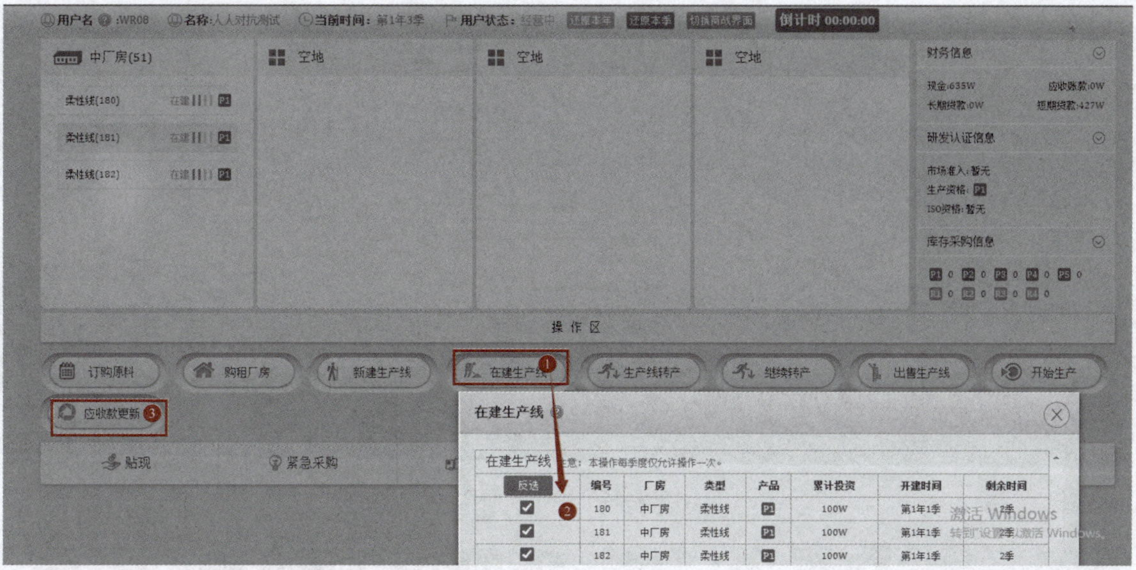

图 5-42　操作界面 23

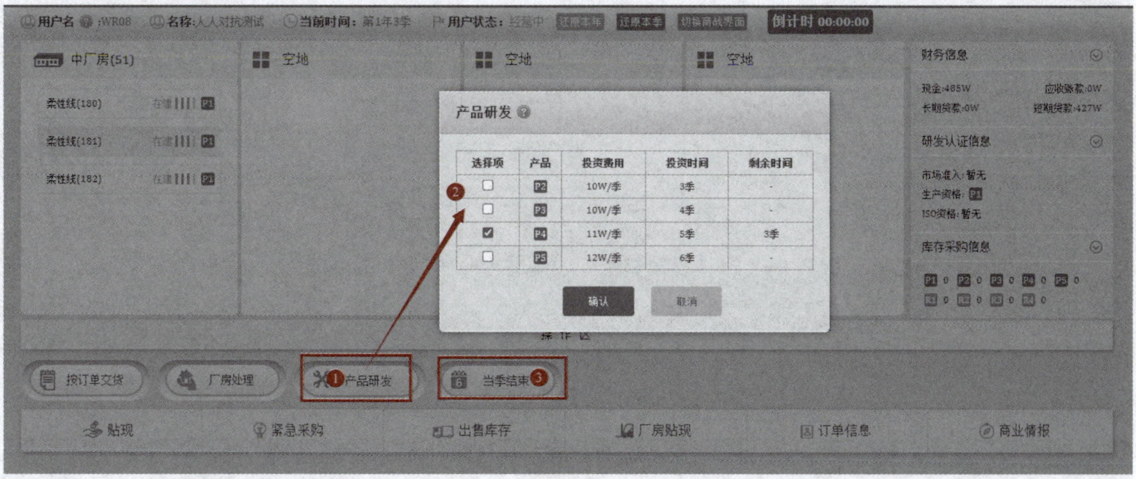

图 5-43　操作界面 24

（4）第 4 季度操作

点击“申请短贷”，需贷款额输入“89”W，点击“确认”；然后点击“更新原料库”，如图 5-44 所示。

点击“订购原料”，输入相应的原料数量，点击“确认”；接着点击“在建生产线”，将 3 条柔性线进行在建投资；最后点击“应收款更新”，如图 5-45 所示。

点击“产品研发”，研发 1 个季度的 P4 产品，点击“确认”；接着点击“市场开拓”，开拓本地、区域、国内和亚洲市场；然后点击“ISO 投资”，认证 ISO9000 和 ISO14000；最后点击“当季结束”，如图 5-46 所示。

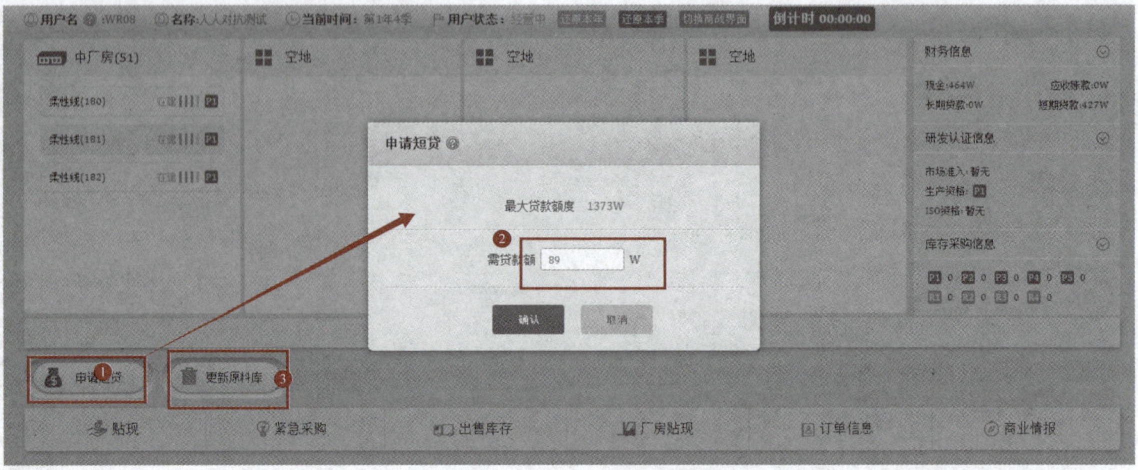

图 5-44 操作界面 25

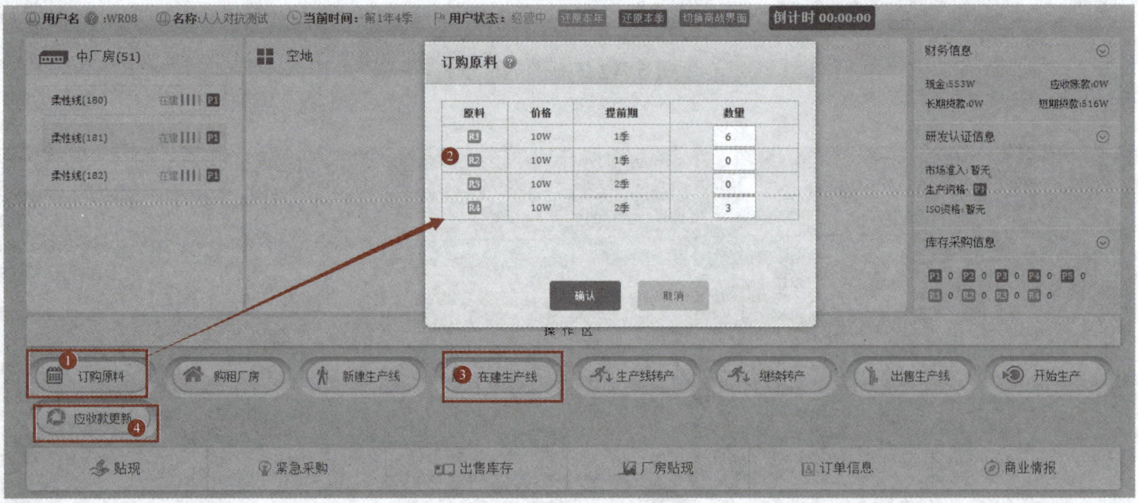

图 5-45 操作界面 26

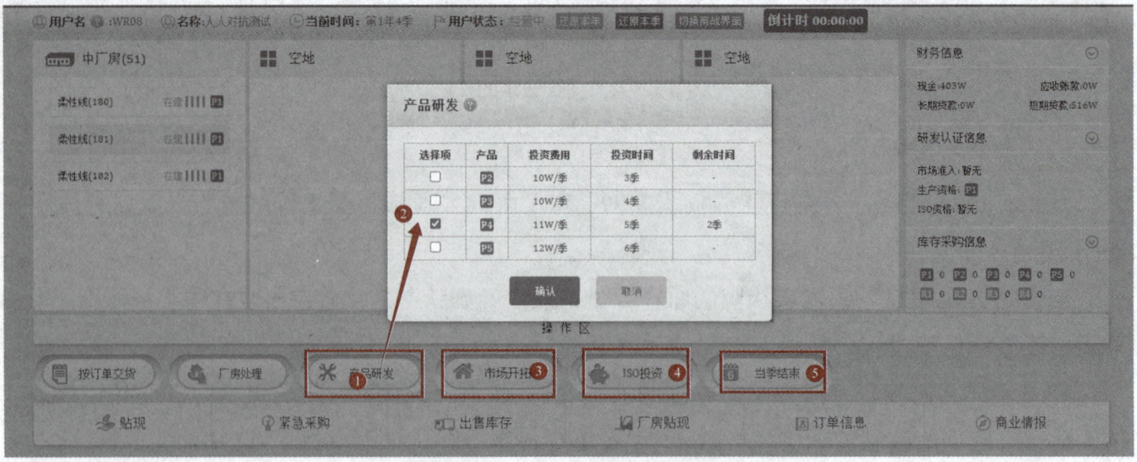

图 5-46 操作界面 27

（5）填写第 1 年报表

点击“填写报表”，完成综合费用表、利润表、资产负债表的填写，然后点击“提交”，如图 5-47～图 5-49 所示。

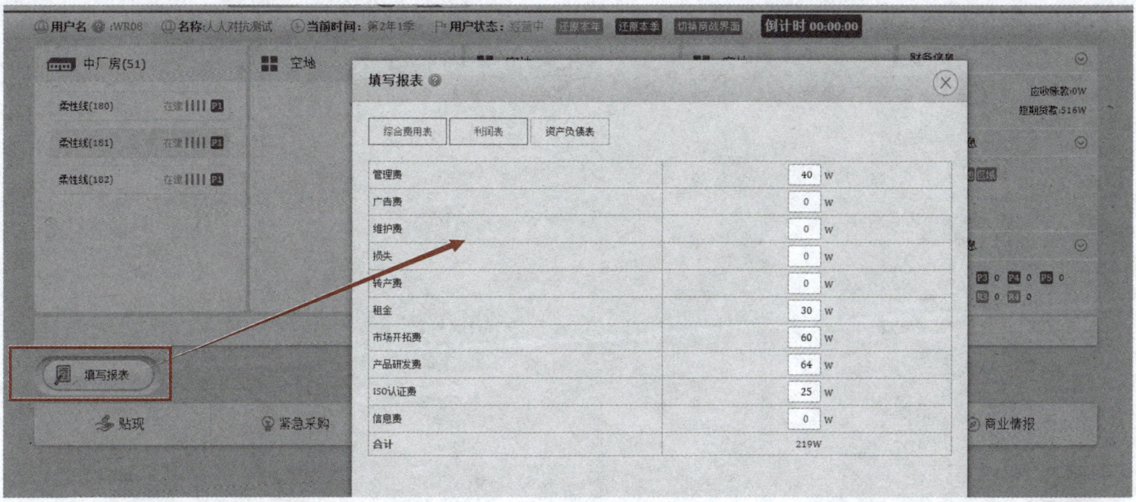

图 5-47　操作界面 28

图 5-48　操作界面 29

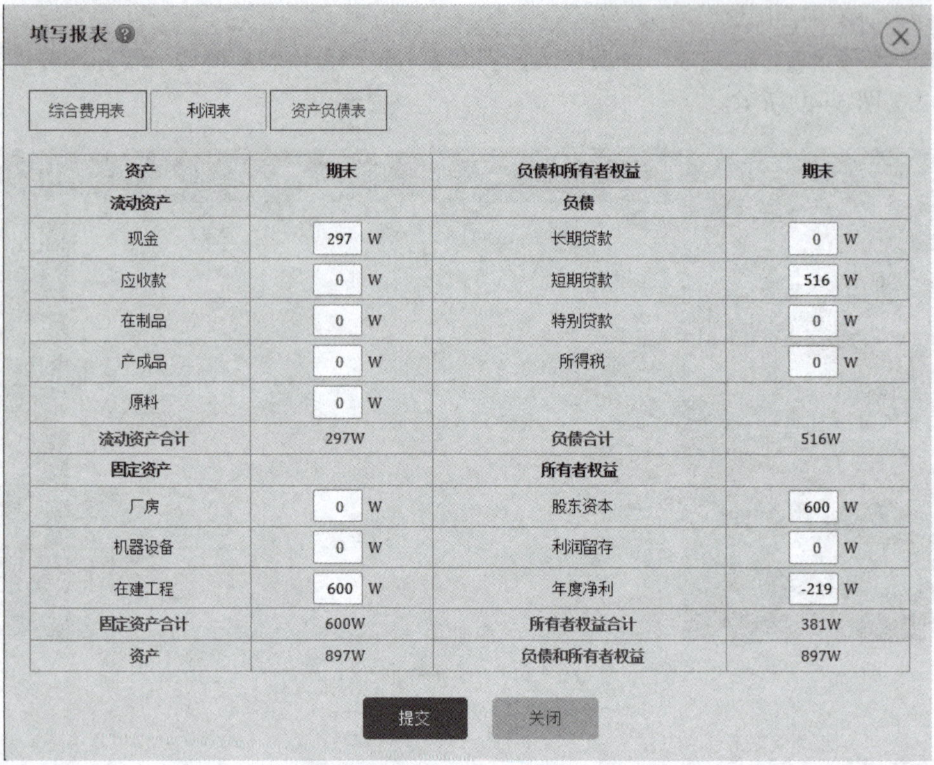
填写报表

综合费用表 | 利润表 | 资产负债表

资产	期末	负债和所有者权益	期末
流动资产		负债	
现金	297 W	长期贷款	0 W
应收款	0 W	短期贷款	516 W
在制品	0 W	特别贷款	0 W
产成品	0 W	所得税	0 W
原料	0 W		
流动资产合计	297W	负债合计	516W
固定资产		所有者权益	
厂房	0 W	股东资本	600 W
机器设备	0 W	利润留存	0 W
在建工程	600 W	年度净利	-219 W
固定资产合计	600W	所有者权益合计	381W
资产	897W	负债和所有者权益	897W

提交　关闭

图 5-49　操作界面 30

三、推荐方案 3

1. 方案策略

1）产品研发策略：第一年研发 P2 产品和 P5 产品，将 P2 产品作为原料来生产 P5 产品。

2）生产线安装策略：第 1 年第 1 季度开始在建 3 条柔性线生产 P2 产品，第 2 年第 1 季度预备 3 条租赁线生产 P2 产品。

3）厂房策略：大厂房、中厂房和小厂房的生产线容量分别是 4 条、3 条和 2 条，租金分别是 42 万元、30 万元和 18 万元。因为准备安装 3 条柔性线，所以选择中厂房。同时商战规则的初始资金不高，所以在第一年以租厂房为主。

4）贷款策略：第 1 年以短期贷款为主，每季度贷款金额应根据下一年同季度的原料成本和工人工资来确定，适当调整。如本案例中，第 2 年每季度原料成本加工人工资为 180 万元，所以短贷金额应该是 189 万元，由于第 1 年年末现金充足，一般会选择第 1 年第 1 季度不申请短期贷款，在第 2 年第 1 季度再申请；在第 1 年其他 3 个季度分别申请 189 万元的短期贷款。

2. 方案优劣势

优势：因为涉及复合产品，产成品较为复杂，新手不容易上手。同时 P5 产品的毛利最高，P2 产品毛利相对也可观，如果市场相对较好，能够在前期创造较大优势；如果市场相对较差，也有机会在后面 2 年反超对手。

劣势：因为 P2 产品和 P5 产品都是毛利较高的产品，会吸引大量竞争对手研发、生产和销售。

获取订单的广告额会很高和订单的数量可能会不乐观，进而影响净利润和现金流，失去竞争力。

3. 方案详情（表 5–10 ～表 5–12）

表 5–10 第 1 年现金流量表 （单位：万元）

项 目	第 1 季度	第 2 季度	第 3 季度	第 4 季度
期初现金	600	388	395	402
贴现金额				
贴现费用				
租金				
广告投放				
应交税				
长期贷款本金				
长期贷款利息				
申请长期贷款				
季初盘点	600	388	395	402
短期贷款还本				
短期贷款还息				
申请短期贷款		189	189	189
原料入库			0	0
购买厂房				
新租厂房	30			
新建生产线	150	150	150	150
生产线转产				
变卖生产线				
紧采原料				
开始下一批生产			0	0
季中盘点	420	427	434	441
更新应收款				
紧采产品				
订单交货（0 账）				
产品研发投资	22	22	22	12
厂房处理				
贴现				
贴息				
ISO 资格认证				25
新市场开拓				60
季末盘点	398	405	412	344
支付管理费	10	10	10	10
厂房续租				
支付设备维护费				
折旧				
损失				
期末现金	388	395	402	334

表 5-11　生产计划表

年　份	季　度	P1（个）	P2（个）	P3（个）	P4（个）	P5（个）
一	1					
	2					
	3					
	4					
二	1		6			
	2		6			
	3		3			3
	4		6			

表 5-12　采购计划表

R1（个）	R2（个）	R3（个）	R4（个）	材料费（万元）	加工费（万元）
		0	0		
0	0	0	0		
0	0	6	0	0	0
0	6	6	0	0	0
0	6	6	0	120	60
3	3	6	0	120	60
0	6	0	0	120	60
0	0	0	0	120	60

第 2 年第 3 季度生产的 3 个 P2 产品是用作 P5 产品的原料，不能进行销售。

4. 第 1 年实际操作

（1）第 1 季度操作

点击“购租厂房”，租 1 个中厂房；接着点击“新建生产线”，新建 3 条柔性线生产 P2 产品；最后点击“应收款更新”，如图 5-50 所示。

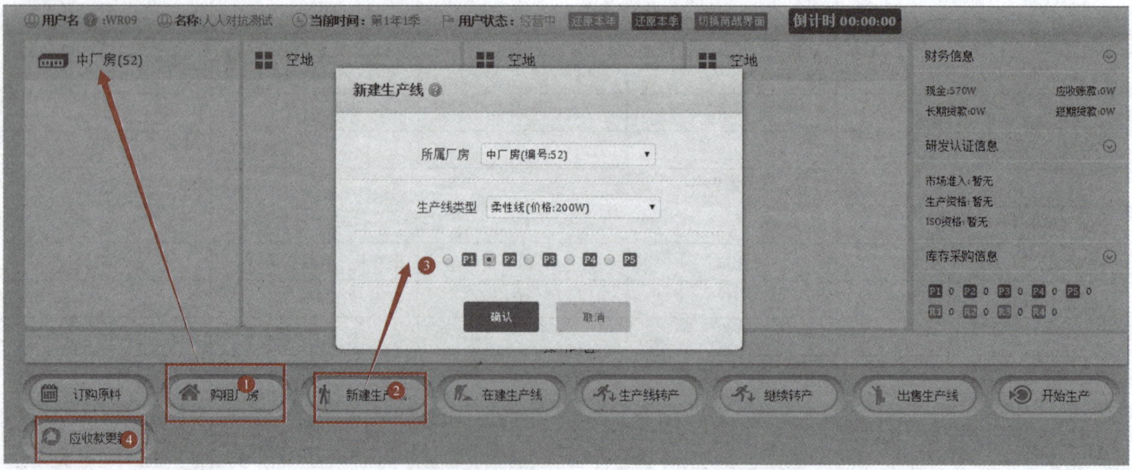

图 5-50　操作界面 31

点击“产品研发”，选择研发 P2、P5 产品；最后点击“当季结束”，如图 5-51 所示。

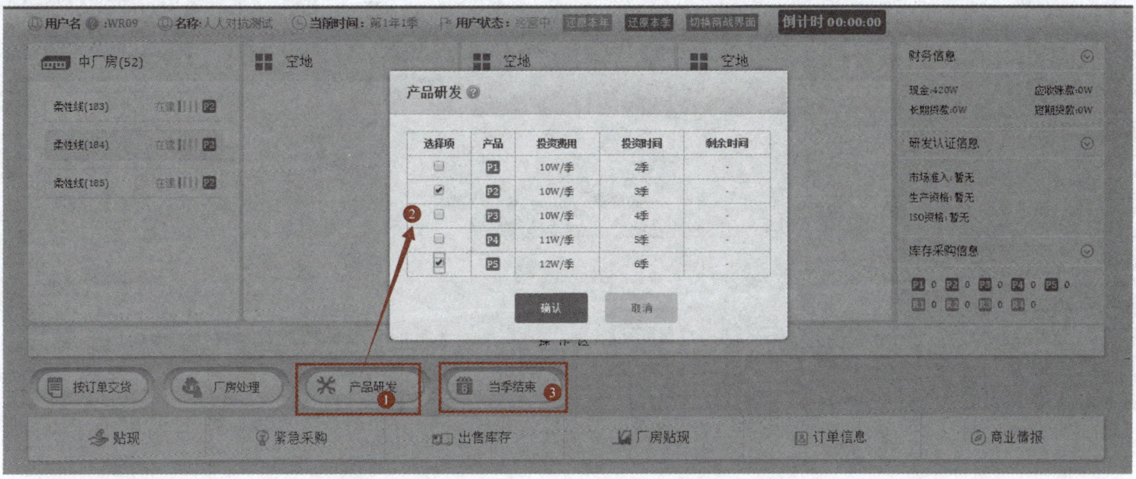

图 5-51 操作界面 32

（2）第 2 季度操作

点击“申请短贷”，需贷款额填写“189”W；最后点击“应收款更新”，如图 5-52 所示。

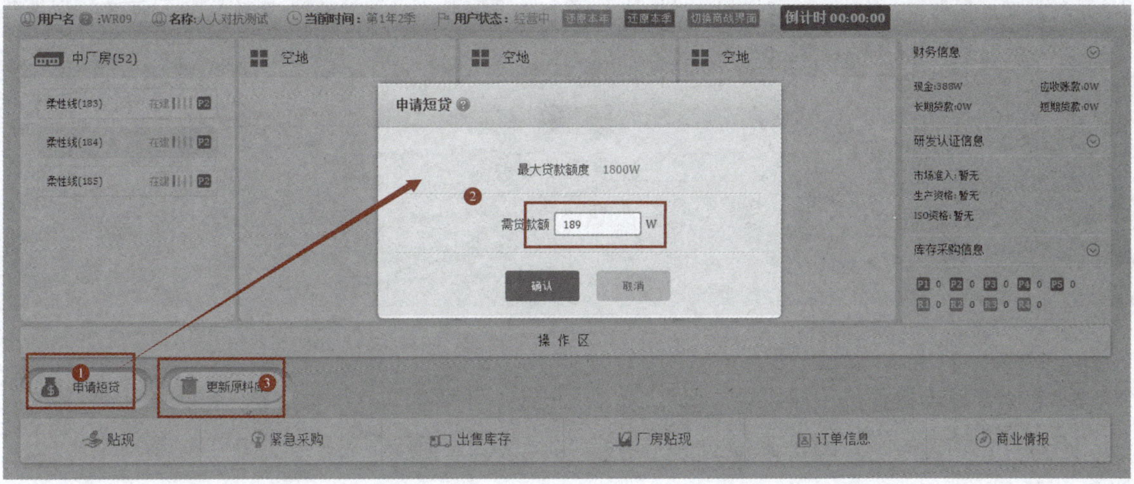

图 5-52 操作界面 33

点击“在建生产线”，对 3 条柔性线进行投资；然后点击“应收款更新”，如图 5-53 所示。

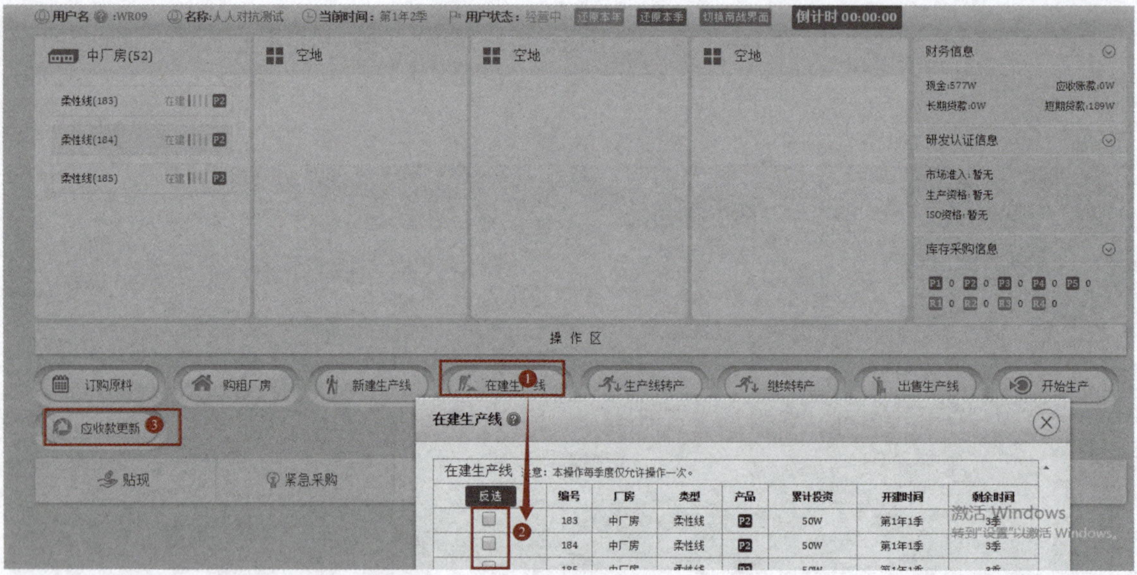

图 5-53　操作界面 34

点击“产品研发”，各研发 1 个季度的 P2 产品和 P5 产品，点击“确认”；最后点击“当季结束”，如图 5-54 所示。

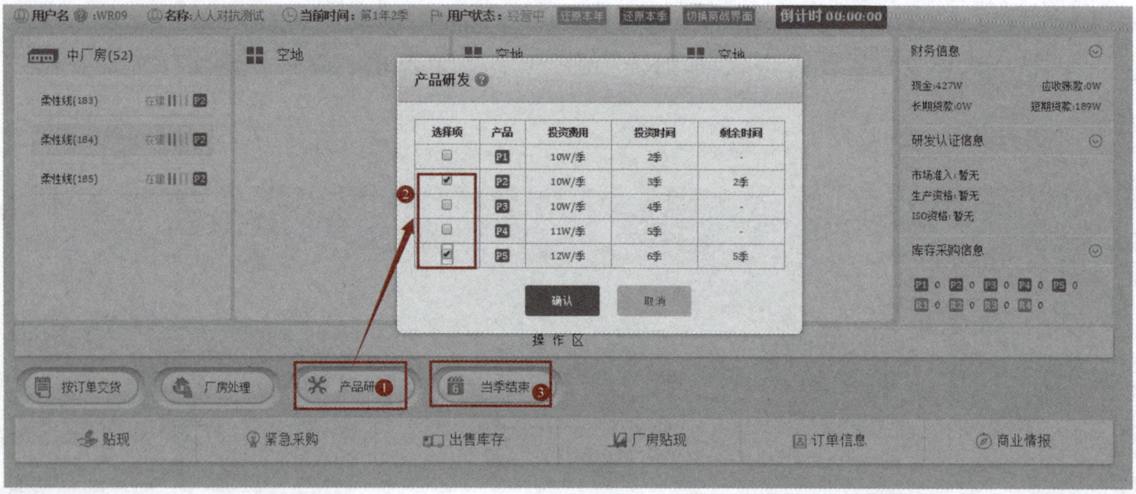

图 5-54　操作界面 35

（3）第 3 季度操作

点击“申请短贷”，需贷款额输入“189”W，点击“确认”；最后点击“更新原料库”，如图 5-55 所示。

点击“订购原料”，输入相应原料的数量；点击“在建生产线”，对 3 条柔性线进行投资；最后点击“应收款更新”，如图 5-56 所示。

点击“产品研发”，各研发 1 个季度的 P2 产品和 P5 产品，点击“确认”；最后点击“当季结束”，如图 5-57 所示。

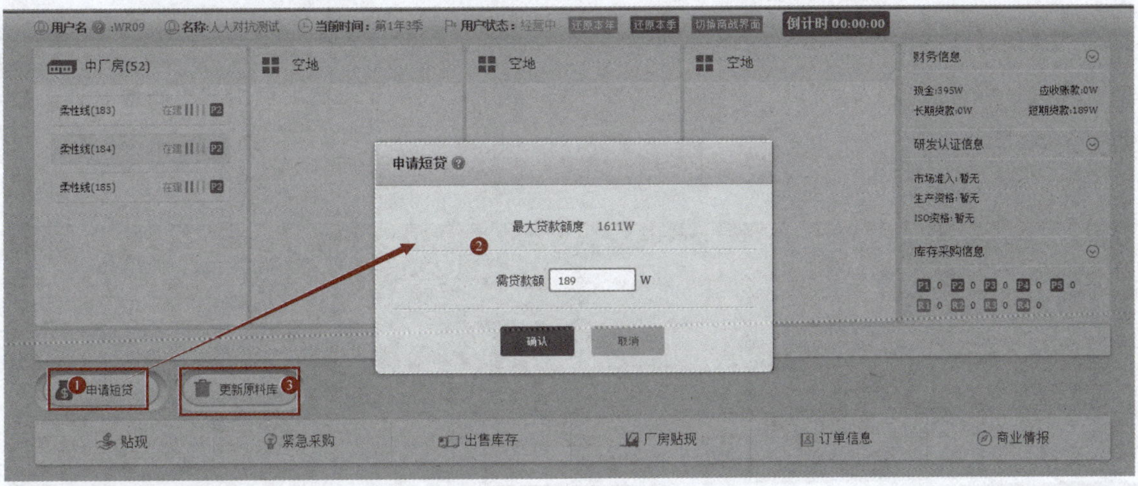

图 5-55　操作界面 36

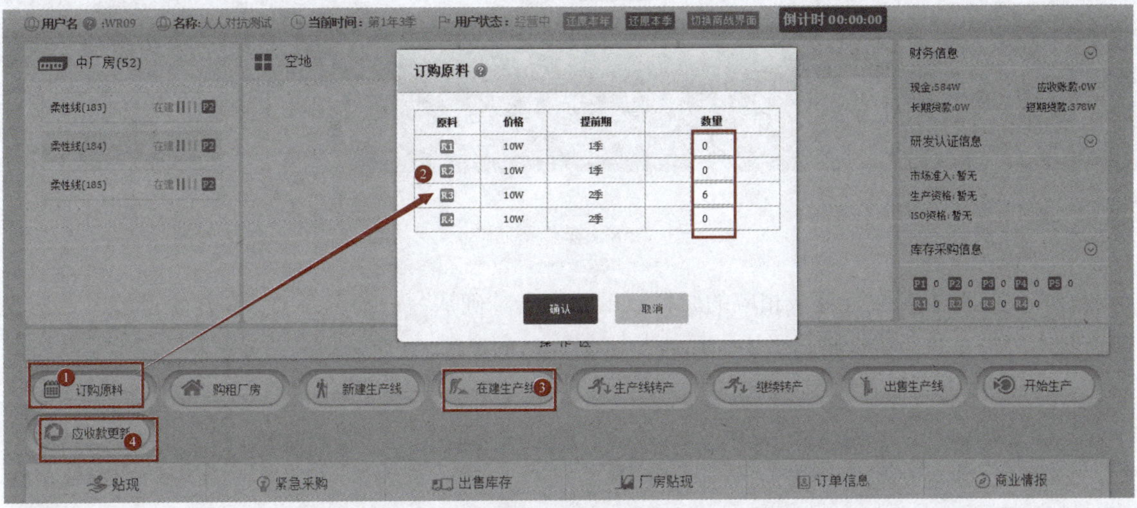

图 5-56　操作界面 37

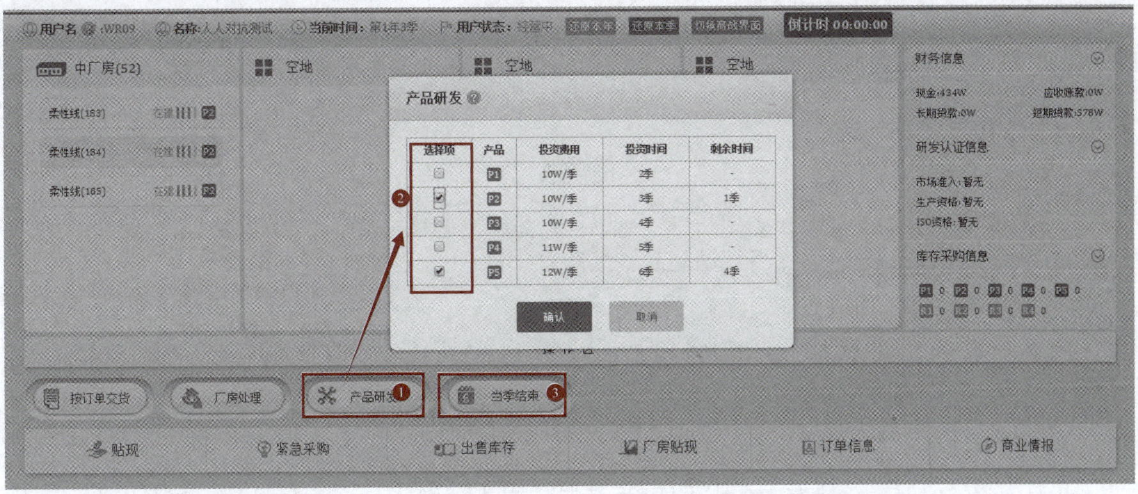

图 5-57　操作界面 38

（4）第 4 季度操作

点击“申请短贷”，需贷款额输入“189”W，点击“确认”；然后点击“更新原料库”，如图 5–58 所示。

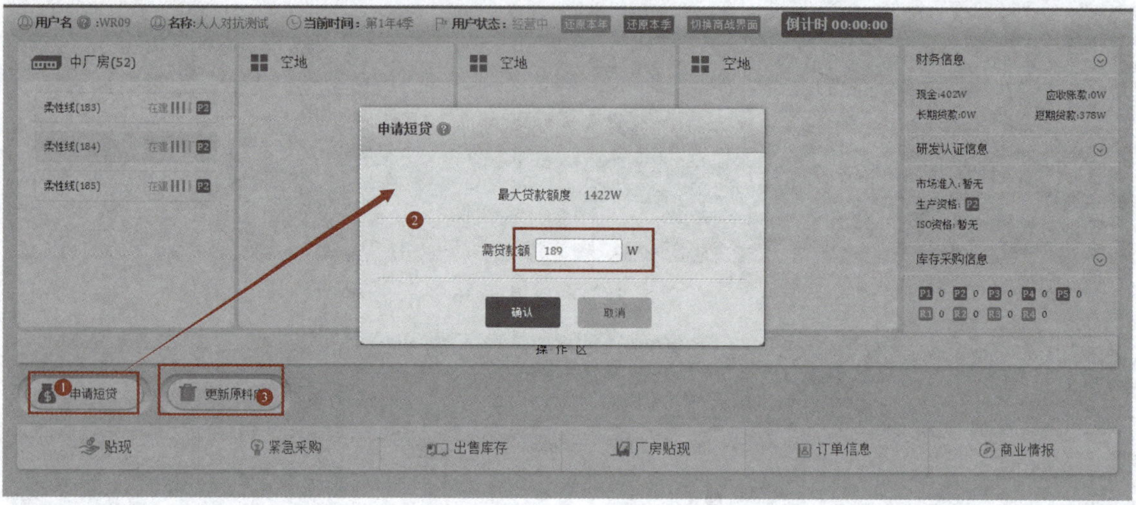

图 5–58　操作界面 39

点击“订购原料”，输入相应的原料数量，点击“确认”；接着点击“在建生产线”，对 3 条柔性线进行在建投资；最后点击“应收款更新”，如图 5–59 所示。

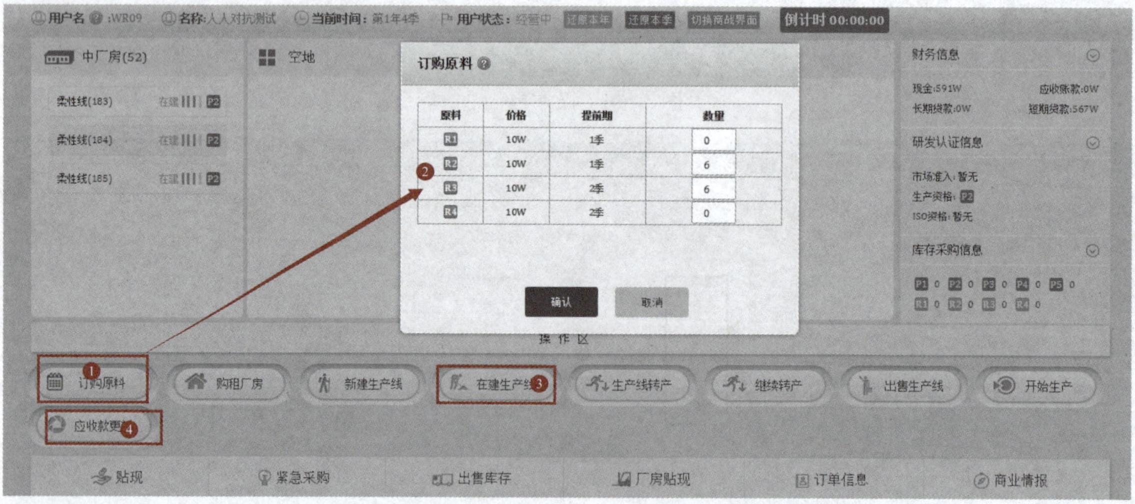

图 5–59　操作界面 40

点击“产品研发”，研发 1 个季度的 P5 产品，点击“确认”；接着点击“市场开拓”，开拓本地、区域、国内和亚洲市场；然后点击“ISO 投资”，认证 ISO9000 和 ISO14000；最后点击“当季结束”，如图 5-60 所示。

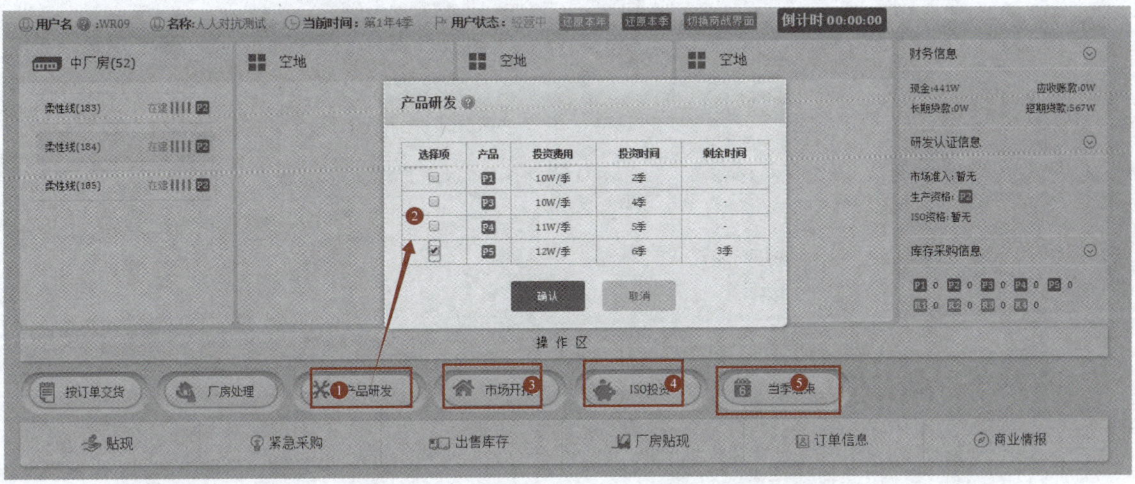

图 5-60　操作界面 41

（5）填写第 1 年报表

点击“填写报表”，完成综合费用表、利润表、资产负债表的填写，然后点击“提交”，如图 5-61 ～图 5-63 所示。

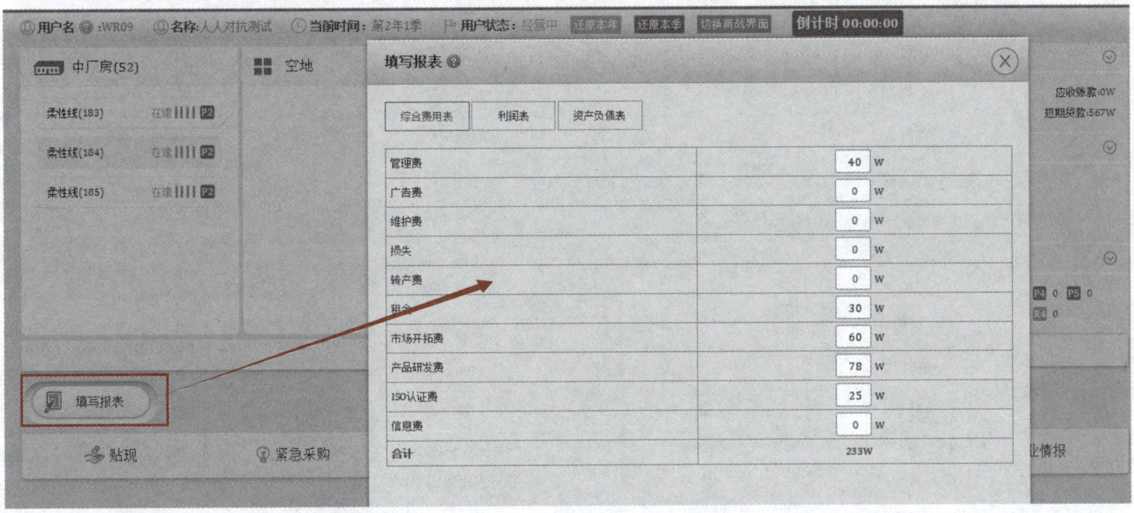

图 5-61　操作界面 42

填写报表

综合费用表 | 利润表 | 资产负债表

销售收入	0 W
直接成本	0 W
毛利	0W
综合费用	233 W
折旧前利润	-233W
折旧	0 W
支付利息前利润	-233W
财务费用	0 W
税前利润	-233W
所得税	0 W
年度净利润	-233W

图 5-62　操作界面 43

填写报表

综合费用表 | 利润表 | 资产负债表

资产	期末	负债和所有者权益	期末
流动资产		**负债**	
现金	334 W	长期贷款	0 W
应收款	0 W	短期贷款	567 W
在制品	0 W	特别贷款	0 W
产成品	0 W	所得税	0 W
原料	0 W		
流动资产合计	334W	**负债合计**	567W
固定资产		**所有者权益**	
厂房	0 W	股东资本	600 W
机器设备	0 W	利润留存	0 W
在建工程	600 W	年度净利	-233 W
固定资产合计	600W	**所有者权益合计**	367W
资产	934W	**负债和所有者权益**	934W

提交　关闭

图 5-63　操作界面 44

任务五　间谍与广告策略

沙盘模拟企业经营以增加权益且资金不断流为基础，开源节流两手抓。决策靠规划，应变靠功夫，需根据竞争对手分析和市场分析，集中优势打广告，以销定产，适时扩张。

第 2 年广告投放与选单

间谍是指分析每个竞争企业生产哪些产品、是否认证 ISO 资格、市场开拓情况、购买或租用哪种厂房、建造的生产线类型和数量、订购的原料数量和到达时间、已经拥有的库存商品的种类和数量。

广告投放说简单很简单，无非就是在有产品的对应市场投放，但说难也是非常难，市场上存在那么多生产同样产品的企业，每个企业都想得到好的订单，只有做到知己知彼，才能精准地投放出合适的广告，从而拿到心仪的订单。

第 1 年所有参赛队伍全部做完提交报表之后，教师（裁判）通过教师端巡盘发布进行报表和间谍信息的发布，如图 5-64 所示。

点击学生端右下方“商业情报”，下载并查看报表信息和间谍信息，如图 5-65 所示。

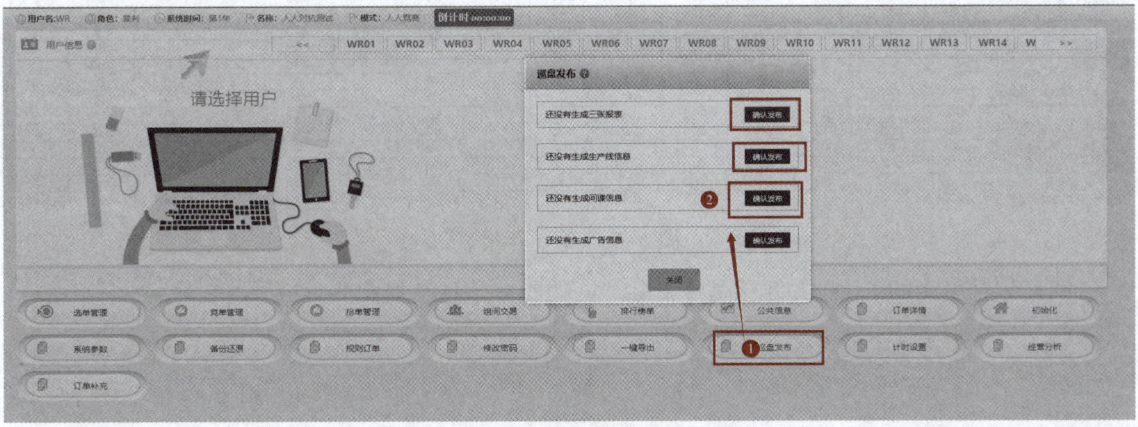

图 5-64　巡盘发布

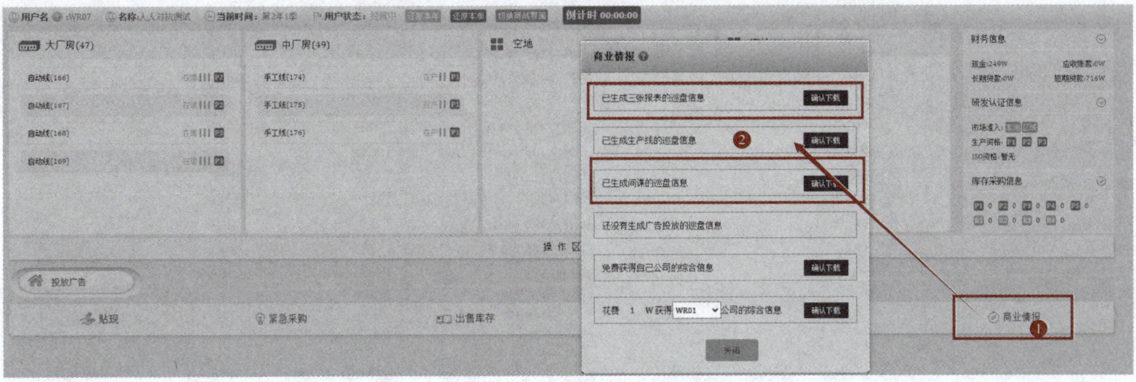

图 5-65　商业情报

通过查阅各组的年度净利润，了解各组的亏损情况，如图 5-66 所示，在后面几年的报表中也可以根据年度净利润了解本企业的排名情况。

用户名	WR01	WR02	WR03	WR04	WR05	WR06	WR07	WR08	WR09	WR10	WR11	WR12	WR13	WR14	WR15
管理费	40	40	40	40	40	40	40	40	40	40	40	40	40	40	40
广告费	0	0	0	0	0	0	0	0	0	0	0	0	0	0	0
维护费	20	0	0	0	0	0	15	0	0	0	20	0	0	0	0
损失	0	0	0	0	0	0	0	0	0	0	0	0	0	0	0
转产费	0	0	0	0	0	0	0	0	0	0	0	0	0	0	0
租金	42	42	0	42	30	30	72	30	30	42	60	30	0	30	0
市场开拓费	60	60	60	60	60	60	60	60	60	60	60	60	60	60	60
产品研发费	90	64	90	78	90	64	90	64	78	78	90	64	90	78	90
ISO认证费	25	25	25	25	25	25	25	25	25	25	25	25	25	25	25
信息费	0	0	0	0	0	0	0	0	0	0	0	0	0	0	0
合计	**277**	**231**	**215**	**245**	**245**	**219**	**302**	**219**	**233**	**245**	**295**	**219**	**215**	**233**	**215**

用户名	WR01	WR02	WR03	WR04	WR05	WR06	WR07	WR08	WR09	WR10	WR11	WR12	WR13	WR14	WR15
销售收入	0	0	0	0	0	0	0	0	0	0	0	0	0	0	0
直接成本	0	0	0	0	0	0	0	0	0	0	0	0	0	0	0
毛利	0	0	0	0	0	0	0	0	0	0	0	0	0	0	0
综合费用	277	231	215	245	245	219	302	219	233	245	295	219	215	233	215
折旧前利润	-277	-231	-215	-245	-245	-219	-302	-219	-233	-245	-295	-219	-215	-233	-215
折旧	0	0	0	0	0	0	0	0	0	0	0	0	0	0	0
支付利息前利润	-277	-231	-215	-245	-245	-219	-302	-219	-233	-245	-295	-219	-215	-233	-215
财务费用	0	0	0	0	0	0	0	0	0	0	0	0	0	0	0
税前利润	-277	-231	-215	-245	-245	-219	-302	-219	-233	-245	-295	-219	-215	-233	-215
所得税	0	0	0	0	0	0	0	0	0	0	0	0	0	0	0
年度净利润	-277	-231	-215	-245	-245	-219	-302	-219	-233	-245	-295	-219	-215	-233	-215

用户名	WR01	WR02	WR03	WR04	WR05	WR06	WR07	WR08	WR09	WR10	WR11	WR12	WR13	WR14	WR15
类型	系统	系统	系统	系统	系统	系统	系统	系统	系统	系统	系统	系统	系统	系统	系统
现金	790	196	385	122	243	59	249	297	334	62	203	159	385	225	385
应收款	0	0	0	0	0	0	0	0	0	0	0	0	0	0	0
在制品	80	0	0	0	0	0	60	0	0	0	80	0	0	0	0
产成品	0	0	0	0	0	0	0	0	0	0	0	0	0	0	0
原料	0	0	0	0	0	0	0	0	0	0	0	0	0	0	0
流动资产合计	**870**	**196**	**385**	**122**	**243**	**59**	**309**	**297**	**334**	**62**	**283**	**159**	**385**	**225**	**385**
厂房	0	0	0	0	0	0	0	0	0	0	0	0	0	0	0
机器设备	140	0	0	0	0	0	105	0	0	0	140	0	0	0	0
在建工程	0	800	0	800	450	600	600	600	600	800	300	600	0	600	0
固定资产合计	**140**	**800**	**0**	**800**	**450**	**600**	**705**	**600**	**600**	**800**	**440**	**600**	**0**	**600**	**0**
资产总计	**1010**	**996**	**385**	**922**	**693**	**659**	**1014**	**897**	**934**	**862**	**723**	**759**	**385**	**825**	**385**
长期贷款	0	0	0	0	0	0	0	0	0	0	0	0	0	0	0
短期贷款	687	627	0	567	338	278	716	516	567	507	418	378	0	458	0
特别贷款	0	0	0	0	0	0	0	0	0	0	0	0	0	0	0
所得税	0	0	0	0	0	0	0	0	0	0	0	0	0	0	0
负债合计	**687**	**627**	**0**	**567**	**338**	**278**	**716**	**516**	**567**	**507**	**418**	**378**	**0**	**458**	**0**
股东资本	600	600	600	600	600	600	600	600	600	600	600	600	600	600	600
利润留存	0	0	0	0	0	0	0	0	0	0	0	0	0	0	0
年度净利	-277	-231	-215	-245	-245	-219	-302	-219	-233	-245	-295	-219	-215	-233	-215
所有者权益合计	**323**	**369**	**385**	**355**	**355**	**381**	**298**	**381**	**367**	**355**	**305**	**381**	**385**	**367**	**385**
负债和所有者权益总计	**1010**	**996**	**385**	**922**	**693**	**659**	**1014**	**897**	**934**	**862**	**723**	**759**	**385**	**825**	**385**

图 5-66　第 1 年报表

间谍信息里面的 Excel 文件就是每个参赛队的所有信息，如图 5-67 所示。

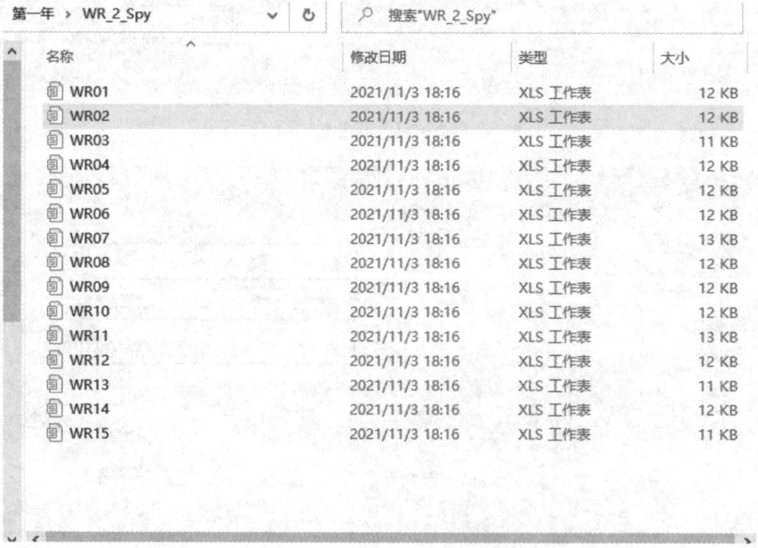

图 5-67　间谍信息

企业信息中主要了解该竞争企业的可用现金，如图 5-68 所示。

WR01公司详细资料			
制表人	国际企业调查公司	制表时间	2021/11/3 18:16:32
公司现金	718W	公司状态	正在经营
股东注资	0W	系统时间	第2年1季
公司名称	1	所属学校	4
组织结构	总经理:4 购务总监:4 市场总监:4 运营总监:4		
公司宣言	4		

图 5-68　企业信息

根据库存信息，可以了解该竞争企业的原料订购数量以及订购时间，计算出原料到货的时间及数量，再根据规则中原料的组成大致可以计算该竞争企业的产量；可以从产品库存情况了解竞争企业下一年第 1、2 季度产品的大概数量，如图 5-69 所示。

原料订购			
名称	数量	剩余时间	订购时间
R3	8	1季	第1年3季
R4	4	1季	第1年3季
R1	8	1季	第1年4季
R2	4	1季	第1年4季

原料库存	
名称	数量
R1	0

产品库存	
名称	数量

图 5-69　库存信息

根据银行借款中的应收款、长期贷款、短期贷款数据可以了解竞争企业的资金情况，如图 5-70 所示。

应收款	
剩余账期	金额

长期贷款		
剩余账期	金额	贷款时间

短期贷款		
剩余账期	金额	贷款时间
2季	229W	第1年2季
3季	229W	第1年3季
4季	229W	第1年4季

特别贷款	
金额	贷款时间

图 5-70　银行借款

研发认证可以了解竞争企业的市场开拓情况、产品研发情况、ISO 资格认证情况，如图 5-71 所示。一般情况下，研发某个产品就一定会投这个产品的广告。如果研发的组数超过订单数，就会有企业拿不到订单；反之，这个市场就会有回单。

市场开拓				
名称	开发费	周期	剩余时间	完成时间
本地	10W/年	1年	-	第1年4季
区域	10W/年	1年	-	第1年4季
国内	10W/年	2年	1	-
亚洲	15W/年	2年	1	-
国际	15W/年	3年	2	-

产品研发				
名称	开发费	周期	剩余时间	完成时间
P1	10W/季	2季	-	第1年2季
P2	10W/季	3季	-	第1年3季
P3	10W/季	4季	-	第1年4季

ISO认证				
名称	开发费	周期	剩余时间	完成时间
ISO9000	10W/年	2年	1	-
ISO14000	15W/年	2年	1	-

图 5-71　研发认证

订单中会有 ISO9000、ISO14000 资格的要求。如果有些组没有研发相应的资格认证，则会少一些竞争对手。

广告只能投在已经取得市场准入资格的市场中，如果没有取得市场准入资格，则无法在这个市场中投广告。如果某个组没开国际市场，则可以认为其放弃了国际市场。

从厂房的大小及办置时间，可以了解对方企业的生产规划。如图 5-72 所示，该企业在第 1 年第 3 季度开建了 4 条手工线生产 P1 产品而且已经建成，说明该企业有 1 季交货期的 4 个 P1 产品。结合上面的研发认证和库存信息，可以推测它准备在第 2 年第 1 季度开建手工线生产 3 季交货期的 P2 产品和 P3 产品。

第 1 年暂无订单信息，后续每年的间谍信息中有该企业拿到的订单详细的信息，如图 5-73 所示。

厂房信息								
ID	名称	状态	容量	购价	租金	售价	最后付租	置办时间
44	大厂房	租用	0/4	420W	42W/年	420W	第1年3季	第1年3季

生产线信息										
ID	名称	厂房	产品	状态	累计折旧	开产时间	转产时间	剩余时间	建成时间	开建时间
154	手工线	大厂房(44)	P1	在产	0W	第1年3季	-	0季	第1年3季	第1年3季
156	手工线	大厂房(44)	P1	在产	0W	第1年3季	-	0季	第1年3季	第1年3季
158	手工线	大厂房(44)	P1	在产	0W	第1年3季	-	0季	第1年3季	第1年3季
159	手工线	大厂房(44)	P1	在产	0W	第1年3季	-	0季	第1年3季	第1年3季

图 5-72 厂房与生产线

订单列表										
订单编号	市场	产品	数量	总价	状态	得单年份	交货期	账期	ISO	交货时间

图 5-73 订单信息

根据间谍信息制作巡盘表（见表 5-13），可以直观地了解各个产品有多少个竞争队伍、拥有的现金余额、拥有生产线的数量以及生产线是否已经开始生产。

表 5-13 巡盘表

序号	P1（组）	P2（组）	P3（组）	P4（组）	P5（组）	现金（万元）	生产线
1	1	1	1			790	4 条手工线在产 P1
2	1			1		196	4 条柔性线在建
3	1	1	1			385	无生产线
4		1			1	122	4 条柔性线在建
5	1	1	1			243	3 条自动线 P1 在建
6	1			1		59	3 条柔性线在建
7	1	1	1			249	各 2 条自动线生产 P2、P3，3 条手工线在产 P1
8	1			1		297	3 条柔性线在建
9		1			1	334	3 条柔性线在建
10		1			1	62	3 条柔性线在建
11	1	1	1			203	2 条自动线 P2 在建，4 条手工线在产 P1
12	1			1		159	3 条柔性线在建
13	1	1	1			385	无生产线
14		1			1	225	3 条柔性线在建
15	1	1	1			385	无生产线
汇总	11	11	7	4	4		

根据表 5–13 的间谍信息分析得出 P1 产品到 P5 产品的研发组数分别是 11、11、7、4、4。然后根据市场预测信息（见图 5–74），以第 2 年 P1 产品为例，本地和区域的订单张数分别是 22 和 20 张。所以理论上，每支队伍在本地市场投 3 万元广告额，可有 2 次选单机会；而在区域市场，投 3 万元广告额不一定有 2 次选单机会，需要大于等于 3 万元且排名前 9。

市场预测表——订单张数

序号	年份	产品	本地	区域	国内	亚洲	国际
1	第2年	P1	22	20	0	0	0
2	第2年	P2	19	20	0	0	0
3	第2年	P3	15	6	0	0	0
4	第2年	P4	0	9	0	0	0
5	第2年	P5	7	7	0	0	0
6	第3年	P1	23	9	20	0	0
7	第3年	P2	7	19	18	10	0
8	第3年	P3	6	16	8	10	0
9	第3年	P4	8	8	0	7	0
10	第3年	P5	7	0	7	6	0
11	第4年	P1	21	8	21	0	14
12	第4年	P2	17	10	11	9	0
13	第4年	P3	15	16	8	15	7
14	第4年	P4	8	7	6	7	0
15	第4年	P5	6	0	7	6	5
16	第5年	P1	20	0	22	0	18
17	第5年	P2	17	6	17	16	9
18	第5年	P3	10	15	0	16	14
19	第5年	P4	7	8	7	7	0
20	第5年	P5	0	8	7	7	11

图 5–74　市场预测

任务六　复盘

在无数次的练习模式以及对抗模式中，往往会遇见这种情况：明明是同样的方案，有些组能一路高歌猛进，而有些组却濒临破产。本任务主要介绍在拿到比赛数据之后如何进行分析，该项目的学习是提升 ERP 沙盘模拟经验水平和能力的重要环节。本次复盘以第 2 年的模拟经营为例。

一、全面分析，取其精华

一场比赛打完之后，教师（裁判）是可以进入裁判端。点击“一键导出”，选择“数据导出”，最后点击“下载数据”并下发给学生，如图 5–75 所示。

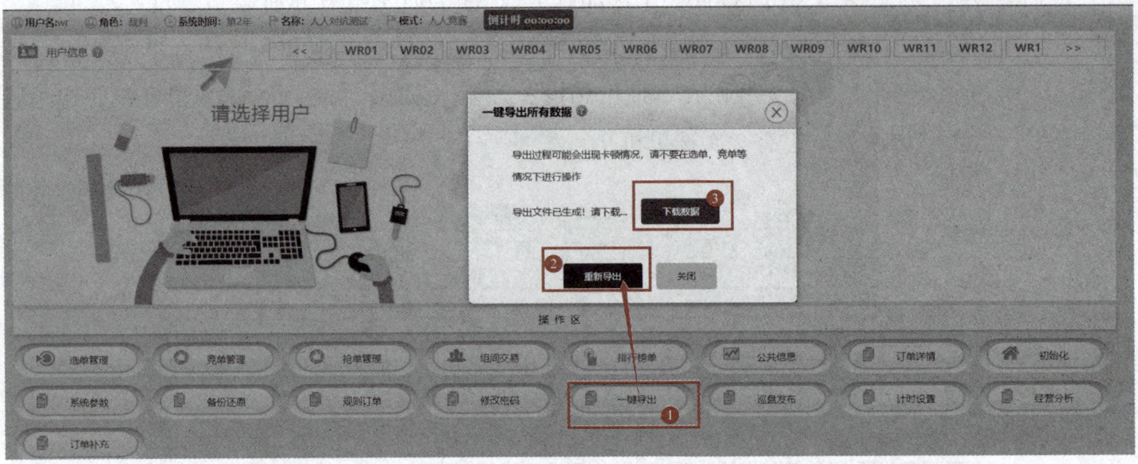

图 5-75　一键导出数据

图 5-76 是学生拿到的是数据压缩包，里面的文件就是这场比赛产生的所有数据。文件名为 1、2、3 的数据表中可看到第 1 年、第 2 年、第 3 年的广告投放、三张报表、生产线信息和市场老大。选取第 2 年的数据，如图 5-77 所示。

图 5-76 中，以“WR+ 序号”命名的文件是各组队伍的详细信息。选取 WR01 组，打开如图 5-78 所示。

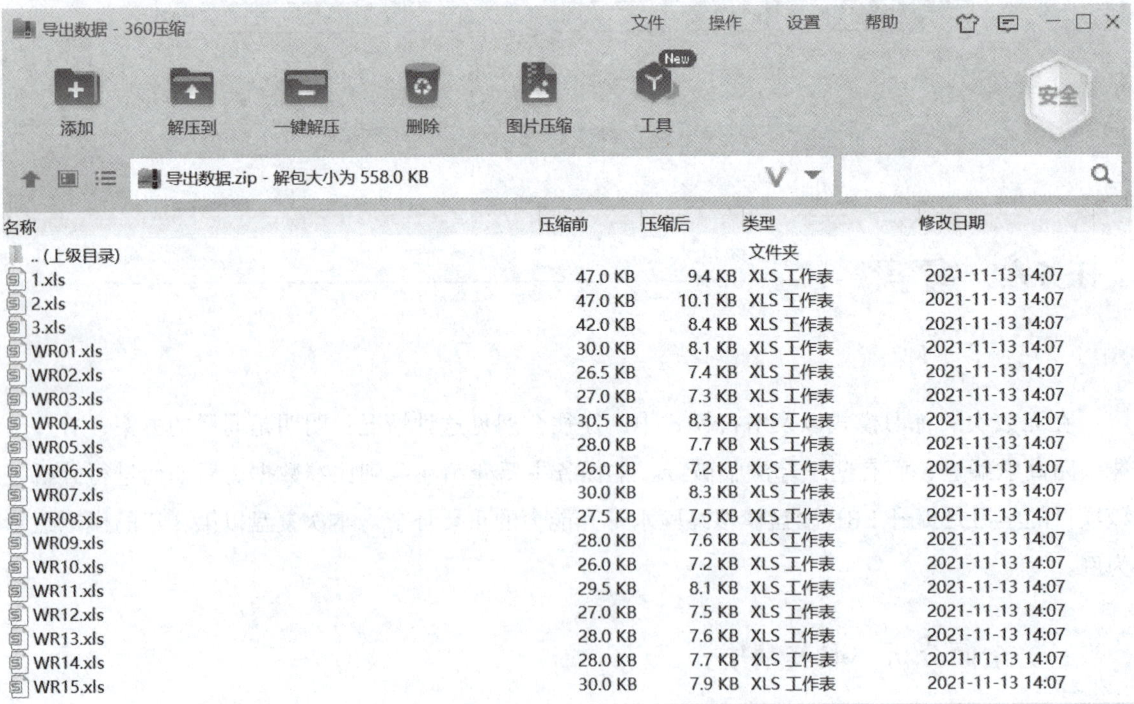

图 5-76　数据文件

WR01广告投放情况					
产品	本地	区域	国内	亚洲	国际
P1	12	12	0	0	0
P2	12	12	0	0	0
P3	12	12	0	0	0
P4	0	0	0	0	0
P5	0	0	0	0	0

WR02广告投放情况					
产品	本地	区域	国内	亚洲	国际
P1	10	30	0	0	0
P2	0	0	0	0	0
P3	0	0	0	0	0
P4	0	12	0	0	0
P5	0	0	0	0	0

WR03广告投放情况					
产品	本地	区域	国内	亚洲	国际
P1	21	21	0	0	0
P2	21	21	0	0	0
P3	21	21	0	0	0
P4	0	0	0	0	0
P5	0	0	0	0	0

WR04广告投放情况					
产品	本地	区域	国内	亚洲	国际
P1	0	0	0	0	0
P2	10	30	0	0	0
P3	0	0	0	0	0
P4	0	0	0	0	0
P5	10	10	0	0	0

WR05广告投放情况					
产品	本地	区域	国内	亚洲	国际
P1	21	21	0	0	0
P2	15	11	0	0	0
P3	11	16	0	0	0
P4	0	0	0	0	0
P5	0	0	0	0	0

WR06广告投放情况					
产品	本地	区域	国内	亚洲	国际
P1	10	10	0	0	0
P2	0	0	0	0	0
P3	0	0	0	0	0

第2年广告投放　第2年广告投放(格式二)　第2年三张报表　生产线信息　第2年市场老大

图 5-77　第 2 年数据

WR01公司详细资料			
制表人	国际企业调查公司	制表时间	2021/11/13 14:07:03
公司现金	178W	公司状态	正在经营
股东注资	0W	系统时间	第3年1季
公司名称	1	所属学校	4
组织结构	总经理:4 购务总监:4 市场总监:4 运营总监:4		
公司宣言	4		

企业信息　库存信息　银行贷款　研发认证　厂房与生产线　订单信息　现金流

图 5-78　WR01 数据

通过队伍的详细数据全面分析优秀队伍的打法、开局、广告投放以及一些重要决策；也可以分析失误队伍的方案所存在的问题。如果只是简单地竞赛，不懂得总结，很快就会出现瓶颈，取长补短才是竞赛的目的。

需要注意的是，商战与创业者的排名方式有些不同。创业者总成绩 = 系统自动生成的所有者权益 − 罚分，从高到低排列；而商战排行榜记分标准是总成绩 = 所有者权益 ×（1+ 企业综合发展潜力 /100），企业综合发展潜力 = 市场资格分值 + ISO 资格分值 + 生产资格分值 + 厂房分值 + 各条生产线分值，最后按系统自动生成的得分 − 罚分，从高到低排列。

通过图 5–79 第 2 年排名，可以知道第 10 组、第 9 组和第 14 组位列前三，分别打开这三组的数据文件，来进行分析复盘。

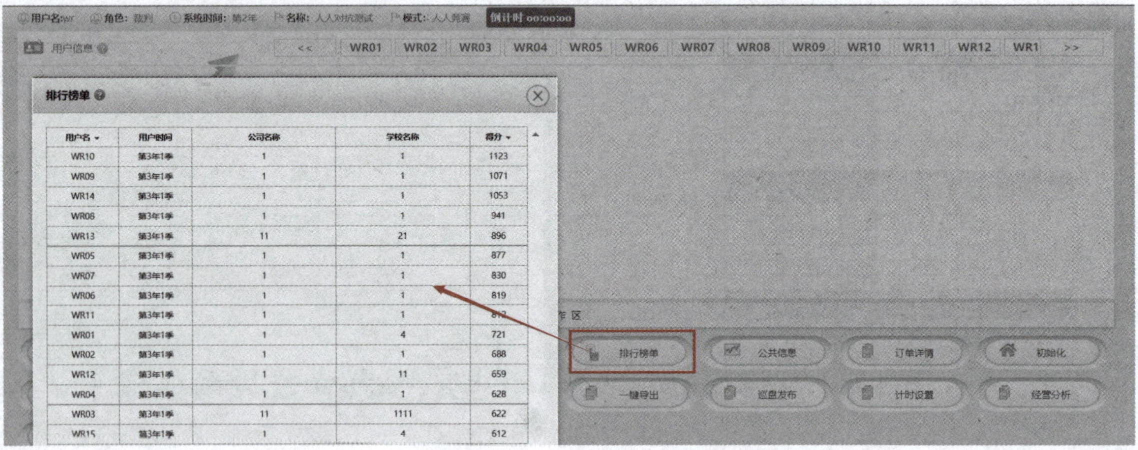

图 5–79　第 2 年排名

依次打开前三名的数据文件（见图 5–80），发现一个共同点：这三组的产品研发都是 P2 产品和 P5 产品。也就是说，这场比赛做 P2 产品和 P5 产品组合是有一定优势的，这时候可以结合一开始下发的市场预测（见图 5–81）和第一年间课信息来分析原因。

市场开拓				
名称	开发费	周期	剩余时间	完成时间
本地	10W/年	1年	-	第1年4季
区域	10W/年	1年	-	第1年4季
国内	10W/年	2年	-	第2年4季
亚洲	15W/年	2年	-	第2年4季
国际	15W/年	3年	1	-

产品研发				
名称	开发费	周期	剩余时间	完成时间
P2	10W/季	3季	-	第1年3季
P5	12W/季	6季	-	第2年2季

ISO认证				
名称	开发费	周期	剩余时间	完成时间
ISO9000	10W/年	2年	-	第2年4季
ISO14000	15W/年	2年	-	第2年4季

图 5–80　前三名研发认证表

市场预测表——均价							
序号	年份	产品	本地	区域	国内	亚洲	国际
1	第2年	P1	48.89	49.1	0	0	0
2	第2年	P2	70.38	71.48	0	0	0
3	第2年	P3	89.32	90.12	0	0	0
4	第2年	P4	0	120.05	0	0	0
5	第2年	P5	150.75	150.19	0	0	0
6	第3年	P1	49.37	50.16	49.05	0	0
7	第3年	P2	70.4	71.31	71.14	69.97	0
8	第3年	P3	84.33	85.86	88.48	81.33	0
9	第3年	P4	121.45	122.35	0	118.32	0
10	第3年	P5	146.06	0	146.05	148.67	0
11	第4年	P1	49.96	52.29	49.9	0	57.19
12	第4年	P2	69.29	68.78	67.75	73.68	0
13	第4年	P3	83.52	85.07	86.67	87.26	80.41
14	第4年	P4	118.39	116.79	116.86	121.95	0
15	第4年	P5	147.29	0	145.95	144.55	149.33
16	第5年	P1	48.28	0	50.23	0	54.43
17	第5年	P2	71.39	73.29	69.62	71.3	70.42
18	第5年	P3	84.52	84.07	0	87.18	84.05
19	第5年	P4	127.71	128.9	132.22	128.42	0
20	第5年	P5	0	138.7	141.05	145.45	150.69

市场预测表——需求量							
序号	年份	产品	本地	区域	国内	亚洲	国际
1	第2年	P1	63	60	0	0	0
2	第2年	P2	52	54	0	0	0
3	第2年	P3	38	16	0	0	0
4	第2年	P4	0	21	0	0	0
5	第2年	P5	16	16	0	0	0
6	第3年	P1	62	25	59	0	0
7	第3年	P2	20	51	50	29	0
8	第3年	P3	15	44	21	27	0
9	第3年	P4	22	20	0	19	0
10	第3年	P5	17	0	19	15	0
11	第4年	P1	57	17	62	0	43
12	第4年	P2	45	27	24	25	0
13	第4年	P3	40	45	21	43	17
14	第4年	P4	23	19	14	20	0
15	第4年	P5	17	0	19	20	12
16	第5年	P1	54	0	81	0	54
17	第5年	P2	46	17	50	46	24
18	第5年	P3	23	46	0	44	44
19	第5年	P4	24	21	18	19	0
20	第5年	P5	0	23	22	20	26

市场预测表——订单张数							
序号	年份	产品	本地	区域	国内	亚洲	国际
1	第2年	P1	22	20	0	0	0
2	第2年	P2	19	20	0	0	0
3	第2年	P3	15	6	0	0	0
4	第2年	P4	0	9	0	0	0
5	第2年	P5	7	7	0	0	0
6	第3年	P1	23	9	20	0	0
7	第3年	P2	7	19	18	10	0
8	第3年	P3	6	16	8	10	0
9	第3年	P4	8	8	0	7	0
10	第3年	P5	7	0	7	6	0
11	第4年	P1	21	8	21	0	14
12	第4年	P2	17	10	11	9	0
13	第4年	P3	15	16	8	15	7
14	第4年	P4	8	7	6	7	0
15	第4年	P5	6	0	7	6	5
16	第5年	P1	20	0	22	0	18
17	第5年	P2	17	6	17	16	9
18	第5年	P3	10	15	0	16	14
19	第5年	P4	7	8	7	7	0
20	第5年	P5	0	8	7	7	11

图 5–81　市场预测——第 2 年

表 5–13 中显示 P2 产品和 P5 产品的研发组数分别是 11 组和 4 组，图 5–81 中显示第 2 年

P2 产品和 P5 产品的需求量分别是 106 个和 32 个，从而可以计算出两种产品第 2 年的组均需求量分别是 9.6 个和 8 个。在前面“推荐方案 3”中讲到过，P2 产品和 P5 产品是高利润高风险组合，一旦第 2 年竞争较小，能够快速建立优势。因为 P5 产品的研发季度是 6 季，可以说第 2 年非常难做，只能使用柔性线，第 2 年第 1 季度和第 2 季度生产 P2 产品，然后在第 2 年第 3 季度转产 P5 产品，因为有一个 P2 产品需要成为 P5 产品的原料，所以 1 条柔性线在第 2 年的产能是 1 个 P2 产品和 1 个 P5 产品。所以第 2 年哪组生产的 P5 产品更多，哪组的优势就更大。接下来看看这三组的生产和销售情况：

三组的厂房和生产线信息如图 5-82、图 5-83 所示。

厂房信息								
ID	名称	状态	容量	购价	租金	售价	最后付租	置办时间
39	大厂房	租用	0/4	420W	42W/年	420W	第2年1季	第1年1季

生产线信息										
ID	名称	厂房	产品	状态	累计折旧	开产时间	转产时间	剩余时间	建成时间	开建时间
139	柔性线	大厂房(39)	P2	在产	0W	第2年4季	-	0季	第2年1季	第1年1季
140	柔性线	大厂房(39)	P2	在产	0W	第2年4季	-	0季	第2年1季	第1年1季
141	柔性线	大厂房(39)	P2	在产	0W	第2年4季	-	0季	第2年1季	第1年1季
142	柔性线	大厂房(39)	P2	在产	0W	第2年4季	-	0季	第2年1季	第1年1季

图 5-82 WR10 厂房与生产线

厂房信息								
ID	名称	状态	容量	购价	租金	售价	最后付租	置办时间
52	中厂房	租用	0/3	300W	30W/年	300W	第2年1季	第1年1季
79	中厂房	租用	0/3	300W	30W/年	300W	第2年1季	第2年1季

生产线信息										
ID	名称	厂房	产品	状态	累计折旧	开产时间	转产时间	剩余时间	建成时间	开建时间
183	柔性线	中厂房(52)	P2	在产	0W	第2年4季	-	0季	第2年1季	第1年1季
184	柔性线	中厂房(52)	P2	在产	0W	第2年4季	-	0季	第2年1季	第1年1季
185	柔性线	中厂房(52)	P2	在产	0W	第2年4季	-	0季	第2年1季	第1年1季
262	租赁线	中厂房(79)	P2	在产	0W	第2年4季	-	0季	第2年1季	第2年1季
263	租赁线	中厂房(79)	P2	在产	0W	第2年4季	-	0季	第2年1季	第2年1季
264	租赁线	中厂房(79)	P2	在产	0W	第2年4季	-	0季	第2年1季	第2年1季

图 5-83 WR09 和 WR14 厂房与生产线

根据图 5-82 可以看到，WR10 组采用的是 4 条柔性线，这个方案在第 2 年可以得到 4 个 P2 产品和 4 个 P5 产品。WR09 和 WR14 组方案相同，采用的是 3 条柔性线和 3 条租赁线，可以得到 12 个 P2 产品和 3 个 P5 产品。接下来比较下这两个方案的优劣势：

首先是方案一，它的优势是 P2 产品产能小，P5 产品产能大。在第 2 年 P5 产品组均需求量很大的情况下，广告额可以很低，且柔性线第 2 年的维修费低，在第 2 年很容易产生可观的净利润。它的劣势是后面几年产能不足，随着市场扩多、需求量增大，会被其他组反超。

其次是方案二，它的优势是 P2 产品产能大，且租赁线的 P2 产品可以在第 3 年作为柔性线生产 P5 产品的原料，能在后面几年生产出大量的 P5 产品，提升优势。它的劣势是第 2 年的 P2 产品产量不少，如果同策略的竞争对手过多，会导致产能过剩，增加产品库存，影响现金流和净利润。

三组的订单列表如图 5-84 ～图 5-86 所示。

订单列表										
订单编号	市场	产品	数量	总价	状态	得单年份	交货期	账期	ISO	交货时间
X21-0256	本地	P2	4	293W	已交单	第2年	2季	3季		第2年2季
X22-0316	区域	P5	4	600W	已交单	第2年	4季	2季		第2年4季

图 5-84 WR10 订单列表

订单列表										
订单编号	市场	产品	数量	总价	状态	得单年份	交货期	账期	ISO	交货时间
X22-0302	区域	P2	4	275W	已交单	第2年	4季	2季		第2年4季
X21-0097	本地	P2	5	337W	已交单	第2年	4季	2季		第2年2季
X22-0297	区域	P2	3	200W	已交单	第2年	4季	1季		第2年3季
X22-0317	区域	P5	3	444W	已交单	第2年	4季	1季		第2年4季

图 5-85 WR09 订单列表

订单列表										
订单编号	市场	产品	数量	总价	状态	得单年份	交货期	账期	ISO	交货时间
X22-0106	区域	P2	4	302W	已交单	第2年	4季	4季		第2年4季
X21-0258	本地	P2	4	281W	已交单	第2年	3季	2季		第2年3季
X22-0295	区域	P2	1	80W	已交单	第2年	2季	3季		第2年2季
X21-0263	本地	P2	2	141W	已交单	第2年	3季	1季		第2年2季
X22-0313	区域	P5	3	452W	已交单	第2年	4季	2季		第2年4季

图 5-86 WR14 订单列表

根据三组的订单列表可以看到，WR10 和 WR09 将第 2 年生产的产品全部都销售出去了，而 WR14 第 2 年剩下 1 个产品。

接下来看下三组的报表（见图 5-87）。

用户名	WR09	WR10	WR14
管理费	40	40	40
广告费	50	52	70
维护费	270	80	270
损失	0	0	0
转产费	0	0	0
租金	60	42	60
市场开拓费	40	40	40
产品研发费	24	24	24
ISO认证费	25	25	25
信息费	0	0	0
合计	509	303	529

用户名	WR09	WR10	WR14
销售收入	1256	893	1256
直接成本	540	360	510
毛利	716	533	746
综合费用	509	303	529
折旧前利润	207	230	217
折旧	0	0	0
付利息前利	207	230	217
财务费用	33	45	52
税前利润	174	185	165
所得税	0	0	0
年度净利润	174	185	165

用户名	WR09	WR10	WR14
类型	系统	系统	系统
现金	142	2	7
应收款	719	683	815
在制品	180	120	180
产成品	0	0	30
原料	0	0	0
流动资产合计	1041	805	1032
厂房	0	0	0
机器设备	600	800	600
在建工程	0	0	0
固定资产合计	600	800	600
资产总计	1641	1605	1632
长期贷款	44	558	184
短期贷款	1056	507	916
特别贷款	0	0	0
所得税	0	0	0
负债合计	1100	1065	1100
股东资本	600	600	600
利润留存	-233	-245	-233
年度净利	174	185	165
所有者权益合计	541	540	532
负债和所有者权益总计	1641	1605	1632

图 5-87 前三名第 2 年报表

根据报表数据可以看到，三组的所有者权益相近。虽然 WR09 和 WR14 因为加了 3 条租赁线，综合费用比 WR10 高不少，但是第 2 年的 P2 产品竞争不大，所以两组的销售情况比较好，使得毛利超过 WR10 不少，综合下来，净利润相差不大。

虽然 WR10 在第 2 年得分略微领先，但通过后期对市场预测的分析，可以知道 WR10 和 WR09 更具有优势。因为 WR10 只有 4 条柔性线，在不加生产线的情况下第 3 年的产能只有

16个，而另外两组均有3条柔性线和3条租赁线，在不加生产线的情况下第3年产能各有24个。同时租赁线的维修费是每条70万元，柔性线的维修费加折旧也需要每条60万元，在两者相差不大的情况下，P2产品和P5产品的高毛利和逐渐扩大的市场使得谁的产能大谁的成长性就更高。

二、未到终局，焉知生死

通过上述复盘分析可见，这场比赛WR09和WR14的开局优势比较大。只要不出现失误，看准时机扩大产能、研发产品，它们将拿下比赛的前两名。但是，比赛是历时一天、模拟经营5年的竞技，在此期间，什么状况都有可能发生，其他组未必没有机会拿下比赛的胜利。

比如WR10组，它虽然是以4条柔性线开局，第3年面临产能不足的尴尬境地，但是它可以通过在第3年第1季度大胆预备多条租赁线生产P2产品作为原料，同时去竞单市场拿下高价格的P5产品的订单，非常有希望在第3年继续稳固优势，一往无前。

再比如其他做P1产品和P4产品组合的队伍，在第2年P4产品市场是比较拥挤的，但是第3年及以后的单价和需求量有明显的提升。第2年经营较好的P1产品和P4产品组合的队伍，完全能够在第3年多铺租赁线和手工线，拿下大量订单，获取较好利润；接着研发P2产品和P5产品，跟其他做P2产品和P5产品组合的队伍一争高下。

还有其他做P1产品、P2产品和P3产品组合的队伍，仍旧留有一线生机。

未到终局，焉知生死。或许这就是沙盘竞技的魅力！

能力检测

一、单选题

1. 如果预算表下一年现金断流，首先（　　）。

   A. 直接点破　　B. 停产营销　　C. 减少材料采购　　D. 违约选单

2. 在查看各组报表时，衡量企业最终排名因素是（　　）。

   A. 净利润　　B. 负债与所有者权益合计

   C. 所有者权益　　D. 综合费用

3. 在市场组均（∑需求量 / 组数）只有12的情况下，采取（　　）的方式开局比较安全。

   A. 5条手工线　　B. 4条自动线　　C. 空降租赁线　　D. 3条柔性线

4. 如果手工线在第1年第3季度建成，最迟需要在（　　）完成某一产品的研发。

   A. 第1年第1季度　　B. 第1年第2季度

   C. 第1年第3季度　　D. 第1年第4季度

5. 如果当年运营超时报表未提交，以下做法正确的是（　　）。

   A. 直接提交报表　　B. 计算清楚再提交，保证报表正确

   C. 申请延时　　D. 依据第4季度财务信息，大致填写

6. 假设第 2 年第 4 季度需要上交 4 个 P3 产品的订单，总金额为 205 万元。但是库存只有 2 个 P3 产品，则违约至少需要损失（　　）万元的金额（违约金比例为 25%）。

A. 51　　B. 26　　C. 25　　D. 52

7. 甲产品成本为 20 万元，紧急采购 3 个甲产品，紧急采购成品的价格为成本的 3 倍，则计入损失（　　）万元。

A. 120　　B. 100　　C. 90　　D. 110

8. 某公司第 1 年净利润为 –225 万元，第 2 年税前利润为 166 万元，则第 2 年所得税为（　）万元（税率 25%）。

A. 42　　B. 41　　C. 15　　D. 0

9. 在正常市场竞争下，第 1 年短贷最佳方式应该为（　　）。

A. 4 个季度平铺　　B. 只贷最后 2 个季度

C. 根据下年资金情况贷款　　D. 重投后 2 个季度

10. 假设第 1 年计划生产 P3 产品，结果第 4 季度 P3 产品少订了原料，则第二年投广告不应该按（　　）的原则投放。

A. 减少广告额，少抢点订单

B. 广告额度不变，紧急采购原料去抢 P3 产品的订单

C. 加大广告额度，订单越多越好

D. 分析对手后，把控广告额度

二、多选题

1. 以下费用计算会四舍五入的有（　　　）。

A. 违约金扣除　　B. 库存拍卖所得现金

C. 贴现费用　　D. 扣税

2. 在分析复合产品属性时，以下（　　　）数据需要乘以它的低级产品合计数。

A. 产品毛利　　B. 组均　　C. 产能　　D. 生产周期

3. 财务总监在实战中需要注意的有（　　　）。

A. 在年初和季度初分别计算长期贷款和短期贷款的额度

B. 合理安排交货时间，计算应收账款

C. 计算合计综合费用

D. 报表的填写

4. 关于选单规则优先级，正确的有（　　　）。

A. 看本市场广告额　　B. 广告额相同时，看本市场广告总额

C. 看上一年本市场销售总额　　D. 广告总额相同时，比较投放广告的速度

5. 关于银行贷款（假设长贷利率为 10%，短贷利率为 5%），需要注意以下（　　　）事项。

A. 长期贷款在每年的年初可以申请贷款，要贷 10 的倍数

B．短期贷款在每个季度初都可以申请贷款，要贷 20 的倍数 +9

C．一般情况下，尽可能多利用短贷来解决资金问题

D．长期贷款，在第 5 年年初的时候一次性还本付息，如果长贷贷得多，则很有可能在还完长贷之后就面临破产的困境

6．下列各项中，（　　）与综合费用有关。

A．研发　　B．信息　　C．折旧　　D．转产

7．下列（　　）与利润表中的损失项目计算有关。

A．违约费用　　B．变卖原料　　C．紧急采购原料　　D．变卖生产线

8．某年季初现金余额为 103 万元，待还短本 129 万元、短息 6 万元，原料成本与人工共 110 万元，则申请短贷（　　）万元，季中现金为正数。

A．209　　B．129　　C．189　　D．109

9．关于生产线维护和折旧，下列正确的有（　　）。

A．安装完成当年，要交维护费　　B．安装完成当年，不交折旧费

C．安装完成次年，不交维护费　　D．正在进行转产的生产线，要交维护费

10．决定下一年度生产计划时，下列行为正确的有（　　）。

A．看前几年哪个对手赚得多，就去做相应的产品

B．根据下年市场组均变化，决定产能变化

C．根据下年产品利润变化，决定产能变化

D．分析上年广告投放情况再决定产品

三、判断题

1．企业经营者需要进行组间配合，企业需要有财务、运营、采购、决策成员。（　　）

2．在财务人员做完预算表后，CEO 再进行产品决策研发与分析。（　　）

3．在实战过程中，财务人员需要在年末提前排算下一年各种产品的生产计划，优化下一年交货前的现金流。（　　）

4．经营者应该选择产品利润高的产品，而不分析市场竞争强度。（　　）

5．经营者在选单界面，复合产品应该选择数量大、利润高的订单。（　　）

6．总成绩 = 所有者权益 ×（1+ 企业综合发展潜力 /100），所以生产线越多越好。（　　）

7．所得税费用 = 税前利润 × 所得税率。（　　）

8．折旧前费用 = 收入 − 成本 − 综合费用。（　　）

9．财务费用就是贴息与长短息之和。（　　）

10．生产线净值等于残值不再计提折旧。（　　）

知识图谱

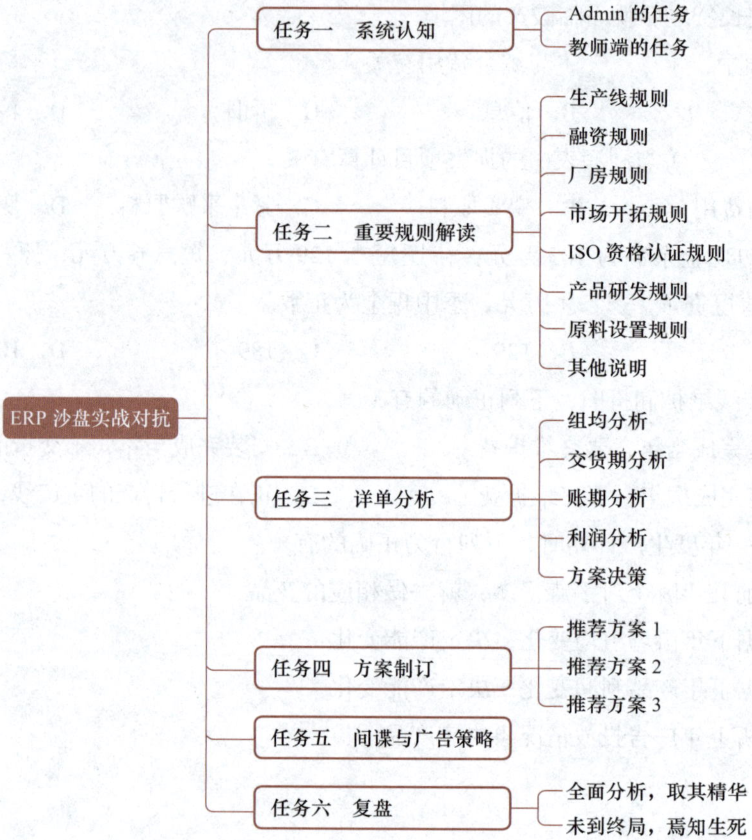
ERP 沙盘实战对抗
任务一　系统认知
Admin 的任务
教师端的任务
任务二　重要规则解读
生产线规则
融资规则
厂房规则
市场开拓规则
ISO 资格认证规则
产品研发规则
原料设置规则
其他说明
任务三　详单分析
组均分析
交货期分析
账期分析
利润分析
方案决策
任务四　方案制订
推荐方案 1
推荐方案 2
推荐方案 3
任务五　间谍与广告策略
任务六　复盘
全面分析，取其精华
未到终局，焉知生死

项目六

ERP沙盘经营分析

项目综述

对企业 ERP 沙盘模拟经营体验的分析与总结是提高企业经营能力的重要环节。本项目主要介绍企业经营本质、经营业务分析、经营成果分析和经营业绩衡量，该项目的学习是为在后续竞赛中提升企业经营核心竞争力的重点内容。

学习目标

- 了解企业经营本质。
- 明确企业发展战略规划。
- 掌握市场分析与定位。
- 熟悉生产与运营管理。
- 学会财务预算的编制。
- 能够进行经营成果分析。
- 理解业绩衡量的方法。

素质目标

培养学生分析与解决问题的能力，能够分析企业经营成果，找出影响企业利润的关键因素，能够掌握企业经营的成功之道。

重点与难点

企业发展战略选择、市场营销分析方法与技巧、财务预算的编制以及财务控制的方法、生产计划与采购方式调整

任务一　经营的本质

经营的本质是企业利用一定的经济资源，通过向社会提供产品和服务来获取利润。

在企业实现销售之前，必须先要采购原料、支付工人工资，还有其他生产加工时必需的费用，才能最终生产出产品，计算利润时要从收入中抵扣掉这些直接成本；还要抵扣企业为形成这些销售支付的各种费用，包括产品研发费用、广告投入费用、市场开拓费用、设备维修费用、管理费用等；此外，机器设备在生产运行后会贬值，例如一辆原价 10 万元的汽车，驾驶 3 年之后可能仅值 5 万元，资产缩水了，这部分损失应当从销售额中得到补偿，这就是折旧。经过三个方面的抵扣之后，剩下的部分形成支付利息前的利润，归三方所有。首先，资本中有一部分来自银行贷款，企业在很大程度上是靠银行的资金产生利润的；而银行之所以贷款给企业，当然需要收取利息回报，即财务费用；其次，企业的运营离不开国家的“投入”，如道路、环境、安全等，所以一部分归国家，即税收；最后的净利润，才是股东的。

企业经营本质

经营的本质如图 6-1 所示。

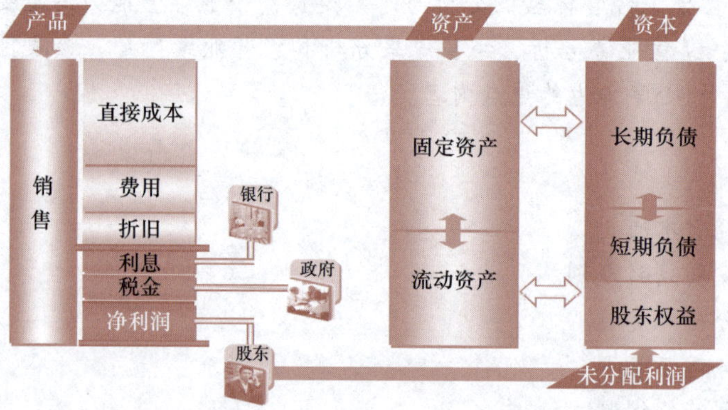

图 6-1　经营的本质

一、企业资本来源

1）负债：长期负债和短期负债。

2）股东权益：企业创建之初所有股东投入的资本和年末未分配的利润。

二、企业资产（会计恒等式的应用）

会计恒等式：资产 = 负债 + 所有者权益。

在企业筹集了初始资本之后，将进行采购厂房、建设生产线、购买原料、生产加工产品等活动，余下的资本（资金）就是企业的流动资金。这时，企业的资本就等值地转换成了企业的资产。通俗地讲，资产就是企业的“钱”都花到哪儿了，资本就是这些“钱”是属于谁的，两者从价值上讲必然是相等的，即资产负债表中左边等于右边。

三、企业净利润增加的途径

企业获取利润的主要途径有：一是扩大销售收入（开源），二是降低成本费用（节流）。

1）扩大销售收入（开源）。扩大企业生产规模是企业发展规划中最重要的一步。通过扩大市场范围、进行品牌认证、合理投入广告、增加新生产线等一系列操作，进行市场开拓，从而扩大销售，如图 6-2 所示。

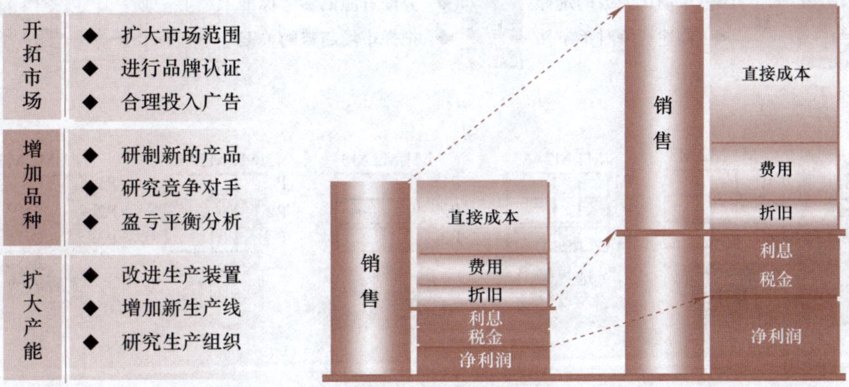

图 6-2 开源——努力扩大销售

2）降低成本费用（节流）。降低各项成本费用开支是企业财务管理的一项重要内容。通过对各项成本费用开支的列示，有利于企业进行成本费用的结构分析，加强成本控制，寻找出降低成本费用的途径，如图 6-3 所示。

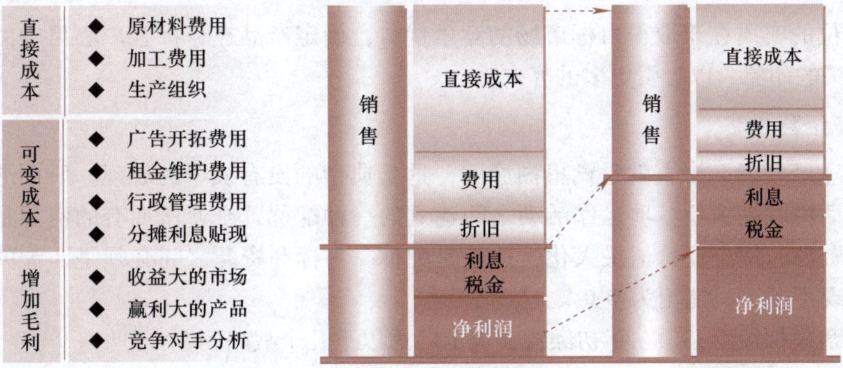

图 6-3 节流——尽力降低成本

任务二 经营业务分析

一、首席执行官（CEO）——企业战略规划

企业首席执行官（CEO）如何在竞争激烈的商战中通过市场分析与定位取得成功，作为管理者要学会选择，如图 6-4 所示。

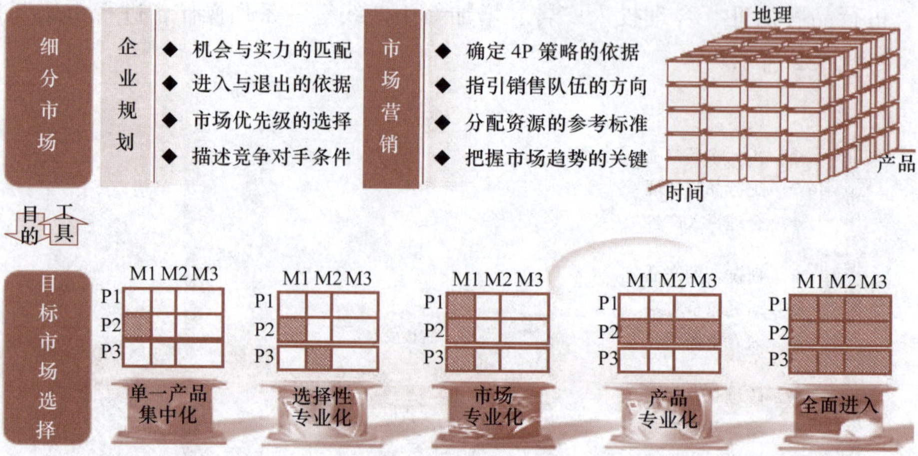

图 6-4 目标市场的选择

1. 市场分析

市场分析是指通过市场调研，依据消费者需要和欲望、购买习惯和购买行为等方面的差异，将某一产品的市场整体划分为若干消费者群的市场分类过程。每一个需求特点类似的消费者群就构成一个细分市场。

2. 市场定位

市场定位的实质在于取得目标市场的竞争优势，确定产品在目标客户心目中的适合位置并留下值得购买的印象，以吸引更多的客户。

3. 企业经营战略

很多企业经营者，一直就是糊里糊涂的，这是典型的没有战略的表现。所谓战略，用迈克尔·波特的话说就是企业各项运作活动之间建立的一种配称。企业所拥有的资源是有限的，如何分配这些资源，使企业价值最大化，这就是配称。目标和资源之间必须是匹配的，不然目标再远大，实现不了，只能沦为空想。

ERP 沙盘模拟经营必须在年初经营会议上考虑以下几个战略问题：

➢ 企业想进入哪些市场？企业想开发哪些产品？
➢ 企业想投资什么样的生产线？企业是否需要进行 ISO 认证？
➢ 企业的融资策略是什么？
➢ 企业今年的市场投入（广告）策略是什么？

ERP 沙盘模拟经营中为了实现战略目标，最有效的工具是做长期资金规划，预先将 6 年的资金预算一一算出，形成资金规划。同时完成 6 年预测的财务报表、生产计划和采购计划，从而形成一套可行的战略。当然，仅有一套战略是不够的，事先还需要形成数套战略，同时在执行的过程中做动态调整，可以根据如图 6-5 所示的思路进行调整。

在制定战略的过程中，有两点需要特别注意：

1）在战略的制定和执行过程中，永远不要忘记你的对手，对手的一举一动都会对你产生重大影响。

2）前 3 年是经营的关键，此时企业资源较少，战略执行必须步步为营，用好每一分钱。而且前期若被对手拉大差距，后期想追赶是很难的。第一年浪费 1 万元，可能会导致第 6 年权益相差几十万元。

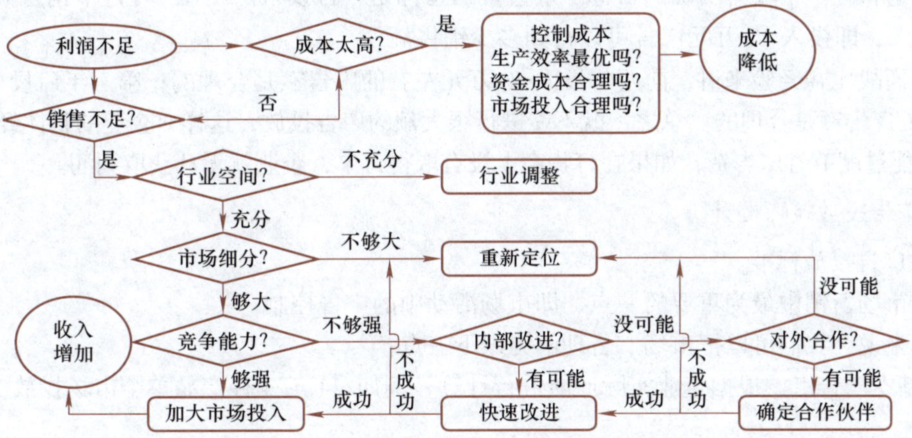

图 6–5 系统思考——经营战略的调整

二、销售总监——市场营销解析

1. 整体广告方案

市场销售活动是企业经营最大的变数，也是企业利润的直接来源，其重要性不言而喻。销售总监可以说是最有挑战性的岗位。

如图 6–6 所示的市场预测可做如下解读：P1 产品的需求量在后两年快速下降，其价格也逐年走低；P2 的产品需求量一直较为平稳，前四年价格较稳定，但在后两年下降迅速；P3 产品需求发展较快，价格逐年走高；P4 产品只在最后两年才有少量的需求，但价格和 P3 产品相比并没有特别的吸引力。

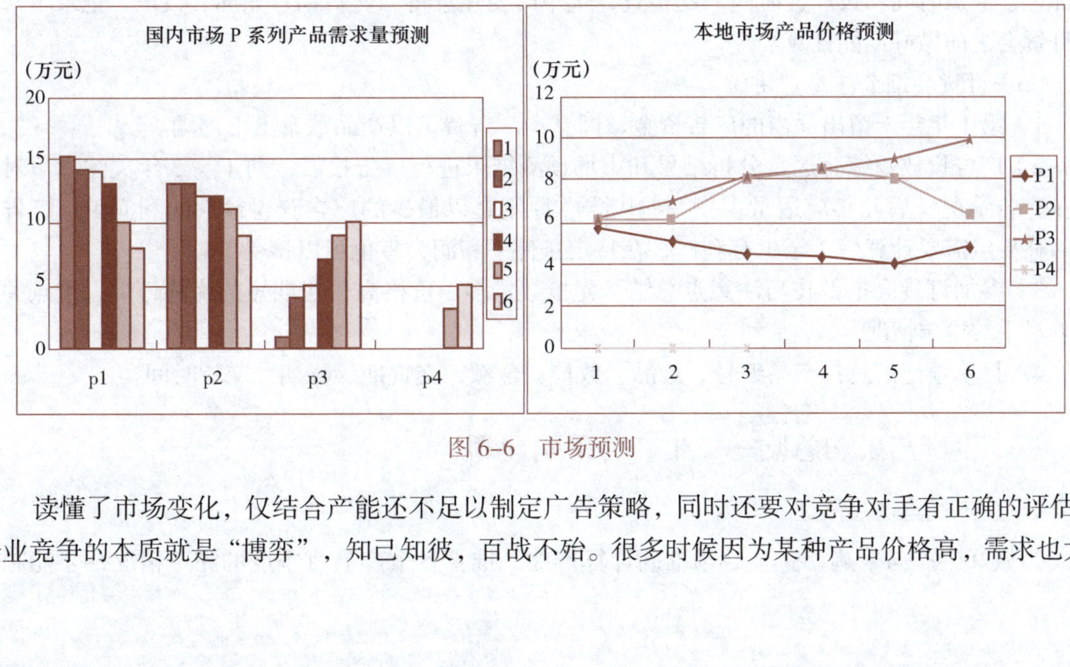

图 6–6 市场预测

读懂了市场变化，仅结合产能还不足以制定广告策略，同时还要对竞争对手有正确的评估，企业竞争的本质就是“博弈”，知己知彼，百战不殆。很多时候因为某种产品价格高，需求也大，大家都去抢单，其结果是恶性竞争，让生产和销售其他产品的公司获益。所以有些东西往往看着是“馅饼”，其实可能是“陷阱”。作为企业管理者，在制定好广告策略之后，还需要对销售额、销售量、毛利有一个较为明确的目标。最直接的指标是广告投入产出比（= 订单销售额合计 / 总广告投入），即投入 10 万元广告可以得到多少销售额。

根据商战比赛经验来讲，前两年投入 50 万元左右的广告额是合理的；第三年后投入 80 万～100 万元的广告额是合理的。总之，既不能进行很大额的广告投放，这样对企业的整体经营是不利的；也不能过度节省广告费，如果在订货会上没有取得订单，企业就无从获取利润。

2. 广告投放技巧提升

（1）广告投放标准

关于市场营销中最为重要的一点，即市场活动中的广告控制。

简单来说，我们可以把市场广告理解为以下三点：

1）基本广告点。根据企业实际产能进行计算，例如，1 ～ 4 种产品单个市场投放 10 万元的广告等。

2）利润广告点。净利润的计算公式为

净利润 = 销售收入 − 成本 − 综合费用 − 利息 − 折旧 − 所得税

企业经营的本质就是利润，所以企业需要考虑能够创造多少利润，本项目中的重点在于企业管理者对于综合费用中广告费额度的控制。

思考：在企业利润为零的情况下，企业该如何投放广告？

3）最佳广告点（极限广告）。以最合理的广告创造最大利润，例如，投放 10 万元的广告最多可以取得 8 个产品的订单。

（2）巡盘注意事项（现金流、产能、订单等）

1）巡盘环节：现金、研发、生产线、原料、产成品、厂房、贷款额度（可进行复盘，推算其他竞争企业的发展规划）。

2）巡盘：查看其他企业的信息，重点看同类竞争者（现金、生产线、生产产品个数）并注意标记，巡盘时间和投广告时间一起检查，选单时要注意将“交货期、账期、数量”记录下来，在订货会之前做好产能计算。

（3）订货会细节注意点讲解

1）第 1 年年末留出适当的广告资金，即基本广告费（以产品数量上下浮动）。

2）广告投放：综合巡盘分析结果和市场预测结果进行广告投放，前 1 ～ 3 年关注竞争对手企业广告情况，后几年应适量多投一些广告（原则是以最少的广告获得最大的利润），广告投放的临界点需要计算好（至少有利润，在特定条件下利润为零也可以接受）。

3）参加订货会抢单技巧注意点总结：先抢数量多、价格高、账期短的优势订单，重点关注竞争对手的抢单情况。

4）订单登记汇总：产品编号、产品、数量、金额、交货期、账期、交货时间。

三、生产与采购总监——生产与采购计划

1. 生产线与产品概述

为做好生产与采购，企业必须准确计算产能，推算各个产品每季度的完工情况，才能制定

更好的广告策略，为选对订单做好一切准备，在此之前，生产与采购总监应了解企业生产线配置与产品原料构成，本项目中的生产线信息与产品概述如表 6–1 与表 6–2 所示。

表 6–1 生产线信息

生产线类型	投资总额（万元）	每季投资（万元）	安装周期（季）	生产周期（季）	转产费用（万元）	转产周期（季）	维修费（万元/年）	残值（万元）	折旧费（万元）	折旧时间（年）	分值（分）
超级手工线	35	35	0	2	0	0	5	5	10	3	5
自动线	150	50	3	1	20	1	20	30	30	4	8
柔性线	200	50	4	1	0	0	20	40	40	4	10
租赁线	0	0	0	1	20	1	65	–75	0	0	0

表 6–2 产品概述

产品名称	开发费（万元/季）	开发时间（季）	加工费（万元）	直接成本（万元）	分值（分）	产品组成
P1	10	2	10	20	10	R1×1
P2	10	3	10	30	10	R2×1+R3×1
P3	10	4	10	40	10	R3×1+R1×1+R4×1
P4	10	5	10	50	10	P1×1+R3×1+R1×1
P5	10	5	10	60	10	P2×1+R4×1+R2×1

2. 确定生产计划和采购计划

获取订单后，就可以编制生产计划和采购计划了。两者同时编制，以生产 P3 产品为例，其物料清单（BOM）为 R1+R3+R4，其中 R1 订购提前期为 1 个季度，R3、R4 为 2 个季度。

结合表 6–1 和表 6–2 可知，手工线（假设生产周期为 2 个季度）第 2 年第 1 季度计划生产 4 个 P3 产品，需要在第 1 年第 3 季度订购 4 个 R3 和 4 个 R4，第 1 年第 4 季度订购 4 个 R1；第 2 年第 3 季度开始新一批生产，则需要在第 2 年第 1 季度订购 4 个 R3 和 4 个 R4，第 2 年第 2 季度订购 4 个 R1，如表 6–3 所示。以此类推，可以根据生产线类型（手工线、自动线、柔性线、租赁线）及所生产产品类型计算出何时订购、订购多少。当然在实际操作的时候还要考虑原料库存、转产、停产、加工费、原料到货付款等。原料订购计划做好后，原料付款计划随即产生。

根据上述生产计划与采购计划，可计算得出企业使用各类生产线的产能，如表 6–4 所示。

表 6–3 4 条手工线 P3 产品生产计划及采购计划

年份	季度	生产计划					采购计划					
		P1（个）	P2（个）	P3（个）	P4（个）	P5（个）	R1（个）	R2（个）	R3（个）	R4（个）	人工费（万元）	材料费（万元）
第1年	1											
	2											
	3								4	4		
	4						4					
第2年	1			4					4	4	40	120
	2						4					
	3			4							40	120
	4											

表 6-4　4 条各类生产线 P3 产品产能

生产线类型	生产周期（季）	第 1 年产能（个）	第 2 年产能（个）	第 3 年产能（个）	第 4 年产能（个）	第 5 年产能（个）	第 6 年产能（个）
超级手工线	2	0	4	8	8	8	8
自动线	1	0	12	16	16	16	16
柔性线	1	0	12	16	16	16	16
租赁线	1	0	12	16	16	16	16

3. 生产与采购技巧提升

（1）零库存管理

原料的计算、采购计划排程，是 MRP（物资需求计划）的核心内容之一，也是影响一个企业资金周转率的重要因素。在企业生产采购过程中，通过精准计算，做到采购每个原料时都要明白其是什么时候做什么产品用的，这样才可以做到准时制（Just In Time，JIT）管理，实现“零库存”的目标。

通俗地说，在企业经营管理过程中，用贷款购买原料，需要支付利息；在 ERP 沙盘模拟中，原料的库存本身是不会产生利润的，因此原料库存越多，意味着需要更多的资金，同时会提高企业的贷款，增加财务费用，降低资金周转率，所以减少库存是企业节流的一项重要举措。

（2）百变库存管理

企业实现“零库存”，说明已经可以熟练掌握生产排程。但是“零库存”管理是基于未来需求确定的情况下做出的安排，实际比赛中，选手经常利用柔性线转产来调整已有的一些生产计划以应对变化的市场。因此如果追求绝对的“零库存”，会暴露参赛选手的企业不能根据市场订单情况及时灵活地调整生产安排等问题。因此，在有柔性线的情况下，原料采购计划应多做几种方案，取各种方案中出现的原料需求量的最大值。

例如，现有一条柔性线，在第 2 年第 1 季度有可能需要上线生产 P2 产品，也有可能生产 P3 产品。P2 由 R2+R3 构成，P3 由 R1+R3+R4 构成。由于生产安排不确定，通过分析发现要在第 2 年第 1 季度实现 P2、P3 的任意转换生产，需要在第 1 季度保证有 R1、R2、R3、R4 四种原料各一个。

若想要充分发挥柔性线的转产优势，必须做好原料的提前订购，预测拿单的可能情况；与此同时，在参加订货会之后相对应减少第 2 年的原料采购数量，以消耗之前多订的预备转产的原料库存。做好原料的灵活采购计划、“百变库存”管理是保证后期机动调整产能、灵活选取订单的基础，同时需要兼顾资金周转率，才能发挥出柔性线的最大价值。

四、财务总监——预算管理

1. 预算编制

在编制预算之前，模拟企业的 CEO 要会同财务总监、销售总监、采购总监、生产总监等相关部门负责人召开新年度会议，这也是工作流程表的第一步，结合过往年度情况对市场进行预测、分析，并结合上年度实际生产销售情况、库存情况，制定新年度的销售目标。销售目标一旦确定，与之相配套的生产采购预算、资金预算等的编制就紧跟着落实，这是一整套有顺序且环环相扣的预算计划编制。

2. 预算规划技巧提升

预算规划涉及的东西会比较多，在年度运营中的基本预算包括每年贷款额度的使用、材料费用的支付、订单交付及应收款管理、所得税的处理方式等。

（1）每年贷款额度的使用

在第 1 年经营中，企业都能大量地贷款，但是很遗憾，企业的贷款（短贷）在第 2 年是要还的。而长贷只需要每年支付利息，但利息费用却很高，企业很难盈利，长贷到期需还本付息。

那在短贷利率 5%、长贷利率 10% 的情况下，怎样贷款会比较好？

本书推荐以短贷为主、长贷为辅，就是能多借短贷就借短贷，若现金流还有缺口，则可以使用合理的长贷。同时在开局时短贷的额度尽量往后推，例如，第 1 季度贷 49 万元，第 2 季度贷 69 万元，第 3 季度贷 109 万元，第 4 季度贷 209 万元，合理分配贷款额度。

（2）材料费用的支付

在每种方案中，企业每季度生产使用的材料都需提前订购，但企业在模拟经营过程中需要注意一点：在订购原料时不扣材料费，只有原料入库时企业才需要支付费用。

例如，以 4 条自动线生产 P2 产品为例，每季度的原料入库费用都是 80 万元，这样企业现金流的压力并不太大，但在获取订单时，生产计划太过于简单很容易被针对。

在企业模拟经营多次之后，不同的企业都会选择使用各种生产线，同时多订购原料以便进行加线操作，但多订购的原料及后续的加线操作会导致第 1 季度现金使用量增多，进一步增加企业的现金流压力，所以在企业中需要提前准备好发展资金（现金预算规划表）。

（3）订单交付及应收款管理

在符合订单交货的情况下，企业可以调整产品交货时间。

例如，先交账期短的订单以降低现金流的压力，减少贴现费用；当然企业如果有更为高端的选择，如在第 2 年第 2 季度需要钱建设自动线，那么企业就可以在第 1 季度交 0 账期的销售订单来减缓现金流压力；在企业中根据是否需要资金的季度来调整交货，如企业在第 3 季度现金流充足，而第 4 季度资金不足，企业可以在第 2 季度交账期为 1 季的销售订单来缓解资金压力。

同理，企业在排产交货的同时也必须考虑下一年度的发展规划，如企业在这一年收到的钱并不是很多，那么是否需要安排在今年贴现建设生产线扩大下一年度产能，或直接在下一年度使用手工线和租赁线扩大产能，这些都是企业在做预算决策时需要思考的，也是现金预算规划表中体现企业未来发展的重要组成部分。

（4）所得税的处理方式

所得税是指国家对法人、自然人和其他经济组织在一定时期内的各种所得征收的一类税收。和其他税种一样，所得税具有强制性。

在 ERP 沙盘模拟的规则中，有几种情况特别要注意：

1）当年税前利润为正数，且以前年度没有亏损，按照所得税率缴纳所得税。

2）当年税前利润为零或负数，不用缴纳所得税。

3）当年税前利润为正数，但是以前年度有亏损，弥补亏损部分不需要缴纳所得税，直至权益达到一般模拟企业中的 600 万元（初始状态）。具体如表 6–5 所示。

表 6–5 所得税处理案例

项　目	第 1 年	第 2 年	第 3 年
年初权益（万元）	600	400	500
税前利润（万元）	–200	100	200
是否弥补亏损（万元）	0	100	100
所得税税率	25%	25%	25%
累计利润（万元）	–200	–100	175
应缴所得税费用（万元）	0	0	25
净利润（万元）	–200	100	75
年末权益（万元）	400	500	675

任务三　经营成果分析

本任务是从系统的角度，将某企业 6 年的综合费用表和利润表展示出来，并分别根据产品贡献度、全成本分析法、本量利分析和杜邦分析法等方法进行分析，让同学们通过数据分析经营成果，找出影响企业利润的关键因素。

某企业 6 年综合费用表和利润表（数据来源于电子沙盘，初始资金为 588 万元），如表 6–6 和表 6–7 所示。

从表 6–7 中，我们可以发现该企业在前 3 年业绩平平，企业逐步实现盈利，但从第 3 年起，由于销售收入增长较快，带动了利润增长，企业发展得越来越好。

表 6–6 综合费用表　（单位：万元）

项　目	第 1 年	第 2 年	第 3 年	第 4 年	第 5 年	第 6 年
管理费	40	40	40	40	40	40
广告费		102	89	110	161	202
维护费		76	76	161	161	271
损失						
转产费						
租金			33	33	79	
市场开拓费	62	41	29	15		
产品研发费	44	12	68		13	82
ISO 认证费	22	22				
信息费						
合计	168	293	335	359	454	595

表 6–7 利润表 （单位：万元）

项 目	第 1 年	第 2 年	第 3 年	第 4 年	第 5 年	第 6 年
销售收入	0	1027	1274	2019	2317	2915
直接成本	0	480	600	920	1040	1300
毛利	0	547	674	1099	1277	1615
综合费用	168	293	335	359	454	595
折旧前利润	–168	254	339	740	823	1020
折旧	0	0	120	120	270	270
支付利息前利润	–168	254	219	620	553	750
财务费用	0	36	85	219	221	227
税前利润	–168	218	134	401	332	523
所得税	0	13	34	100	83	131
年度净利润	–168	205	100	301	249	392

一、产品贡献度分析

企业经营的成果可以从利润表中看到，但财务反映的损益情况是公司经营的综合情况，并没有反映具体业务、具体合同、具体产品、具体项目等明细项目的盈利情况。盈利分析就是对企业销售的所有产品和服务分项进行盈利细化核算，核算的基本公式为

$$\text{单产品盈利} = \text{某产品销售收入} - \text{该产品直接成本} - \text{分摊给该产品的费用}$$

这是一项非常重要的分析，它可以告诉企业的经营者有哪些产品是赚钱的，哪些产品是不赚钱的。

在这个公式中，分摊费用是指不能够直接认定到产品（服务）上的间接费用，如广告费、管理费、维修费、租金、开发费等，都不能直接认定到某一产品（服务）上，需要在当年的产品中进行分摊。分摊费用的方法有很多种，传统的方法有按收入比例、按成本比例等进行分摊，这些传统的方法多是一些不精确的方法，很难做到合理。本课程中的费用分摊是按照产品数量进行分摊的，即

$$\text{某类产品分摊的费用} = \text{分摊费用} / \text{各类产品销售数量总和} \times \text{某类产品销售的数量}$$

按照这样的计算方法得出各类产品的分摊费用，根据赢利分析公式，计算出各类产品的贡献利润，再用利润率来表示对整个公司的利润贡献度，即

$$\frac{\text{某类产品的贡献利润}}{\text{该类产品的销售收入}} = \frac{\text{某类产品的销售收入} - \text{直接成本} - \text{分摊给该类产品的费用}}{\text{该类产品的销售收入}}$$

其结果如图 6–7 所示。

根据图 6–7 即可对产品贡献度进行分析。尽管分摊的方法有一定的偏差，但分析的结果可以说明哪些产品是赚钱的，是值得企业大力发展的，哪些产品赚得少或根本不赚钱。企业的经营者可以对这些产品进行更加仔细的分析，以确定企业发展的方向。

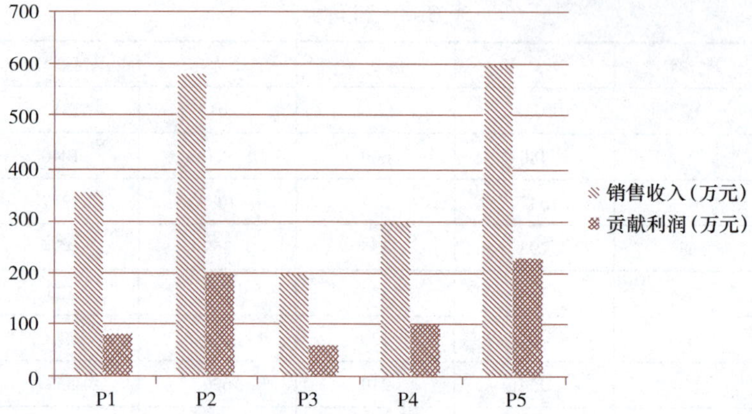

图 6-7　产品贡献利润

二、全成本分析

企业的成本由多项费用要素构成，了解各费用要素在总体成本中所占的比例，从比例较高的那些费用支出项入手，分析成本结构以及发生的原因，是控制成本的有效方法。费用比例的计算公式为

费用比例 = 费用 / 销售收入

如果将各费用比例相加，再与第 1 年相比，则可以看出总费用占销售的比例，如果超过第 1 年，则说明支出大于收入，企业亏损，并可以直观地看出亏损的程度，如图 6-8 所示。

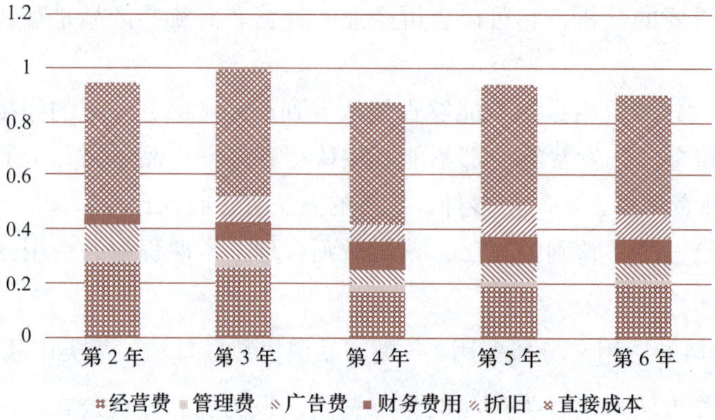

图 6-8　全成本费用比例

第 2 年经营费用较高，可能是企业经营规划出现了问题，例如，选单发生了重大失误或者生产和销售没有衔接好，造成直接成本过高，导致企业获取的订单利润不高。

第 3 年的重点是在于折旧的产生，所以管理者在企业的战略规划中需要提前思考折旧带来的利润影响。

第 4 年经营基本正常，也开始略有盈利，企业逐步走上正轨，但是财务费用比较高，可见资金把控能力还不足。

第 5 年利润较高，但直接成本也高，毛利率不理想，可见对市场研究还不够透彻，订单利润不高。

第 6 年广告有问题，其效益还不如第 5 年，毛利率也不够理想。

温馨提示

1）考虑到第 1 年没有销售，因此列出的数据是从第 2 年起。

2）经营费 = 综合费用 + 管理费用 + 广告费。

三、本量利分析

本量利分析法也称为盈亏平衡分析法，是指通过分析企业生产成本、销售利润和产品数量三者之间的关系，掌握盈亏变化规律，指导企业选择获得最大利润的经营方案。

销售额和销售数量成正比，而企业成本支出分为固定成本和变动成本两部分，固定成本和销售数量无关，如综合费用、折旧及利息等。总成本曲线和销售收入曲线交点即为盈亏平衡点，如图 6-9 所示。

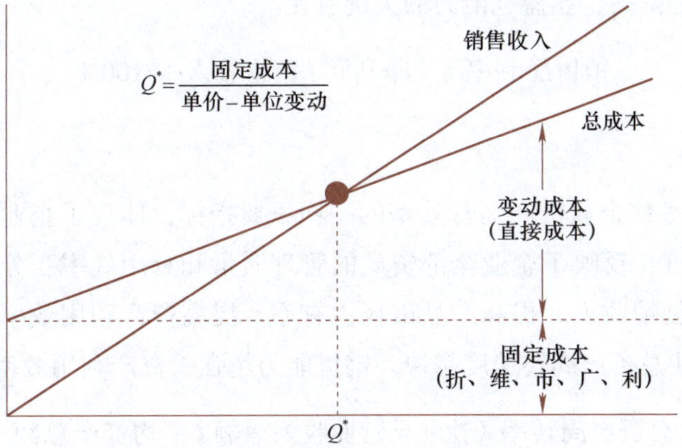

图 6-9 本量利分析

利润 = 销售额 − 变动成本 − 固定成本 = 单价 × 数量 − 单位变动成本 × 数量 − 固定成本

盈亏临界点销售量 = 固定成本 /（单价 − 单位变动成本）

例 6-1

根据图 6-9 可以分析出，用自动线生产 P2 产品是否合理。P2 销售单价 70 万元，材料费 20 万元，加工费 10 万元，折旧费 30 万元，生产线维修费 20 万元，市场广告费 50 万元，市场开拓及认证费用 50 万元，财务费用 10 万元，则

固定成本 = 折旧 + 维护 + 市场 + 广告 + 利息 =30+20+50+50+10=160（万元）

变动成本 = 材料费 + 加工费 =20+10=30（万元）

产品单价 =70（万元）

盈亏平衡点销售量 =160/（70−30）=4（个）

以上计算结果表明：如果 P2 产品销量不足 4 个，本年度就亏损了。

企业盈利不佳是因为成本过高或产量不足，所以企业在从事生产经营活动过程中，应最大限度地缩小盈亏平衡点的销量或销售收入，尽量提高盈利销量，实现企业利润最大化目标。

四、杜邦分析法

杜邦分析法是一种比较实用的财务比率分析法，最早由美国杜邦公司使用。企业经营的根本是盈利，衡量企业经营好坏的两个关键的指标就是资产收益率和净资产收益率（股东权益收益率），而净资产收益率是股东最为关心的指标。

在实际生活应用中，杜邦分析法的基本思想就是将企业的净资产收益率逐级分解为多项财务比率乘积，用来综合分析和评价企业盈利能力和股东权益回报水平，有助于深入分析比较企业的综合经营业绩。

1. 销售净利率

在杜邦分析法中销售净利率是最重要的，销售净利润反映了企业利润总额与销售收入的关系。提高销售净利率是提高企业盈利能力的关键所在。

销售净利率 =（净利润 / 销售收入）×100%

2. 总资产周转率

总资产周转率是考察企业资产运营效率的一项重要指标，体现了企业经营期间全部资产从投入到产出的流转速度，反映了企业全部资产的管理质量和利用效率。分析该指标有助于促进企业挖掘潜力、积极创造收入、提高产品市场占有率、提高资产利用效率。一般情况下，该指标数值越高，表明企业总资产周转速度越快，销售能力越强，资产利用效率越高。

总资产周转率（次）= 营业收入净额 / 平均资产总额

3. 权益乘数

权益乘数又称股本乘数，是指资产总额相当于股东权益的倍数。权益乘数越大表明所有者投入企业的资本占全部资产的比重越小，企业的负债程度越高，风险高；反之，该比率越小，表明所有者投入企业的资本占全部资产的比重越大，企业的负债程度越低，债权人权益受保护的程度越高，风险低。所以权益乘数可用来衡量企业的财务风险。

权益乘数 = 资产总额 / 股东权益总额

=1/（1- 资产负债率）

如图 6-10 所示，企业管理者可以直观地发现有哪些项目影响了销售净利率和总资产周转率，所以杜邦分析法既涉及企业获利能力方面的指标（所有者权益报酬率、销售净利率），又涉及营运能力方面的指标（总资产周转率），同时还涉及举债能力指标（权益乘数），可以说杜邦分析法是一个三位一体的财务分析方法，能够帮助企业做出更好的经营决策。

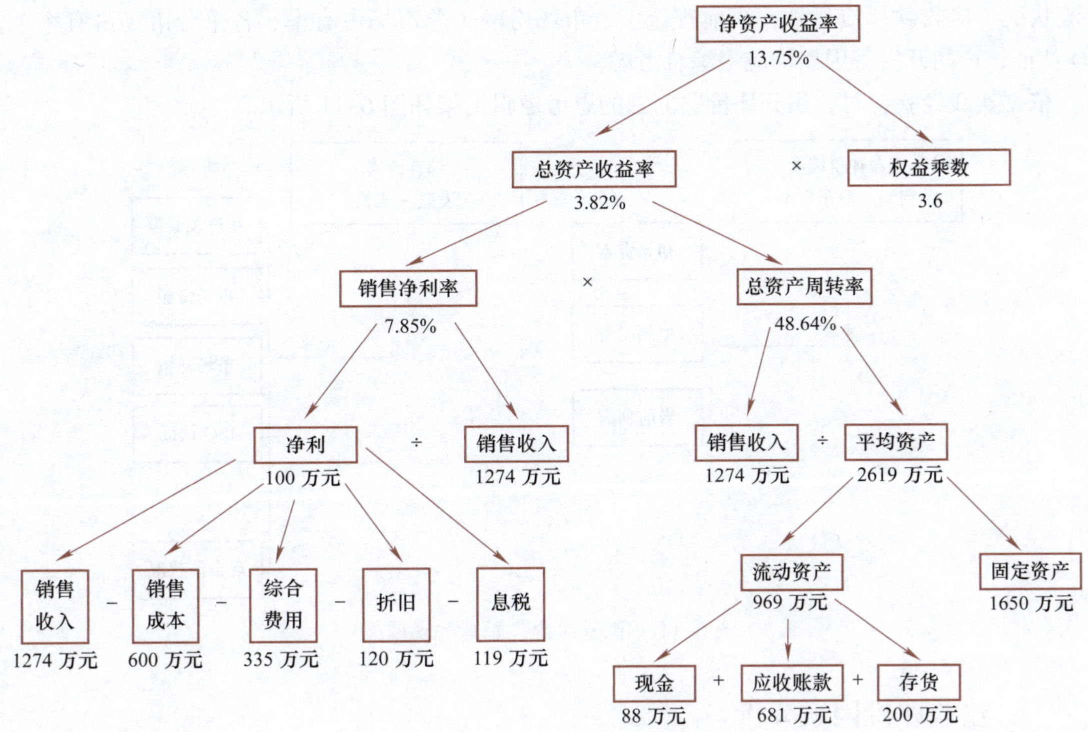

图 6–10 某企业第 3 年度的杜邦分析

任务四 经营业绩衡量

在“ERP 沙盘模拟实训”课程中，企业评价如何接近企业的真实价值，并且反映企业未来的发展和成长性，需要集中体现在总成绩中。在综合考虑各方面因素的基础上，企业经营业绩衡量定义如下：

总成绩 = 所有者权益 ×（1+ 企业综合发展潜力 /100）− 罚分

最后一年若系统自动计算的成绩相等，则参照最后一年经营结束时间，先结束最后一年经营的队伍排名在前。

经营业绩衡量

一、“成绩评价”思考的逻辑框架

对沙盘各小组比较“公正”的评价应当考虑以下两方面的因素：

1）“利润”肯定是一个关键因素。盈利的“多与少”是各组模拟经营综合决策的客观结果。但也有许多学习者在经营的最后一年结束时，将生产线全部卖掉，由此增加了“额外收入”计入“利润”之中，从而使积分加大。此时若仅考虑“利润”就产生了偏差。

2）综合考虑企业的未来发展是另一个关键因素。企业的固定资产（生产线、厂房等），现金流状况（应收款、应付款、当前现金），市场份额（总市场占有率、各个分市场占有率），ISO 认证，产品开发等因素均应当综合考虑。

依据实践经验，对“积分评价”问题的思考逻辑框架如图 6-11 所示。

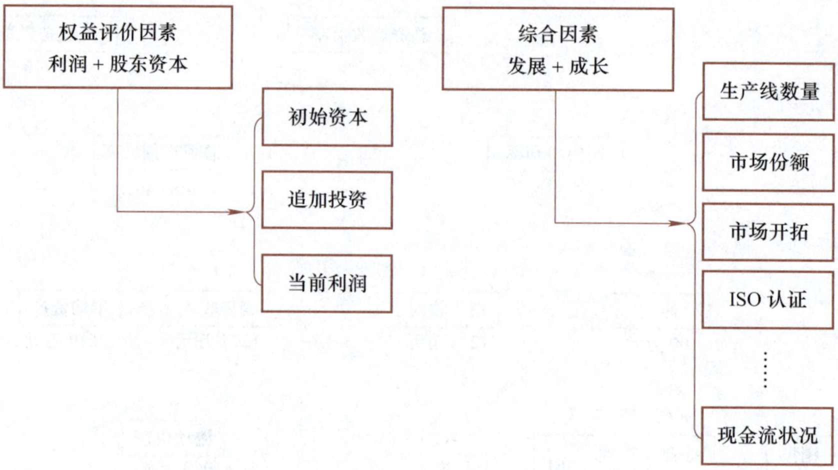

图 6-11 “积分评价”思考逻辑框架

二、权益评价因素分析

1）沙盘中各企业的权益结构很简单，所有者权益 = 股东资本 + 利润，利润是利润留存（以前年度未分配利润）与当年净利润之和。当然，利润越大，意味着“赚钱越多”。

2）股东资本是企业经营之初，所有股东投入的资金。但在训练中，有些小组由于决策失误，导致资不抵债（权益为负）且现金资本“断流”时，出于训练的“延续性”考虑，需要对其进行“股东资本追加”。此时该小组股东资本 = 股东原始资本 + 追加股东资本。追加了股东资本后，权益加大。此时如果还按照权益去计算积分，显然对于未追加资本的小组学习者而言是很不公平的。

3）变卖生产线增加的“额外收入”可以提高当年的“利润”，这样提高“积分”属于“投机取巧”。

由以上分析可以看出，仅仅依赖“权益”进行考评，确实存在着“消极”和“不公正”因素。

三、综合因素评价分析

对各小组的综合因素评价，主要考虑企业未来发展的潜力，此时评价的前提当然是如果下年继续经营，考虑企业已存在的各种有形资产和无形资产。

1. 生产线数量

生产线数量决定了生产能力，生产线越多、越先进，企业未来的产能越大。

2. 自主厂房（已购买）数量

自主厂房越多，意味着企业固定资产规模越大，未来生产经营中“租金”费用越低，盈利能力越强。

3. ISO 认证

ISO 认证可以认为是一种可获得回报的投资。未来有 ISO 认证需要的订单一般其价格和应收款期限都比较优惠，广告成本小，盈利能力强。

4. 市场开拓数量

可以认为市场开拓数量是一种可获得回报的投资。未来市场宽广，拿订单易于达到“最大可销售量”数量，降低库存；并且可以更好地定位于价格高的市场，加快资金周转，降低广告费用，盈利能力强。

5. 产品开发种类

可以认为产品开发是一种可获得回报的投资。产品市场选择宽广，拿订单易于达到“最大可销售量”数量，降低库存；并且可以更好地定位于价格高、毛利大的产品，提高毛利率，降低广告费用分摊比率，盈利能力强。

6. 市场销量

“销量最大”意味着在该市场占有主导地位，可以认为是一种优势，如在有“市场老大”规则的情况下，可以降低广告费用成本，盈利能力强。

7. 未借高利贷，未贴现

这方面体现的是以往的运营过程中“现金流”控制得当，财务预算与执行能力较强，财务成本较低。这样对未来的财务费用控制能力也可以有较高的预期。

能力检测

一、单选题

1. 在第 3 年，以降低费用来提高企业利润的方法，正确的是（　　）。

A. ISO 都不开发　　B. 广告每个市场都投最小广告额

C. 出售生产线不交维护　　D. 库存尽可能达到零计划

2. 在第 1 年第 3 季度生产 4 个 P2（R1+R3），R1 提前 1 季，R3 提前 2 季，第 1 年第 1 季度需要预订（　　）。

A. 4 个 R1　　B. 4 个 R3

C. 4 个 R1 和 4 个 R3　　D. 不需要预订

3. 如果使用手工线生产 P5（研发需要 6 季），你最早完成 P5 产品的时间是（　　）。

A. 第 2 年第 3 季度　　B. 第 3 年第 1 季度

C. 第 3 年第 2 季度　　D. 第 3 年第 3 季度

4. 关于建成的生产线维护费，下列说法不正确的是（　　）。

A. 安装完成，不开工生产，要交维护费

B. 安装完成当年，开工生产，要交维护费用

C. 安装完成，不开工生产，不交维护费

D. 正在进行转产的生产线，要交维护费

5. 企业资金的主要来源不包括（　　）。

A. 长期负债　　B. 短期负债　　C. 股东权益　　D. 融资

6. 当长贷的利率为 11%，每年没有要归还的长本时，以下贷款方式最合理的是（　　）。

A. 第 1 年贷 13 万元，第 2 年贷 13 万元　B. 第 1 年贷 18 万元，第 2 年贷 18 万元
C. 第 1 年贷 13 万元，第 2 年贷 9 万元　D. 第 1 年贷 18 万元，第 2 年贷 15 万元

7. P2 销售单价 70 万元，材料费 20 万元，加工费 10 万元，折旧费 30 万元，生产线维修费 20 万元，市场广告费 50 万元，市场开拓及认证费用 50 万元，财务费用 10 万元，为保证本年度不亏损，至少需要出售（　　）个 P2 产品。

A. 3　B. 4　C. 5　D. 6

8. 企业当年留存收益为 –45 万元，当年税前利润为 292 万元，当年应纳企业所得税（　　）万元。

A. 55　B. 62　C. 73　D. 84

9. P2 的研发周期为 3 季，P5 的研发周期为 4 季，P5 以 P2 作为其中一个原料。企业决定全部采用手工线生产且在第 1 年提前生产 P2 产品，则最早能产出 P5 产品的时间是（　　）。

A. 第 2 年第 1 季度　B. 第 2 年第 2 季度
C. 第 2 年第 3 季度　D. 第 2 年第 4 季度

10. 紧采产品为成本的 3 倍，紧采原料为成本的 2 倍，企业紧急采购了一个 P1 产品价格为 60 万元，一个 R4 原料价格为 20 万元，当年没有其他损失，那么企业当年的损失为（　　）。

A. 40 万元　B. 50 万元　C. 60 万元　D. 80 万元

二、多选题

1. 影响企业综合发展潜力的有（　　）。

A. 生产线数量　B. 购买的厂房
C. 库存商品和原料　D. ISO 认证

2. 营销总监的职能包括（　　）。

A. ISO 认证规划　B. 产品研发　C. 市场规划　D. 订购原料

3. 每一年年末留出的广告费，以下说法正确的有（　　）。

A. 根据现金流情况，越多越好　B. 根据对手和产品数量综合分析
C. 节省财务费用，越少越好　D. 计算广告的临界点，保证利润为正

4. 要在企业年初考虑经营规划的战略问题，具体包括（　　）。

A. 开发的产品和进入的市场　B. 融资策略
C. 广告策略　D. 是否需要进行 ISO 认证

5. 资金流中断后的做法，可行的有（　　）。

A. 直接点破　B. 出售生产线，上租赁线
C. 出售库存，订单违约　D. 厂房买转租

6. 在现金流充足下，产生库存影响利润时，可以（　　）。

A. 加大广告投入　B. 开发其他产品　C. 调整生产计划　D. 直接停产

7. 利润受以下（　　）要素的影响。

A. 销售收入　B. 直接成本　C. 折旧费　D. 租金

8. 为了扩大收入，企业可以通过以下途径：（　　）。

A. 扩大市场范围　B. 进行品牌认证
C. 合理的广告投入　D. 增加新生产线

9. 厂房里有生产线，厂房贴现会对（　　　）产生影响。

A. 损失　　B. 财务费用　　C. 厂房　　D. 租金

10. 抢单时应注意（　　　）。

A. 数量　　B. 交货期　　C. 价格　　D. 账期

三、判断题

1. 自主厂房越多，意味着企业固定资产越大，未来生产经营中租金费用低，盈利能力强。（　　）
2. 在最后一年，应当卖掉全部生产线，由此增加“额外收入”，提高利润，积分增大。（　　）
3. 在订购材料当季，需要支付材料费。（　　）
4. 当年税前利润为正数，就需要缴纳所得税。（　　）
5. 净利润 = 销售收入 − 直接成本 − 综合费用 − 利息 − 所得税。（　　）
6. P2 产品由 R2+R3 构成，P3 产品由 R1+R3+R4 构成，现有柔性线 5 条，为实现 P2、P3 产品的任意转换生产，需要在第 1 季度保证有 R1、R2、R3、R4 四种原料各 5 个。（　　）
7. 为降低财务利息，企业应该全部采用短贷。（　　）
8. 生产线应该在建成当年开始折旧。（　　）
9. 总成绩 = 所有者权益 ×（1+ 企业综合发展潜力 /100）− 罚分。（　　）
10. 经营的本质是企业利用一定的经济资源，通过向社会提供产品和服务，获取利润。（　　）

知识图谱

- ERP 沙盘经营分析
  - 任务一　经营的本质
    - 企业资本来源
    - 企业资产（会计恒等式的应用）
    - 企业净利润增加的途径
  - 任务二　经营业务分析
    - 首席执行官（CEO）—— 企业战略规划
    - 销售总监—— 市场营销解析
    - 生产与采购总监—— 生产与采购计划
    - 财务总监—— 预算管理
  - 任务三　经营成果分析
    - 产品贡献度分析
    - 全成本分析
    - 本量利分析
    - 杜邦分析法
  - 任务四　经营业绩衡量
    - “成绩评价”思考的逻辑框架
    - 权益评价因素分析
    - 综合因素评价分析

项目七

ERP沙盘竞赛组织

项目综述

本项目主要介绍ERP沙盘省级一类比赛赛项“企业经营沙盘模拟竞赛”的主要内容，包括竞赛规程发布、竞赛规则及订单设计、竞赛流程执行。

学习目标

- 了解ERP沙盘竞赛规程。
- 掌握ERP沙盘竞赛规则及订单设计。
- 了解ERP沙盘竞赛流程的执行情况。

素质目标

- 培养学生企业经营管理的全局观。
- 培养学生遵纪守规的职业精神和创新意识。
- 培养学生团队合作精神和风险防控意识。

重点与难点

ERP沙盘竞赛规程、ERP沙盘竞赛规则及订单设计、ERP沙盘竞赛流程执行

任务一 竞赛规程

一、赛项名称

赛项名称：企业经营沙盘模拟竞赛。

二、竞赛目的

通过竞赛，增强学生对企业经营流程感知，熟悉实际工作中各岗位的具体工作内容，提升

团队合作能力。在角色扮演对抗演练中，对所学知识、经营过程进行总结与点评，检验财经商贸类专业的教学改革成果，展示学生企业经营管理岗位通用技能和职业能力，引领和促进财经商贸类专业教学改革，提高教师专业教学水平，激发学生专业学习的主动性和积极性，引导行业企业关注和参与学校教学改革，全面提升财经商贸类专业人才培养质量。

三、竞赛内容

企业经营沙盘模拟竞赛将每个参赛队作为一个经营团队，每个团队分设总经理、财务总监、运营总监 3 个岗位，各团队模拟一个制造型企业，在仿真的竞争市场环境中，通过分岗位角色扮演，连续从事 5 个会计年度的模拟企业经营活动。

内容包括从战略层面进行内部资源与外部环境评估、长中短期策略制定、市场趋势预测及既定战略调整；从财务层面制订投资计划、掌握资金来源及用途，妥善控制成本，编制及分析财务报表；从运营层面进行产品研发决策、生产采购流程决策、库存管理、产销结合匹配市场需求；从营销层面进行市场开发决策、新产品开发、产品组合与市场决策定位。

在竞赛中，学生们将遇到企业经营中常出现的各种典型问题以及市场中的各种变化情况。参赛学生需要发现问题，分析问题，制定决策并加以执行，最后解决问题，从而实现企业盈利及可持续发展。

四、运行方式及监督

大赛所有的计划和决策均在电子沙盘上推演，最后的运行确认在“系统”中确定，最终结果以“系统”为准。运行中的销售订货会在电子沙盘系统中进行，各队在本队计算机上参加销售订货会，交易活动，包括贷款、原料入库、交货、应收账款贴现及回收。

竞赛分为本科组及高职组，分赛区进行，根据参赛报名情况，设定赛区数及赛区规模。同一个赛区不允许同一院校有两个（含两个）以上代表队参赛。参赛队抽签决定所在赛区。

主办方为每个参赛队提供 2 台计算机和录屏软件，其中一台计算机用于比赛操作，另一台计算机用于关注公告信息、下载详单、制作工具等（该计算机不作为申诉依据）。比赛过程中学生端必须启动录屏软件，全程录制经营过程，中间不允许暂停。一旦发生问题，以录屏结果为证。如果擅自停止录屏过程，按系统的实际运行状态执行。

比赛期间带队老师不允许进入赛场；计算机仅限于作为系统运行平台，比赛期间不得使用任何手段与外界联系，否则取消参赛资格；不允许带存储设备（U 盘、移动硬盘等），不允许携带任何辅助竞赛的工具，所需工具只能现场制作。

比赛时间以本赛区所用服务器时间为准，赛前选手可以按照服务器时间调整自己计算机上的时间。

企业运营流程建议按照系统中的流程执行，比赛期间不能还原。

大赛的模拟经营时间为 5 年。每年经营结束后，各参赛队需要在系统中填制资产负债表、综合费用表、利润表。如果不填，则视同报表错误一次并扣分（详见罚分规则），但不影响经营。此次比赛不需要交纸质报表给裁判核对。

五、竞赛日程（表 7–1）

表 7–1 竞赛日程

日 期	时 间	内 容
第一天	13:30—15:30	参赛队报到、抽签分组
	16:00—17:00	查看场地、熟悉环境
	18:00	领队说明会
第二天	7:20—7:40	查验证件、学生进入考场
	7:40—8:00	现场抽取、公布试题（市场规则与详单）
	8:00—19:00	现场赛：完成 5 年模拟企业经营，具体时间以现场裁判公布时间为准（中餐、晚餐送到竞赛现场）
	19:00—20:30	公布参加答辩名单、抽签
第三天	7:20—8:30	答辩准备
	8:30—11:00	答辩
	11:00—12:30	闭幕式（颁奖）

六、选单规则

在一个回合中，每投放 10 万元（即最小得单广告额，非固定参数）广告费理论上将获得一次选单机会，此后每增加 20 万元（即最小得单广告额 2 倍）理论上多一次选单机会。例如：本地市场 P1 产品投入 30 万元表示最多有两次选单机会，但实际选单次数取决于市场需求及竞争态势。投入 49 万元也是两次选单机会，但可以比投入 30 万元的企业优先选单。

投放广告，只有裁判宣布的最晚时间，没有最早时间。即小组在系统里当年经营结束后即可马上投放下一年的广告。

选单时首先以当年本市场本产品广告额投放大小顺序依次选单；如果两队本市场本产品广告额相同，则看本市场广告投放总额；如果本市场广告总额也相同，则看上年本市场销售排名；如仍无法决定，先投广告者先选单。第一年无订单。

选单时，各队需要关注市场的选单进展，一个市场结束，下一个市场立即开始选单，选单时各队需要点击相应的市场按钮（如“本地”），某一市场选单结束，系统不会自动跳转到其他市场。

注意：出现确认框要在倒计时大于 10 秒时按下“确认”按钮，否则可能造成选单无效，责任自负；在某细分市场（如本地 P1）有多次选单机会，只要放弃一次，则视同放弃该细分市场所有选单机会；选单时各队一台计算机连接入网；本次比赛无市场老大。

七、竞单规则

竞单会：在第 3 年和第 5 年订货会后，召开竞单会。系统一次同时放 3 张订单。

参与竞标的订单标明了订单编号、市场、产品、数量、ISO 要求等，而总价、交货期、账期三项为空。竞标订单的相关要求说明如下：

（1）竞单资质

参与投标的企业需要有相应市场、ISO 认证的资质，但不必有生产资格。

中标的企业需为该单支付标书费（等于最小得单广告额），计入广告费。

（如果已竞得单数 + 本次同时竞单数）× 最小得单广告额 > 现金余额，则不能再参与竞单。即必须有一定的现金库存作为保证金。假设最小得单广告额为 10 万元，如果同时竞 3 张订单，库存现金为 54 万元，已经竞得 3 张订单，扣除了 30 万元标书费，还剩余 24 万元库存现金，则不能继续参与竞单，因为如果再竞得 3 张订单，24 万元库存现金不足以支付标书费 30 万元。

为防止恶意竞单，对竞得订单数量进行限制，如果某队已竞得订单数 >ROUND（3× 该年竞单总数 / 参赛队数），则不能继续竞单。

提请注意：

- ROUND 表示四舍五入；
- 如上式为等于，可以继续参与竞单；
- 参赛队数指经营中的队伍，破产退出经营则不算其内。

如某年竞单，共有 40 张订单，20 队参与竞单，当一队已经得到 7 张订单，因为 7>ROUND（3×40/20），所以不能继续竞单；但如果是已竞得 6 张订单，可以继续参与。

（2）竞单过程

参与竞单的企业须根据所投标的订单，在系统规定时间（90 秒，以倒计时秒形式显示）填写总价、交货期、账期三项内容，确认后由系统按照公式：

得分 =100+（5− 交货期）×2+ 应收账期 −8× 总价 /（该产品直接成本 × 数量）

以得分最高者中标。如果计算分数相同，则先提交者中标。

提请注意：

- 总价不能低于（可以等于）成本价，也不能高于（可以等于）成本价的 3 倍；
- 必须为竞单留足时间，如在倒计时小于等于 5 秒再提交，可能无效，责任自负；
- 竞得订单与选中订单一样，算市场销售额。

八、订单交货

订单必须在规定季（即订单中的交货期）或提前交货，应收账期从交货季开始算起。应收款收回系统自动完成，不需要各队填写收回金额。

九、违约问题

所有订单要求在本年度内完成（不可以部分交货），可以提前交货，不可以推迟，如订单规定 3 季交货，可以在第 1 或第 2 或第 3 季度交货，不可以在第 4 季度交货，应收账期从实际交货季算起。如果订单没有完成，则视为违约订单，按下列条款加以处罚：

1）分别按违约订单销售总额的 20%（四舍五入）计算违约金，并在当年第 4 季度结束后扣除，违约金计入“损失”。

2）违约订单一律收回。

例： 某参赛组第 3 年选到的订单如图 7-1 所示。

订单编号	市场	产品	数量	总价	状态	得单年份	交货期	账期	ISO	交货时间
X31-0599	本地	P4	2	213W	已交	第3年	4季	1季	14K	第3年4季
X31-0601	本地	P4	3	296W	已交	第3年	3季	0季	-	第3年2季
X31-0603	本地	P4	2	201W	已交	第3年	4季	0季	-	第3年1季
X32-0610	区域	P4	3	333W	已交	第3年	4季	0季	-	第3年2季

图 7-1　订单列表

其中 X31-0601 订单的交货期为 3 季，即代表这张订单最迟必须在当年第 3 季度交货（也可以在第 1 季度或第 2 季度交货），如果到了第 3 季度仍然无法交货，则系统自动认为该订单违约，该订单的违约金计算为 296×20%=59 万元（四舍五入），并计入“损失”。

十、罚分细则

（1）运行超时扣分

运行超时有两种情况：一是指不能在规定的时间内完成广告投放（可提前投广告）；二是指不能在规定的时间内完成当年经营（以点击系统中“当年结束”按钮并确认为准）。

处罚：按 50 分 / 分钟计算罚分（不满一分钟按一分钟计算），最多不能超过 10 分钟。如果到 10 分钟后还不能完成相应的运行，将取消其参赛资格。

注意： 投放广告时间、完成经营时间及提交报表时间系统均会记录，作为扣分依据。

（2）报表错误扣分

必须按规定时间在系统中填制资产负债表，如果上交的报表与系统自动生成的报表对照有误，将在总得分中扣罚 250 分 / 次，并以系统提供的报表为准进行更正。

注意： 对上交报表时间会做规定，延误交报表即视为错误一次，即使后面在系统中填制正确也要扣分。由运营超时引发延误交报表视同报表错误并扣分（即如果某队超时 3 分钟，将被扣除 50×3+250=400 分）。

（3）其他违规扣分

在运行过程中下列情况属违规，会在第 5 年经营结束后扣除该队 500 分：① 对裁判正确的判罚不服从；② 其他严重影响比赛正常进行的活动。

所有罚分在第 5 年经营结束后计算总成绩时一起扣除。

如果两队最终得分相同，则扣分少的经营者排名靠前，若两队软件统计分数和扣分均相同，则先完成第 5 年经营者排名靠前。

十一、破产处理

当参赛队权益为负（指当年结束系统生成资产负债表时所有者权益为负）或现金断流时（权益和现金可以为零），企业破产。参赛队破产后，直接退出比赛。

十二、其他说明

1）违约金扣除（每张违约单单独计算）——四舍五入；出售库存所得现金——向下取整；贴现费用——向上取整；扣税——四舍五入；长短贷利息（长贷利息是所有长贷加总乘以利率）——四舍五入。

2）生产线变卖、紧急采购、订单违约、库存折价出售计入损失。

3）企业每年的运营时间以裁判现场公布时间为准，如果发生特殊情况，经裁判组同意后可做适当调整。

4）每一年投放广告结束后，将给各组 2 分钟的时间观看各组广告信息。

5）每一年经营结束，裁判公布各队综合费用表、利润表与资产负债表，发放打包好的电子间谍包。

6）经营过程中不允许转让订单、转让产品、转让财产，即不允许组间进行交易。

7）本技术文件的最终解释权归大赛组织委员会。

十三、竞赛排名

总成绩分为对抗赛及答辩两个部分。

最终得分 = 对抗赛成绩 ×70%+ 答辩成绩 ×30%

（1）对抗赛成绩

以第 5 年竞争结束关账后系统得分扣除罚分为对抗赛得分。系统得分主要按最后一年权益排名计算，其计算公式为

对抗赛得分 = 所有者权益 ×（1+ 企业综合发展潜力 /100）– 罚分

若最后一年权益（总成绩）计算结果相同，则按照各队最后一年系统自动生成的分数高者排名在前；若系统自动计算的成绩仍相等，则参照最后一年经营结束时间，先结束最后一年经营的队伍排名在前。

对抗赛成绩的计算规则如下：

对抗赛成绩 =（对抗赛得分 / 赛区最高分）×100

（2）答辩成绩

对抗赛成绩排名在前 23% 以内的队伍参加答辩，每队答辩时间不超过 12 分钟，其中陈述环节不超过 7 分钟，问答环节不超过 5 分钟。答辩分组和组内次序抽签决定。答辩评分标准如表 7–2 所示。

表 7–2 答辩评分标准

评 分 项 目	内 容	得分（总分 100 分）
公司总体战略及相关运营策略的制定	比赛前： 制定策略、策略的依据 制定什么样的公司战略 如何根据战略制定合理的策略及计划	15
比赛期间战略、策略的执行及风险控制	比赛期间： 如何贯彻执行策略及应对策略变化 如何进行竞争对手分析 如何进行风险控制 如何应对市场变化	30
比赛期间具体操作及团队协同能力	资金是否短缺 产能是否合理 库存是否合理 团队如何协同	20
整体运营特色及比赛得失总结	竞赛经营过程中的成功、特色之处 竞赛经营过程中的失败之处	15
答辩整体逻辑及清晰程度	理论知识的合理运用 答辩整体逻辑性、回答问题的清晰程度	20

任务二 竞赛规则及订单设计

经营规则制作讲解

此任务主要展示在沙盘网络比赛中常用的百树沙盘系统规则及订单设计。

一、竞赛规则制作

打开浏览器，登录网址（本机服务器地址），在用户登录页面输入裁判账号和密码，点击“用户登录”，进入裁判端操作界面，如图 7–2 所示。

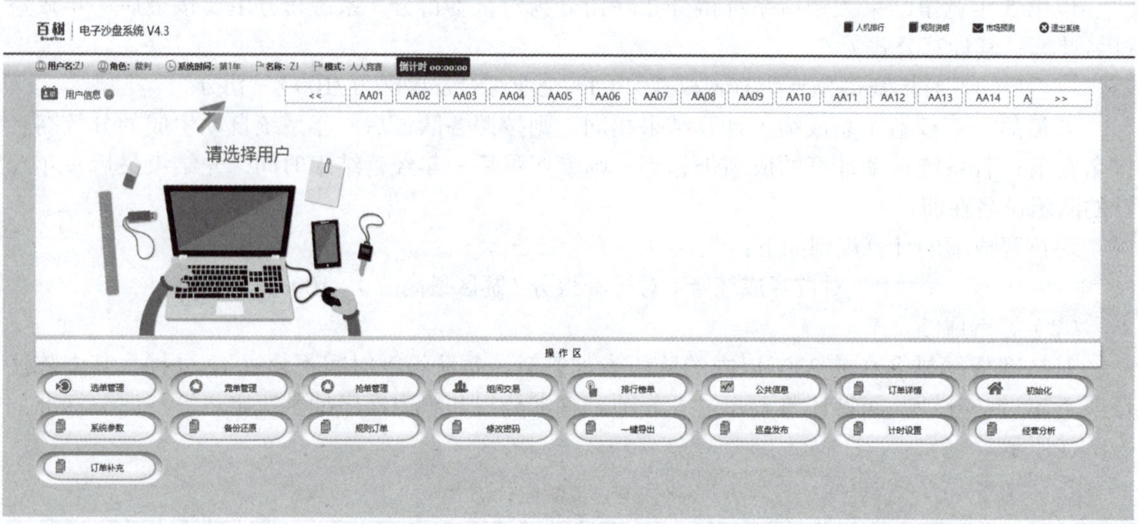

图 7–2 裁判端操作界面

在裁判端操作界面下方可以看到规则订单选项，点击进入，如图 7–3 所示。

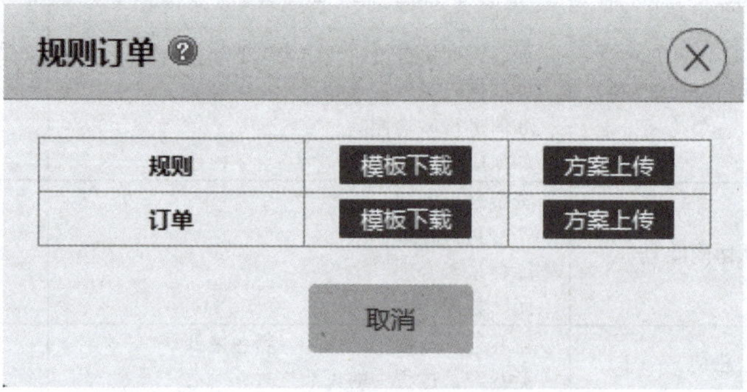

图 7–3 规则订单

在此可以进行规则模板的下载，并进行商战规则的设置。具体内容根据教师实际需要修改，本任务只做基础规则案例展示。

（1）厂房规则展示

厂房分为大、中、小三种类型。不同类型的厂房，其价格不同，生产线容量也不一致，既可以购买，也可以租用，具体数值的设置，由比赛需求决定，如图 7–4 所示。

ID	名称	购买价格	租用价格	出售价格	生产线容量	使用上限	分值
1	大厂房	420	42	420	4	4	10
2	中厂房	300	30	300	3	4	8
3	小厂房	180	18	170	2	4	7

图 7–4　厂房规则

（2）生产线规则展示

生产线分为手工线、自动线、柔性性、租赁线四种类型。不同类型的生产线，价格不同，其他各参数也不一致，具体各参数如何设置，由比赛需求决定，如图 7–5 所示。

ID	名称	每季投资额	安装周期	生产周期	每季转产费	转产周期	维护费	残值	折旧费	折旧时间	分值
1	手工线	35	0	2	0	0	5	5	10	4	0
2	租赁线	0	0	1	20	1	70	-85	0	0	0
3	自动线	50	3	1	20	1	20	30	30	4	7
4	柔性线	50	4	1	0	0	20	40	40	4	10

图 7–5　生产线规则

（3）市场开拓规则展示

市场包括本地、区域、国内、亚洲和国际。开拓不同的市场所需的开发费及开发时间由比赛需求决定，并没有固定要求，如图 7–6 所示。

ID	名称	每年开发费	开发时间	分值
1	本地	10	1	7
2	区域	10	1	7
3	国内	10	2	8
4	亚洲	15	2	9
5	国际	15	3	10

厂房　生产线　市场开拓　ISO认证　原料　产品　...

图 7–6　市场开拓规则

（4）ISO 认证规则展示

ISO 认证是指质量体系认证亦称“质量体系注册”，常见的是 ISO9000 和 ISO14000。在模拟企业经营过程中，也需要进行 ISO 认证，至于认证的费用及时间，由比赛需求决定，并没有固定要求，如图 7–7 所示。

ID	名称	每年开发费	开发时间	分值
1	ISO9000	10	2	8
2	ISO14000	15	2	10

厂房　生产线　市场开拓　ISO认证　原料　产品　...

图 7–7　ISO 认证规则

（5）原料规则展示

为了简化原料的名称，取原料英文首字母 R（Raw Material）。企业运用原料的种类，由阿拉伯数字 1 开始进行顺序排列，即 R1、R2……。每种原料购买单价及提前周期，由比赛需求决定，并没有固定要求，如图 7–8 所示。

ID	名称	购买单价	提前期
1	R1	10	1
2	R2	10	1
3	R3	10	2
4	R4	10	2

厂房 | 生产线 | 市场开拓 | ISO认证 | 原料 | 产品 | …

图 7–8　原料规则

（6）产品规则展示

为了简化产品的名称，取产品英文首字母 P（Product）。企业产品的种类，由阿拉伯数字 1 开始进行顺序排列，即 P1、P2……。每种产品的加工费、开发费等相关参数，由比赛需求决定，并没有固定要求，如图 7–9 所示。

ID	名称	加工费	每年开发费	开发时间	直接成本	分值
1	P1	10	10	2	20	7
2	P2	10	10	3	30	8
3	P3	10	10	4	40	9
4	P4	10	11	5	50	10
5	P5	10	12	6	60	11

… | 市场开拓 | ISO认证 | 原料 | 产品 | 产品组成

图 7–9　产品规则

（7）产品组成规则展示

每个产品所需原料成分如何组合，由比赛需求决定，并没有固定要求，如图 7–10 所示。

构成产品	产品成分	原料成分	数量
P1		R1	1
P2		R2	1
P2		R3	1
P3		R1	1
P3		R3	1
P3		R4	1
P4	P1		1
P4		R2	1
P4		R4	1
P5	P2		1
P5		R1	1
P5		R3	1

… | 市场开拓 | ISO认证 | 原料 | 产品 | 产品组成

图 7-10 产品组成规则

二、竞赛订单制作

竞赛订单制作讲解

打开“百树订单工具”中的“预测模板”，分别进行订单均价、订单需求量和订单张数的设置。

1. 订单均价

均价是指每一年每种产品在每个市场上的平均价格。产品定价既要考虑产品的成本，也要考虑市场开拓规则。

按系统原定的产品成本规则：P1 产品成本为 20 万元；P2 产品成本为 30 万元；P3 产品成本为 40 万元；P4 产品成本为 50 万元；P5 产品成本为 60 万元；对不同产品利润进行预估，在预估的基础上进行定价。其产品利润有高低之分，以便于参赛者对产品的选择。P1 产品建议定价在 45 万～55 万元；P2 产品定价 65 万～75 万元；P3 产品定价 80 万～90 万元；而因为 P4 和 P5 产品均为复合产品，即分别以 P1 和 P2 产品为原料加工生成，故其均价也要将中间产品的成本考虑进去，建议 P4 产品定价在 120 万～130 万元；P5 定价在 145 万～155 万元。

而结合系统原定的市场开拓规则：第 2 年只可以使用本地和区域市场；第 3 年可使用本地、区域、国内和亚洲四个市场；第 4 年和第 5 年所有市场均已开发完成，可设置产品均价如图 7-11 所示。

以上定价内容均可以由任课教师自行定价，此内容只做参考。若要提高难度，也可在均价表中设置陷阱。例如在图 7-11 中，第 2 年 P4 产品在本地市场没有订单，也就不需要设置均价了。

2. 订单需求量

需求量是指每一年每种产品在每个市场上的需求数量。需求量大，市场宽松；需求量小，市场紧张，供过于求，产品容易积压。产品需求量要结合参赛组数来确定。

一般来说，产品的需求量与产品自身价格成反向变动，因此产品价格也是影响市场产品需求量的因素之一。对于利润较高产品，给予相对低的需求量；反之，则给予相对高的需求量。由于市场各种产品的需求量也是参赛队伍选择产品时需要考虑的重要因素，因此需要有高需求量产品与低需求量产品的区分。同时也要结合市场开拓规则确定订单需求量，如图 7-12 所示。

市场预测表——均价							
序号	年份	产品	本地	区域	国内	亚洲	国际
1	第2年	P1	48.89	49.1	0	0	0
2	第2年	P2	70.38	71.48	0	0	0
3	第2年	P3	89.32	90.12	0	0	0
4	第2年	P4	0	120.05	0	0	0
5	第2年	P5	150.75	150.19	0	0	0
6	第3年	P1	49.37	50.16	49.05	0	0
7	第3年	P2	70.4	71.31	71.14	69.97	0
8	第3年	P3	84.33	85.86	88.48	81.33	0
9	第3年	P4	121.45	122.35	0	118.32	0
10	第3年	P5	146.06	0	146.05	148.67	0
11	第4年	P1	49.96	52.29	49.9	0	57.19
12	第4年	P2	69.29	68.78	67.75	73.68	0
13	第4年	P3	83.52	85.07	86.67	87.26	80.41
14	第4年	P4	118.39	116.79	116.86	121.95	0
15	第4年	P5	147.29	0	145.95	144.55	149.33
16	第5年	P1	48.28	0	50.23	0	54.43
17	第5年	P2	71.39	73.29	69.62	71.3	70.42
18	第5年	P3	84.52	84.07	0	87.18	84.05
19	第5年	P4	127.71	128.9	132.22	128.42	0
20	第5年	P5	0	138.7	141.05	145.45	150.69

图 7-11 市场预测表——均价

市场预测表——需求量							
序号	年份	产品	本地	区域	国内	亚洲	国际
1	第2年	P1	63	60	0	0	0
2	第2年	P2	52	54	0	0	0
3	第2年	P3	38	16	0	0	0
4	第2年	P4	0	21	0	0	0
5	第2年	P5	16	16	0	0	0
6	第3年	P1	62	25	59	0	0
7	第3年	P2	20	51	50	29	0
8	第3年	P3	15	44	21	27	0
9	第3年	P4	22	20	0	19	0
10	第3年	P5	17	0	19	15	0
11	第4年	P1	57	17	62	0	43
12	第4年	P2	45	27	24	25	0
13	第4年	P3	40	45	21	43	17
14	第4年	P4	23	19	14	20	0
15	第4年	P5	17	0	19	20	12
16	第5年	P1	54	0	81	0	54
17	第5年	P2	46	17	50	46	24
18	第5年	P3	23	46	0	44	44
19	第5年	P4	24	21	18	19	0
20	第5年	P5	0	23	22	20	26

图 7-12 市场预测表——需求量

以上需求量也可以由任课教师采取因地制宜的规划方式自行制定，此内容只做参考。比如要提高难度，也可将需求量设置为“前期宽松、后期紧张”或者“前期紧张、中期宽松、后期再紧张”等不同的模式。

3. 订单张数

订单张数是指每一年每种产品在每个市场上的订单数量。订单数量增加，市场变得宽松，订单减少使市场拥挤。一般来说，第 1 ～ 5 年所有产品订单数量逐渐增加，各个参赛队前期可平稳发展，后期再厚积薄发。结合上面的均价预测、需求量预测以及市场规则确定订单张数，如图 7–13 所示。

市场预测表——订单张数							
序号	年份	产品	本地	区域	国内	亚洲	国际
1	第2年	P1	22	20	0	0	0
2	第2年	P2	19	20	0	0	0
3	第2年	P3	15	6	0	0	0
4	第2年	P4	0	9	0	0	0
5	第2年	P5	7	7	0	0	0
6	第3年	P1	23	9	20	0	0
7	第3年	P2	7	19	18	10	0
8	第3年	P3	6	16	8	10	0
9	第3年	P4	8	8	0	7	0
10	第3年	P5	7	0	7	6	0
11	第4年	P1	21	8	21	0	14
12	第4年	P2	17	10	11	9	0
13	第4年	P3	15	16	8	15	7
14	第4年	P4	8	7	6	7	0
15	第4年	P5	6	0	7	6	5
16	第5年	P1	20	0	22	0	18
17	第5年	P2	17	6	17	16	9
18	第5年	P3	10	15	0	16	14
19	第5年	P4	7	8	7	7	0
20	第5年	P5	0	8	7	7	11

图 7–13　市场预测表——订单张数

当然出题教师也可根据市场大环境因素综合考虑设置。比如就单产品而言，产品从 P1 到 P5 低端往高端发展，低端产品订单张数会逐步减少，高端产品订单张数会逐步增加；或者在后期将订单平分至各个市场，减少单市场订单数量，增加第 5 年的市场竞争难度等。

4. 导入市场预测表生成订单

打开“百树订单工具”中的“订单生成器”，如图 7–14 所示。

将之前做好市场预测表拖入订单工具，系统提示已生成订单，如图 7–15 所示，并将订单自动保存在与预测表相同的路径下。

5. 修改订单

由订单工具自动生成的订单主要根据市场预测表生成，可能与市场规则存在很多不匹配的地方，导致废单的出现，所以还需进行人工调整和修改。

（1）修改市场

打开订单表，分别进行第 2 年的筛选以及国内市场、亚洲市场和国际市场的筛选，筛选之后如图 7–16 所示。

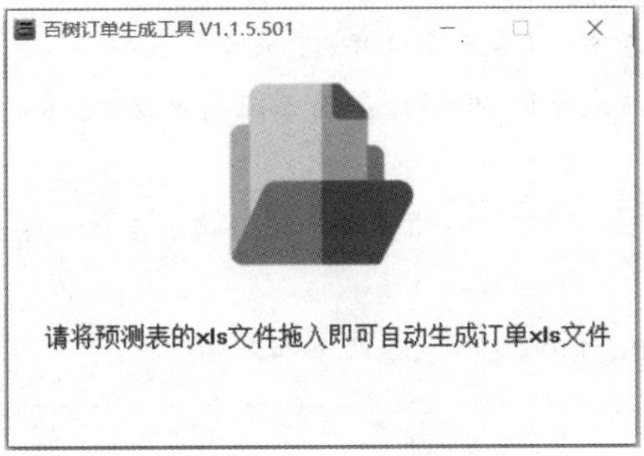

图 7–14　百树订单生成工具

图 7–15　已生成订单提示

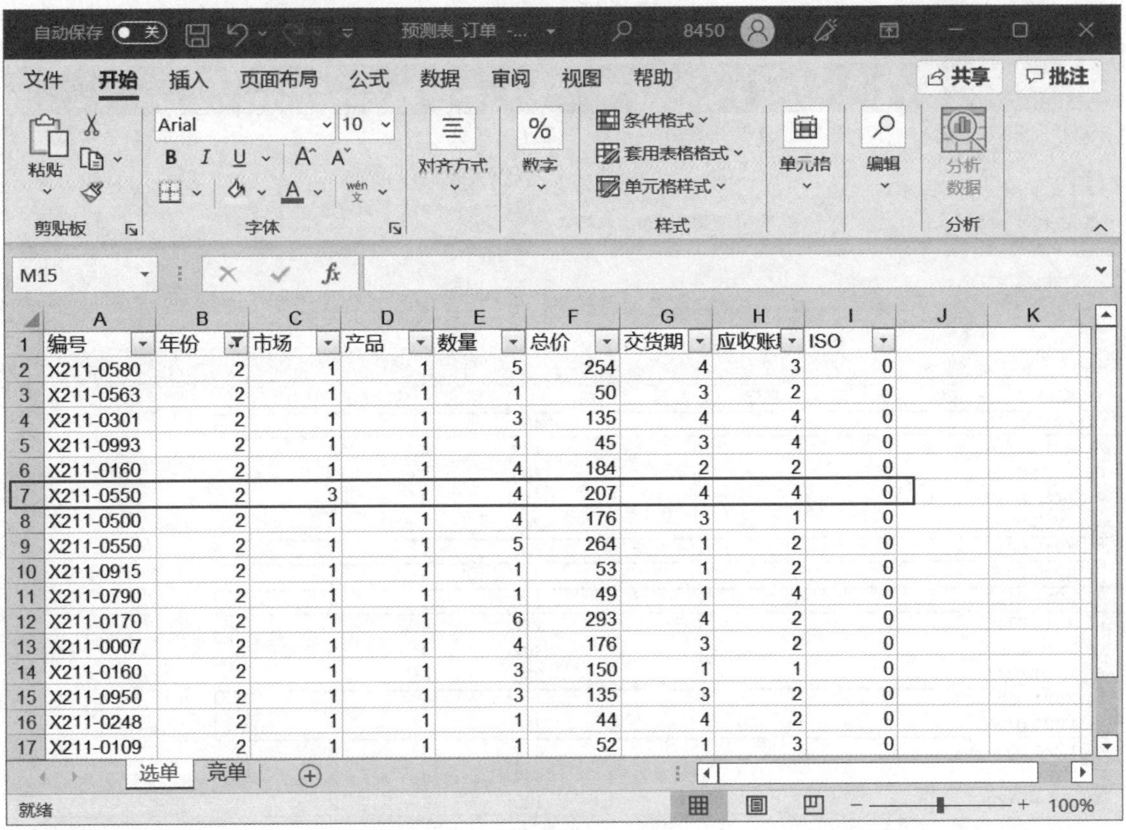

编号	年份	市场	产品	数量	总价	交货期	应收账	ISO
X211-0580	2	1	1	5	254	4	3	0
X211-0563	2	1	1	1	50	3	2	0
X211-0301	2	1	1	3	135	4	4	0
X211-0993	2	1	1	1	45	3	4	0
X211-0160	2	1	1	4	184	2	2	0
X211-0550	2	3	1	4	207	4	4	0
X211-0500	2	1	1	4	176	3	1	0
X211-0550	2	1	1	5	264	1	2	0
X211-0915	2	1	1	1	53	1	2	0
X211-0790	2	1	1	1	49	1	4	0
X211-0170	2	1	1	6	293	4	2	0
X211-0007	2	1	1	4	176	3	2	0
X211-0160	2	1	1	3	150	1	1	0
X211-0950	2	1	1	3	135	3	2	0
X211-0248	2	1	1	1	44	4	2	0
X211-0109	2	1	1	1	52	1	3	0

图 7–16　市场废单

根据市场规则，第 2 年只可以使用本地和区域市场，国内市场最早在第 3 年才能开拓成功，所以订单“X211–0550”即为废单，要进行修改或删除。

温馨提示

订单制作规则中规定不能出现中文或者符号，否则会上传失败（标题项除外），所以订单中的年度、市场、产品等信息均用数字表示。模板中编号为关键字，不可重复。

年份：1 表示第 1 年；2 表示第 2 年；3 表示第 3 年；4 表示第 4 年；5 表示第 5 年。

销售市场：1 表示本地市场；2 表示区域市场；3 表示国内市场；4 表示亚洲市场；5 表示国际市场。

产品：1 表示 P1 产品；2 表示 P2 产品；3 表示 P3 产品；4 表示 P4 产品；5 表示 P5 产品。

ISO 要求：0 表示无；1 表示 ISO9000；2 表示 ISO14000；3 表示两个都需要。

（2）修改交货期

打开订单表，分别进行第 2 年的筛选以及 P3、P4、P5 产品的筛选，筛选之后如图 7–17 所示。

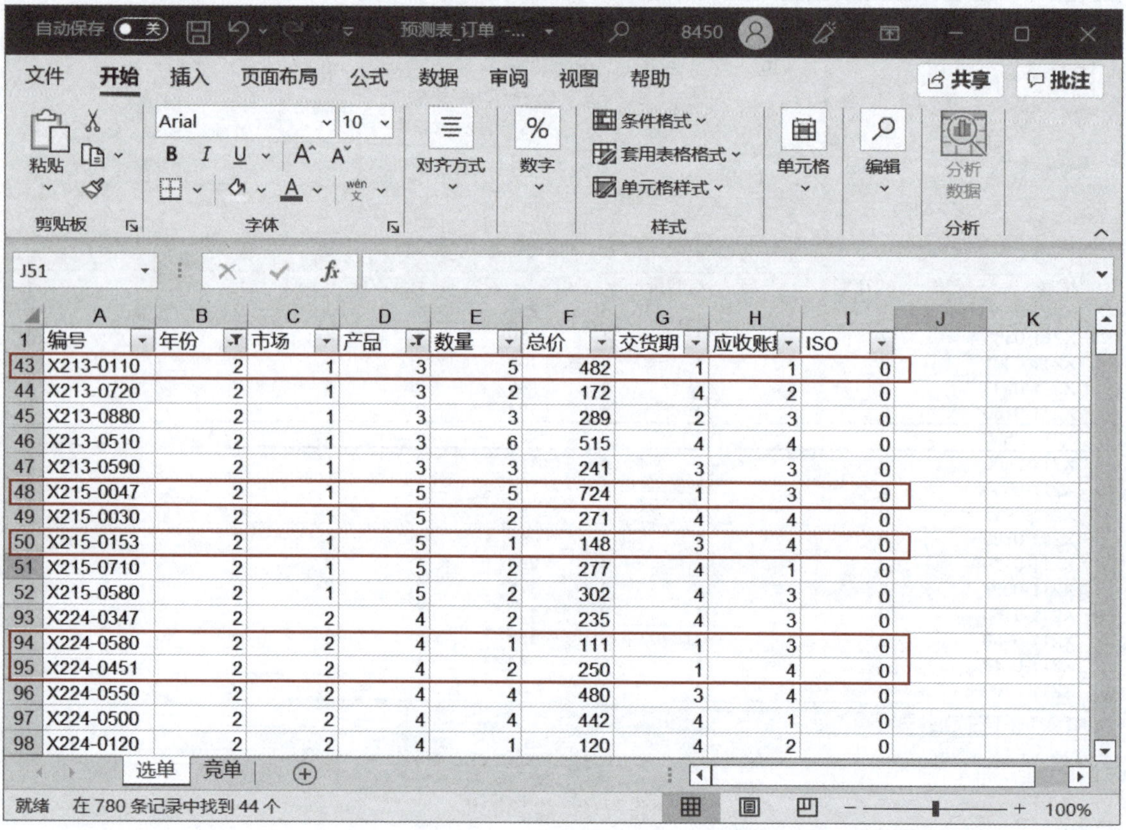

	编号	年份	市场	产品	数量	总价	交货期	应收账期	ISO
43	X213-0110	2	1	3	5	482	1	1	0
44	X213-0720	2	1	3	2	172	4	2	0
45	X213-0880	2	1	3	3	289	2	3	0
46	X213-0510	2	1	3	6	515	4	4	0
47	X213-0590	2	1	3	3	241	3	3	0
48	X215-0047	2	1	5	5	724	1	3	0
49	X215-0030	2	1	5	2	271	4	4	0
50	X215-0153	2	1	5	1	148	3	4	0
51	X215-0710	2	1	5	2	277	4	1	0
52	X215-0580	2	1	5	2	302	4	3	0
93	X224-0347	2	2	4	2	235	4	3	0
94	X224-0580	2	2	4	1	111	1	3	0
95	X224-0451	2	2	4	2	250	1	4	0
96	X224-0550	2	2	4	4	480	3	4	0
97	X224-0500	2	2	4	4	442	4	1	0
98	X224-0120	2	2	4	1	120	4	2	0

就绪　在 780 条记录中找到 44 个

图 7–17　交货期废单

根据市场规则，P3 产品研发周期为 4 季，最早可产出 P3 产品是在第 2 年第 2 季度；P4 产品研发周期为 5 季，最早可产出 P4 产品是在第 2 年第 3 季度；P5 产品研发周期为 6 季，最早可产出 P4 产品是在第 2 年第 4 季度，所以图 7–17 中画框订单均为废单，要进行修改或删除。

（3）修改 ISO

打开订单表，分别进行第 2 年的筛选以及 ISO 的筛选，筛选之后如图 7–18 所示。

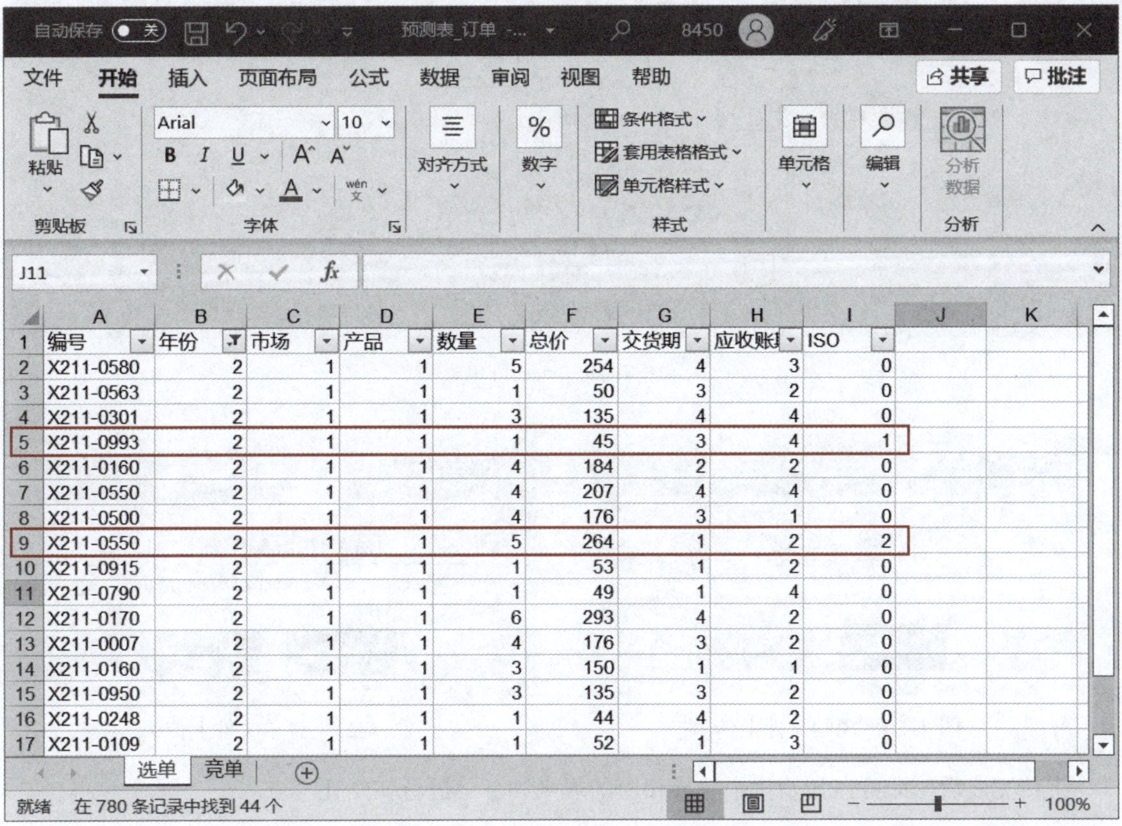

	编号	年份	市场	产品	数量	总价	交货期	应收账期	ISO
2	X211-0580	2	1	1	5	254	4	3	0
3	X211-0563	2	1	1	1	50	3	2	0
4	X211-0301	2	1	1	3	135	4	4	0
5	X211-0993	2	1	1	1	45	3	4	1
6	X211-0160	2	1	1	4	184	2	2	0
7	X211-0550	2	1	1	4	207	4	4	0
8	X211-0500	2	1	1	4	176	3	1	0
9	X211-0550	2	1	1	5	264	1	2	2
10	X211-0915	2	1	1	1	53	1	2	0
11	X211-0790	2	1	1	1	49	1	4	0
12	X211-0170	2	1	1	6	293	4	2	0
13	X211-0007	2	1	1	4	176	3	2	0
14	X211-0160	2	1	1	3	150	1	1	0
15	X211-0950	2	1	1	3	135	3	2	0
16	X211-0248	2	1	1	1	44	4	2	0
17	X211-0109	2	1	1	1	52	1	3	0

图 7–18 ISO 废单

根据市场规则，ISO9000 和 ISO14000 研发周期均为 2 年，即第 3 年及以后年度订单才需有 ISO 要求，所以图 7–18 中画框订单均为废单，要进行修改或删除。

废单太多会影响企业经营沙盘模拟竞赛的顺利进行，但是出题老师也可人为设置废单以增加比赛难度。

三、竞赛规则和订单的导入

打开浏览器，登录网址（本机服务器地址），在用户登录页面输入裁判账号和密码，点击“用户登录”，在登录界面点击下方“规则订单”按钮，弹出对话框，如图 7–19 所示。

分别点击规则“方案上传”和订单“方案上传”，将竞赛规则和竞赛订单文件上传，如图 7–20 和图 7–21 所示。

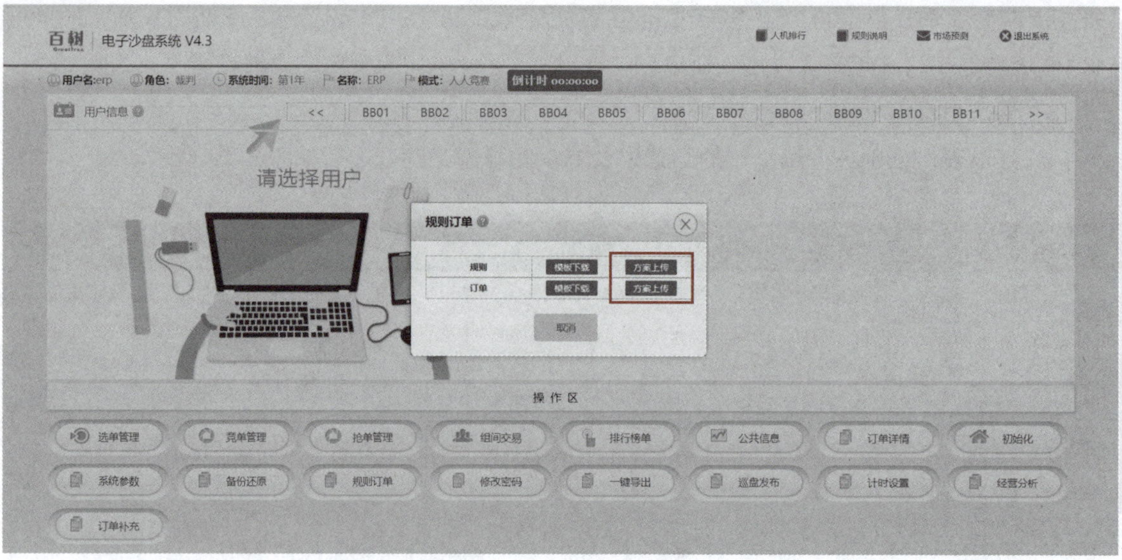

图 7-19 规则订单

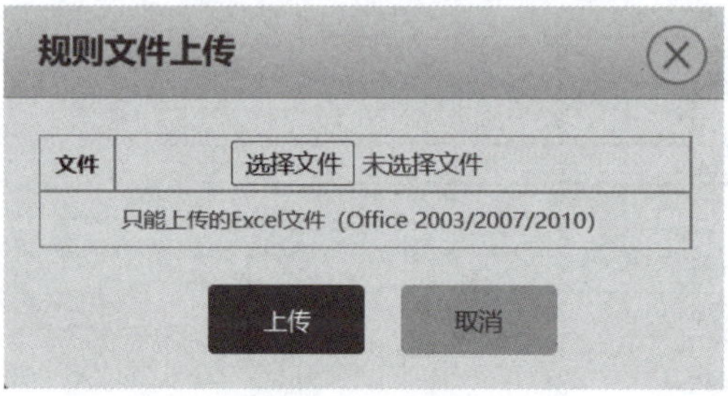

图 7-20 规则文件上传

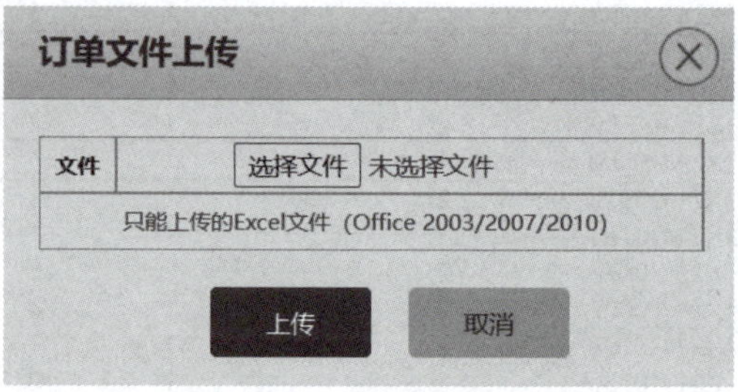

图 7-21 订单文件上传

上传完成后，即可在初始化中选择相应的规则和订单进行初始化。

任务三 竞赛流程执行

一、竞赛流程安排（表 7-3）

表 7-3 竞赛流程安排表

时　间	参赛选手任务	裁判任务
8:00—9:30	第 1 年业务经营	告知：现在时间为 ××，第 1 年运营及报表填写截止时间为 ×× 记录报表错误、超时扣分，并让 CEO 签字确认
9:30—9:55	间谍及广告投放	下发报表，提示巡盘文件已经下发，各组及时下载查看，现在时间为 ××，广告投放截止时间为 ×× 记录广告超时，并让 CEO 签字确认

（续）

时　间	参赛选手任务	裁判任务
9:55—9:57	查看广告	提示广告信息已经下发，各组及时下载查看，现在时间为××，××将开始选单
9:57—10:25	第 2 年选单	提示各组注意，开始选单
10:25—11:15	第 2 年业务经营	提示现在时间为××，第 2 年运营及报表填写截止时间为×× 记录报表错误、超时扣分，并让 CEO 签字确认
11:15—11:40	间谍及广告投放	下发报表，提示巡盘文件已经下发，各组及时下载查看，现在时间为××，广告投放截止时间为×× 记录广告超时，并让 CEO 签字确认
11:40—12:30	午餐	提示 12:30 将会下发广告信息及选单等操作，请各组安排好午餐时间
12:30—12:32	查看广告	提示广告信息已经下发，各组及时下载查看，现在时间为××，××将开始选单
12:32—13:05	第 3 年选单	提示各组注意，开始选单
13:05—13:15	整理产能 第 3 年竞单	提示： ① 各组整理产能，2 分钟后开始竞单 ② 各组注意，开始竞单
13:15—14:05	第 3 年业务经营	提示现在时间为××，第 3 年运营及报表填写截止时间为×× 记录报表错误、超时扣分，并让 CEO 签字确认
14:05—14:30	间谍及广告投放	下发报表，提示巡盘文件已经下发，各组及时下载查看，现在时间为××，广告投放截止时间为×× 记录广告超时，并让 CEO 签字确认
14:30—14:32	查看广告	提示广告信息已经下发，各组及时下载查看，现在时间为××，××将开始选单
14:32—15:10	第 4 年选单	提示各组注意，开始选单
15:10—16:00	第 4 年业务经营	提示现在时间为××，第 4 年运营及报表填写截止时间为×× 记录报表错误、超时扣分，并让 CEO 签字确认
16:00—16:25	间谍及广告投放	下发报表，提示巡盘文件已经下发，各组及时下载查看，现在时间为××，广告投放截止时间为×× 记录广告超时，并让 CEO 签字确认
16:25—16:27	查看广告	提示广告信息已经下发，各组及时下载查看，现在时间为××，××将开始选单
16:27—17:00	第 5 年选单	提示各组注意，开始选单
17:00—17:10	整理产能 第 5 年竞单	提示： ① 各组整理一下订单信息，2 分钟后开始竞单 ② 各组注意，开始竞单
17:10—18:00	第 5 年业务经营	提示现在时间为××，第 5 年运营及报表填写截止时间为×× 记录报表错误、超时扣分，并让 CEO 签字确认
18:00	结束运营	成绩公布，CEO 签字

注：竞赛时间可根据实际情况有所调整。如有延时或提前，具体以裁判发布的时间为准。

二、竞赛成绩记录

对抗赛成绩 = 系统分 − 罚分。其中系统分主要按最后一年权益排名计算，由系统自动计算得出；罚分主要包括运行超时罚分及报表错误罚分两项内容，由裁判对于比赛过程中的情况进行逐年记录，并在最后一年经营完成后汇总。每一年的罚分记录表如图 7-22 所示。

第______年罚分表				
组号	经营超时罚分	报表错误罚分	罚分合计	CEO签字确认
UU01				
UU02				
UU03				
UU04				
UU05				
UU06				
UU07				
UU08				
UU09				
UU10				
UU11				
UU12				
UU13				
UU14				
UU15				
裁判确认签字区				

图 7-22 罚分记录表

例如：在经营第 1 年时，UU03 组由于报表错误扣 250 分，UU10 组由于经营超时扣 100 分，报表错误扣 250 分，并由各自 CEO 签字确认，如图 2-23 所示。

第___1___年罚分表				
组号	经营超时罚分	报表错误罚分	罚分合计	CEO签字确认
UU01				
UU02				
UU03		-250	-250	张三
UU04				
UU05				
UU06				
UU07				
UU08				
UU09				
UU10	-100	-250	-350	李十
UU11				
UU12				
UU13				
UU14				
UU15				
裁判确认签字区				

图 7-23 罚分记录表举例

在每一年罚分记录表的基础上，根据系统显示最末一年的系统分数，由现场裁判对所有参赛队伍的最终成绩进行登记并计算，要求所有参赛队 CEO 对最终成绩进行签字确认，如图 7-24 所示。

竞赛成绩公布					
组号	系统分	罚分合计	最终成绩	排名	CEO签字确认
UU01					
UU02					
UU03					
UU04					
UU05					
UU06					
UU07					
UU08					
UU09					
UU10					
UU11					
UU12					
UU13					
UU14					
UU15					
裁判确认签字区					

图 7-24 竞赛成绩汇总表

能力检测

一、单选题

1. 目前企业经营沙盘模拟竞赛（高职组）规定比赛经营（　　）年。
   A．3　　B．4　　C．5　　D．6
2. 在沙盘竞赛中报表错误一次扣（　　）分。
   A．100　　B．150　　C．200　　D．250
3. 请问违约金的取整规则是（　　）。
   A．向下取整　　B．向上取整　　C．四舍五入　　D．求和
4. 市场预测不包括以下项目中的（　　）。
   A．均价　　B．需求量　　C．竞单张数　　D．订单张数
5. 如果 P1 产品研发需要 2 个季度，那么最早在（　　）可以开始生产。
   A．第 1 年第 2 季　　B．第 1 年第 3 季
   C．第 1 年第 4 季　　D．第 2 年第 1 季

二、多选题

1. ERP 沙盘竞赛需要以下品质（　　）。
   A．沉着冷静、条理清楚　　B．善于沟通、团队协作
   C．勤于思考、思维敏捷　　D．乐于助人、积极进取
2. 通过 ERP 沙盘模拟课程的学习，能够提高以下方面的能力（　　）。
   A．激发学习兴致，增强学习能力　　B．理论知识的掌握和综合运用
   C．团队合作能力　　D．沟通技能

E．提高分析问题解决问题的能力

3．季末现金需要减去（　　　）才等于期末现金。

A．维护费　　B．折旧费

C．违约损失　　D．下一年租入厂房的租金

4．企业经营沙盘模拟竞赛设置了（　　　）岗位。

A．总经理（CEO）　　B．财务总监（CFO）

C．运营总监（CPO）　　D．营销总监（CMO）

E．采购总监（CLO）

5．ERP 竞赛沙盘中破产的条件有（　　　）。

A．权益为负　　B．紧急采购

C．现金断流　　D．出售生产线

E．订单违约

三、判断题

1．在企业经营沙盘模拟竞赛中超时 1 分钟罚扣 250 分。（　　）

2．紧急采购原料的 2/3 计入损失。（　　）

3．综合费用表中，损失包括违约金和部分紧急采购的金额。（　　）

4．编制生产计划表时，要先找到最短的研发周期，从而确定最早的生产周期。（　　）

5．利润表中的净利润 = 销售收入 − 直接成本。（　　）

知识图谱

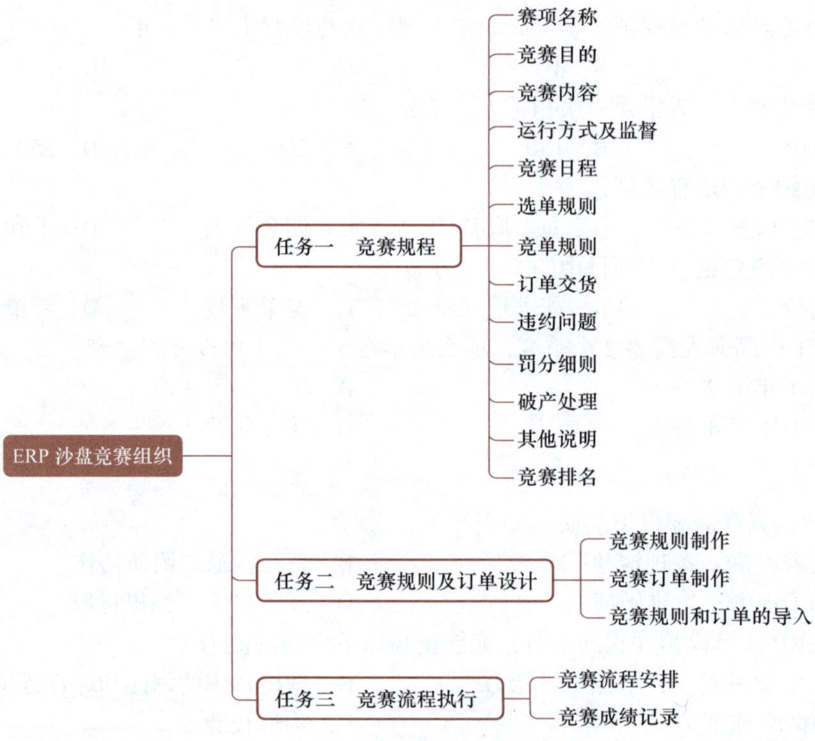

项目八

ERP沙盘案例赏析及大赛经验分享

项目综述

在无数次的练习以及对抗中，我们往往会遇到这样一种情况：明明是同样的方案，别人可能一路高歌猛进，而自己却濒临破产。为此，本项目主要介绍高手制订方案的思路和方法以及赛后的经验和总结，以进一步提升学习者的ERP沙盘模拟经营水平和能力。

学习目标

- 学习如何进行规则分析。
- 掌握市场分析的要点。
- 了解经典方案的特点。
- 学习大神在比赛中的经验及总结。

素质目标

通过规则及市场分析、大赛案例分析，系统性培养大局观，熟悉比赛规则及变幻莫测的市场，通过战略抉择选出最优方案。

重点与难点

规则及市场分析、竞争对手分析、战略选择及调整、经验与总结

任务一 经典案例赏析

一、满贷16手P1P2P3

在对抗中，手工线因为生产周期长而常常不被重视。但是，灵活地使用手工线有时却能够出奇制胜，手工线甚至一度被称为“站在神坛上”的生产线。下面就为大家介绍一个成功的满贷手工线操作案例。

1. 规则分析

先简单介绍一下规则：初始资金 600 万元、3 倍贷款额度，厂房容量 4-3-2，大厂房的租 / 买价格为 44 万元 /440 万元、中厂房的租 / 买价格为 30 万元 /300 万元、小厂房的租 / 买价格为 20 万元 /200 万元。生产线方面没有太大的变化，手工线建设资金 35 万元，10 万元折旧，5 万元维修费；自动线与柔性线为常规 150 万元和 200 万元建设资金。产品信息中 P1 的构成为 R1+R5，P2 的构成为 R2+R3，P3 的构成为 R1+R3+R4，P4 的构成为 P1+R1+R4，P5 的构成为 P2+R2+R3，需要注意的是 P5 的研发时间为 6 个季度（每个季度 10 万元研发费用），P1 的研发时间为 2 个季度，P2 的研发时间为 3 个季度。P1 与 P2 的成本相同都是 30 万元，P4、P5 的成本也相同都是 60 万元，原料方面多了一个采购时间为 2 个季度的 R5（R5 的材料费为 10 万元）。

俗话说，操千曲而后晓声，观千剑而后识器。在介绍完规则后，我们就可以发现这套规则的特点：规则总体并没有太大变化，先说 R5，由于 R5 只用于生产 P1，并不用于其他产品的生产，这一点方便我们在计算产能时辨别是否生产 P1，因此多了一个 R5 的区别其实并不大。而从产品构成中我们可以看到 P2 与 P5 的构成原料比较相似，这点对于直接走 P2、P5 路线较为有利。最后我们看一下生产线，通过对比我们可以发现，建设一条手工线只需要 35 万元，比自动线、柔性线都要便宜，而手工线的生产周期为每 2 个季度生产 1 个产品，自动线、柔性线为每 1 个季度生产 1 个产品，即 2 条手工线与自动线、柔性线产量相等，而 2 条手工线的建设资金仍低于 1 条自动线或柔性线，从这里可以看出手工线比较有优势。

2. 市场分析

介绍完规则我们再来说说市场，先看产品价格，表 8-1 是各产品的单线加权平均利润表，图 8-1 是产品利润走势图。

表 8-1 产品单线加权平均利润表 （单位：万元）

产　品	第 2 年	第 3 年	第 4 年	第 5 年	第 6 年
P1	39.80	41.19	26.55	27.03	42.92
P2	41.50	44.38	33.14	32.85	50.22
P3	50.13	44.39	42.76	45.31	57.78
P4	34.69	38.09	26.19	28.74	39.92
P5	38.08	39.41	26.52	28.95	39.71

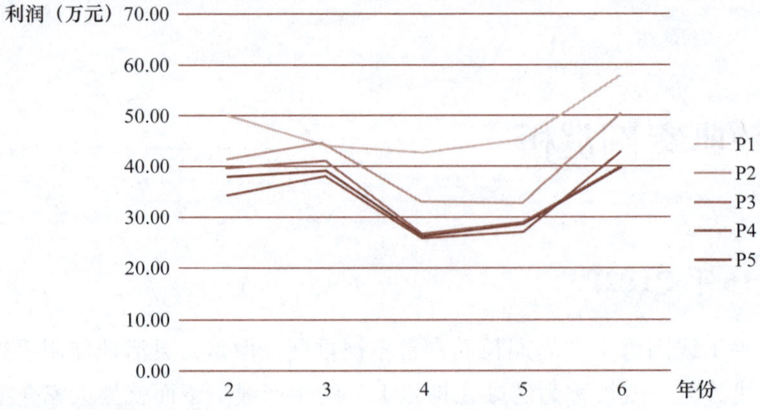

图 8-1 产品利润走势图

产品的价格波动一目了然，高开低走最后走高，可以看到第 4、5 年两年价格走低，那我们应该尽量避开这两年的低谷期，把握第 2、3、6 年的市场高峰期，同时可以注意到 P1、P4、P5 产品的利润差距并不大，而这套规则中 P4、P5 产品的成本相同，只是产品组成不同，因此这套规则下 P4、P5 产品并没有什么明显的区别，而 P1、P2 产品虽然成本相同，但是价格却是有差别的，因此不管是初期还是后期，P2、P3 产品都是有优势的。

接着，我们再来看看本次比赛的产品需求量预测情况，如表 8-2 所示。

表 8-2　产品需求量预测表　　（单位：个）

序号	年份	产品	本地市场	区域市场	国内市场	亚洲市场	国际市场
1	第 2 年	P1	105	89	0	0	0
2	第 2 年	P2	78	74	0	0	0
3	第 2 年	P3	46	38	0	0	0
4	第 2 年	P4	29	24	0	0	0
5	第 2 年	P5	21	24	0	0	0
6	第 3 年	P1	95	74	0	0	0
7	第 3 年	P2	59	0	55	0	0
8	第 3 年	P3	41	24	41	0	0
9	第 3 年	P4	0	48	28	0	0
10	第 3 年	P5	0	38	20	0	0
11	第 4 年	P1	68	68	47	0	0
12	第 4 年	P2	36	68	47	32	0
13	第 4 年	P3	44	16	20	18	0
14	第 4 年	P4	55	45	18	26	0
15	第 4 年	P5	69	53	0	20	0
16	第 5 年	P1	75	84	0	53	0
17	第 5 年	P2	51	0	47	31	39
18	第 5 年	P3	42	28	30	31	0
19	第 5 年	P4	0	37	29	0	26
20	第 5 年	P5	0	40	29	21	24
21	第 6 年	P1	80	0	47	57	0
22	第 6 年	P2	55	60	0	49	0
23	第 6 年	P3	40	32	31	0	35
24	第 6 年	P4	0	35	31	26	31
25	第 6 年	P5	0	35	27	24	31

我们对需求量表进行一些小的改动就可以得出表 8-3（将该产品今年所有市场的需求量相加即可得出其本年的总需求量，再将总需求量与本次比赛的组数相除即为各产品的平均可售产能，最后将 5 种产品的平均可售产能相加即可得出今年平均可以销售的产品数量，其他年份同理），通过表 8-3 我们可以看出每种产品的均可售产能，并结合各产品的利润判断是否有可能拥挤，同时我们也可以据此确定开局生产线及产能数量。

表 8-3 产品及年均可售产能表

年 份	产 品	总数（个）	组数（组）	单产品均可售产能（个）	每年均可售产能（个）
第 2 年	P1	194	30	6.47	
第 2 年	P2	152		5.07	
第 2 年	P3	84		2.80	
第 2 年	P4	53		1.77	
第 2 年	P5	45		1.50	20.88
第 3 年	P1	169		5.63	
第 3 年	P2	114		3.80	
第 3 年	P3	106		3.53	
第 3 年	P4	76		2.53	
第 3 年	P5	58		1.93	19.88
第 4 年	P1	183		6.10	
第 4 年	P2	183		6.10	
第 4 年	P3	98		3.27	
第 4 年	P4	144		4.80	
第 4 年	P5	142		4.73	34.53
第 5 年	P1	212		7.07	
第 5 年	P2	168		5.60	
第 5 年	P3	131		4.37	
第 5 年	P4	92		3.07	
第 5 年	P5	114		3.80	30.78
第 6 年	P1	184		6.13	
第 6 年	P2	164		5.47	
第 6 年	P3	138		4.60	
第 6 年	P4	123		4.10	
第 6 年	P5	117		3.90	32.20

通过观察每年的可售产能我们可以看到，前两年我们可以销售 20 个左右的产品，后三年我们可以销售 30 多个产品，这意味着我们每一年都可以销售许多产品，而且 P1、P2、P3 产品的需求量每一年都有很多。结合之前的利润表，我们可以得出前期的 P1、P2、P3 市场空间较大，且利润较高。由此判断，在总组数为 30 组、P3 产品全年高利润的情况下必然有一些人会铤而走险使用纯 P3 方案，因此 P3 的竞争相对来说会比较激烈，想拿到 P3 的单子需要支付一些广告费用；而由于 P1 的利润并不是非常高，所以 P1 的市场绝对不会太挤；P2 的竞争力比 P1 强，因为 P2 的利润一直排在第二的位置，不过好消息是 P2 的订单需求量比较多，因此销售 P2 难度不大；由于 P4、P5 的价格与利润均不太高，且前期需求量较少，所以判断前期 P4、P5 的竞争不会太激烈，但也可能由于竞争不激烈，有人会通过高价竞单起飞。通过市场分析可以看出 P1、P2、P3 产品的发展前景较好，而结合规则分析出手工线比较有优势，因此选择使用手工线生产 P1、

P2、P3 产品。为了弥补手工线产量不足的劣势，选择使用 16 条手工线。综上，本方案为 16 条手工线生产 P1、P2、P3 产品，而开局的生产计划为第 1 年第 3 季度建设 16 条手工线生产 P1，为了弥补资金的不足，在开局时使用满贷，即长期贷款借了所有能借的钱。这么操作的原因如下：

1）本次比赛订单特别大，一个订单甚至有 5 ～ 8 个产品需求，6 个市场吃满的概率很大。

2）对满贷有这样一种理解：三年并一年，两年不怕库存。

3）销售 P1、P2、P3 不用担心现金断流的问题，即产即卖，不会断。

4）16 手只有第 1、3 季度交货，没有第 2、4 季度交货，这意味着一年可以当成 2 个季度来打，省心省力。

5）由于没有第 4 季度交货，不需要和其他组拼广告拿为数不多的第 4 季度交货订单。

6）对于 16 手来说，1 账等于 0 账，3 账等于 2 账，会使贴息变少，财务费用不会太高。

7）市场第 4、5 年大幅度降价，可以通过换线来避开这个尴尬的期间。

3. 实况回顾

第 1 年操作及思路：建设 16 条手工线，3 个季度全部生产 P1，并且研发 P1、P2、P3，留出 8 个 P2、9 个 P3 的原料给第 2 年第 1 季度。为了完美应用手工线没有第 2、4 季度交货的优点，计算出最大广告额度——139 万元。这个广告额度会正好让企业度过第 2 年第 1 季度的生产而使现金清零。

企业信息查询：通过查询企业信息发现与本组一样的满贷组还有 3 组，不过他们一组是 4 柔 4 手开局，一组 4 手第 2 年 8 手开局，没有利用好满贷的前期大产能优势，一组满贷 16 手全部产 P1 而他们研发的是 P1、P2、P3、P4、P5，即所有产品全部研发，这样他们会面临两个问题：首先是广告额度不够，会导致部分手工线被迫转到第 2、4 季度生产；其次是使自己的初始权益较低，未来弥补亏损的难度会较大。

做 P1 的一共 15 组，做 P2 的有 12 组左右，做 P3 的大约有 13 组。都不算拥挤，不过 P3 利润高，因此生产 P3 的组会有优势。

第 2 年操作及思路：由于企业至少可以生产 16 个 P1，所以将广告分散，最后的结果是由于没有 4 交（指第 4 季度交货），1 交很多，因此轻松拿到了 29 产能，库存 3 个，用其中 2 个库存生产 P3，还剩 1 个 P1，争取下一年卖出去，并且由于第 3 年竞单，P1、P2 都有 2 张 5 数量订单，P3 有 2 张 6 数量订单，所以第 2 年第 3 季度生产 4 个 P1、8 个 P2、4 个 P3，打算将 1 交全库去竞单。有这种心理的原因是竞单数量过大，大家短贷居多，不大敢以这么多库存来竞单，而本组全是 1 交，有天然优势，当然也得注意其他组是否有 1 交库存竞单。在第 2 年年末报表中，本组企业权益暂居第四，排名在本组之前的有 2 组 P3、1 组满贷 4 柔 4 手。

第 3 年操作及思路：由于本组决定 1 交产品全部库存，还留了 3 个上一年没有卖完的产品去竞单，所以今年广告不需要太高，加之第 2 年大家过得都不算太好，拦截我们等于自动放弃第一梯队的竞争，所以本组的广告以水单为主，共计 72 万元。

用了这些广告，计算留下竞单的产品数量，一共留出 4 个 3 交 P2，4 个 1 交 P2，5 个 1 交 P1，6 个 1 交 P3 库存。

在投放广告时，留意了各个组 1 交情况，场上剩余的 1 交几乎清空，本组以近乎满价拍下了 5 个 P1，当然剩余的库存也全部以竞单吃完，最后有一个小失误，我们算出对手留了 3 ～ 4

个 P1，所以最后一张 P1 打算近乎满价吃掉试一试，结果就吃到了，后来我们发现，其实他们是把 3 ～ 4 个 P1 拿去生产 P4 了，所以导致我们最后利润亏了一点。由于订单基本都是 0 账，所以本组提前买回了 3 个大厂房，提升了一些权益，同时由于第 3 年交税，而第 4 年利润又极低，所以本组决定第 4 年开始换线，这一年只订购了 10 条线的原料。

由于竞单起飞，利润涨了 800 多万元，而在此时，4 个满贷组除了本组以外全部由于各种原因“阵亡”，而第 4 年竞单和第 3 年竞单差不多，且市场开始走低，所以本组第 3 季度生产 5 个 P2、11 个 P3。

第 4 年操作及思路：第 4 年开始，进入了市场利润下降期，本组从第 4 年开始拆线换线，留了 10 手材料，准备拆 6 手，拆少了下一年压力大，拆多了今年现金压力大，第 6 年折旧高。由于市场 P3 利润还较为客观，因此以投 P3 广告为主，P2 由于指望竞单而没有去投放很多广告，共投放 143 万元的广告。

在进行 P3 竞单的时候，发现由于今年只有 P3 的利润还可以，导致大量的组进场 P3，迫使原本生产 P3 的组产生大量库存，而为了将 P3 销售出去，大家都开始压低竞单价格，甚至 P3 的第一张 6 个数量的竞单低至 490 万元。

所以第二次 1 交订单本组被迫低于市场价，75 万元一个 1 交 4 账出价。结果发现市场极为残酷，本组今年没竞到单，库存 4 个 P2、2 个 P3。但此时本组仍保持全场权益第一，而权益第二为 4 柔 4 租开局，与本组权益差距 200 多万元。

此外，本组还研发了 1 次 P5 准备第 6 年看看能否进场。之所以不研发两次做出 6 年 1 交 P5 是因为第 5 年是拆线 + 低利润年，产品库存会有很大概率出现利润大幅亏损甚至出现权益为负、资不抵债的情况，本组暂排全场第一，不敢轻易尝试。

第 5 年操作及思路：第 5 年本组有 34 个产能，包括 6 柔 +10 手 1 交 + 上年库存。本年没有竞单，产品无法在市场上销售出去就会成为库存，且本组有 6 个 4 交，所以将广告额度略微提高，达到 179 万元。

本年拆 10 手换 10 柔。

最后的库存是 2 个 P3，将权益上涨到 1960 万元，全场权益第一，对比看一下全场权益第二的竞争对手，其厂里有太多租赁线，没有机会拆除，所以本组分析认为，完胜近在眼前。

而且由于下一年长贷需还款 900 万元，所以年初长贷为 2100 万元，预留了 700 万元的原料，R1、R2、R3 分别有 16 个以应对所有产品。

第 6 年操作及思路：第 6 年期初投广告时，由于现金不足，所以贴现了一个厂房，而我们计算第 6 年的产能，10 条柔性线 30 个，6 条柔性线 24 个，去年有 2 个 P3 的库存，总计 56 个，而最后拿一张满价的 P4 订单是为了压制排名第二的对手，因此实际订单有 60 个，由于最后一年 P3 的利润虚高，所以很多人挤了进来，而市场上本组也只销售了 15 个，更是一个 P3 订单没抢到，因为竞单 P3 的人超级多，竞单直接按白菜卖，竞单 P2 的人倒不是很多，做 P1 的人都用来生产 P4 了，所以 P1 没人竞单，因此本组抢到了很多高价的 0 账 P1，并在市场上销售了 24 个 P2。当然在竞单的时候有一个技巧，就是放第一单时，很多人会观望，这时候你出一个高价，有很大的机会能竞单成功。

总结：这套方案思路长贷拉满 16 手，前 3 年当 1 年打（争取前 3 年交上税），低广告，哪里空往哪里钻。

二、短贷 4 柔 4 租 P2P5

ERP 沙盘竞赛有许多种打法，特别是高手都有自己的打法，如广告压制打法、产能爆发打法、稳固权益打法等，下面介绍一种比较简单粗暴的 P2P5 打法。

1. 规则分析

我们还是先简单看看规则，这次的规则没有太过为难比赛选手——基本没有太大变化，初始资金 600 万元，3 倍贷款额度，厂房容量 4–3–2，大厂房租 / 买价格为 40 万元 /400 万元，中厂房租 / 买价格为 30 万元 /300 万元，小厂房租 / 买价格为 18 万元 /180 万元。生产线方面手工 35 万元、自动 150 万元、柔性 200 万元，只有租赁线略有不同，租赁线转产需要 20 万元转产费用及 1 个季度的转产周期，维修费 65 万元，残值只需要 65 万元，一般的规则租赁线维护与残值都是 80 万元上下。维护及残值均较低，因此前期使用租赁线会有较大的优势，而且后期将租赁线换成其他线的费用也不高。我们可以简单计算一下，当自动线开始折旧时，它的费用为维修费 20 万元 / 年 + 折旧费 30 万元 / 年 =50 万元 / 年，而租赁线每年需要 65 万元的维修费用。两者相差并不多，然而自动线建设需要高额的投入，租赁线却没有这个顾虑，那么这样看来在前期租赁线的优势会比较大，而后期由于自动线有小分的计算，因此在中后期自动线会比较有优势。最后介绍产品信息，P2 产品构成为 R2+R3，P5 研发费用为 12 万元 ×5 个季度研发周期。

2. 市场分析

表 8–4 是产品单线加权平均利润表、图 8–2 是产品利润走势图。

表 8–4 产品单线加权平均利润表 （单位：万元）

产 品	第 2 年	第 3 年	第 4 年	第 5 年	第 6 年
P1	30.94	32.41	31.34	31.13	30.95
P2	42.17	42.04	41.42	40.98	42.41
P3	50.41	51.69	49.97	50.54	50.58
P4	36.27	35.93	35.02	35.49	35.63
P5	46.57	45.19	45.90	45.97	45.91

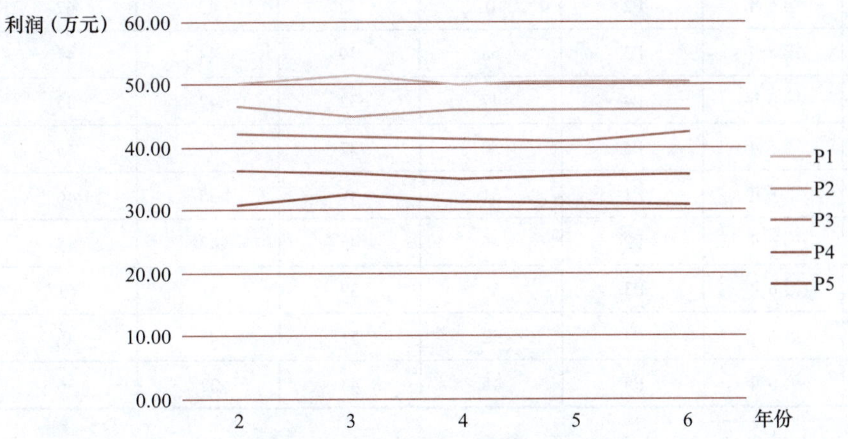

图 8–2 产品利润走势图

我们发现相似产品之间的利润差距并不大，如 P1 和 P4、P2 和 P5 之间的利润差距并不大，而 P3 的产品利润一直居高不下，这点需要我们特别注意，同时由于 P3 与 P5 之间利润差距不大，因此很容易被 P5 利用广告及竞单扳平优势。而通过图 8-2 我们也可以看出产品的总体走势也没有太大的变化。所以，结合利润表与走势图我们可以得出“高利润产品的优势较大”的结论。

表 8-5 为本次比赛产品需求量预测表。

表 8-5 产品需求量预测表 （单位：个）

序号	年份	产品	本地市场	区域市场	国内市场	亚洲市场	国际市场
1	第 2 年	P1	44	67	0	0	0
2	第 2 年	P2	49	55	0	0	0
3	第 2 年	P3	49	49	0	0	0
4	第 2 年	P4	22	38	0	0	0
5	第 2 年	P5	26	22	0	0	0
6	第 3 年	P1	56	54	52	0	0
7	第 3 年	P2	54	54	38	0	0
8	第 3 年	P3	53	51	56	0	0
9	第 3 年	P4	51	42	54	0	0
10	第 3 年	P5	44	40	36	0	0
11	第 4 年	P1	54	42	53	49	0
12	第 4 年	P2	38	46	45	45	0
13	第 4 年	P3	47	45	60	51	0
14	第 4 年	P4	47	32	39	58	0
15	第 4 年	P5	46	38	49	45	0
16	第 5 年	P1	37	0	42	45	0
17	第 5 年	P2	0	52	42	67	46
18	第 5 年	P3	58	39	44	47	60
19	第 5 年	P4	47	32	42	35	50
20	第 5 年	P5	50	37	47	45	52
21	第 6 年	P1	51	0	35	46	43
22	第 6 年	P2	46	45	43	45	31
23	第 6 年	P3	66	39	0	61	47
24	第 6 年	P4	52	51	43	0	55
25	第 6 年	P5	45	43	32	36	54

产品及年均可售产能表，如表 8-6 所示。

表 8-6　产品及年均可售产能表

年　份	产　品	总数（个）	组数（组）	单产品年均可售产能（个）	每年年均可售产能（个）
第 2 年	P1	111	20	5.6	26.5
第 2 年	P2	104		5.2	
第 2 年	P3	98		4.9	
第 2 年	P4	60		3.0	
第 2 年	P5	48		2.4	
第 3 年	P1	162		8.1	50.1
第 3 年	P2	146		7.3	
第 3 年	P3	160		8.0	
第 3 年	P4	147		7.4	
第 3 年	P5	120		6.0	
第 4 年	P1	198		9.9	64.2
第 4 年	P2	174		8.7	
第 4 年	P3	203		10.2	
第 4 年	P4	176		8.8	
第 4 年	P5	178		8.9	
第 5 年	P1	124		6.2	72.7
第 5 年	P2	207		10.4	
第 5 年	P3	248		12.4	
第 5 年	P4	206		10.3	
第 5 年	P5	231		11.6	
第 6 年	P1	175		8.8	71.0
第 6 年	P2	210		10.5	
第 6 年	P3	213		10.7	
第 6 年	P4	201		10.1	
第 6 年	P5	210		10.5	

从表 8-6 的年均可售产能可以看出，每年我们都可以销售非常多的产品，从第 2 年的 26 个产品（8 条线也不过 24 个产品，因此第 2 年可以 8 条线开局）到第 6 年的 71 个产品（16 条线也不过 64 个产品，由此看来这个市场完全可以铺满 16 条线），因此这次的市场只有一个特点——宽松。既然市场这么宽松，那我们最好在初期就选择产能较大的方案；虽然市场宽松，但我们

判断由于 P3 利润一直居高不下，因此 P3 产品的竞争会较为激烈。所以我选择避其锋芒，选择利润排第二的 P2、P5 产品，既然初期产能较大，那我们就用 4 柔 4 租生产 P2、P5。

3. 实况回顾

第 1 年操作及思路：买一个大厂房建 4 柔。这里需要说明一个贷款的技巧，即短贷集中在首尾两季，这样在第一季就有足够的钱买厂房（本操作风险较大）。研发 P2、P5，同时订购 8 个 P2 的原料（注：第 4 个季度时也订购 8 个 R3，避免 P5 过度拥挤而产生库存）。

第 2 年操作及思路：通过巡盘发现生产 P5 的组并不多，每个市场都投了 20 万元的广告，卖了 8 个 P5、4 个 P2，净利润近 200 万元，缴纳 2 万元企业所得税，同时调整了上一年多订购的原料，并计划下一年建 4 条柔性线。（做完回头看，还是有不少失误的，首先是第 4 季度的贴现，为了准备投放广告的资金，完全可以等到广告投放时再进行贴现；其次是没有看清市场，下一年年均可售 50 个，而我们只有 32 个，完全没有跟上节奏，导致后几年节奏太慢；最后是上一年广告投放偏多，可以节省 20 万元左右的利润。）

第 3 年操作及思路：第 3 年是我们起飞的一年，因为销售了 16 个 P5，还抢到了 1 张满价的竞单，本年结束权益 1041 万元，下一年计划再建 4 条柔性线，满线！（此处出现一点失误，没有算清楚对手的产能，竞单时最后一张 3 个 P5 的订单没人抢，我满价抢来却产能不足，只能紧急采购交单。）

第 4 年操作及思路：第 4 年我们犯了一个非常严重的错误，本企业的生产线为 12 柔 4 租，本着捡小分的原则，下一年计划拆租赁上满 16 柔。想法不错，但我们在第 4 季度忘记拆租赁线，结果下一年拆线多交了 260 万元的维护费用。本年利润较为可观，170 万元销售了 46 个产品，净利润 564 万元，从第 4 年开始渐渐有组进场 P5，因此 P5 的广告额度开始上升。

第 5 年操作及思路：由于第 4 年忘记拆租赁线，而本年又有上线计划，因此只能拆线上柔。本年 246 万元广告销售 24 个 P5，由于换了 4 条线，所以净利与第 4 年相差不大。销售收入 3700 万元，由于上一年有 564 万元的净利润，本年贷款额度增加了 1700 万元，因此花费 1600 万元购买了 4 个大厂房。本想 16 条线生产 P5，后来又觉得不妥，因为还有其他做 P5 的组，所以放几条线去做 P2。最后决定下一年 6 条线做 P5、10 条线做 P2。

第 6 年操作及思路：最后一年卖了 27 个 P5、14 个 P2，竞拍吃了 7 个 P2，均价 40 万元左右，所以最后一年的竞拍又被称为“菜市场”，建议大家能别去还是别去了。本年净利 756 万元，最终结果本组排名第二，和第一名的总分相差 1000 万元左右。而实际上我们两组的小分是一样的，总分计算大概是权益 ×4，如果我们在第 5 年没有失误导致 260 万元的亏损，总分还会增加 260 万元 ×4=1040 万元，也就是说如果我们没有亏这 260 万元，总分和第一名是差不多的。

总结：这套方案开局较为灵活多变，可卖纯 P2，也可卖纯 P5，当然 P2、P5 都卖也并无不可。而且开局产能较大，需要注意的是初期对于财务的要求较高！

三、短贷 3 柔 2 自 P1P4

在 ERP 沙盘竞赛中有这样一种说法：“做 P1 的是没梦想的咸鱼，做 P4 的是有梦想的咸鱼，即使你翻身了还是一条咸鱼。”为什么会有这种说法呢？因为 P1、P4 的操作难度太高，所以做得好的人很少，渐渐地大家就认为 P1、P4 没什么“钱途”。真的是这样么？下面就由一位做

P1、P4 的高手带来关于 P1、P4 的比赛方案分享。

1. 规则分析

630 万元开局，3 倍额度，厂房容量 5-3-2，大厂房租 / 买价格为 45 万元 /420 万元，可容纳 5 条生产线，一般的规则条件下大厂房租金 40 万元，容纳 4 条生产线，通过等比推算，容纳 5 条生产线就需要 50 万元的租金，而本次比赛大厂房只需要 45 万元租金，因此相对来说较为便宜。最小的单广告额为 5 万元（一般的广告都是 10 万元起步，每多 20 万元则多一次选单机会，而这次比赛只需要多 10 万元就可以多一次机会，便宜了一半的钱）。总的来说，这套规则比一般的规则节约费用，因此对于低费用的方案较为有利。

2. 市场分析

表 8-7 为产品单线加权平均利润表、图 8-3 为产品利润走势图。

表 8-7　产品单线加权平均利润表　　（单位：万元）

产　品	第 2 年	第 3 年	第 4 年	第 5 年	第 6 年
P1	30.66	30.19	27.95	30.81	29.25
P2	39.54	38.57	40.04	40.80	39.78
P3	47.46	44.16	40.64	40.59	47.18
P4	38.33	36.79	33.44	36.19	39.01
P5	40.35	42.15	43.43	49.36	49.96

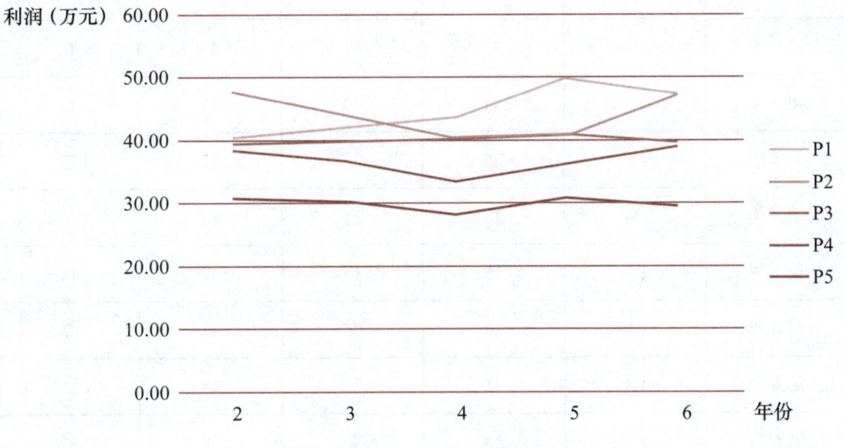

图 8-3　产品利润走势图

通过观察我们发现，P4 产品的总体利润虽然不高，但在开局与其他产品并没有太大的差距，直到第 4 年 P4 产品才开始走低，因此我们判断在开局走纯 P4 方案具有一定的可行性。

表 8-8 是本次比赛的产品需求量预测表。

表 8-8　产品需求量预测表　（单位：个）

序　号	年　份	产　品	本地市场	区域市场	国内市场	亚洲市场	国际市场
1	第 2 年	P1	51	39	0	0	0
2	第 2 年	P2	35	33	0	0	0
3	第 2 年	P3	28	27	0	0	0
4	第 2 年	P4	24	22	0	0	0
5	第 2 年	P5	16	16	0	0	0
6	第 3 年	P1	44	37	32	0	0
7	第 3 年	P2	38	34	34	0	0
8	第 3 年	P3	25	26	33	0	0
9	第 3 年	P4	23	21	20	0	0
10	第 3 年	P5	17	14	18	0	0
11	第 4 年	P1	38	35	36	0	0
12	第 4 年	P2	36	31	34	29	0
13	第 4 年	P3	26	23	30	27	0
14	第 4 年	P4	25	22	21	19	0
15	第 4 年	P5	15	16	0	15	0
16	第 5 年	P1	37	31	33	0	43
17	第 5 年	P2	34	30	32	25	0
18	第 5 年	P3	25	24	29	22	17
19	第 5 年	P4	20	21	18	16	0
20	第 5 年	P5	16	15	0	14	12
21	第 6 年	P1	34	25	28	0	45
22	第 6 年	P2	31	24	28	21	0
23	第 6 年	P3	23	0	28	22	23
24	第 6 年	P4	19	18	17	15	0
25	第 6 年	P5	14	14	0	13	15

产品及年均可售产能表，如表 8-9 所示。

表 8-9　产品及年均可售产能表

年　份	产　品	总数（个）	组数（组）	单产品年均可售产能（个）	每年年均可售产能（个）
第 2 年	P1	90	16	5.63	
第 2 年	P2	68		4.25	
第 2 年	P3	55		3.44	
第 2 年	P4	46		2.875	
第 2 年	P5	32		2	23.0625
第 3 年	P1	113		7.0625	
第 3 年	P2	106		6.625	
第 3 年	P3	84		5.25	
第 3 年	P4	64		4	
第 3 年	P5	49		3.0625	33.0625
第 4 年	P1	109		6.8125	
第 4 年	P2	130		8.125	
第 4 年	P3	106		6.625	
第 4 年	P4	87		5.4375	
第 4 年	P5	46		2.875	38.1875
第 5 年	P1	144		9	
第 5 年	P2	121		7.5625	
第 5 年	P3	117		7.3125	
第 5 年	P4	75		4.6875	
第 5 年	P5	57		3.5625	40.375
第 6 年	P1	132		8.25	
第 6 年	P2	104		6.5	
第 6 年	P3	96		6	
第 6 年	P4	69		4.3125	
第 6 年	P5	54		3.5	36.375

本次比赛组数为 16 组，P4 单个市场订单在 8 个左右，而 P4 产品利润不高，因此预计做 P4 产品的人数并不会太多，同时我们可以看到 P1 的需求量一直偏高，即使开局 P4 市场拥挤，我们也可以转型做 P1。另外，由于广告额度较一般规则低，在较低费用的情况下生产 P4 产品实际上仍然是有利可图的。而我们观察表 8-9，通过第 2 年的年均可售产能可以判断我们平均销售 23 个产品，即大致相当于 8 条线的产能。因此我们确定本次比赛的市场较为宽松，确定方案时，一般要与下一年的年均可售产能大致符合。综上，我们选择 P4 方案。

3. 实况回顾

第 1 年操作及思路：使用 3 柔 2 自开局，选用这套方案是因为第 2 年直接跳 P4 产品，肯定需要使用柔性线来支撑，而多的一条柔性线可以保证能多出 2 个 P4 产品，例如，2 自 2 柔能产出 4 个 P4 产品，而 2 自 3 柔可以产出 6 个 P4 产品。多销售 2 个 P4 的优势自然十分明显。

第 2 年操作及思路：在第 2 年选单时，我们出现了一个失误，多拿了一张 P4，总计 7 个 P4。经过精确计算，我们确认紧急采购比违约要少亏损一些，因此选择了紧急采购，最终权益只上升了 142 万元，却导致我们多损失了 60 多万元的利润，现在看来这是得不偿失的，所以大家也要注意在比赛中绝不要犯这样的错误。而在第 2 年巡盘时，我们发现生产 P3 的只有一个队伍。为了压制 P3，我们决定下一年扩 5 条自动线进场 P3。

第 3 年操作及思路：本年扩 5 条自动线进场 P3，同时由于积累了两年的资本，我们交上了企业所得税，同时由于和另一组配合的原因，我们没有进 P2、P5 的打算。第 3 年交税，这个节奏基本正常。

第 4 年操作及思路：第 4 年扩 3 条自动线提升 P4 的产量，同时开始量产 P3。毋庸置疑，许多人也注意到了 P3，本年 P3 遭遇多达 8 组的竞争，意味着有一组会没有订单，经过激烈的竞单，本组以 131 万元的价格才勉强拿到 2 个 P3 竞单。第 4 年的竞单已经异常激烈了，我能想象第 6 年的局势，必定是山雨欲来风满楼。

第 5 年操作及思路：终于迎来了利润的爆发期，13 条线爆发出的产能终于使我们的净利润突破了 500 万元，在巨额利润的鼓舞下，我们树立了本年建设 5 条柔性线的目标，初步确立了满线的计划，但是我们发现，似乎所有的市场都比较拥挤。一个队友提出：不是还有竞单么？第 6 年有一张 10 个 P1 的竞单，我们只要调整好交货一定就还有希望。在调整了生产计划后，我们对这张竞单志在必得。

第 6 年操作及思路：第 6 年广告 500 万元、产品销售 4300 万元，相对来说第 6 年的广告已经处于一个较低的水平了，第 6 年广告普遍为 800 万～1000 万元。而我们明显实现了低广告销售的壮举，第 6 年利润为 700 多万元，权益定格在了 2027 万元，并成功拦截了排名靠后的几个对手，最终实现了分值排名第二的小目标。

总结：P1、P4 产品由于利润相对偏低，不宜投入太多的广告费用，应当以低费用的策略为主，即降低一切可以降低的成本。

任务二 大赛经验分享

一、福建省 ERP 沙盘模拟经营大赛经验总结

福州作为近代中国船政文化的发祥地，自然拥有悠久的文化底蕴。来自福建全省百所高校的企业模拟经营沙盘比赛在历史名城福州展开，让我们跟随着选手们一起踏入这个没有硝烟的战场。

1. 赛前分析

组委会公布了比赛的规则和预测后。我们对规则和市场进行了详细的分析，列出了许多种

可行的方案。

经历了数天方案推演之后，我们总结出以下情况：

P3 产品前期利润极高、市场需求量大，是这次市场的“万金油”产品（利润高、需求多，不怕投入广告，即使投入广告仍然拥有较高的利润，吸引大家趋之若鹜），虽然后期需求量逐渐减少，但是只要配合 P1 或者 P2 这种成长型产品做一些调整，也是一条非常稳健的发展之道。但如果大家都看好这套方案，那么势必会造成非常惨烈的恶性竞争，可能是所有人全盘皆输的结果（这也是大家开局都喜欢使用 P1P3、P2P3 作为开局产品的原因）。

而相比较起来，P4、P5 产品的利润不但没有 P3 那么丰厚，而且市场需求量，特别是初期的需求量少得可怜，如果不能有一个很好的销售方案支持，将会有资金断流的风险，即使配合低端产品分担销售压力，仍然存在很大的风险，但只要挺过第 3 年，有竞单高价起飞的优势及后期随着各个市场对产品需求开始放宽，发展前景会非常诱人。

由于省赛中将生产线的维修费设置成每年 25 万元/条，直接打压了前期本就不多的利润空间，因此在初始资金比较紧张的情况下，前期不可能同时生产 P3+ 高端产品（由于高端产品需要低端产品作为原料，因此高端产品相当于两种产品），这就意味着必须在决策之初就做出一个明确的产品选择，究竟是选择利润最诱人的 P3，还是选择直接跳高端在竞单中搏一把，或者选择低费用走纯低端路线。

我们讨论了很久，迟迟不敢轻易决断。为了做出合理决策，我们又对市场容量进行了测算，由于前期 P4、P5 的市场需求不大，发现如果有 5 家以上做 P4、P5 产品，第 2 年就会出现产品滞销，这时直接走高端产品的风险就会极高。同时，如果有 15 家以上做 P3 产品，由于竞争太过激烈，则 P3 的风险会非常大。分析后，我们最终决定，采取冒险搏 P3 的方案。方案定了，如何最大限度地保证 P3 方案的成功实施呢？能够进省赛的队伍，大部分都是具备相当实力的，大家都会在比赛前做足准备，那也就意味着，我们分析的 P3 或者 P4、P5 方案在别人眼里也是同样的两难选择。

兵者，诡道也。比赛在即，各个队伍都对自己的方案讳莫如深，生怕被别人知道。而我们反其道行之说不定会有奇效。因此我们故意讨论得很大声，让声音传播出去，使很多人知道我们采用 8 自动纯 P3 的方案。也许有很多人也计划生产 P3 产品，但是有部分人知道我们走大产能 P3 路线后会因此而退却，这样我们就相当于提前消灭了一部分潜在的竞争对手。

另外，我们还做了两手准备，虽然我们非常高调地宣扬自己的方案，但我们实际的预算方案是 6 自动 P3，而且并没有进行实际的点盘操作，虚则实之，实则虚之。通过平时的高强度训练，我们在第 1 年的操作速度有了极大的提升，完整点完第一年的盘面不会超过 5 分钟，因此，我们决定先等其他组操作，当剩余最后 20 分钟时，使用系统的查询企业信息操作来提前获得其他选手的信息，如果能提前获得其他选手的企业信息，就有很大的胜算打赢这一场比赛。通过提前预知其他选手的企业信息，我们可以判断市场产品是否拥挤，并根据拥挤程度讨论是否需要调整方案。正如我们所料，许多人想获得高价竞单，因此高端产品方面的竞争极为激烈，第 2 年出现 P4、P5 每组都只能拿到一张订单的情况。后来随着竞争进入白热化阶段，广告额也不断提高，甚至发生投 50 万元的广告费都没有机会拿到一张订单的情况，这是后话。

通过先发制人的战略我们获得了开局的优势，但也仅仅只是小有优势，如何把优势转化成胜势才是我们需要努力思考的。

都说一个好的开局等于成功的一半，正当我们欢呼雀跃的时候，噩耗袭来——市场中埋伏下了一张利润相当可观的 2 个季度交货的 P3 订单，而比赛规则中 P3 的研发周期为 5 个季度，第 2 年的第 2 季度 P3 产品还在生产线上，即无论如何都无法在第 2 年的第 2 季度交货（简单来说这是一张无法完成的订单，也称废单）。这是一个很简单也很明显的陷阱，甚至在比赛规则中都有明显的提示。可偏偏我们在关键的时候发生了失误，在第 2 次选单的时候选了张 2 个 P3、总价 210 万元、交货期为 2 个季度的订单，结果因为无法交单，要缴纳 42 万元的违约罚款，而且必然导致今年会出现产品的库存，这对一个 600 万元初始权益的企业来说，无疑是晴天霹雳。更何况是在省赛这样高手云集的比赛环境中，任何一点小小的失误都会导致最后的失败。意外的发生令整个团队突然陷入了沉默，虽然每个人的心情都异常沉重，但是关键时刻，队员们没有一句埋怨，没有一丝气馁，“没关系，我们继续！”一句简单的话语令我们重新振作起来。

在区域市场里，我们拿到了最大的 4 个 P3 的订单，由于没有顺利拿到 12 个 P3 的订单，只能对原来还需投资一期的 6 条全自动线，继续投资其中 5 条，这样就可以使一条生产线少交一年的维修费。我们的财务将原来的现金预算重新推演，调整了长短贷的比例，减少了我们原先预计的财务费用等。通过这次失误，我们比原先更严苛地要求自己，每省下 1 万元的费用都会让我们兴奋不已。

也正是有了这一挫折，使我们的团队凝聚力空前强大，让我们在后面的比赛中，无论是计算、操作还是团结协作，都做到了零失误。

危机过后，虽然我们一直努力追赶，但毕竟出师不利，所以我们目前的成绩只能在中游徘徊，如果没有奇迹发生我们只能与今年的冠军奖杯失之交臂。

时间来到第 6 年，本届省赛最具有不确定性的竞单模式即将开启。

这是我们最后的机会，必须要牢牢把握。但怎么合理安排产能，怎么合理填报价格等竞标参数，成了我们首先要思考的问题。巡盘一开始，我们团队五个人分工进行所有企业的信息搜集，从产能、库存到现金、贷款，甚至连对手的采购计划也逐一记录。然后在短短的 5 分钟内，将各家企业的信息进行汇总，分析出主要的竞争对手，再通过对其产能的分析，以知晓竞争对手企业的产能及交货期。然而，仅仅是了解竞争对手的情况就令我们有些心灰意冷。通过计算所有竞争对手产能加自己的产能，所得总和已经超过了市场的总需求，意味着市场上已经处于供大于求的状况（这也是 P3 产品竞争一直处于白热化状态的体现），甚至有近半的企业都使用 6 条以上的自动线生产 P3，产能高得吓人，面对这样疯狂的市场搏杀，如果没有好的销售策略，一切都只是空谈（可以预见，竞单市场上的竞争也不会太轻松，所有妄图高价出货的想法都是镜花水月）。面对这样激烈的市场，我们因时而变，调整原先预计参与竞单的计划，改为通过高额广告在市场上争取销售完所有产品。

最终我们通过 708 万元的广告销售完大部分产品（只库存了 4 个 P3 被迫参与竞单），心情忐忑地等待着竞单，毕竟我们虽然完成了大部分销售计划，但如果有人凭借竞单起飞我们也无力阻止。第一张单中有 4 个 P3，我们出价 379 万元，这个价格略低于市场价。最终拿到这张订单后，我们终于松了一口气。虽然我们已经完成了销售计划，但我们还在继续关注之后的竞单，害怕有人依靠竞单突然起飞。最终其他产品价格都偏低，没有人高价拿到竞单。竞单会结束了，但这并不是结束，我们还有最后一年的预算及操作，如何权衡利弊使最终得分实现最优也是非常重要的一个环节。最终通过在市场上完成销售的优势，我们的成绩挤进了第一梯队（第三名）。

2. 赛后反思

总体来说，这次比赛我们学到了很多东西：

1）在比赛中要有一群相信你的伙伴，正如我们在开局的选单失误，如果是草草组建起来的团队在出现失误时，可能已经在互相指责和抱怨了，出现这种情况我们一定会早早破产、匆匆离场。幸运的是，我们有一个互相信任的团队，在出现失误后我们相互鼓励并寻找解决问题的方法，最终我们一起走到了最后，还拿到了第三名的好成绩。

2）在高手的较量中容不得半点失误，一点小小的失误就可能通过“蝴蝶效应”不断放大形成不可逆转的劣势。而其余高手也会抓住这一点小小的优势，不断“滚雪球”，将优势转化成为胜势，这也是我们最终没有取得冠军的主要原因。

3）通过与其他高手进行切磋，我们也学到了很多实用的小技巧和经验，例如，通过竞单调整原来订单的账期和交货期、在竞单中低价抢单违约、在选单中进行交货期压制等，本次比赛收获颇丰。

二、浙江省 ERP 沙盘模拟经营大赛经验总结

今年浙江省大学生企业经营沙盘模拟高职组竞赛在浙江某高校展开，本次比赛相较之前有些许不同。

1）租赁线维护费 75 万元 / 年，但是无法随意进行转产，转产需要缴纳 25 万元的转产费用及保障 1 个季度的转产周期，其可以先使用，年末支付维护费，且不用安装周期，优势较大，对初期扩大产能作用非常大。此次比赛以 { 总成绩 = 所有者权益 ×（1+ 企业综合发展潜力 ÷100）− 罚分 } 作为最终评分依据，租赁线是没有小分的，但没有安装周期的特点，有利于大量销售产品提高所有者权益，因此后期在有一定权益的情况下，换线是必然的选择。

2）有选单、竞单（第 3、6 年）两种市场方式，且两种市场同时选单，竞单的存在使比赛出现许多不确定因素，第 3 年有部分选手可能会拿到高价竞单而一骑绝尘。

3）在比赛前不给规则及市场预测，而在比赛时直接给详细订单（包括选单和竞单）及规则，对于不熟悉详单的选手会有较大的比赛难度，考验选手的临场应变能力。

4）比赛过程中运营时间较短，对于选手的团队合作能力及综合能力是一种较大的考验。

总体来看，本次比赛市场容量较宽松，破产队伍较少，每个赛区（13 支队伍）不超过 2 支。

1. 赛前分析

比赛经验告诉我们，取胜的基础是要制订一个好方案，我们认为，好的方案需要综合考虑各方面的因素，例如，规则的不同、市场的特点、资本的逐利、心理的博弈等。只有将这些方面都综合考虑才能得出一个较优的方案。

在沙盘模拟比赛中，强行选择 P3 结果导致破产的事例不胜枚举。资本都是逐利的，高利润的产品必然会让人趋之若鹜，这也会导致产能过剩、销售困难、广告额加大、利润空间变少，因此做方案时我们常会问自己，毛利高的产品我们做不做呢？

我们根据详单做出了如下判断：

1）P1 产品需求量虽然大，但毛利偏低，只适合前期进行过渡时使用。

2）P2 产品需求量先增后减，毛利居中，适合前期进行稳健发展使用。

3）P3 产品毛利较高，且比较平衡，前期需求量较少，第 4 年剧增，适合第 4 年突破发展时使用，前期使用可能会造成销售困难，正常情况下不适合在前 3 年使用。

4）P4 可以看成是 P1+P2，其毛利与 P1、P2 之和相比并不占优势。前期需求量较大，后两年有所下降。

5）P5 可以看成是 2 个 P2，其毛利与 2 个 P2 相比更有优势，且逐年上升，仅第 6 年略有下降，但其需求量前期严重偏少，所以只适合后期突破时使用。

看起来似乎 P2、P3 发展前景不错，而 P5 需求量又偏少，P4 由于需求量较高因此做的人估计不会少。兵法云：以正合，以奇胜。想要获胜就要不走寻常路、奇兵突出。因此在制定战略时，我们确定了 4 柔 4 租走纯 P5 的奇兵战略。

2. 比赛过程

比赛开始时，我们很低调，尽量避免被“枪打出头鸟”。果然，第 2 年通过查询企业信息得知 13 个队伍中只有 2 队生产 P5，而除本组之外的另一组由于害怕 P5 过于拥挤，产能也不多。因此选单时非常轻松，我们以 40 万元的广告费就把货出完，然而 P3 的状况比想象中要“和谐”，只有 6 组投入生产，这导致生产 P3 的队伍发展速度不会比我们慢。

接下来第 3 年准备再生产哪种产品，成为最关键的问题。我们认为，既然第 2 年 P3 竞争不激烈，那肯定会有其他未生产 P3 的组会反思自己的决策，随之会加开租赁线生产 P3。鉴于此，我们决定避开风口浪尖，继续扩大生产规模生产 P5，把所有 P5 剩余的需求量全部吞下。让其他组在 P3 市场再挤一下，往后我们就可以去拓展新市场了。果然，在第 2 年运营中增加了两组生产 P3，并且有 3 组生产 P2 的组研发了 P5，此时我们开始思考自己方案未来的走势。中午吃饭的时候，我们去了解了其他几个赛区的巡盘情况，都是有 6 组左右在做，相比他们，我们区 P3 显得不太和谐，这样我们的机会就更大了。

第 3 年我们计划是建 2 自 2 柔继续走纯 P5 路线，原来 P5 只有 2 组生产，可以在竞单上多出货，而且价格与交货期都会比较有利，这样对后期的发展极有帮助。但是害怕被另一组拦截，因此留了一小部分的产能（4 个 P5）给竞单会。

第 3 年的 P5 广告，我们只投了两个市场，而且都是 10 万元，仅仅是为了在市场上销售一些 P5，避免库存太多，给竞单太大的压力。实际选单的时候，我们不断地记录另一组生产 P5 队伍的接单情况，粗略计算他们留给竞单市场的产能不多后，做了个很大胆的决定——调整计划，把预计库存由 4 个变成 8 个。

竞单会中 16 个 P5 的需求量分了 4 张订单，数量分别是 3、5、4、4，而我们最少要接到 2 张订单才能把货出完。我们在纸上事先已经把全部 P5 订单的价格写好，第一张 P5 竞单是为了“试水”，看一下另一支队伍的反应，所以我们始终抱着侥幸心理，希望以 3 倍价格拿到最高价单，然而 3 倍价格没有出现，成交价在 150 万元上下，订单也没有落在我们手上。看到对手拿到一张单，我们心中暗喜，他们已经没有库存了，剩下的都是我们的了。然而我们还是因为紧张写错了一张订单的交货期，拿到订单以后我们才发现这个情况，队友们面如土色。“我们可以紧急采购，就当没拿到这张订单”，我低声安慰队友。我们还有机会，还有多余的竞单可以拿。最终我们拿到了剩余的 P5 竞单，完成了今年的销售。而在看到现金极多时，我们马不停蹄地调整今年的战略，由 2 自 2 柔改为 8 柔，同时由于 P5 市场的饱和，我们研发了另外 3 种产品，初步确立了“十面张网”的计划（“十面张网”即通过大量的柔性线完成多种产品之间的生产计划调整）。

赛后与 A 赛区、C 赛区的队伍交流，有两组跟我们相似方案的队伍在第 3 年抢单过程中由于紧张出现错过交货期等情况，其中一组直接破产，可见在比赛时精神必须高度集中，不能犯低级错误，这是对比赛队员最基本的要求。

有惊无险的第 3 年过去了，接下来的 3 年比的就是耐力了，由于我们在初期确立了四面开花的多产品战略优势，本年只需将原来的 4 条租赁线换成新的柔性线，如果有多余的钱还能买回一些厂房。因为研发了其余 3 种产品，所以我们的产品结构以 P5 为主，P2、P3、P4 为辅。而且由于产品种类很多，所以我们并不需要投太多的广告，只需要每种产品都拿到一张竞单就好（今年 P5 产品还是有些人进场的，所以我们的 P5 广告多投了一些）。

第 4 年我们有 12 条柔性线在生产，同时又建了 4 条柔性线，下一年完成生产线满线生产。今年年初由于材料费比较多，我们只买回了 2 个大厂房，但要相信我们把厂房全买回来只是时间问题。今年我们可以销售 40 个产品，共计 12 个 P5、8 个 P2、4 个 P3、4 个 P1（P1 由于要当 P4 的原料，就不卖了）。第 4 年净利润 400 多万元，目前权益第一遥遥领先。

第 5 年我们打算进场 P4 产品节约广告费用，同时保持 P5 市场占有率基本不变，今年我们有 16 条柔性线，产能总计 12×4+4×3=60（个）。60 个产品怎么卖才好呢？其实很简单，由于 P4、P5 需要低端产品作为原料，所以 P4、P5 其实一个就可以当作两个产品来算。所以，我们预计有 15 个 P5 可以销售，P4 打算销售 8 个，剩余卖 10 个 P2、4 个 P3，销售完毕。第 5 年我们就差不多有别人第 6 年的产能，今年净利润 800 多万元。

决定胜负的第 6 年来了，虽然我们一路遥遥领先，但仍然不能掉以轻心。今年市场相对比较宽松，但我们还是投了 600 多万元的广告，其他竞争激烈的产品单个市场已经超过 100 万元，总额甚至有 1000 多万元。选单会上我们的 P5 有 3 个首单，因此销售 16 个 P5 难度不大。而剩余副产品由于数量较小，销售难度也不高，在市场上我们已经基本完成了销售任务。但为了防止有人通过竞单提升权益，我们还是决定留下两个库存用于竞单。第 6 年竞单的时候，大多数队伍都想杀出重围，纷纷高价竞单，但偏偏有一些队伍低价出货，导致整个竞单会的平均单价只有成本的 2 倍甚至更低。看着竞单市场如预想中一样都是低价出货，我们的心也放了下来。虽然最后低价出了 2 个货，但我们总的销售额非常不错，净利润有 1000 多万元。最终我们有惊无险地拿下了本次比赛的冠军。

3. 赛后反思

本次比赛我们开局占据优势，同时充分利用了第 3 年的竞单，拉开了与其他组的差距，在战略的选择上也有自己独到的见解。利用前期的战术优势调整了中后期的战略，形成了多产品发展的战略，为最后取得比赛胜利奠定了基础。

纵观整个赛区，5 种产品竞争最激烈的是 P3，然而 P3 利润太高了，虽然广告额单个市场平均超过 100 万元，但还是有相当高的利润空间，从 6 组生产到 9 组生产就可以说明，大部分想胜出的队伍都不会放过 P3 这块“肥肉”。

此外，大部分队伍都有一个同样的想法，要赢得比赛，就必须要选择最高利润的两种产品，比赛数据也反映了这一点，生产 P5 产品的组基本上都会生产 P3。为了达到最高净利润，不惜花巨额广告费抢单，大收大支，而生产 P1、P2、P4 产品的组就默默地在后面紧跟着寻求突破。生产线方面，很多队伍都选择了使用自动线或者柔性线开局，第 3 年由于市场扩张再增加租赁线，等后期资金充裕时就把租赁线换成自动线以求加分。

前期广告方面的竞争其实并不激烈，主要原因是前期 P3 竞争不激烈；到后期 P3 竞争较为激烈，同时由于后期生产 P5 的队伍较多，因此打起了广告大战，P3、P5 的广告均居高不下，相比其他赛区，本区的广告偏高。

能力检测

一、单选题

1. 在投放广告的同时会扣除哪些费用？①设备维护费；②税费；③长期贷款利息和本金；④短期贷款利息和本金。（　　）

A. ①②　　B. ②③　　C. ①③　　D. ③④

2. 如果你在第 2 年第 3 季度交了一个账期为 4 季的 168 万元的订单，在第 2 年第 3 季度用此应收账款贴现 50 万元，第 2 年第 4 季度用此应收账款贴现 50 万元，第 3 年第 1 季度用此应收账款贴现 50 万元，除此之外，无其他贴现行为，则一共需要支付的贴息是（　　）万元。

A. 17　　B. 18　　C. 19　　D. 20

3. 如果你第 1 年年初贷了 1400 万元长贷，第 1 年第 1 季度贷了 50 万元短贷，第 1 年第 2 季度贷了 100 万元短贷，第 1 年第 3 季贷了 100 万元短贷，则第 1 年第 4 季度最多还能贷（　　）万元短贷。

A. 50　　B. 100　　C. 150　　D. 200

4. 如果你在第 2 年第 2 季度销售产品，得到一个账期为 3 个季度的应收账款 102 万元，在第 2 年第 3 季度销售产品，得到一个账期为 2 个季度的应收账款 151 万元，在第 2 年第 4 季度销售产品，得到一个账期为 2 个季度的应收账款 163 万元，则在第 3 年第 2 季度点击“当季开始”按钮的时候已收回（　　）万元的应收账款。

A. 253　　B. 163　　C. 0　　D. 151

5. 在柔性线、自动线、手工线、租赁线中生产周期最长的是（　　）；需要转产周期的是（　　）。

A. 自动线；只有自动线　　B. 手工线；只有自动线

C. 手工线；自动线和租赁线　　D. 自动线；自动线和租赁线

二、多选题

1. 如果你在第 1 年第 2 季度租用一个小厂房 A，第 2 年第 2 季度再租用一个小厂房，则在第 2 年第 2 季度的时候这两个厂房的租金分别在什么时候支付？（　　）

A. A 厂房支付在第 2 年第 2 季度季初

B. B 厂房支付在第 2 年第 2 季度租赁时

C. A 厂房支付在第 2 年第 2 季度季末

D. B 厂房支付在第 2 年第 2 季度季末

2. 下列生产线无转产周期的是（　　）。

A. 手工线　　B. 自动线　　C. 柔性线　　D. 自动租赁线

3. 下列生产线有安装周期的是（　　）。

A. 手工线　　B. 自动线　　C. 柔性线　　D. 自动租赁线

4. 在巡盘过程中需要关注哪些重要的数据（　　　）。

A．产能　　　　B．盘面现金

C．生产线及产能　　　　D．库存情况

5. 影响下一年贷款额度的因素有（　　　）。

A．上一年的所有者权益　　　　B．上一年已贷贷款额度

C．当年的所有者权益　　　　D．当年已还贷款额度

三、判断题

1. 第 1 年第 1 季度开始建柔性线，则在第 3 年开始计提折旧。（　　）
2. 在市场开发投资中可以加速投资，以便领取相应的市场准入证。（　　）
3. 投 10 万元广告可以抢一次广告单，那么投 20 万元即可以抢两次广告单。（　　）
4. 应收账款贴现可以随时进行。（　　）
5. 一条生产线待最后一期投资到位后，就可以立即投入使用。（　　）

知识图谱

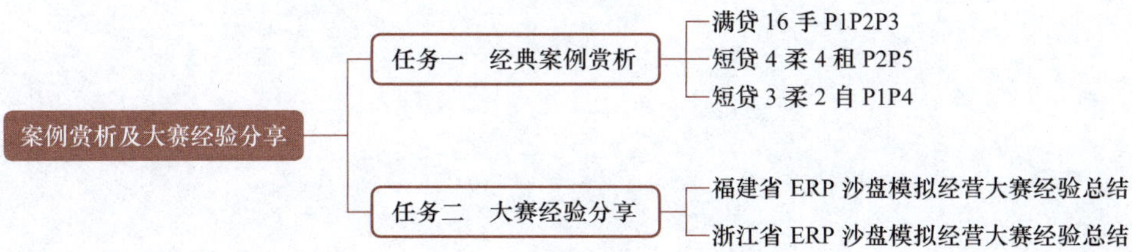

附　　录

附录 A　ERP 沙盘模拟实训日志

专　　业 ________________

班　　级 ________________

姓　　名 ________________

学　　号 ________________

指导教师 ________________

实 训 日 志

实训时间 ____________________ 实训课程标题 ____________________________

实训团队人数 ________________ 实训团队成员 ____________________________

一、实训目的

二、实训要求

三、实训内容

四、实训结果分析

实 训 日 志

实训时间 ____________________ 实训课程标题 ____________________

实训团队人数 ____________________ 实训团队成员 ____________________

一、实训目的

二、实训要求

三、实训内容

四、实训结果分析

实 训 日 志

实训时间 ______________________ 实训课程标题 ______________________________

实训团队人数 __________________ 实训团队成员 ______________________________

一、实训目的

二、实训要求

三、实训内容

四、实训结果分析

实 训 日 志

实训时间 ____________________ 实训课程标题 ____________________

实训团队人数 ____________________ 实训团队成员 ____________________

一、实训目的

二、实训要求

三、实训内容

四、实训结果分析

实训日志

实训时间 ____________________ 实训课程标题 ____________________________

实训团队人数 ________________ 实训团队成员 ____________________________

一、实训目的

二、实训要求

三、实训内容

四、实训结果分析

附录B 实训总结

实训评语	实训成绩

参 考 文 献

[1] 喻竹，令狐荣波，陈玉霞，等. 电子沙盘应用教程：新道新商战 [M]. 北京：高等教育出版社，2016.

[2] 何晓岚，金晖. 商战实践平台指导教程 [M]. 北京：清华大学出版社，2012.

[3] 何晓岚，钟小燕. ERP 沙盘模拟指导教程——实物 + 电子 + 人机对抗 [M]. 北京：清华大学出版社，2016.

[4] 路晓辉，陈晓梅. 沙盘模拟原理及量化剖析 [M]. 北京：化学工业出版社，2010.

[5] 李爱红，吕永霞，喻竹. ERP 沙盘实训教程 [M]. 北京：高等教育出版社，2015.

[6] 吕永霞. ERP 企业经营模拟沙盘实训指导教程 [M]. 长春：东北师范大学出版社，2014.

[7] 姚海鑫. 财务管理 [M]. 2 版. 北京：清华大学出版社，2013.

[8] 董红杰，吴泽强. 企业经营 ERP 沙盘应用教程 [M]. 北京：北京大学出版社，2012.

[9] 刘平，王实. ERP 沙盘模拟管理综合实训手册 [M]. 北京：机械工业出版社，2010.

[10] 攀晓琪. ERP 沙盘实训教程及比赛全攻略 [M]. 上海：立信会计出版社，2009.